STUDIES ON THE HISTORY OF QUEBEC/
ÉTUDES D'HISTOIRE DU QUÉBEC

John Dickinson and Brian Young
Series Editors/Directeurs de la collection

Habitants and Merchants in Seventeenth-Century Montreal
Louise Dechêne

Crofters and Habitants
Settler Society, Economy, and Culture in a Quebec Township, 1848–1881
J.I. Little

The Christie Seigneuries
Estate Management and Settlement in the Upper Richelieu Valley, 1760–1859
Françoise Noël

La Prairie en Nouvelle-France, 1647–1760
Louis Lavallée

The Politics of Codification
The Lower Canadian Civil Code of 1866
Brian Young

Arvida au Saguenay
Naissance d'une ville industrielle
José E. Igartua

State and Society in Transition
The Politics of Institutional Reform in the Eastern Townships, 1838–1852
J.I. Little

Vingt ans après *Habitants et marchands,*
Lectures de l'histoire des XVIIe et XVIIIe siècles canadiens
Habitants et marchands, Twenty Years Later
Reading the History of Seventeenth- and Eighteenth-Century Canada
Edited by *Sylvie Dépatie, Catherine Desbarats, Danielle Gauvreau, Mario Lalancette, Thomas Wien*

Louise Dechêne

Vingt ans après Habitants et marchands *Twenty Years Later*

Lectures de l'histoire des XVIIe et XVIIIe siècles canadiens

Reading the History of Seventeenth- and Eighteenth-Century Canada

Sous la direction de/edited by
SYLVIE DÉPATIE
CATHERINE DESBARATS
DANIELLE GAUVREAU
MARIO LALANCETTE
THOMAS WIEN

McGill-Queen's University Press
Montreal & Kingston · London · Buffalo

ISBN 0-7735-1692-1 (cloth/relié)
ISBN 0-7735-1693-x (paper/broché)

Legal deposit second quarter/Dépôt légal, deuxième trimestre 1998
Bibliothèque nationale du Québec

Printed in Canada on acid-free paper/Imprimé au Canada sur papier sans acide

Publication of this book was partially supported by a grant from the Faculty of Arts, McGill University/Cet ouvrage a été publié grâce partiellement à l'aide financière de la Faculté des arts de l'Université McGill

Canadian Cataloguing in Publication Data

Main entry under title:
Vingt ans après Habitants et marchands: lectures de l'histoire des XVIIe et XVIIIe siècles canadiens = Habitants et marchands, twenty years later: reading the history of Seventeenth- and Eighteenth-Century Canada
(Studies on the history of Quebec, ISSN 1183-4382)
Papers presented at a conference held at the Canadian Centre for Architecture, May 13–14, 1994.
Includes bibliographical references.
Text in French and English.
ISBN 0-7735-1692-1 (bound) – ISBN 0-7735-1693-x (pbk.)
1. Canada – History – To 1763 (New France) – Congresses. 2. Canada – Economic conditions – To 1763 – Congresses. 3. Canada – Social conditions – To 1763 – Congresses. 4. Canada – Population – History – Congresses. 5. Indians of North America – Canada – History – Congresses. I. Dépatie, Sylvie, 1955– II. Dechêne, Louise, 1932– III. Title: Habitants et marchands, twenty years later. IV. Series.
FC305.H33 1998 971.01 C98-900125-E3
F1030.H33 1998

Vedette principale au titre :
Vingt ans après Habitants et marchands: lectures de l'histoire des XVIIe et XVIIIe siècles canadiens = Habitants et marchands, twenty years later : reading the history of Seventeenth- and Eighteenth-Century Canada
(Études d'histoire du Québec; ISSN 1183-4390)
Textes présentés lors d'un colloque tenu au Centre canadien d'architecture les 13 et 14 mai 1994.
Comprend des références bibliographiques.
Textes en français et en anglais.
ISBN 0-7735-1692-1 (rel.)
ISBN 0-7735-1693-x (br.)
1. Canada – Histoire – Jusqu'à 1763 (Nouvelle-France) – Congrès. 2. Canada – Conditions économiques – Jusqu'à 1763 – Congrès. 3. Canada – Conditions sociales – Jusqu'à 1763 – Congrès. 4. Canada – Population – Histoire – Congrès. 5. Indiens d'Amérique – Canada – Histoire – Congrès. I. Dépatie, Sylvie, 1955– II. Dechêne, Louise, 1932– II. Titre : Habitants et marchands, twenty years later. IV. Collection : Studies on the history of Quebec.
FC305.H33 1998 971.01 C98-900125-3F
F1030.H33 1998

This book was typeset by Typo Litho Composition Inc. in 10/12 Palatino/
Typographie réalisée par Typo Litho Composition Inc. en 10/12 Palatino

Table des matières / Contents

Avant-propos

Hommage à un livre remarquable et à son auteure, ce volume est issu d'un colloque tenu les 13 et 14 mai 1994 au Centre Canadien d'Architecture, à Montréal. Il se veut utile. Le vingtième anniversaire d'*Habitants et marchands de Montréal au XVIIe siècle* coïncide en effet avec un temps de flottement dans les recherches sur le Canada aux XVIIe et XVIIIe siècles. Les travaux se sont multipliés, mais l'image de la colonie qui en émerge est davantage fractionnée que cohérente. D'où ce colloque et d'où ce recueil qui célèbre et interroge à la fois. Faisant écho à bien d'autres états des lieux que dressent les historiens un peu partout à l'heure actuelle, nous tentons collectivement de saisir le chemin parcouru depuis deux décennies et les tendances actuelles de la recherche.

Outre la bibliographie des œuvres de Louise Dechêne et l'introduction, le livre comprend deux parties. La première partie regroupe trois bilans faisant état du développement de la recherche entre 1974 et 1995. Leur thématique reflète celle de trois grandes sections de l'ouvrage de 1974, soit la population, le commerce et l'agriculture (l'introduction discute de quelques thèmes de la quatrième et dernière section d'*Habitants et marchands [...]*, consacrée à la société). Suivent les huit articles de la deuxième partie. Passant du Pays d'en haut à l'Acadie et de l'hagiographie aux finances publiques, ils offrent un échantillon assez représentatif de la recherche, vingt ans après, sur le Canada et les régions voisines aux XVIIe et XVIIIe siècles.

Nous remercions les participants au colloque, non seulement les auteures et les auteurs des articles, mais aussi celles et ceux qui par leurs commentaires sur les communications ou les textes ont apporté une contribution moins directe à ce recueil. Plusieurs organismes ont assuré le financement ou facilité la préparation matérielle du colloque et de la présente publication : le Bureau de la recherche et la Faculté des arts et des sciences de l'Université Concordia; le Centre Canadien d'Architecture; le Conseil de recherches en sciences humaines du Canada; le Département d'histoire de l'Université de Montréal (qui a fait de notre colloque son colloque départemental de 1994), le Département d'histoire de l'Université McGill et le Département d'histoire de l'Université du Québec à Montréal; le Programme d'aide financière à la recherche et à la création (PAFACC) de cette dernière université. Philip Cercone, directeur des Presses universitaires McGill-Queen's, a suivi ce projet dès le début, ainsi que Brian Young et John A. Dickinson, qui ont bien voulu accueillir ce livre au sein de la collection « Études d'histoire du Québec ». Les réviseurs Michel de Lorimier et Judith Turnbull ont corrigé d'une main bienveillante notre manuscrit. Enfin, Joan McGilvray a coordonné les efforts de tout le monde. Qu'ils trouvent ici l'expression de notre gratitude.

Sylvie Dépatie, Catherine Desbarats,
Danielle Gauvreau, Mario Lalancette
et Thomas Wien

Foreword

A tribute to a remarkable book and to its author, this volume presents revised versions of most of the papers presented at a conference held at the Canadian Centre for Architecture in Montreal on 13 and 14 May 1994. We hope that it will be of some use. The twentieth anniversary of the publication of *Habitants et marchands de Montréal au XVIIe siècle* by Louise Dechêne marks a time of irresolution for historians working on seventeenth- and eighteenth-century Canada. Although the number of studies has multiplied, the image of the colony that emerges from them is more composite than coherent. Hence the conference – and hence this collection of the proceedings, which calls into question as well as celebrates the recent attainments of specialists on the period. In so doing, this book participates in the more general historical stocktaking of recent years: it attempts both to chart developments over the past two decades and to give a sample of current research trends.

Aside from the list of Louise Dechêne's publications and the introduction, the book contains two parts. Part I consists of three historiographical overviews of research in the period 1974–1995. The subjects of these surveys correspond to the sections of *Habitants et marchands* devoted to population, trade, and agriculture (the introduction addresses some of the themes of the fourth and last section, which covers *la société*). Part II comprises eight essays. Ranging in subject from the *pays d'en haut* to Acadia and from hagiography to public finance, these chapters offer a fairly representative sample of current research on Canada and neighbouring regions in the seventeenth and eighteenth centuries.

We would like to thank the conference participants, and in particular, our co-authors and those who commented on the spoken or written versions of the papers. Through gifts of funds, goods, or services, several institutions facilitated the organization of the conference and the publication of this book: the Research Office and the Faculty of Arts and Science of Concordia University; the Canadian Centre for Architecture; the Social Science and Humanities Research Council of Canada; the Département d'histoire of the Université de Montréal (which made our conference its departmental one for 1994), the Department of History of McGill University and its counterpart at the Université du Québec à Montréal; and the Programme PAFACC of the latter university. Philip Cercone, Executive Director of McGill-Queen's University Press, watched over this project from the beginning, as did John A. Dickinson and Brian Young, who included this book in the Studies on the History of Quebec series. Copy editors Judith Turnbull and Michel de Lorimier corrected the manuscript with a beneficent hand. Joan McGilvray, finally, coordinated everyone's efforts. Many thanks to all.

Sylvie Dépatie, Catherine Desbarats,
Danielle Gauvreau, Mario Lalancette,
Thomas Wien

Vingt ans après Habitants et marchands
Habitants et marchands, *Twenty Years Later*

Introduction
Habitants, marchands, historiens[1]

THOMAS WIEN

Tout comme le colloque qui le précède, ce recueil doit son existence à un anniversaire – celui, exceptionnel dans l'univers ritualisé des « mélanges », d'un livre. Qu'est-ce qui fait d'*Habitants et marchands de Montréal au XVIIe siècle*[2] une raison pour réunir, plus de deux décennies après sa publication, une soixantaine d'universitaires puis une douzaine d'articles? La modestie de l'auteure qui se cache derrière l'ouvrage et qui n'aurait pas toléré des manifestations plus centrées sur sa personne, y est bien sûr pour quelque chose. Mais il est tout aussi évident qu'à lui seul le livre mérite d'être célébré. Si visible dans les bibliothèques grâce à la couleur indescriptible de sa couverture, il se distingue également de ses voisins de rayon par sa façon de vieillir. Repère historiographique et mine de renseignements, il remplit à merveille les fonctions habituelles des ouvrages bien faits, mais dont les pages jaunissent déjà. Ce qui surprend davantage, c'est qu'il continue de nous provoquer après plus de deux décennies. Il suggère encore des voies de recherche et nous surprend parfois en remettant en question certaines conclusions … plus récentes. Parlons donc de ce livre particulier, de son caractère novateur et de son influence, vingt ans durant.

LA NOUVEAUTÉ DE *HABITANTS ET MARCHANDS DE MONTRÉAL AU XVIIe SIÈCLE*

Particulier, *Habitants et marchands de Montréal* l'était dès sa publication. « Voilà un livre très important, appelé à faire date et à devenir un classique pour tous ceux qui s'intéressent à l'histoire de la Nouvelle-France et de la société québécoise », écrit Louis Michel dans la foulée de la parution de l'ouvrage.[3] « On ne peut dire en quelques lignes la force, la jeunesse, la justesse et la discrétion de ces cinq cents pages », ajoute Pierre Goubert.[4] « D'un seul coup, comme aucun autre n'est parvenu à le faire jusqu'à maintenant, [ce livre] ouvre à la compréhension la nature de la société et de l'économie du Canada ancien », renchérit R.C. Harris.[5] Ceux qui lui ont décerné des prix étaient visiblement aussi impressionnés que ces recenseurs de la première heure.[6]

Bref, il y a vingt ans, *Habitants et marchands [...]* avait eu un grand retentissement. En guise d'explication, il serait juste de citer, comme le firent alors plusieurs historiens, l'approche et l'architecture particulières du livre, ou le recours systématique dans ses pages aux sources notariales, paroissiales et seigneuriales.[7] L'ampleur, mieux, la profondeur de la recherche ainsi que le découpage structurel, inspiré de celui des travaux sur la société française sous l'Ancien Régime, distinguent en effet *Habitants et marchands [...]* des autres études consacrées au Canada préindustriel dans les années 1960–1970.[8]

Mais il s'agit là d'une différence toute relative car, en 1974, voilà plusieurs années que les spécialistes des XVIIe et XVIIIe siècles canadiens étaient partis à la découverte de la société. De plus en plus, ils s'aventuraient dans des archives moins fréquentées que celles, visitées et revisitées depuis François-Xavier Garneau, des administrations coloniales. Ils se mettaient à l'apprentissage des méthodes sérielles et cultivaient les influences étrangères, notamment françaises.[9] Au début des années 1970, les historiens avaient déjà changé de vocabulaire : le mot « social » était sur toutes les lèvres, si ce n'était pas déjà la « crise agricole » qui fournissait matière à controverse.[10] Et dans les travaux de l'historien Fernand Ouellet ou du géographe Cole Harris, l'histoire sortait mine de rien de la sphère de l'État où elle s'était pendant si longtemps cantonnée.[11]

Avec passion et intelligence, Louise Dechêne poussait plus loin ces tendances. Plus précisément, elle les réunissait, en faisant des habitants et des marchands ses protagonistes et en tournant résolument le dos au palais de l'intendant. Mais à notre sens, la vraie nouveauté du livre se trouve ailleurs. Pour la saisir, il suffit de regarder de plus près l'état voici vingt ans des discussions entre les historiens des XVIIe et XVIIIe siècles canadiens. Drôle de conjoncture que celle-là, espèce d'interrègne historiographique où les recherches nouvelles et les vieilles controverses se rejoignaient de moins en moins. Dans la production qui allait en s'intensifiant à l'aube des années 1970, deux tendances se dessinent : les derniers grondements du débat au sujet de la signification de la Conquête pour la « bourgeoisie » canadienne – si tant est que celle-ci existait – et le pizzicato parfois dissonant des travaux empiriques. D'un côté, une histoire volontiers schématisante, à l'explication facile, encline à tout ramener aux dei ex machina que sont le régime politique ou, en plus « social », le caractère du peuple. De l'autre, une histoire davantage collée à l'objet, dévoreuse d'archives, évoluant en marge du débat, sinon le subvertissant implicitement, sans pourtant offrir de schéma de rechange.[12] Les historiens de la première tendance se penchaient sur la société en isolant un groupe fétiche (la bourgeoisie, la paysannerie) censé l'incarner; ceux du second groupe en décrivaient des aspects sans trop se soucier de l'allure de l'ensemble. Entre les explications toutes faites des uns et les réticences devant l'explication des autres, une histoire en passe de devenir plus curieuse était néanmoins en panne de paradigme.[13]

Les deux tendances se rejoignaient dans une grande impatience devant ce Canada d'il y a trois siècles. Partis à la recherche d'un Massachusetts du Nord, ou même d'une trajectoire à l'anglaise,[14] les historiens rentraient évidemment bredouilles, ou du moins déçus par une évolution coloniale qui soit débutait du mauvais pied, soit prenait une mauvaise tournure en 1760. Le plus souvent, ils attribuaient ce résultat aux faiblesses qu'ils décelaient, dans des combinaisons variables, chez les Canadiens ou chez leur mère patrie. Au contact des Amérindiens et des grands espaces, les Canadiens seraient devenus paresseux ou frivoles, s'ils ne l'étaient pas déjà – peu doués, en tout cas, pour les affaires. Ou c'était la France qui, elle, était peu douée pour la colonisation, pour cause de mercantilisme, d'absolutisme ou, la Conquête et sa malheureuse guerre en faisant foi, de manque de cœur à l'ouvrage.

À l'historiographie qui piétinait, l'étude de Dechêne indiquait une voie de sortie sur le plan méthodologique comme sur celui des attentes. Faisant dissoudre le portrait pointilliste dans le panorama, le livre incarnait à la fois proximité et recul. Grâce à l'application habile et exigeante des techniques de l'étude régionale, *Habitants et marchands [...]* semblait pousser ses sondes jusque dans les derniers recoins de ce premier Montréal. Mais en même temps, cette enquête portait sur toute autre chose que l'île et la ville, car la démarche du sondeur ne s'arrêtait pas là. Finalement, l'île et la ville elle-même n'étaient qu'un échantillon servant à alimenter une réflexion plus vaste sur la formation de l'ensemble de la société coloniale. Vision dont la cohérence frappe encore plus aujourd'hui, alors que l'histoire semble avoir renoncé à ses ambitions totalisantes.[15]

La thèse centrale trahissait sans doute une combinaison inédite d'influences, néanmoins captées de façon sélective et flexible : de l'approche dite du *staple*; d'un mélange, sentant les pavés parisiens à peine remis à leur place, d'engagement social, de matérialisme et de théories du sous-développement; de l'« histoire immobile » alors dans l'air.[16] Soit. Mais il nous semble que l'argumentation de base découlait aussi directement, voire nécessairement, de l'alliage d'échelles qui caractérise ce livre à la fois si près et si loin de son sujet.

Sous Louis XIV et encore bien plus tard, disait en substance Dechêne, le Canada connut le sort d'une colonie éloignée et nordique, née avant son temps, avant que ses terres et ses autres ressources ne suscitent un véritable engouement chez les Européens immigrants ou marchands. En attendant ce rendez-vous avec le « progrès » au XIXe siècle, il convenait d'en étudier les mécanismes de développement avec des critères moins anachroniques. Il fallait voir comment le peuplement se greffait – mais de façon si ténue – à la modeste monoactivité du commerce des fourrures. Il était nécessaire de mettre en lumière les règles selon lesquelles voyait le jour une société nouvelle mais pourtant dotée d'un code génétique ancien. Bref, le livre affichait un certain fatalisme devant cette colonie d'abord occupée à prendre forme et vite assujettie à des structures durables.

Cette vision du développement colonial trahissait une connaissance intime de la population, dont l'auteure se faisait presque le porte-parole et dont elle étudiait avec une minutie inédite les pratiques. C'était sortir de la quête de l'essence paysanne, mais surtout marchande, comme le souligne Dale Miquelon dans son bilan (ci-dessous, p. 52–68), afin de s'interroger sur ce que *faisaient* les gens. Condition indispensable de ce respect pour ceux qui vivaient à une autre époque : des attentes raisonnables face à cette société naissante formées dans une réflexion comparative sur les sociétés contemporaines de la France et de l'Amérique anglaise. La gravité du ton mais surtout la patience de Dechêne tranchaient avec l'attitude contraire de bien des devanciers. Survenu dans un contexte de virage méthodologique mâtiné de conclusions hâtives, *Habitants et marchands [...]* plaidait pour la lenteur : celle, tout à coup devenue compréhensible, du développement colonial; celle, désormais nécessaire, de l'analyse historique. À notre sens, c'était là la principale nouveauté de ce livre en 1974.

LE LIVRE ET LES DÉBATS: LES DEUX TEMPS DE *HABITANTS ET MARCHANDS DE MONTRÉAL AU XVIIe SIÈCLE*

Mais revenons à présent en 1995. Quelle tournure nos discussions auraient-elles prise sans *Habitants et marchands de Montréal*? Saisir l'influence d'un livre sur plus de vingt ans n'est guère facile. Aux difficultés inhérentes à tout exercice « contrefactuel » s'ajoutent celles propres à l'analyse du cheminement des historiens, gens plutôt discrets quant aux influences subies et peu enclins à respecter le rang serré du paradigme. En histoire, les traces d'un ouvrage sont vite ensevelies.

Ces limites posées, il est néanmoins évident que le livre donna une magistrale leçon technique et que son invitation à prendre au sérieux les Canadiens – *tous* les Canadiens – en les intégrant mieux dans leur époque moderne fut largement suivie.[17] Aussi est-il pour le moins probable que l'ouvrage retint quelques chercheurs qui autrement se seraient joints à la fuite en avant, très évidente dès les années 1970, vers des phases plus récentes de l'histoire canadienne. Car en le situant parmi les sociétés préindustrielles imaginables, *Habitants et marchands […]* acheva la conversion en période, en « premier chapitre » digne d'études attentives au même titre que les autres, de ce Régime français jadis entouré de l'aura de la civilisation condamnée.[18]

C'est déjà beaucoup, peut-être même l'essentiel. Mais reste à saisir les impulsions que les thèses avancées dans *Habitants et marchands […]* ont pu donner à la recherche depuis 1974. L'entreprise devient risquée, convenons-en, dès que l'on sort des annotations, commentaires et petites corrections que toute étude d'une certaine importance « prélève » pendant quelque temps chez les études suivantes. Aller plus loin, c'est glisser vers un entre-deux inconfortable, à mi-chemin entre l'analyse de l'influence du livre et celle du sort ultérieur de certaines de ses conclusions. Hasardons tout de même une esquisse. Aux traits flous et rapides, elle renvoie le lecteur avide d'itinéraires historiographiques plus précis aux bilans de la première partie de ce recueil.

Plaidoyer pour la patience devant la lenteur du développement colonial, *Habitants et marchands […]* proposait une lecture originale de la façon du Canada ancien d'intégrer la durée. C'est dans les réactions qu'a provoquées cette réflexion que l'on voit peut-être le mieux l'influence du livre sur les études menées depuis – à condition toutefois de s'ouvrir au paradoxe. Fidèle à l'esprit de l'ouvrage de 1974, les auteures et les auteurs d'une partie de la production des deux dernières décennies se demandent en effet par où le changement arrive. Toutefois, par un curieux déplacement qui tient de l'esquive mais aussi du ricochet, c'est moins le récit central du livre, celui de l'enracinement, que la perspective sur la suite des choses, après 1715, esquissée surtout dans la conclusion d'*Habitants et marchands […]*, qui a inspiré des recherches approfondies.

En guise d'explication de ce détour inattendu, rappelons que l'intrigue de l'ouvrage se déroule en deux temps. Le premier temps, celui de mutations aussi rapides que balisées, est au cœur du propos de Dechêne. Une société se crée, rien de moins, mais pas de toutes pièces. Les structures mises en place ne sont pas nécessairement d'origine métropolitaine et, dans le comportement moderne de ses familles, par exemple, il arrive que la colonie fasse preuve de précocité.[19] Les recombinaisons inédites de contraintes locales et importées n'en finissent pas moins par former un ensemble assez rigide. Songeons à la société rurale : vivant en retrait des circuits commerciaux, elle portera le double fardeau de l'effort du défrichement et d'un régime seigneurial rajeuni et prompt à saisir les occasions nouvelles. Ce sont les permanences, quelle que soit leur nature, qui l'emportent et que tout semble soutenir : le sens fondamental de l'évolution socioéconomique, les règles de l'existence collective préindustrielle, des éléments de mémoire et de mimétisme, l'armature institutionnelle. Au Canada, de conclure l'auteure dans une phrase-clé, « après les bouleversements de la migration, une société traditionnelle se reforme spontanément ».[20]

D'où le deuxième temps, nettement moins mouvementé que le premier, d'*Habitants et marchands [...]*. C'est l'après-1715, esquissé seulement, en conclusion surtout. Il porte les marques de ce qui précède. Les mutations de la première phase accomplies, les grandes lignes de l'évolution ultérieure sont tracées d'avance. Ses traits durables pris, cette société prendra de l'expansion, certes. Mais, entre les villes peu dynamiques et les campagnes vivant en retrait des circuits commerciaux, ses structures ne se modifieront pas de sitôt.[21]

Bref, le changement est bien au rendez-vous chez Dechêne, mais il est doublement « dompté ». Contenu, à peu de chose près, dans une période assez réduite d'ajustements, il respecte aussi les limites tracées par les capacités d'une société préindustrielle en voie de reconstitution. L'approche structurelle et l'humilité devant les contraintes du XVIIe siècle de Dechêne expliquent certes en grande partie cette insistance sur ce qui perdure. Mais le contexte historiographique immédiat a lui aussi laissé des traces. Car l'auteure réagit. Elle exprime son désaccord avec les tenants de la thèse de la « frontière », enclins à souligner à gros traits la spécificité canadienne et à l'attribuer au cadre nord-américain, nouveau dans l'optique européenne;[22] elle met les pendules à l'heure quant au destin ultérieur du Canada, qu'une histoire en mal d'émotions fortes avait décrit tout en catastrophes (Conquête, crise agricole) ou tout en rose.[23] Certaines formulations peu nuancées sont sûrement à mettre au compte de ces interventions. Quoi qu'il en soit, dans l'intrigue d'*Habitants et marchands [...]*, le durable et le transitoire se tiennent en échec. D'où sans doute un exploit singulier : tout dans cet ouvrage pourtant consacré au règne de Louis XIV semble nous renvoyer vers le point de reconstitution des structures coloniales à la fin de cette période et par là vers l'après-1715. En posant le livre, le lecteur se demande s'il est vraiment arrivé au septième jour de cette Création nord-américaine. Il réclame une suite.

Cela étant, est-il vraiment surprenant que les historiens qui se penchaient sur le changement structurel se soient intéressés au XVIIIe siècle ou même à une période ultérieure? Nous attendons toujours l'étude sur la formation de la région de Québec au XVIIe siècle que les recenseurs appelaient de leurs vœux il y a vingt ans.[24] De façon plus générale, les réflexions sur la problématique de l'implantation sont peu nombreuses depuis 1974. C'est plutôt le deuxième temps d'*Habitants et marchands [...]* qui a fait réfléchir les historiens sur le changement. Dechêne, dirait-on, réussit là où les généralisations des néonationalistes au sujet du « développement normal » de la colonie avaient échoué : elle a piqué la curiosité quant à la dynamique à long terme, loin de tout catastrophisme, de la société canadienne. Mais paradoxalement, c'est une thèse vouée à l'explication des lenteurs coloniales qui finit par provoquer la recherche d'une certaine accélération.

VERS LA TRANSITION

Au centre des discussions, la clé de voûte du livre : le dualisme. Point de convergence de toutes les permanences de cette société, la cloison qui séparait campagnes et villes, habitants et marchands, était-elle aussi peu perméable, aussi durable que semblait le penser Dechêne? La réponse, vingt ans après, est négative. Elle a surgi de travaux portant sur le Canada rural, ce qui ne devrait pas étonner.[25]

À partir de 1979, alors que Louis Michel consacrait un article marquant à un marchand de Varennes, les historiens se mirent à chercher des signes de mouvement dans la socioéconomie des campagnes au XVIIIe siècle.[26] Ils les trouvèrent d'abord dans l'accélération, guère entravée en l'occurrence par le prélèvement féodal, de la circulation des surplus agricoles paysans.[27] En particulier, c'est Christian Dessureault qui, en analysant l'accumulation « exacerbatrice » d'inégalités socioéconomiques au sein de la paysannerie, fit ressortir l'effet transformateur à long terme de cette commercialisation.[28] Commercialisation limitée mais réelle, différenciation progressive à la fois socioéconomique et spatiale, enrichissement, différentiel lui aussi, de la culture matérielle – voilà des changements lents mais lourds de conséquences.[29] Comme le rappelle Michel dans son bilan de l'historiographie rurale (ci-dessous, p. 69–89), il y a lieu de revenir sur les mécanismes économiques,[30] et surtout sur l'articulation de la conjoncture avec cette évolution à long terme.[31] Il reste que, sur la toile de fond mouvante de la colonisation que trahissaient les chiffres de population sans cesse en progression, se dessinent maintenant des mutations structurelles. Les campagnes, nettement plus complexes que ne le laissaient entrevoir les travaux sur le début du XIXe siècle, ne sont désormais plus le fruit de la génération spontanée.[32] Du coup, c'est tout le Canada rural préindustriel qui se trouve déplacé vers un nouveau lieu sur le continuum reliant le blocage à la rupture.

Encore faut-il saisir la portée de cette dynamique.[33] Compte tenu de la thématique restreinte des recherches menées au cours des dernières années sur la commercialisation, la différenciation et les phénomènes connexes, c'est là un programme ambitieux. Rappelons que jusqu'à maintenant seules les campagnes ont fait l'objet d'études de groupe permettant de suivre les fortunes familiales (prises dans le sens large). Et même les auteurs de ces enquêtes, aux prises avec des sources difficiles à consulter et forts, dans un premier temps, de leurs déterminismes, se sont peu aventurés hors de la zone de frottement de l'économique et du social pour rejoindre d'autres domaines de l'expérience humaine.[34] Par contre, les ruralistes qui ont abordé de façon plus détaillée que ne l'avait fait Dechêne les migrations et la reproduction sociale paysannes ont eu tendance à escamoter la sphère économique, s'isolant par le fait même de la dynamique fondamentale des campagnes.[35] C'est plutôt l'éternel recommencement, suggéré par la notion même de reproduction, que privilégient ces travaux : le temps cyclique de la famille ou des paroisses rurales qui grandissent et se reproduisent toutes les deux.[36]

C'est donc d'abord chez les ruraux qu'il y aurait lieu d'élargir le champ d'observation, d'arrimer au mouvement long des pratiques sociales – et pourquoi pas culturelles? – qui de prime abord semblent y échapper. Comment les familles modifient-elles leurs stratégies face à la lente différenciation de la société rurale? Dans son étude, véritable mise en scène de la donation entre vifs, de la transmission « intergénérationnelle » des inégalités chez les gens de l'île Jésus, Sylvie Dépatie a poussé le plus loin l'enquête sur ce sujet.[37] Mais tôt ou tard, il serait souhaitable de la rendre à la fois plus vaste et plus fine. Dans le premier cas, c'est le recensement diachronique qui manque encore, c'est-à-dire l'enquête visant à reconstituer de la façon la plus systématique possible, sur plusieurs générations, le jeu des contraintes, des occasions et des stratégies dont dépend le sort des héritiers.[38] Quant au degré de précision que pourraient atteindre de telles études, l'article de Geneviève Postolec (ci-dessous, p. 208–225) le laisse entrevoir. Étude détaillée à l'appui, l'auteure rappelle utilement la marge de choix que laisse la Coutume de Paris à ceux qui marient ou se marient. Chez les gens de Neuville, observés de près, nous retrouvons bien le noyau conjugal fort mis en lumière par Dechêne.[39] Reste à l'exposer à la dynamique de la différenciation en vérifiant si l'essor d'une élite paysanne au XVIIIe siècle n'a pas favorisé une revanche tardive du principe lignager.

De telles questions ont bien sûr des incidences urbaines, ce qui nous amène à un autre champ d'essai possible pour la dynamique longue. Or, ces dernières années, les historiens ont étudié les villes à travers des lunettes particulières, privilégiant l'univers judiciaire ou le cadre physique.[40] À peu de chose près, ils ont laissé l'étude des familles urbaines aux démographes, qui dans leurs récentes observations sur l'évolution des taux d'endogamie socioprofessionnelle et de plusieurs paramètres vitaux lancent un véritable défi explicatif aux historiens.[41] C'est dire que nous connaissons encore mal les processus d'accumulation et leurs incidences à travers les itinéraires individuels et familiaux sur la structure d'ensemble. Des groupes sociaux qui se concentrent en ville, c'est Dechêne qui, en faisant le tour de ses Montréalais, a tracé le dernier portrait détaillé.[42] L'image se met à bouger à bien des endroits – songeons à l'étude de la division du travail dans le commerce des fourrures, fondement d'une symbiose passagère entre marchands et officiers. Mais des recherches socioéconomiques plus poussées sur l'évolution de ces vies urbaines s'imposent. Il y a lieu notamment de se pencher davantage, à Montréal comme à Québec, sur ces artisans un peu coincés, comme Dechêne les décrit dans le livre de 1974, entre les habitants et les marchands.[43] La même chose vaut pour la noblesse coloniale qui, dans *Habitants et marchands [...]*, a droit à un portrait rapide et ironique; elle est peut-être en voie de découvrir les limites de l'indulgence de l'État à son égard sous Louis XV. Il serait aussi souhaitable de prolonger et d'élargir aussi l'analyse évolutive des marchands.[44]

Mais, signe encourageant, les recherches se recentrent peu à peu,[45] et ce n'est peut-être pas un hasard si l'un des vents de renouveau de l'histoire urbaine semble porter des odeurs de foin et de terre labourée. Cela se voit d'abord dans le choix du terrain d'enquête, car les travaux portant sur la zone périurbaine se multiplient.[46] Le phénomène se remarque aussi dans les travaux de ruralistes qui « investissent » la ville, comme l'illustrent deux des articles de ce recueil. L'article de Mario Lalancette et d'Alan M. Stewart (ci-dessous, p. 254–291), respectivement auteurs d'études sur la région de Charlevoix et le faubourg Saint-Laurent, à Montréal,[47] se signale à la fois par sa démonstration et ses perspectives prometteuses. À travers des clichés successifs de la carte foncière au XVIIe siècle, il permet de voir un Montréal devenu carrefour des stratégies des puissants – seigneurs,

État puis marchands. Mais, basé sur une reconstitution laborieuse et inédite du cadastre parcellaire, l'article jette aussi les fondements d'une enquête plus vaste sur la socioéconomie urbaine. Quant à Sylvie Dépatie, non contente d'« assiéger » la ville,[48] dans son article (ci-dessous, p. 226–253) elle fait des jardiniers un cheval de Troie afin d'étendre l'étude de l'agriculture à l'intérieur des murs ...

Si cette contagion rurale annonce une tendance, c'est par bien des détours qu'*Habitants et marchands [...]* aura provoqué une réflexion sur le changement long et multiforme, englobant à la fois villes et campagnes, l'univers matériel et les schémas culturels, dans la société canadienne des XVIIe et XVIIIe siècles. L'étude de 1974, qui, tout en faisant enjamber la palissade montréalaise, passait de l'histoire de la production à celle des pratiques religieuses, aura trouvé un prolongement ramifié.

Prolongement qui, espérons-le, se montrera aussi sensible à l'autre dynamique d'*Habitants et marchands [...]*. Première dynamique et ressort moteur du livre, celle-ci n'a pourtant pas suscité beaucoup de discussions ces dernières années. Elle célèbre bien sûr la mise en place d'une société traditionnelle.

LA NOSTALGIE STRUCTURELLE

Ici intervient en effet un curieux silence historiographique. L'idée maîtresse du livre, soit la notion d'une société qui, une fois absorbé le choc des débuts, semble dotée d'une mémoire, d'un poids spécifique qui lui fait retrouver certains traits européens traditionnels alors qu'elle s'adapte, n'a pas connu beaucoup de développements au cours des dernières années.[49] Non pas que l'on fasse nécessairement abstraction des caractères de la société canadienne qui rappellent d'autres formations préindustrielles, mais on ne les situe pas dans un mouvement plus vaste de retrouvailles avec l'ancien.[50] Chez les recenseurs, la tendance de Dechêne à mettre l'accent sur ce qui, vu d'Europe, frappait par sa familiarité, tenant parfois pour acquis l'adaptation au nouveau, suscita bien quelques réticences.[51] Mais *Habitants et marchands [...]* n'a provoqué ni débat, ni programme de recherches explicitement axé sur ces transpositions formatrices; en ce sens, le livre n'a peut-être pas assez fait réagir.[52] C'est plutôt en parallèle que se sont déroulées d'autres réflexions sur l'implantation d'une société, de sorte que, tout comme notre compréhension de l'évolution ultérieure de la colonie, celle de sa fondation est elle aussi fragmentée.

Parfois, les autres versions de cette genèse ne font que répéter les vieilles intuitions, héritées d'une histoire qui n'était pas encore vraiment comparative, concernant l'heureuse exception nord-américaine.

Mais souvent, elles enrichissent nos connaissances, résumant d'amples recherches – sur les migrations paysannes, par exemple – ou entreprenant un ambitieux programme de relecture de l'histoire coloniale dans l'optique ethnohistorique. D'une façon ou d'une autre, elles présentent le Canada comme étant d'abord et avant tout le théâtre de rencontres – avec les premiers habitants, avec l'espace américain – et de fréquentations inédites. Les nouvelles influences seraient d'autant plus fortes qu'elles atteignent des colons passablement ébranlés dans leurs habitudes traditionnelles par la traversée et le brassage qui s'ensuit. Tout se passe comme si les « bouleversements de la migration » de Dechêne étaient devenus permanents, ou du moins assez puissants pour marquer de façon on ne peut plus profonde la nouvelle formation, la différenciant radicalement de la société mère.[53]

Et pourtant, *Habitants et marchands [...]* dépeint un Canada qui, évidemment et en tout temps, est différent de la France. Mais le livre propose aussi, et voilà l'essentiel, un calendrier : avec le temps, à certains égards, la différence s'amenuise et des ressemblances ressurgissent. À notre sens, ce principe organisateur n'a rien perdu de son utilité. Davantage qu'il ne l'a fait depuis 1974, le livre pourrait servir à réunir bien des aspects de l'expérience de la colonie, y compris les adaptations, et ce, jusqu'en plein XVIIIe siècle. Des éléments de ce rebondissement de l'ancien sont visibles dans plusieurs travaux de ces dernières années. Nous nous contenterons de citer quelques exemples susceptibles de s'insérer, parfois au prix d'un rabotage de part et d'autre, dans le schéma de Dechêne, ou d'étendre sa portée.

Il y a d'abord la tendance qui s'observe dans les comportements et les structures démographiques. Comme le montrait déjà la première partie d'*Habitants et marchands [...]* et comme le confirme le bilan finement périodisé de Danielle Gauvreau (ci-dessous, p. 31–51), le régime canadien perd peu à peu certains de ses caractères exceptionnels. Une évolution analogue se voit dans l'histoire des femmes de la colonie. Il y a quelques années déjà, les membres du Collectif Clio constataient qu'après une période d'improvisation où la division habituelle du travail et des responsabilités entre les sexes est provisoirement brouillée, débute un mouvement vers une vie plus rangée.[54] Dans le même ordre d'idées, Jean-François Leclerc a attribué l'apparente baisse de la criminalité à Montréal après 1730 à la mise en place d'une société locale qui, ayant surmonté sa désorganisation initiale, arrive à régler bien des différends par les voies traditionnelles de l'« infrajustice » informelle.[55]

Comme celle du Collectif Clio, cette dernière réflexion s'intègre de façon explicite dans la trame de l'analyse de Dechêne. D'autres ne s'y réfèrent guère, mais font état de plusieurs phénomènes qui pourraient y trouver place. Il en est ainsi pour les recherches attentives de Marie-Aimée Cliche sur les dévotions populaires, qui nous présentent une colonie où l'autorité cléricale est très forte.[56] Reflet d'une situation particulière opposant un clergé post-tridentin et bien organisé à une population transplantée, sans lieux traditionnels ou rites locaux auxquels elle peut pour ainsi dire accrocher ses « superstitions », cette puissance est sans équivalent en France. À première vue, elle semble destinée à le demeurer aussi, du moins jusqu'à ce que la Conquête ne vienne changer la donne; aucune résistance ne se dessine à l'horizon. Mais il suffit de déplacer légèrement l'objectif, vers les disputes concernant la construction d'églises, par exemple, pour prendre acte de la riposte paysanne, gage d'une société qui retrouve sa cohérence.[57] Déjà sous le Régime français et encore davantage plus tard, il arrive que des affrontements de ce genre débordent sur la sphère des dévotions.[58]

Cette évolution n'est pas sans rappeler celle qui modifie peu à peu les rapports entre seigneurs d'abord tout-puissants et censitaires ruraux redevenus combatifs, ou du moins résistants, au fur et à mesure que leur société locale s'organise.[59] De prime abord, elle évoque aussi l'éclosion d'une identité canadienne prenant ses distances de la France, que certains historiens voient poindre dès la fin du XVIIe siècle. Rien n'indique cependant, dans l'état actuel des réflexions, qu'il soit légitime de couper ainsi de son contexte social immédiat cette conscience de groupe retrouvée.[60] Entre l'attachement populaire au « pays » particulier et le détachement du royaume et de son souverain, il y a une marge, et peut-être même des évolutions à première vue contradictoires. À bien des égards, la société coloniale ne devient-elle pas plus française tout en s'enracinant en Amérique? Il y a fort à parier que le sentiment d'être sujets français ne se soit pas perdu au large de Terre-Neuve, et encore moins dans une colonie fière de devenir reconnaissable.[61]

Un autre signe de la résurgence de certains traits traditionnels d'abord portés disparus est la tendance de la colonie à conserver des pratiques appelées à s'estomper dans la métropole. Certains rites populaires qui perdureront au Canada, mais non dans leur pays d'origine, sont un bon exemple de ce phénomène.[62] Nous pourrions également citer l'apparente permissivité des parents canadiens envers leurs enfants, que Dechêne attribue à de vieilles habitudes rabelaisiennes qui trouvent des conditions favorables au Canada. La suggestion est sûrement plus plausible que la contagion des habitudes amérindiennes à laquelle est revenue l'historiographie.[63] En somme, tout dans ce tableau de vieilles habitudes rappelées à la vie et parfois conservées longtemps après leur « date d'expiration » en

France indique que nous sommes loin de l'invraisemblable *tabula rasa* que proposent les tenants d'une certaine thèse de la « frontière ». Il est facile de sous-estimer la mémoire et la capacité innée de regroupement de ces Français transplantés.[64]

Le même retour des réflexes de groupe influe aussi nécessairement sur les rapports, objet d'une relecture salutaire ces dernières années, entre « Français Canadiens »[65] et Amérindiens. Voilà un thème majeur d'*Habitants et marchands [...].* Le livre se présente, à bien des égards, comme une tentative pour séparer ce qu'une historiographie superficielle avait tendance à confondre : rives des Grands Lacs et rives du Saint-Laurent, autochtones et colons. Se situant résolument dans l'île de Montréal, l'investigation ne fait pas pour autant abstraction de ce qui se passe plus à l'Ouest. Comme le rappelle Bruce M. White dans sa mise à jour empreinte des perspectives de l'anthropologie économique, l'étude que Dechêne consacre au cycle des échanges dans le commerce des fourrures finit par rejoindre les villages amérindiens de l'intérieur.[66] Mais même ce regard au loin sert à mieux circonscrire les contacts entre les deux groupes dans la colonie même. La patiente énumération des étapes de développement du commerce des fourrures,[67] la tentative pour établir l'importance de la participation paysanne à cette activité en voie de mutation,[68] la localisation ailleurs que dans les absences dans l'Ouest des freins à la production agricole, tout tend à démontrer le caractère limité des fréquentations. À la place des affinités spontanées sinon naturelles que celles-ci auraient créées, nous voyons autour de Montréal des manifestations d'un choc des cultures aux conséquences tragiques pour les Amérindiens. En arrière-plan, une réalité implacable : celle d'une collectivité de souche européenne en voie de renouer avec certaines de ses vieilles habitudes.

Depuis 1974, ce dossier s'est sensiblement étoffé. L'ethnohistoire a soumis à une relecture souvent passionnante l'histoire du pays indien jusque dans ses prolongements hardis en marge des habitations des Français. Non seulement les autochtones émergent de l'ombre (ou, comme c'est le cas des Iroquois, de l'opprobre), mais apparaissent aussi les intermédiaires entre les deux groupes, ou des phénomènes tels que le métissage.[69] Pour se rendre compte du changement d'optique, il suffit d'ailleurs de comparer l'entreprise de séparation des ethnies de Dechêne à celle, consacrée à l'Acadie mais adoptant la perspective du peuple Mi'kmaq, de William Wicken (ci-dessous, p. 93–114).

Malgré ces efforts pour reconstruire le point de vue des autochtones, il n'en demeure pas moins que la question des rapports interethniques occupe actuellement un no man's land historiographique; elle est prise entre les schématismes d'une histoire qui est encore bien coloniale et une ethnohistoire, assujettie à ses urgences, qui ne l'est pas assez. D'où sans doute la tendance, de part et d'autre, à céder aux tentations du synchronique : on revient au catalogue des influences, sans suffisamment tenir compte des étapes de l'interaction et du profil changeant des deux groupes.[70] Il y a là aussi une dynamique à reconstituer, avec ses adaptations asymétriques et ses ambiguïtés.

Et là aussi, la nécessaire convergence des perspectives s'opère peu à peu. Pour s'en convaincre, il suffit de se rendre compte du lieu d'énonciation situé entre les cultures que choisissent Bruce M. White ou Allan Greer dans leurs articles (ci-dessous, p. 115–137 et 138–159). Dans son examen de la difficile entreprise hagiographique entourant Kateri Tekakouitha, ce dernier met en scène non seulement l'Iroquoise à la foi ambiguë, mais surtout ceux qui veulent la placer au firmament des béatifiés, aux prises avec les réticences d'une Église ambivalente et d'une population coloniale qui semble « [douter] qu'il y ait de la foy parmi les sauvages ».[71]

Reste, comme dernier domaine d'activité susceptible de refléter le retour de l'ancien, le politique. Pendant longtemps, le sujet fut en éclipse – comme si la démonstration de Dechêne qu'il existait une vie socioéconomique dotée d'une certaine autonomie par rapport aux volontés des puissants s'était avérée plus stimulante, dans un premier temps, que son appel à revenir sur cette histoire politique.[72] Ce n'est donc que dernièrement, et notamment par les soins de l'auteure d'*Habitants et marchands [...]* elle-même, qu'une histoire impériale et institutionnelle qui semblait flotter au-dessus de la vie des administrés a fait mine de descendre sur terre.[73] Ce faisant, elle s'est mise à cerner les permanences, mais aussi les discontinuités d'une histoire qui jadis jouait son va-tout en 1663, date du début du régime royal, ou découpait l'évolution à long terme en administrations, chacune marquée par son personnage ou tandem de personnages en haut lieu. Le nouveau récit qui prend forme actuellement raconte autre chose : la mise en place de traditions locales de l'exercice du pouvoir.[74] Ces habitudes de gouvernement se signalent par un compromis, encore à préciser davantage, entre l'arbitraire et la flexibilité devant les contraintes locales, thème de l'étude de Catherine Desbarats (ci-dessous, p. 189–207). Complexe, l'évolution s'intègre sans doute bien dans celle d'une colonie qui, dans ce domaine comme dans d'autres, renoue avec des traditions européennes.

Voilà un exemple de plus de l'utilité du schéma de base d'*Habitants et marchands [...]*, un aspect parmi d'autres du vieillissement, rythmé par le « temps court de l'Amérique »,[75] d'une jeune société en voie de reconstitution. Encore faudrait-il réintroduire l'autre vieillissement, variante locale de la lente transformation de l'Occident moderne, afin de gagner, si l'on veut, le temps réel. Ouverte sur le déjà vu comme sur l'horizon industriel, cette histoire propre aux colonies risque de nous occuper pendant quelques années encore.

Concluons. D'une manière pas toujours prévisible, *Habitants et marchands [...]* a opéré un changement souterrain dans la façon de faire l'histoire des XVIIe et XVIIIe siècles canadiens. Des invitations que ce livre a lancées aux historiens, celle incitant à se rapprocher des colons d'il y a trois cents ans a sans doute été davantage suivie que celle proposant de situer leur colonie sur une trajectoire inhabituelle entre la France et l'Amérique, entre son lignage et son voisinage. D'où une nouvelle invitation que ce livre ample nous lance une vingtaine d'années après sa parution : réfléchir de façon plus explicite et plus cohérente sur les *deux* destins de cette société coloniale.[76] En attendant, espérons que le présent volume, qui se veut à la fois une célébration, une mise au point et un échantillon, saura nourrir les réflexions.

NOTES

1 Hélène Bédard, Sylvie Dépatie, Catherine Desbarats, Danielle Gauvreau et Mario Lalancette ont lu et commenté ce texte. Je les en remercie. Le mot « historien » n'est pas employé dans un sens limitatif : il désigne à la fois les historiens et les historiennes et comprend au besoin les autres spécialistes des sciences humaines qui, en nombre croissant ces dernières années, ont travaillé sur les XVIIe et XVIIIe siècles canadiens.

2 Louise Dechêne, *Habitants et marchands de Montréal au XVIIe siècle* (Paris, Plon, 1974), coll. « Civilisations et mentalités »; rééd. (Montréal, Boréal, 1988), coll. « Boréal Compact »; traduction anglaise munie d'une nouvelle préface parue sous le titre d'*Habitants and Merchants in Seventeenth-Century Montreal*, L. Vardi, trad. (Montréal et Kingston, McGill-Queen's University Press, 1992).

3 « Note critique », *Revue d'histoire de l'Amérique française (RHAF)* 29, 2 (septembre 1975) : 255.

4 « Compte rendu », *Le Monde* (Paris), 1er novembre 1974 : 15.

5 P.C. Harris, « compte rendu », *Canadian Historical Review (CHR)* 56, 4 (décembre 1975) : 449.

6 *Habitants et marchands* mérita le Prix du Gouverneur général et la Médaille François-Xavier-Garneau de la Société historique du Canada.

7 Sur l'utilisation des sources seigneuriales, voir aussi L. Dechêne, « L'évolution du régime seigneurial au Canada : le cas de Montréal aux XVIIe et XVIIIe siècles », *Recherches sociographiques* 12, 2 (mai-août 1971) : 143–183, article qui, avec « La croissance de Montréal au XVIIIe siècle », *RHAF* 27, 2 (septembre 1973) : 163–179, annonçait le livre.

8 Bien que Peter Burke ait oublié Dechêne dans sa liste des historiens de pays autres que la France employant les méthodes de l'« École » des Annales (*The French Historical Revolution : The Annales School, 1929–89* (Cambridge, Polity, 1990), 100–101).

9 Citons les actes de l'ancêtre des colloques France-Québec : C. Galarneau et E. Lavoie, dir., *France et Canada français du XVI*e *au XX*e *siècle* (Québec, Presses de l'Université Laval, 1966). Quant aux influences états-uniennes, voir C. Nish, *Les bourgeois-gentilhommes de la Nouvelle-France, 1729–1748* (Montréal, Fides, 1968).

10 Au sujet des discussions concernant la Conquête, voir J. Lamarre, *Le devenir de la nation québécoise selon Maurice Séguin, Guy Frégault et Michel Brunet, 1944–1969* (Sillery, Septentrion, 1993); sur la « crise agricole », voir J. Hamelin et F. Ouellet, « La crise agricole dans le Bas-Canada (1802–1837) », *Études rurales* (1962) : 36–57 et G. Paquet et J.-P. Wallot, « Crise agricole et tensions socio-ethniques dans le Bas-Canada, 1802–1812 : éléments pour une ré-interprétation », *RHAF* 26, 2 (1972) : 185–237, coups d'envoi de la controverse.

11 F. Ouellet, *Histoire économique et sociale du Québec 1760–1850* (Montréal, Fides, 1966, 2 vols.); R.C. Harris, *The Seigneurial System in Early Canada : A Geographical Study* (Madison, Wis. et Québec, University of Wisconsin Press et Presses de l'Université Laval, 1966).

12 Voir le survol très complet de Serge Gagnon : « The Historiography of New France, 1960–1974 : Jean Hamelin to Louise Dechêne », *Revue d'études canadiennes* 13, 1 (1978) : 80–99. Voir aussi L. Dechêne, « Coup d'œil sur l'historiographie de la Nouvelle-France », *Études canadiennes/Canadian Studies* 3 (1977) : 45–57.

13 En témoignent d'ailleurs les soupirs de frustration que poussait alors Jean Blain. « De ces controverses [au sujet de la Conquête], chacun s'amuse, mais finalement s'instruit fort peu », écrit-il en 1970, avant de soumettre à un examen très critique cette controverse et d'autres dans trois articles historiographiques. « Préface », dans Maurice Séguin, *La « Nation canadienne » et l'agriculture 1760–1850. Essai d'histoire économique* (Trois-Rivières, Boréal Express, 1970), 39; et, sous le titre « Économie et société en Nouvelle-France : le cheminement historiographique dans la première moitié du XX*e* siècle », *RHAF* 26, 1 (1972) : 3–31; « L'historiographie des années 1950–1960 : Guy Frégault et l'école de Montréal », *RHAF* 28, 2 (1974) : 163–186; « L'historiographie au tournant des années 1960 : la réaction à Guy Frégault et à l'école de Montréal, la voie des sociologues », *RHAF* 30, 3 (1976) : 323–362.

14 Pour des exemples de l'une et de l'autre recherche, voir notamment : G. Frégault, *La société canadienne sous le Régime français*, brochure de la Société historique du Canada, 1954; L.R. Macdonald, « France and New France : The Internal Contradictions », *CHR* 52, 2 (1971) : 121–143.

15 J. Revel, « Histoire et sciences sociales : une confrontation instable », dans J. Boutier et D. Julia, dir., *Passés recomposés. Champs et chantiers de l'Histoire* (Paris, Éditions Autrement, 1995), 69–81.

16 M.H. Watkins, « A Staple Theory of Economic Growth », dans W.T. Easterbrook et M.H. Watkins, dir., *Approaches to Canadian Economic History* (Toronto, Macmillan, 1967), 49–73; Samir Amin, *L'accumulation à l'échelle mondiale. Critique de la théorie du sous-développement* (Paris, Anthropos, 1970); A. Gunder Frank, *Capitalisme et sous-développement en Amérique latine* (Paris, Maspéro, 1968); E. Le Roy Ladurie, « L'histoire immobile », *Annales : économies, sociétés, civilisations* 29, 3 (1974) : 673–692; G. Bouchard, *Le village immobile. Sennely-en-Sologne* (Paris, Plon, 1972).

17 Nous rejoignons les remarques de P. Moogk, « Compte rendu d'*Habitants and Merchants of Seventeenth-Century Montreal* », CHR 75, 4 (1994) : 623, 625.

18 Dechêne, *Habitants et marchands*, 490.

19 Ibid., 434.

20 Ibid., 347.

21 Le changement structurel est toutefois plus évident dans l'analyse des étapes du développement du commerce des fourrures – mais déjà moins dans la conclusion. Ibid., 171–183.

22 Ibid., 485–486.

23 Ibid., 483, 488.

24 L. Michel, « Note critique », 268; F. Ouellet, « Compte rendu de *Habitants et marchands de Montréal* », *Histoire sociale/Social History (HS/SH)* 8, 16 (novembre 1975) : 376. D'où un effet d'évacuation. Alors qu'*Habitants et marchands* semblait renvoyer les historiens vers l'après-1715, aujourd'hui encore, la plupart des études menées sur le Grand Siècle au Canada rejoignent l'autre côté de l'horizon 1663, où commence le régime royal. Un groupe très hétéroclite d'historiens et d'archéologues fouillent les débuts de la colonie. Les uns sont tournés davantage vers la colonisation qu'ils souhaitent, avec une ardeur bien traditionnelle, voir venir, alors que les autres, interdisciplinaires, mettent les Amérindiens en avant-plan et font la jonction avec un passé plus lointain. Voir notamment M. Trudel, *Histoire de la Nouvelle-France* (Montréal, Fides, 1963–75); D. Delâge, *Le pays renversé. Amérindiens et Européens en Amérique du Nord-Est, 1600–1664* (Montréal, Boréal, 1985); B.G. Trigger, *Les Indiens, la fourrure et les Blancs*, G. Khal, trad. (Montréal, Boréal, 1990).

25 Un certain désarroi méthodologique devant ces milliers de citadins hétéroclites, aux productions qui se dérobent, si souvent, du regard de l'historien, est sans doute pour quelque chose dans ce choix de privilégier l'histoire rurale. Mais il y a également les précédents internationaux (France, États-Unis), le souci de rejoindre l'expérience coloniale la plus représentative, forcément l'expérience rurale et, dans les années 1970, l'urgence de sortir les discussions sur la « crise agricole » de la prison de la courte durée.

Citons enfin l'extrapolation, provocatrice à souhait, de la dernière page de la conclusion de Dechêne, *Habitants et marchands*, 490 : « [C]'est en quelque sorte hors du temps [que les habitants] reproduisent, génération après génération, des communautés statiques, à peu près semblables à celles que nous avons vues surgir au lendemain du débarquement. »

26 L. Michel, « Un marchand rural en Nouvelle-France : François-Augustin Bailly de Messein 1709–1771 », *RHAF* 33, 2 (1979) : 215–262; voir aussi du même auteur, « Le livre de compte (1784–1792) de Gaspard Massue, marchand à Varennes », *HS/SH* 13, 26 (1980) : 369–398.

27 Mais voir A. Greer, *Peasant, Lord, and Merchant* (Toronto, University of Toronto Press, 1985). L'auteur met davantage l'accent sur la lourdeur du prélèvement – comme du cadre féodal tout court – tout en fournissant une belle étude de l'activité du marchand rural Samuel Jacobs. Sur la rigidité et la souplesse du régime seigneurial, voir les études précises de S. Dépatie, C. Dessureault et M. Lalancette, dans leurs *Contributions à l'étude du régime seigneurial canadien* (Montréal, Hurtubise HMH, 1987), et de S. De Blois, « Possibilités et limites d'une entreprise seigneuriale : Les moulins de Terrebonne, 1720–1775 », mémoire de M.A. Université de Montréal, 1995.

28 C. Dessureault, « L'égalitarisme paysan dans l'ancienne société rurale dans la vallée du Saint-Laurent », *RHAF* 40, 3 (1987) : 373–408; sur les autres travaux, voir ci-dessous le bilan de L. Michel, ainsi que C. Desbarats, « Agriculture within the Seigneurial Régime of Eighteenth-Century Canada : Some Thoughts on the Recent Literature », *CHR* 73, 1 (1992) : 1–29. Ajoutons enfin la communication non publiée de S. Dépatie, « Production et commercialisation des grains : le rôle des marchands au XVIIIe siècle », Fourth Canadian Business History Conference, Peterborough, oct. 1994.

29 C. Dessureault et J.A. Dickinson, « Niveau de vie et reproduction sociale dans la plaine de Montréal 1740–1804 », dans R. Bonnain, dir., *Transmettre, hériter, succéder* (Lyon, Presses universitaires de Lyon, 1992), 153–174; C. Dessureault et al., « Living Standards of Norman and Canadian Peasants, 1690–1835 », dans A. Schuurman et L.S. Walsh, dir., *Material Culture, Consumption, Life-Style, Standard of Living (16th–19th Centuries).* (Milano, Università Bocconi, 1994), 95–114.

30 Sur la commercialisation, voir maintenant L. Dechêne, *Le partage des subsistances au Canada sous le Régime français* (Montréal, Boréal, 1994); pour des aperçus de la différenciation spatiale, voir J. Mathieu et A. Laberge, « La diversité des aménagements fonciers dans la vallée du Saint-Laurent au XVIIIe siècle », Société historique du Canada / Canadian Historical Association, *Communications historiques/Historical Papers* (1989) : 146–166; T. Wien, « Visites paroissiales et production agricole au Canada vers la fin du XVIIIe siècle », dans F. Lebrun et N. Séguin, dir., *Sociétés villageoises et rapports villes-campagnes au Québec et dans la France de l'ouest, XVIIe–XXe siècles* (Trois-Rivières, CRÉQ, 1987), 183–194.

31 Songeons à la Conquête qui revient à peine des oubliettes où elle avait été reléguée par réaction contre les excès des devanciers …

32 Certains gagnent justement le siècle suivant, proposant un moyen terme entre la crise et le déblocage prônés par les devanciers. C. Dessureault, « Crise ou modernisation? La société maskoutaine durant le premier tiers du XIXe siècle », *RHAF* 42, 3 (1989) : 359–388; R. Sweeny, *Les relations ville-campagne : le cas du bois de chauffage* (Montréal, MBHP, 1988); L. Dechêne, « Observations sur l'agriculture du Bas-Canada au début du XIXe siècle », dans J. Goy et J.-P. Wallot, dir., *Évolution et éclatement du monde rural* (Paris et Montréal, Éditions de l'École des Hautes Études en Sciences Sociales (ÉHÉSS) et Presses de l'Université de Montréal, 1986), 189–202; Greer, *Peasant, Lord, and Merchant*, 194–231.

33 Voir aussi les réserves, au demeurant assez schématiques, exprimées récemment par Greer quant à l'importance des changements survenus au Canada rural avant 1840. A. Greer, *The Patriots and the People* (Toronto, University of Toronto Press, 1993), 39–42.

34 Rappelons qu'*Habitants et marchands* parut la même année que le manifeste qui annonçait l'échappée socioculturelle des historiens de France. J. Le Goff et P. Nora, dir., *Faire de l'histoire* (Paris, Gallimard, 1974). Sur l'importance de ce point tournant, voir J. Boutier et D. Julia, « Ouverture : À quoi pensent les historiens? », dans J. Boutier et D. Julia, dir., *Passés recomposés*, 13–53.

35 Voir les articles de J. Mathieu : « Mobilité et sédentarité : stratégies familiales en Nouvelle-France », *Recherches sociographiques* 28 (1987) : 211–227; « De France à Nouvelle-France au XVIIe siècle », dans Y. Landry et al., dir., *Les chemins de la migration en Belgique et au Québec du XVIIe au XXe siècle* (Beauport, MNH, 1995), 195–199. Ces articles résument bien des travaux antérieurs de Mathieu et de ses collaborateurs.

36 C'est aussi bien entendu le temps de la frontière de Turner, caractérisé lui aussi par une alternance entre l'ouverture et la fermeture, jusqu'à ce que la terre vienne à manquer. F.J. Turner, *La frontière dans l'histoire des États-Unis* (Paris, Presses universitaires de France, 1963). Ce même cycle évoque pour Lemire le mythe de Sisyphe. Maurice Lemire, *Formation de l'imaginaire littéraire québécois (1764–1867)* (Montréal, L'Hexagone, 1993), 26.

37 S. Dépatie, « La transmission des patrimoines dans les terroirs en expansion : un exemple canadien au XVIIIe siècle », *RHAF* 44, 2 (1990) : 171–198.

38 Les travaux actuellement en cours sur les journaliers et fermiers (Dépatie), les notables (Laberge, Dessureault) et d'autres cas limites de la société rurale ajouteront plusieurs facettes à l'image composite à venir. Ils utilisent à bon escient les instruments de recherche informatisés mis au point ces dernières années : Programme de recherche en démographie historique du Département de démographie de l'Université de Montréal, *Registre de la population du Québec ancien*; Société Archiv-Histo, *Parchemin : banque de données notariales*.

39 Dechêne, *Habitants et marchands*, 418–433. Voir aussi L. Lavallée, *La Prairie en Nouvelle-France, 1647–1760 : étude d'histoire sociale* (Montréal, McGill-Queen's University Press, 1992), 141–159.

40 A. Charbonneau et al., *Québec, ville fortifiée du XVIIe au XIXe siècle* (Québec, Pélican, 1982); P. Lambert et A. Stewart, dir., *Montréal, ville fortifiée au XVIIIe siècle* (Montréal, Centre Canadien d'Architecture, 1992). Les études sur l'administration de la justice et de la criminalité sont centrées, tout comme leur sujet, sur la ville. Citons A. Lachance, *La justice criminelle du roi au Canada au XVIIIe siècle* (Québec, Presses de l'Université Laval, 1978); A. Lachance, *Crimes et criminels en Nouvelle-France* (Montréal, Boréal Express, 1984); J.A. Dickinson, *Justice et justiciables. La procédure civile à la Prévôté de Québec, 1667–1759* (Montréal, Presses de l'Université Laval, 1982). Les survols de l'histoire urbaine se sont multipliés ces dernières années : A. Lachance, *La vie urbaine en Nouvelle-France* (Montréal, Boréal, 1987); J. Hare et al., *Histoire de la ville de Québec 1608–1871* (Montréal, Boréal, 1987); D.-T. Ruddel, *Québec, 1765–1832 : l'évolution d'une ville coloniale* (Hull, Musée canadien des civilisations, 1991); Y. Landry, dir., *Pour le Christ et le Roi. La vie au temps des premiers Montréalais* (Montréal, Art Global et Libre Expression, 1992); J.-C. Robert, *Atlas historique de Montréal* (Montréal, Art Global et Libre Expression, 1994). Fouillée, l'enquête de Desloges pose néanmoins plusieurs problèmes d'ordre méthodologique : Y. Desloges, *Une ville de locataires. Québec au XVIIIe siècle* (Ottawa, Service des Parcs, Environnement Canada, 1991).

41 Nous pensons tout particulièrement aux changements observés dans le comportement des nobles : L. Gadoury, *La noblesse de Nouvelle-France : familles et alliances* (Montréal, Hurtubise HMH, 1992); voir aussi D. Gauvreau, *Québec. Une ville et sa population au temps de la Nouvelle-France* (Sillery, Presses de l'Université du Québec, 1991); C. Simo Noguera, « Le comportement démographique de la bourgeoisie en Nouvelle-France », thèse de PhD, Université de Montréal, 1994.

42 Dechêne, *Habitants et marchands*, 374–398; « La croissance de Montréal ». Dechêne a depuis ajouté des analyses, mettant elles aussi l'accent sur la lenteur du développement urbain, des pratiques foncières et de la géographie résidentielle à Québec. Voir « La rente du faubourg Saint-Roch à Québec – 1750–1850 », *RHAF* 34, 4 (mars 1981) : 569–596; « Quelques aspects de la ville de Québec au XVIIIe siècle d'après les dénombrements paroissiaux », *Cahiers de géographie du Québec* 28, 75 (1984) : 485–505. Voir aussi « La ville de Québec au XVIIIe siècle », dans L. Dechêne, dir., *Atlas historique du Canada. Des origines à 1800* (Montréal, Presses de l'Université de Montréal, 1987), 1 : planche 50.

43 Mais voir M. Thivierge, « Les artisans du cuir au temps de la Nouvelle-France, Québec, 1660–1760 », dans J.-C. Dupont et J. Mathieu, dir., *Les métiers du cuir* (Québec, Presses de l'Université Laval, 1981), 9–78 et la belle étude de Réal Brisson, *La charpenterie navale à Québec sous le Régime*

français (Québec, Institut québécois de recherche sur la culture , 1983). Voir aussi J. Desbiens, « Le niveau de vie et l'univers domestique des artisans montréalais entre 1740 et 1809 », mémoire de M.A. Université de Montréal, 1991; J.-P. Hardy, « Quelques aspects du niveau de richesse et de la vie matérielle des artisans de Québec et de Montréal, 1740–1751 », *RHAF* 40, 3 (1987) : 339–372; et avec plus de rigueur statistique, D. Bouchard, « La culture matérielle des Canadiens au XVIIIe siècle : analyse du niveau de vie des artisans du fer », *RHAF* 47, 4 (1994), 479–498.

44 Voir F. Gagnon, « Marchands voyageurs et équipeurs de Montréal, 1715–1750 », mémoire de M.A. Université de Montréal, 1995, étude prenant la mesure de la concentration chez les marchands de fourrures.

45 Sur les artisans, citons les recherches de maîtrise en cours de F.I. Langlois « Les familles de charpentiers et de menuisiers à Montréal au XVIIIe siècle : alliances matrimoniales et reproduction sociale », mémoire de M.A. Université de Montréal, 1996, et E. Roy, « Les familles de tisserands de la plaine de Montréal : exercice du métier et reproduction sociale », mémoire de M.A. Université de Montréal, 1997.

46 Citons J. Burgess, « Work, Family and Community : Montreal Leather Craftsmen, 1790–1831 », thèse de PhD, Université du Québec à Montréal, 1986, étude centrée sur Saint-Henri et Côte-des-Neiges, ainsi que d'autres travaux sur la zone périurbaine ou sur l'approvisionnement des villes : J.L. Waywell, « Farm Leases and Agriculture on the Island of Montreal, 1780–1820 », mémoire de M.A. Université McGill, 1989; Dépatie, « Production et commercialisation »; A.M. Stewart, « Settling an Eighteenth-Century Faubourg : Property and Family in Saint-Laurent Suburb, 1735–1810 », mémoire de M.A. Université McGill, 1988; Sweeny, *Les relations*; Dechêne, *Le partage des subsistances*.

47 M. Lalancette, « Description et analyse du rapport pêche/seigneurie à l'Île-aux-Coudres au XVIIIe siècle », dans J. Goy et J.-P. Wallot, dir., *Évolution et éclatement du monde rural* (Paris, Éditions de l'École des Hautes Études en Sciences Sociales et Presses de l'Université de Montréal, 1986), 203–218 et « La Malbaie et la Révolution française », dans P.H. Boulle et R.A. Lebrun, dir., *Le Canada et la Révolution française* (Montréal, Centre interuniversitaire d'études européennes, 1989), 45–67; Stewart, « Settling an Eighteenth-Century Faubourg ».

48 Dépatie, « Production et commercialisation », communication portant notamment sur la rentabilité d'exploitations agricoles situées tout près de Montréal.

49 Mais voir la réflexion de J.P. Greene sur l'Amérique britannique : J.P. Greene et J.R. Pole, « Reconstructing British American Colonial History » dans J.P. Greene et J.R. Pole, dir., *Colonial British America* (Baltimore, Johns Hopkins University Press, 1984), 14–15; J.P. Greene, *Pursuits of Happiness* (Chapel Hill, NC, University of North Carolina Press, 1988), 174–176.

50 Voir l'étude, très influencée par *Habitants et marchands* dans sa sensibilité comme dans ses conclusions, de Lavallée : *La Prairie en Nouvelle-France.*

51 Voir notamment Harris, « Compte rendu », 451–452.

52 La réflexion comparative très fine, mais néanmoins très marquée par la nouveauté du contexte, de R.C. Harris, « European Beginnings in the Northwest Atlantic : A Comparative View », dans *Seventeenth-Century New England : A Conference* (Boston, Colonial Society of Massachusetts, 1984), 119–152, représente une exception partielle à cette généralisation. Le manque de réactions reflète sans doute le réflexe d'approfondissement, favorisant les recherches pointues, qui s'est emparé de l'historiographie après 1974. Ou les vives polémiques au sujet de la « crise agricole » ont-elles fini par rendre les historiens méfiants à l'égard de tout débat?

53 Dechêne, *Habitants et marchands*, 347. Voir notamment l'article, annonciateur de tout un programme, de G. Bouchard : « L'historiographie du Québec et la problématique nord-américaine avant la révolution tranquille. Étude d'un refus », *RHAF* 44, 2 (1990) : 199–222.

54 M. Dumont et al. (Collectif Clio), *L'histoire des femmes au Québec depuis quatre siècles* (2e éd., Montréal, Le Jour, 1992 [1982]), 17–148, faisant état d'une évolution observée aussi dans les colonies anglo-américaines. L'histoire des femmes du Canada au cours de cette période compte maintenant une bibliographie d'une certaine densité, mais la *gender history* est encore peu tentée par les XVIIe et XVIIIe siècles ou peu pratiquée par les spécialistes de cette période. Voir parmi les travaux récents illustrant l'une ou l'autre de ces tendances : J. Brun, « Les femmes d'affaires dans la société coloniale nord-américaine : le cas de l'île Royale, 1713–1758 », mémoire de M.A. Université de Moncton, 1994; M.-A. Cliche, « Filles-mères, familles et société sous le Régime français », *HS/SH* 21, 41 (1988) : 39–69; C. Coates, « Authority and Illegitimacy in New France : The Burial of Bishop Saint-Vallier and Madeleine de Verchères versus the Priest of Batiscan », *HS/SH* 22, 43 (1989) : 65–90; C. Gourdeau, « Établir ses enfants au XVIIe siècle : Éléonore de Grandmaison (1619–1692) et sa descendance », dans J. Mathieu et al., dir., *Espaces-temps familiaux au Canada aux XVIIe et XVIIIe siècles* (Québec, Centre interuniversitaire d'études québécoises, 1995), 45–68; A. Greer, « La république des hommes : les Patriotes de 1837 face aux femmes », *RHAF* 44, 4 (1991) : 507–528; F. Parent, *Entre le juridique et le social : le pouvoir des femmes à Québec au XVIIe siècle* (Québec, Groupe de recherche multidisciplinaire féministe, 1991).

55 J.-F. Leclerc, « Justice et infra-justice en Nouvelle-France. Les voies de fait à Montréal entre 1700 et 1760 », *Criminologie* 18 (1985) : 25–39.

56 M.-A. Cliche, *Les pratiques de dévotion en Nouvelle-France. Comportements populaires et encadrement ecclésial dans le gouvernement de Québec* (Québec, Presses de l'Université Laval, 1988). L'exception américaine va ici dans le sens contraire de celui, habituel, d'une plus grande liberté.

57 Voir surtout A. Greer, *The Patriots and the People : The Rebellion of 1837 in Rural Lower Canada* (Toronto, University of Toronto Press, 1993).

58 Serge Gagnon, *Plaisir d'amour et crainte de Dieu. Sexualité et confession au Bas-Canada* (Québec, Presses de l'Université Laval, 1990); Christine Hudon, « Le prêtre, le ministre et l'apostat. Les stratégies pastorales face au protestantisme canadien-français au XIXe siècle », dans Société canadienne d'histoire de l'Église catholique, *Études d'histoire religieuse* 61 (1995) : 81–99.

59 L. Dechêne, « L'évolution du régime seigneurial », 146, 176–177; T. Wien, « Les conflits sociaux dans une seigneurie canadienne au XVIIIe siècle : les moulins des Couillard », dans G. Bouchard et J. Goy, dir., *Famille, économie et société rurale en contexte d'urbanisation* (Chicoutimi et Paris, Centre interuniversitaire SOREP / École des Hautes Études en Sciences Sociales, 1990), 225–236.

60 G. Frégault, *La civilisation de la Nouvelle-France* (Montréal, Bibliothèque québécoise, 1990 [1944]), 279–289; J. Mathieu, *La Nouvelle-France. Les Français en Amérique du Nord, XVIe–XVIIIe siècles* (Paris et Québec, Belin et Presses de l'Université Laval, 1991, 120–124, 231; M. Lemire, dir., *La vie littéraire au Québec, 1764–1805* (Québec, Presses de l'Université Laval, 1991), 1:91; F. Dumont, *La genèse de la société québécoise* (Montréal, Boréal, 1993), 84–86.

61 Prenons l'exemple de la consommation accrue, au XVIIIe siècle, de marchandises importées et la « francisation » des goûts que cela suppose : Dessureault et al., « Living Standards »; voir aussi pour l'Amérique anglaise, T.H. Breen, « An Empire of Goods : The Anglicization of Colonial America, 1690–1776 », *Journal of British Studies* 25 (1986) : 467–499, ainsi que R.L. Bushman, *The Refinement of America* (New York, Vintage, 1993). Un autre aspect de ce phénomène est la victoire, en l'occurrence précoce et sans doute facile, du français sur le patois : P. Barbaud, *Le choc des patois en Nouvelle-France* (Québec, Presses de l'Université Laval, 1984); C. Asselin et A. McLaughlin, « Les immigrants en Nouvelle-France au XVIIe siècle parlaient-ils français? » (1981), dans R. Mougeon et E. Beniak, dir., *Les origines du français québécois* (Québec, Presses de l'Université Laval, 1994), 101–130.

62 E. Le Roy Ladurie, *Love, Death and Money in the Pays d'Oc* (Harmondsworth, Penguin, 1984), 271–272, 437–439.

63 L. Dechêne, *Habitants et marchands*, 433–435; P.N. Moogk, « "Les petits sauvages" : The Children of Eighteenth-Century New France », dans J. Parr, dir., *Childhood and Family in Canadian History* (Toronto, McClelland and Stewart, 1982), 17–43; D. Lemieux est plus prudente dans *Les petits innocents. L'enfance en Nouvelle-France* (Québec, Institut québécois de recherche sur la culture, 1985), 170–172. Voir aussi M.-A. Cliche, « L'infanticide dans la région de Québec (1660–1969) », *RHAF* 44, 1 (1990) : 31–59.

64 R.C. Harris, « European Beginnings », passim; M.-A. Cliche, *Les pratiques de dévotion*, 317–318; G. Bouchard, « Sur la dynamique culturelle des régions de peuplement », *CHR* 67, 4 (1986) : 473–490.

65 L'ethnonyme est de Charlevoix.

66 Cf. A.J. Ray, « Indians as Consumers », dans R. Fisher et K. Coates, *Out of the Background : Readings on Canadian Native History* (Toronto, Copp Clark Pitman, 1988), 134–149.

67 Dans son article ci-dessous, Wien revient sur les causes du passage, vers 1670, d'une de ces étapes à la suivante.

68 Sans pourtant proposer des chiffres définitifs, la recherche plus récente a eu tendance à réviser à la hausse les estimations de Dechêne relatives au nombre de Canadiens qui s'engagent pour le commerce des fourrures. Voir G. Allaire, « Les engagements pour la traite des fourrures – évaluation de la documentation », *RHAF* 34, 1 (1980) : 3–26; B.D. Murphy, « The Size of the Labour Force in the Montreal Fur Trade, 1675–1790 », mémoire de M.A. Université d'Ottawa, 1986.

69 Mentionnons, parmi de nombreux travaux, ceux de Trigger, *Les Indiens*, ainsi que R. White, *The Middle Ground* (Cambridge, Cambridge University Press, 1991); sur les Amérindiens domiciliés et leurs rapports avec les habitants de la colonie, D. Delâge, « Les Iroquois chrétiens des "réductions", 1677–1770 », *Recherches amérindiennes au Québec* 21, 1–2 (1991) : 59–70 et 21, 3 (1991) : 39–50; J. Grabowski, « Les Amérindiens domiciliés et la "contrebande" des fourrures en Nouvelle-France », *Recherches amérindiennes au Québec* 24, 3 (1994) : 45–52 et « Searching for the Common Ground : Natives and French in Montreal, 1700–1730 », dans J. Pritchard, dir., *Actes du 18e Colloque de la Société d'histoire coloniale française (Montréal, mai 1992)* (Cleveland, French Colonial Historical Society, 1993), 59–73; M. Jetten, *Enclaves amérindiennes : les « réductions » du Canada 1637–1701* (Sillery, Septentrion, 1994); et les nombreux travaux sur le sujet de J.A. Dickinson, dont le plus récent : « La population autochtone », dans S. Courville, dir., *Population et territoire* (Québec, Presses de l'Université Laval, 1996), coll. *Atlas historique du Québec*, 11–20.

70 Voir notamment D. Delâge, « L'influence des Amérindiens sur les Canadiens et les Français au temps de la Nouvelle-France », *Lekton* 2, 2 (1992) : 103–191; Mathieu, *La Nouvelle-France*, 47–48, 118–119. Mais voir aussi C.J. Jaenen, « Miscegenation in Eighteenth-Century New France », dans B. Gough et L. Christie, dir., *New Dimensions in Ethnohistory* (Hull, Musée canadien des civilisations, 1991), 79–115.

71 C. Chauchetière, « La Vie de la B. Catherine Tegakouita, dite à présent La Saincte Sauvagesse », Archives de la Société de Jésus, Province du Canada Français (Saint-Jérôme), 2, cité dans A. Greer, « Savage/Saint : The Lives of Kateri Tekakwitha » (ci-dessous).

72 Dechêne, *Habitants et marchands*, 482.

73 Dechêne, *Le partage des subsistances*. Voir aussi T. Crowley, « "Thunder Gusts" : Popular Disturbances in Early French Canada », Société historique du Canada, *Communications historiques* (1979) : 11–31; Coates,

« Authority and Illegitimacy » C. Horquelin, *La prétendue République : pouvoir et société au Canada (1645–1675)* (Québec, Septentrion, à paraître). Entre-temps, l'histoire du cadre impérial s'est également renouvelée : D. Miquelon : *New France, 1701–1774 : « A Supplement to Europe »* (Toronto, McClelland and Stewart, 1987) et « Canada's Place in the French Imperial Economy : An Eighteenth-Century Overview », *French Historical Studies* 15, 3 (1988) : 432–443; J. Pritchard, *Louis xv's Navy, 1748–1762 : A Study of Organization and Administration* (Kingston et Montréal, McGill-Queen's University Press, 1987).

74 Avec sa sensibilité aux obsessions et aux idées reçues des puissants, cette histoire est aussi plus ouverte à l'univers des représentations subjectives, encore parent pauvre de l'histoire coloniale, abstraction faite de celle de la religion et, dans une moindre mesure, de celle des femmes. L'état des sources explique en partie ce retard, bien sûr, mais peut-être aussi une allergie au déterminisme culturel qui a pendant si longtemps marqué cette historiographie. Compte tenu de tout cela, la dimension socioculturelle risque d'entrer davantage par la petite porte que par la grande, favorisant, espérons-le, le développement d'une véritable histoire intégrée. L. Dechêne, *Le partage des subsistances*; C. Desbarats, « The Cost of Early Canada's Native Alliances : Reality and Scarcity's Rhetoric », *William and Mary Quarterly* 3rd ser., 52, 4 (1995) : 609–630.

75 Dechêne, *Habitants et marchands*, 8.

76 Beau programme ... Mais, malgré les progrès de la recherche ces dernières années, le moment est-il propice? Ce n'est pas évident. L'histoire hâtive est de nouveau de mise, malgré le coup de frein de Dechêne. Sauf exception, elle n'est pas propulsée cette fois-ci, comme elle l'était vers 1970 par la griserie des découvertes documentaires ou le feu des controverses. Elle répond plutôt à un souci de rentabilité universitaire qui frôle l'absurde. C'est à suivre.

Bilans historiographiques

1 Vingt ans d'études sur la population pendant le Régime français : bilan et perspectives

DANIELLE GAUVREAU

La documentation démographique concernant la période du Régime français forme aujourd'hui un ensemble important qui contraste avec celui d'il y a vingt ans, époque où paraissait *Habitants et marchands de Montréal au XVIIe siècle*. Grâce aux nombreuses études réalisées dans l'intervalle, cette période de l'histoire de la population du Québec paraît en effet maintenant la mieux connue de toutes, et ce, même si des travaux restent à faire. Au contraire, le XIXe siècle n'a pas fait l'objet d'un aussi grand intérêt et les études s'y rapportant demeurent, pour toutes sortes de raisons qui ne sont pas propres qu'à la démographie, plus parcellaires. La situation favorable à la période du Régime français est largement due à la constitution, sous l'égide de démographes de l'Université de Montréal,[1] d'un fichier de population couvrant cette période et basé sur les registres paroissiaux tenus dès les débuts de la colonie. La discipline historique a également participé à ce développement, qui s'est inscrit pour elle dans la foulée d'une nouvelle impulsion donnée en histoire sociale à l'étude des groupes sociaux, de la famille, ou encore à l'histoire des femmes. Tous ces thèmes ont conduit les historiens à s'intéresser, même d'une façon indirecte, à des questions d'ordre démographique.

Le présent texte porte sur la production publiée (ouvrages et articles) des vingt dernières années se rapportant à la population de souche européenne ayant vécu au Canada durant la période du Régime français.[2] Par démographie, on entend ici les composantes habituelles de cette discipline, soit l'état, la structure et la dynamique de renouvellement de la population, envisagés séparément ou comme un ensemble s'articulant étroitement à la société de l'époque (le régime démographique). Le bilan s'ouvre sur une synthèse des connaissances acquises, suivie d'un examen des problématiques et d'une discussion des perspectives pour l'avenir. Le thème général de la différenciation sert de point d'ancrage à cette présentation; envisagé sous différents angles, il renvoie tout autant à l'évolution des dynamiques dans le temps qu'à la variabilité intrinsèque des comportements, ou encore à leur variabilité sociale.

UN BILAN DES CONNAISSANCES

La population canadienne se renouvelle aux XVIIe et XVIIIe siècles selon les grandes lignes enregistrées en Europe à la même époque, et en particulier en France dont elle est issue. Mais les paramètres fondamentaux du régime démographique ancien, une fécondité et une mortalité élevées, s'inscrivent ici dans un contexte différent, plus favorable à la croissance naturelle : sélection initiale d'une population plus robuste, conditions de vie plus saines qu'en France, plus grandes possibilités d'établissement des jeunes couples. La migration internationale et interne y jouent inévitablement aussi un rôle différent.

Des rythmes de croissance différenciés

Les débuts difficiles de la colonisation française au Canada sont bien connus. La population ne dépasse les 10 000 personnes qu'au début des années 1680, s'accroissant ensuite à un rythme relativement soutenu jusqu'à la fin du Régime français, se chiffrant alors à un peu plus de 70 000 personnes.[3] Le rythme moyen de croissance de 2,5 % durant cette période est cependant loin d'être régulier, fluctuant surtout au gré des nouvelles arrivées dans la colonie, elles-mêmes tributaires de la conjoncture économique et politique. Ainsi, les entrées furent particulièrement importantes durant la période 1665–1673 (hommes et femmes) et au cours des dernières décennies du Régime français (hommes seulement). L'évolution générale et les fluctuations de la mortalité influent également sur les courbes de croissance.

Les études monographiques menées sur des ensembles spécifiques ont mis au jour des rythmes de croissance différenciés reflétant la dynamique de colonisation de chaque milieu : paroisse rurale de l'Ouest laurentien, milieu insulaire, capitale de la colonie (tableau 1). Décrite entre autres par Jacques Mathieu et son équipe de chercheurs pour le milieu rural,[4] cette dynamique connaît son coup d'envoi avec l'arrivée des premiers colons; elle évolue ensuite sous l'impulsion de l'accroissement naturel, l'accroissement migratoire pouvant même devenir négatif lorsque la paroisse déverse à son tour son trop-plein sur de nouveaux territoires en expansion.[5] Il s'agit là d'un rythme de fond dont l'accomplissement se répète à maintes reprises, élément original du régime démographique des sociétés nouvelles.[6]

L'évolution des milieux urbains obéit à d'autres règles, différentes de celles de l'Ancien Monde. Les échanges internes y jouent également un rôle, se traduisant par exemple pour la ville de Québec par l'arrivée de jeunes filles et de femmes seules en provenance de la campagne environnante ainsi que par le départ de jeunes hommes; ces mouvements se compensent en bonne partie, de sorte que, contrairement à l'Europe, le milieu urbain n'exerce pas d'attrait particulier sur les ruraux.[7] Enfin, les entrées en provenance de l'extérieur y sont plus visibles qu'ailleurs dans la colonie.

Variable dans le temps et dans l'espace, la combinaison de ces composantes se répercute sur la répartition de la population. Le gouvernement de Québec domine tout au long de la période, mais dans une moindre mesure au milieu du XVIIIe siècle, lorsque la population occupe un plus vaste territoire : il regroupe 63 % de la population en 1692 et 52 % en 1739, ce changement profitant essentiellement au gouvernement de Montréal (25 % et 40 % en 1692 et en 1739 respectivement).[8]

Migrations

On vient de le voir, la migration internationale et la migration interne constituent des composantes-clés de la croissance démographique. Mais au-delà de cet impact strictement quantitatif, les caractéristiques des mouvements et des acteurs concernés revêtent une grande importance pour bien d'autres facettes de la vie coloniale, éclairant par exemple les rapports entre la métropole et la colonie, ou encore permettant de mieux comprendre le mode de formation des populations régionales.

Dans le cas de la migration internationale, des études réalisées au cours des dix dernières années ont contribué à nuancer l'image traditionnelle de ce mouvement, remplacée par une vision plus complexe et diversifiée du phénomène.[9] On note d'abord son rythme accidenté, différent pour les hommes et pour les femmes. L'arrivée de ces dernières est concentrée dans le temps et se limite en pratique au XVIIe siècle, tandis que celle des hommes se poursuit au XVIIIe siècle, donnant lieu sans doute alors à des modalités d'insertion différentes dans la colonie.[10] Mieux connu qu'avant, l'écart entre les chiffres d'immigration observée et d'immigration fondatrice témoigne du fait que les séjours dans la colonie ne sont pas tous suivis d'un établissement définitif, qu'ils aient été planifiés ou non ainsi. Ainsi, une estimation récente

Tableau 1
Croissance démographique et composantes de la croissance pour quelques périodes et quelques lieux (taux pour mille)

Ensemble visé	*Accroissement total*	*Natalité*	*Mortalité*	*Migration nette*
CANADA				
1667–1681	66	68	25	23
1717–1726	35	57	32	10
1741–1765	19	59	45	–5
ÎLE D'ORLÉANS				
1680–1689	13	53	42	3
1710–1719	18	51	26	–7
1740–1749	3	40	25	–12
LA PRAIRIE				
1681–1684	40	51	19	8
1706–1720	18	54	17	–18
1721–1751	32	58	30	4
VILLE DE QUÉBEC				
1681 (1666–1681)	(65)	65	18	(40)
1716 (1681–1716)	(22)	66	42	(2)
1744 (1716–1744)	(29)	58	38	(9)

Sources : CANADA : Boleda, « Les migrations au Canada sous le régime français (1608–1760) », *Cahiers québécois de démographie*, 13, 1 (1984) : 23–39. Ces chiffres sont corrigés pour tenir compte du sous-enregistrement des naissances et des décès.
ÎLE D'ORLÉANS : Landry et Bates, « Population et reproduction sociale à l'île d'Orléans aux XVIIe et XVIIIe siècles », *RHAF* 45, 3 (1992) : 403–413. Ces chiffres sont corrigés pour tenir compte du sous-enregistrement des naissances et des décès.
LA PRAIRIE : Lavallée, *La Prairie en Nouvelle-France, 1647–1760* (Montréal et Kingston, McGill-Queen's University Press, 1992). Ces chiffres sont corrigés pour tenir compte du sous-dénombrement des recensements (dénominateurs pour le calcul des taux).
VILLE DE QUÉBEC : Gauvreau, *Québec*. Les taux de natalité et de mortalité se rapportent à des années précises (moyennes sur trois ans), tandis que les taux d'accroissement total et de migration nette se rapportent à des périodes (chiffres entre parenthèses).

situe à un peu moins de 10 000 le nombre des immigrants établis en famille au Canada, soit un maximum de 40 % du total de l'immigration observée.[11] Bien que concentrée dans l'ouest et le nord de la France, la carte de l'immigration française au Canada présente par ailleurs un profil plus nuancé, qui évolue avec le temps au profit de l'est et du sud.[12] L'apparentement entre migrants connaît aussi des variations avec le temps : peu fréquent dans l'ensemble, il l'est cependant davantage dans les débuts, un trait important pour l'évolution ultérieure de la population.[13]

Les indices de regroupement dans l'espace canadien, suivant le milieu d'origine en France par exemple, sont peu nombreux pour l'instant. Mais en l'absence d'étude systématique de la mobilité géographique à l'échelle interne, il faut se garder d'un jugement définitif à cet égard. D'autres dimensions du phénomène des migrations internes ont néanmoins été mises au jour par des travaux menés sur des ensembles restreints, auxquels il est possible d'adjoindre les résultats obtenus au moyen d'approches indirectes.

Ainsi, le calendrier d'ouverture des paroisses et leur localisation dans l'espace indiquent que le mouvement se fait de proche en proche, et ce, de façon concomitante dans les trois gouvernements.[14] Des études suggèrent de plus que les mouvements entre paroisses établies se font le plus souvent dans l'aire d'échanges immédiats, qu'il s'agisse de mobilité matrimoniale, de migration familiale ou du déplacement de domestiques placés pour travailler en milieu urbain.[15] Les migrations supposant des déplacements sur des distances plus grandes paraissent davantage le fait des catégories sociales supérieures – nobles ou officiers et marchands, pour reprendre la catégorisation de divers travaux –, dont la cohésion et les effectifs réduits dictent sans doute des stratégies différentes.[16] Comme plus tard au XIXe siècle, la réalisation de tous ces déplacements se trouve facilitée par le maintien, sous diverses formes, de liens entre le milieu d'origine et le milieu d'accueil, et en particulier par l'existence de relations de parenté entre les nombreux migrants.[17]

Ces résultats témoignent du rôle structurant de la famille et des relations de parenté en matière de migration, à la fois comme facteur facilitant la migration et comme conséquence des mouvements de proche en proche touchant les membres de même famille. Ils rappellent ce qui se passe en France à la même époque pour les migrations de courte durée (micromobilité), lesquelles ne dominent cependant pas autant la carte des migrations internes.[18] Comme le suggérait Louise Dechêne à partir d'autres observations,[19] on peut penser que la famille canadienne jouait ainsi un rôle accru dans la société coloniale, se modernisant en effet peut-être plus rapidement en l'absence de structures intermédiaires fortes.

Mortalité

L'avantage de la colonie quant à la mortalité est bien connu.[20] À la sélection initiale de l'immigration et du difficile voyage pour atteindre la colonie s'ajoute au début la faible densité de population, peu propice à la contagion. Les épidémies épargnent ainsi le Canada jusque vers la fin du XVIIe siècle, frappant cependant régulièrement à partir de 1687 : variole, grippe, typhus font alors de nombreuses victimes, particulièrement chez les enfants. Les niveaux de mortalité évoluent donc à la hausse à mesure que le temps passe, une hausse habituellement visible dans les taux de mortalité générale et surtout dans les taux de mortalité infantile (tableaux 1 et 2)[21]. Rappelons que cette composante de la mortalité est la plus étudiée et la mieux connue, probablement à cause de son importance et du fait qu'elle requiert des données sur une moins longue période d'observation.

Certains facteurs de risque de la mortalité infantile ainsi que leur action spécifique dans la colonie sont maintenant mieux connus. Parmi ceux-ci, le caractère familial de la mortalité infantile a été mis au jour au Canada comme en d'autres pays d'Europe d'alors;[22] la question de l'influence respective du biologique et du social sur le phénomène a également été analysée plus à fond, révélant une dynamique complexe où l'action des différents facteurs est difficile à départager.[23] Les études menées sur des ensembles distincts témoignent pour leur part de l'existence d'une différenciation sociale favorisant surtout les ruraux au détriment des urbains (tableau 2). Cet avantage découle vraisemblablement de différences dans les densités de population, situation dont l'impact sur les conditions d'hygiène et les possibilités de contagion est évident; il découle peut-être aussi du phénomène de la mise en nourrice, pratiquée seulement par les élites.

Chez les adultes et aux âges avancés, la mortalité se situe à des niveaux moins élevés qu'en France à la même époque. Les immigrants fondateurs ont joui d'un niveau de mortalité particulièrement favorable, y compris par rapport aux premières générations de natifs; cet avantage s'est toutefois estompé aux âges plus avancés.[24] Ici aussi, l'impact d'une composante familiale de la longévité a pu être mis au jour.[25] La mortalité qui frappe les femmes en couches se rapproche pour sa part davantage de la situation qui existe en Europe à la même époque. La proportion des accouchements mortels se situe autour de 1 %, mais la proportion de femmes décédées dans ces circonstances est évidemment plus élevée, du fait de la récurrence du risque : elle touche 5 % de toutes les filles du roi, 11 % de toutes les unions étudiées pour la ville de Québec.[26] La fécondité impose un tribut non négligeable aux femmes, sans compter que les nouveaux-nés décèdent souvent dans ces mêmes circonstances.

Fécondité

Les premiers travaux de Jacques Henripin avaient permis d'établir le niveau élevé de la fécondité durant la période du Régime français.[27] Des études plus récentes ont permis d'étayer les modalités de cette situation, de la comparer de façon plus systématique à celle existant

Tableau 2
Niveaux de mortalité infantile (taux pour mille)

Ensemble visé	*Taux de mortalité infantile*
CANADA	
1621–1679	171
1680–1699	210
1700–1729	242
MILIEU RURAL	
1621–1699	191
1700–1729	216
MILIEU URBAIN	
1621–1699	207
1700–1729	320
VILLE DE QUÉBEC	
Avant 1680	200
1680–1719	280
1720–1759	340
NOBLES	
XVIIe siècle	165
1700–1734	331
1735–1765	480
VILLE DE QUÉBEC (1621–1760)	
Officiers militaires et civils	286
Marchands	309
Artisans	309
Journaliers	326

Sources : CANADA ET MILIEUX RURAL ET URBAIN : Lalou, « La mortalité endogène en Nouvelle-France, entre la sélection naturelle et la sélection sociale », Communication présentée à la conférence sur *La Mortalité des enfants dans le passé*, Union internationale pour l'étude scientifique de la population, Montréal, oct. 1992.
VILLE DE QUÉBEC : Gauvreau, *Québec*. Ces chiffres reposent sur la synthèse de plusieurs estimations et ont été standardisés pour tenir compte de la répartition différentielle des catégories sociales dans le temps.
NOBLES : Gadoury, *La noblesse de Nouvelle-France : familles et alliances* (LaSalle, Hurtubise HMH, 1991).

dans d'autres pays et de formuler des hypothèses concernant les facteurs à l'origine de ces hauts niveaux.[28] Dans l'ensemble, les auteurs de ces travaux s'accordent pour invoquer la plus grande fécondabilité des femmes au Canada, leur moindre stérilité ainsi qu'une moins grande incidence de la mortalité intra-utérine. Ces traits sont souvent associés aux meilleures conditions de vie existant ici comparativement à celles qui existent en Europe, y compris en ce qui a trait à l'alimentation. L'effet d'une durée d'allaitement plus courte pourrait également être en jeu, mais ce facteur ne fait pas l'unanimité pour l'instant.[29]

De cette situation globalement favorable découle un rythme rapide de constitution des familles jusqu'à un âge avancé de la femme, soit environ un enfant tous les deux ans jusqu'à l'âge de 40 ans, associé à une descendance complète de 9,5 enfants pour les Canadiennes mariées entre 20 ans et 24 ans.[30] Mais ces résultats ne doivent pas faire oublier une certaine variabilité intrinsèque du phénomène, sous l'effet, entre autres, de la stérilité totale ou partielle :[31] les familles nombreuses côtoyaient donc des couples sans enfant ou n'ayant qu'une descendance limitée, une image qui nous est moins familière pour cette époque.[32]

Le phénomène est marqué par d'autres formes de marginalités, sociales celles-là, par exemple lorsque la grossesse survient en dehors des liens du mariage. L'issue peut alors être une conception prénuptiale, lorsque le mariage suit de peu la conception, ou une naissance illégitime, deux éventualités qui semblent à peu près aussi fréquentes l'une que l'autre avant 1730.[33] Dans l'ensemble et pour la même période, les conceptions prénuptiales représentent 7 % des premières naissances, tandis que les naissances illégitimes comptent pour près de 1 % de toutes les naissances.[34] On s'en doute, ces dernières sont plus lourdes de conséquences pour les filles-mères et leurs familles, comme les études de Marie-Aimée Cliche ont contribué à le montrer.[35]

Les comportements de fécondité dans la colonie laissent peu de place à la différenciation sociale. Même si des travaux ont depuis peu évoqué l'apparition d'indices d'une certaine contraception chez une portion des élites coloniales,[36] ce sont d'autres aspects du phénomène qui présentent les contrastes les plus nets. Ainsi, on observe davantage de conceptions prénuptiales dans les milieux urbains et les catégories professionnelles moins élevées, en particulier chez les soldats qui s'en servent comme stratagème pour obtenir la permission de se marier. La fréquence du phénomène s'accroît avec le temps, tout comme celle des naissances illégitimes. Enfin, notons que l'existence du phénomène de mise en nourrice a maintenant été démontrée pour la colonie, celui-ci suivant un clivage social très net : ce sont les familles des classes supérieures qui placent ainsi leurs enfants en nourrice, auprès des femmes de condition plus modeste.[37]

Nuptialité

Le mariage joue un rôle-clé dans le régime démographique des sociétés d'Ancien Régime.[38] En l'absence presque totale de limitation directe de la fécondité, il constitue, entre autres, un important facteur de régulation du niveau de reproduction d'une population. La colonie ne fait pas exception à ce constat, mais elle présente quelques traits originaux par rapport à celui-ci: de façon générale, elle offre aux jeunes gens de plus grandes possibilités d'établissement, à cause du contexte de développement et de colonisation; de façon plus ponctuelle, la situation du marché matrimonial a été marquée par d'importantes distorsions dues au déséquilibre des sexes. Les conséquences de l'un et de l'autre sont bien visibles dans l'âge moyen au premier mariage présenté au tableau 3.

L'arrivée des filles du roi au tournant des années 1670 ne fut pas suffisante pour lever toutes les pressions dues au surnombre des hommes en âge de se marier dans les débuts de la colonie. Le jeune âge au mariage des premières générations de Canadiennes agit alors comme un mode d'ajustement essentiel, tout comme la fréquence inhabituelle de leurs remariages durant la même période.[39] La situation se stabilise vers la fin du XVIIe siècle, avec un écart d'âge au mariage d'environ cinq ans en faveur des hommes et le remariage plus fréquent et rapide de ces derniers. Elle n'est pas homogène pour autant, les écarts les plus significatifs étant enregistrés pour les hommes des catégories sociales supérieures (tableau 3): ces derniers se marient plus tardivement, situation qui n'est probablement pas étrangère à leur plus grande mobilité géographique et à leurs stratégies sociales plus complexes. Des indices suggèrent par ailleurs qu'ils connaissent un célibat plus fréquent, en partie associé aux vocations religieuses, particulièrement chez les femmes.[40]

Le choix du conjoint et l'étude des règles sous-jacentes aux alliances conjugales constituent un domaine d'études encore en friche. L'endogamie géographique a été mise en évidence dans quelques travaux qui montrent bien que les aires de recrutement des conjoints dépassent rarement l'aire d'échanges habituels définie par les paroisses environnantes.[41] Il en va de même pour l'homogamie sociale, en particulier au sein de l'élite.[42] Mais ces études, et plus particulièrement celles menées sur l'apparentement entre conjoints[43], se heurtent au difficile problème de départager ce qui relève des conditions du marché matrimonial de la colonie, en particulier la taille réduite des effectifs et ce qui relève de règles d'alliances traduisant une réelle préférence pour certains types d'unions. Comme le suggérait Gérard Bouchard récemment en proposant les paramètres d'un axe de recherche en cette matière, il est encore trop tôt pour formuler des conclusions.[44]

Un ensemble cohérent et dynamique

Bien qu'examinés séparément pour la clarté de la présentation, les traits précédents forment un ensemble dont il importe de reconstituer la cohérence, puisqu'elle s'articule à celle plus générale caractérisant

Tableau 3
Âge moyen au premier mariage des femmes et des hommes selon la période ou la catégorie professionnelle

Ensemble visé	*Femmes*	*Hommes*
CONJOINTS NÉS AU CANADA		
Avant 1660	15,4	27,8
Avant 1680	19,7	27,6
1680–1699	22,3	27,6
1700–1729	22,9	26,7
FILLES DU ROI	23,4	–
VILLE DE QUÉBEC ET SOUS-GROUPES PROFESSIONNELS (1621–1760)	20,8	26,7
Officiers militaires et civils	19,8	28,1
Marchands	20,6	28,7
Artisans	20,6	25,4
Navigateurs	21,4	27,0
Journaliers	21,4	27,1
NOBLES		
XVIIe siècle	19,7	28,8
1700–1734	24,7	31,5
1735–1765	23,0	31,4
MARCHANDS, 1757–1772	25,1	30,9

Sources : CANADA : Bardet et Charbonneau, « Cultures et milieux en France et en Nouvelle-France : différenciation des comportements démographiques », Joseph Goy et Jean-Pierre Wallot, dirs., *Évolution et éclatement du monde rural* (Paris et Montréal, Éditions de l'École des Hautes Études en Sciences Sociales et Presses de l'Université de Montréal, 1986) : 75–88.
FILLES DU ROI : Landry, *Orphelines en France, pionnières au Canada. Les filles du roi au XVIIe siècle* (Ottawa, Leméac, 1992).
VILLE DE QUÉBEC : Gauvreau, *Québec.*
NOBLES : Gadoury, *La noblesse.*
MARCHANDS : Igartua, « Le comportement démographique des marchands de Montréal vers 1760 », *RHAF* 33, 3 (1979) : 427–446.

la société coloniale de cette période. Précisons tout de suite que la cohérence évoquée ici n'a rien à voir avec de quelconques mesures se rattachant à une politique de population puisque, malgré la présence de celle-ci dans la colonie, l'impact sur les comportements démographiques a été négligeable.[45] La cohérence dont il est question ici renvoie plutôt à l'articulation interne des composantes démographiques qui confère un sens à l'ensemble du régime, le distinguant de ce qui existe alors dans d'autres sociétés.

On ne peut parler d'une seule période pour décrire le régime démographique en situation de colonisation française. Même en excluant la période où la colonisation n'était qu'embryonnaire, une première distinction générale s'impose entre le XVIIe siècle et le XVIIIe siècle, avec une coupure vers la fin des années 1680. Elle correspond à peu près au moment de l'établissement des premières générations nées sur place après la poussée d'immigration des décennies 1660 et 1670. Cette transition est visible en particulier dans le processus de stabilisation de la structure par âge et par sexe de la population, dont les effets sur la nuptialité sont très nets; dans l'augmentation progressive de la mortalité; et enfin, dans le rôle accru de la croissance naturelle pour l'évolution démographique de la colonie. À cette dynamique se juxtaposent alors le rythme propre de l'immigration, essentiellement masculine au XVIIIe siècle et largement influencée par des facteurs économiques et politiques, ainsi que le cycle de développement des paroisses à l'échelle interne. Une seconde coupure devrait peut-être servir à marquer le passage à une société mieux établie, quoique toujours jeune, et ce, vers les années 1720; cependant, la rareté des études se prolongeant au-delà de 1730 n'autorise guère de réflexion poussée à cet égard. Quoi qu'il en soit, la notion de rythme ou de dynamique est essentielle pour comprendre la démographie de cette période.

Chaque phénomène démographique se caractérise par une variabilité intrinsèque qui a pour effet de disperser les comportements autour d'une certaine moyenne. Au-delà de cette variabilité intrinsèque, quelques grandes lignes de force doivent également être prises en compte pour éclairer la situation générale : la première concerne l'espace, les deux autres les structures sociales et la spécificité des comportements suivant le genre (différences hommes/femmes). Grand absent de la plupart des études démographiques, l'espace colonial constitue pourtant à n'en point douter un élément essentiel du régime démographique canadien. D'abord, parce qu'il commande directement une des composantes de ce régime, la mobilité géographique à l'échelle interne; ensuite, parce qu'il affecte indirectement au moins une autre composante, la nuptialité, par le biais de la mobilité matrimoniale; et enfin, parce qu'il constitue un des axes de différenciation des comportements démographiques en matière de mortalité et de nuptialité (différences urbain/rural).

Ce dernier élément se combine vraisemblablement à des différences fondées sur les attributs sociaux des acteurs en cause. Ainsi, les urbains exercent bien évidemment des professions différentes de celles des ruraux, la profession et l'habitat étant deux facteurs dont il faudrait s'attacher à mieux départager les effets. Pour l'instant, les différences sociales semblent jouir d'une réelle autonomie, manifeste par exemple dans les comportements démographiques des nobles ou des marchands, par ailleurs bien souvent semblables. Dès le début du

XVIIIe siècle, les effets de ces différences se font sentir sur la descendance des fondateurs, dont la variabilité s'explique non seulement par le calendrier d'établissement dans la colonie, mais aussi par des modèles différents de nuptialité et de mobilité.[46]

Le régime démographique se caractérise enfin par les comportements différenciés des hommes et des femmes, auxquels aucune composante n'échappe. En matière de migration, la prépondérance des hommes vaut dans les échanges internationaux, mais le rôle-clé des femmes dans les échanges internes liés, entre autres, à la mobilité matrimoniale doit être souligné. La fécondité impose inévitablement des destins différents, surtout lorsqu'elle s'étire jusqu'à la fin de la vie reproductive et qu'elle comporte des risques récurrents. Résultant davantage d'un choix social, les modèles de nuptialité offrent aussi plusieurs exemples de cette différenciation, que ce soit dans l'âge au premier mariage des filles, surtout au début de la colonisation, ou en matière de remariage. L'itinéraire qui se dessine alors pour les unes et pour les autres diffère à plus d'un égard.

RÉFLEXIONS CRITIQUES ET PERSPECTIVES D'AVENIR

Le bilan précédent a servi à présenter les principaux acquis des études sur la population et permis au passage de signaler quelques lacunes. Avant de chercher à identifier à partir de ce bilan les voies de recherche qu'il importe maintenant de poursuivre, essayons de dépasser ce premier niveau de connaissances pour réfléchir aux problématiques sous-jacentes à ces travaux et au corpus formé par ceux-ci. Cet effort débouche assez rapidement sur les acteurs/auteurs de cette recherche et les disciplines auxquelles ils se rattachent, souvent déterminantes dans le choix d'une approche.

Les travaux réalisés par les démographes forment une large part des études portant sur la population durant le Régime français. Les objectifs qu'ils poursuivent le plus souvent peuvent être rangés sous quelques grandes rubriques dont les principales sont : la préparation des sources et les travaux méthodologiques (auxquels il n'a pas été fait référence explicitement dans le bilan précédent); l'étude des origines de la population de souche française et la comparaison des comportements avec ceux de la France; l'étude d'un groupe social. La première catégorie ne se rattache pas à proprement parler à une problématique, mais elle n'en revêt pas moins une grande importance. Est-il nécessaire de rappeler ici la richesse des sources disponibles au Québec pour les analyses démographiques et les nombreuses possibilités d'application qu'elles recèlent pour les techniques de la démographie historique mises au point en France à partir du milieu du xxe siècle? Cette situation favorable n'en exigeait pas moins de la prudence et de la rigueur dans la préparation des sources et la mise au point des outils servant à les exploiter, deux qualités qui caractérisent les travaux réalisés dans cette première optique.[47] Grâce à eux, les chercheurs disposent maintenant d'un registre de population de qualité, susceptible d'être utilisé à des fins diverses.

Pour utiles qu'ils soient, ces travaux ne constituent qu'un préalable à tout travail s'intéressant à l'histoire de la population proprement dite. Lorsqu'elle est mise de l'avant par les démographes, cette seconde orientation paraît surtout dominée par l'idée d'éclairer les origines de la population et d'en comparer les comportements avec ceux de la population mère en France.[48] Plusieurs facteurs expliquent vraisemblablement cette situation, par exemple le fait que ces travaux aient porté pour une bonne part sur le xviie siècle, période où les conséquences de l'immigration revêtent une plus grande importance. Mais l'absence de référence à des questions semblables dans des contextes d'immigration et de colonisation différents suggère que d'autres facteurs contribuent à cette orientation. Parmi ceux-ci figurent probablement l'existence d'une filiation étroite entre démographie française et démographie québécoise, les possibilités d'application offertes par les sources québécoises aux techniques développées en bonne partie en France, ainsi que les structures mêmes de la recherche, favorisant les projets conjoints entre la France et le Québec. Outre ces facteurs structurels, il faut rappeler qu'un important courant de la démographie québécoise contemporaine s'intéressait durant la même période à la démolinguistique et à l'avenir du groupe français, une problématique qui trouve son écho dans les recherches menées sur le passé.[49] L'étude de la population coloniale ne pouvait certes pas faire abstraction de ce lien privilégié avec la mère patrie et cette approche comparée a de nombreux fondements réels. Il semble opportun cependant de chercher maintenant à dépasser celle-ci pour analyser sous d'autres angles la dynamique démographique à l'échelle interne. Cette approche conduit à mettre davantage l'accent sur les facteurs internes et sur la façon dont les phénomènes étudiés s'inscrivent dans la société de l'époque. Elle se retrouve déjà dans quelques travaux – souvent réalisés d'ailleurs par des historiens démographes – dont l'objet d'étude consistait en un groupe social bien identifié : les nobles, le clergé, les soldats, la bourgeoisie, un milieu urbain.[50] La multiplication de ces travaux et la mise en commun de leurs résultats sont susceptibles de mener à une meilleure compréhension de la société coloniale.

Moins nombreuses, les études proprement historiques ou anthropologiques qui se penchent sur des questions d'ordre démographique, le font au contraire sous l'angle privilégié de la dimension sociale des phénomènes, le questionnement à leur base étant issu des problématiques propres à ces deux disciplines. Elles abordent des thèmes essentiels pour comprendre la mise en place de la société coloniale et sa reproduction pendant tout le Régime français : mode de peuplement et rôle du dyptique mobilité/sédentarité dans ce peuplement, alliances conjugales, famille et reproduction familiale.[51] Envisagées du point de vue de la connaissance de l'histoire de la population, ces études paraissent toutefois limitées du fait qu'elles concernent souvent des ensembles restreints ou qu'elles ne reposent pas toujours sur un appareillage méthodologique transparent et systématique, ce qui nuit à la vérification des hypothèses.

De toute évidence, les deux ensembles de travaux – démographique et historique – gagneraient donc à être mieux arrimés, la complémentarité potentielle des approches ne faisant pas de doute. C'est là d'ailleurs l'objectif général que nous formulerions dans le cadre de l'élaboration de perspectives d'avenir pour les travaux sur l'histoire de la population. Il n'y a pas qu'une seule façon de réaliser un tel objectif : la mise sur pied d'équipes interdisciplinaires en est une, tandis que l'utilisation conjointe, par des chercheurs de l'un ou de l'autre horizon, des outils et des problématiques provenant des deux disciplines en est une autre. Tentons maintenant, à la lumière du bilan précédent, d'identifier quelques thèmes prioritaires pour les recherches futures.

Deux dimensions fondamentales devraient d'abord retenir l'attention de ces recherches, soit le temps et l'espace. Dans le cas de la dimension temporelle, il devient important de dépasser le cadre le plus souvent utilisé dans les études de population, soit le XVIIe siècle et le début du XVIIIe siècle. Un tel déplacement de l'angle d'approche permettrait de rendre compte plus complètement de la dynamique caractérisant le régime démographique et plusieurs de ses composantes à partir de la fin du XVIIe siècle.[52] Ce changement permettrait surtout de sortir du cadre devenu trop étroit d'une problématique axée sur les origines, de manière à la recentrer sur la dynamique interne de la société coloniale. L'objectif paraît réalisable, puisque le fichier de la population du Québec ancien est maintenant disponible pour une période beaucoup plus longue, soit jusqu'en 1800.

Comme ce bilan l'a montré, l'espace est le grand absent des études sur la population et il doit réintégrer la place qui lui revient dans le contexte d'une société neuve. Plusieurs aspects sont à considérer et divers éléments justifient un intérêt accru pour cette dimension. La mobilité géographique à l'échelle interne est le moteur du peuplement de la colonie (sous la poussée bien sûr de l'accroissement naturel). Cette réalité doit non seulement être étudiée à l'échelle des collectivités locales qui se développent sous son action, mais elle doit aussi être analysée à l'échelle des individus et des familles. Les questions qui lui sont reliées concernent, entre autres, le choix du conjoint et un de ses corollaires, la mobilité matrimoniale, ou encore les règles de transmission et leurs conséquences sur l'itinéraire des enfants. À ces considérations s'ajoutent les considérations des études en génétique des populations,[53] dont le développement prometteur au Québec repose sur une meilleure connaissance des origines et du mode de formation des populations régionales. Ce dernier volet est par ailleurs susceptible de mener à un rapprochement intéressant entre les deux composantes de la mobilité, soit les migrations internes et les migrations internationales.

Les questions qui viennent d'être évoquées sont complexes, touchant au cœur même de l'organisation sociale mise en place pendant le Régime français. Mais elles délimitent aussi un terrain sur lequel les recherches menées en démographie et en histoire sont particulièrement susceptibles d'être complémentaires. Est-ce utopique de penser qu'elles le seront davantage dans l'avenir? Peut-être pas, si un effort est fait pour maximiser les éléments de convergence entre les problématiques dans les deux disciplines. Du côté de la démographie, les grands axes de différenciation des phénomènes, les rythmes et les ruptures de la croissance démographique doivent être mieux décrits et analysés, puisque c'est en fonction de ces paramètres que s'élabore l'objectif général des familles d'assurer leur survie et celle, à court et à long terme, de leurs enfants.[54] Cette approche se prolonge du côté de l'histoire dans l'étude de questions telles que la complémentarité des rôles féminins et masculins au sein de l'exploitation familiale, ou encore dans l'étude du rôle de la mobilité géographique et des alliances conjugales comme stratégies de reproduction des familles. S'il est permis d'espérer que de telles pistes soient explorées dans un proche avenir, il faut cependant souligner les impératifs méthodologiques importants qui sous-tendent une telle orientation de recherche, sous la forme du jumelage de sources de nature diverse : démographique, sociale, économique et juridique. C'est là un défi important que les prochains travaux auront de plus en plus à relever.

D'autres questions plus ponctuelles surgissent enfin du bilan tracé plus tôt. Elles pourraient être abordées à partir d'une réinterprétation de résultats déjà connus, ou exigeraient de nouvelles recherches. Nous en soulignons deux ici qui nous paraissent particulièrement prometteuses :

- La poursuite de l'immigration au XVIIIe siècle et l'existence d'un courant d'émigration soulèvent plusieurs questions relatives aux modalités d'insertion des immigrants dans la colonie, ou encore aux rapports existants à un niveau plus général – politique et économique entre autres – entre la colonie et la métropole.

– Une meilleure connaissance des conditions de vie de la population pourrait jeter quelque lumière sur les avantages de la population canadienne en matière de mortalité et de fécondabilité, deux composantes originales du régime démographique colonial.

Au-delà de leur objectif premier, qui est de contribuer à une meilleure compréhension de la société qui s'est mise en place durant la période du Régime français, toutes ces études ont un autre rôle important à jouer. Car si c'est un lieu commun d'affirmer que l'histoire est utile pour éclairer le présent, il n'est peut-être pas inutile de rappeler le sens particulier de cette affirmation dans le cas de l'histoire de la population du Québec. Plusieurs paramètres démographiques qui se fixent au moment de l'établissement de la population de souche européenne au Canada présentent une grande continuité avec ceux qui façonnent le régime démographique du Québec jusque vers la fin du XIXe siècle : fécondité et mortalité élevées, absence de frein à l'établissement de nouveaux couples, mobilité géographique importante à l'échelle interne. L'objectif visant à comprendre ces paramètres ne contribue pas seulement à enrichir notre connaissance de ces périodes antérieures, mais il permet aussi d'éclairer les voies de passage à une situation devenue radicalement différente.

NOTES

1 Programme de recherche en démographie historique du Département de démographie de l'Université de Montréal.

2 Certains mémoires ou thèses ont été considérés, mais nous n'avons procédé à aucune recherche systématique dans cet ensemble très vaste.

3 Voir Jean-Pierre Bardet et Hubert Charbonneau, « Cultures et milieux en France et en Nouvelle-France : différenciation des comportements démographiques », dans Joseph Goy et Jean-Pierre Wallot, dir., *Évolution et éclatement du monde rural. Structures, fonctionnement et évolution différentielle des sociétés rurales françaises et québécoises, XVIIe–XXe siècles* (Paris et Montréal, Éditions de l'École des Hautes Études en Sciences Sociales et Presses de l'Université de Montréal, 1986), 75–88.

4 Jacques Mathieu, Céline Cyr, Guy Dinel, Jeanine Pozzo, et Jacques Saint-Pierre, « Mobilité et mariage dans le gouvernement de Québec au XVIIIe siècle », dans J. Goy et J.-P. Wallot dir., *Évolution et éclatement du monde rural*, 305–313.

5 Mathieu et al. (ibid.) parlent de cette dernière étape comme d'une nouvelle phase d'ouverture de la paroisse à l'étranger, une expression qui masque le fait qu'il s'agit surtout à ce stade d'une ouverture négative, conduisant à laisser aller une partie de sa population, en particulier les filles.

6 Qui se répète d'ailleurs au-delà de la période étudiée. Voir par exemple Gérard Bouchard, « Les systèmes de transmission des avoirs familiaux et le cycle de la société rurale au Québec, du XVIIe au XXe siècle », *Histoire sociale/Social History* (*HS/SH*) 16, 31 (1983) : 35–60.

7 Voir Louis Lavallée, « Les relations villes-campagnes en France et en Nouvelle-France : modèles comparés », dans François Lebrun et Normand Séguin, dir., *Sociétés villageoises et relations villes-campagnes au Québec et dans la France de l'Ouest, XVIIe–XXe siècles* (Trois-Rivières/Rennes, Centre de recherches en études québécoises de l'Université du Québec à Trois-Rivières et Presses universitaires de Rennes, 1987) : 255–265; Danielle Gauvreau, *Québec. Une ville et sa population au temps de la Nouvelle-France* (Québec, Presses de l'Université du Québec, 1991); Jacques Dupâquier, dir., *Histoire de la population française. Vol. 2 : De la Renaissance à 1789* (Paris, Presses universitaires de France, 1988).

8 Richard Lalou et Mario Boleda, « Une source en friche : les dénombrements sous le Régime français », *Revue d'histoire de l'Amérique française* (*RHAF*) 42, 1 (1988) : 47–72.

9 Voir par exemple Hubert Charbonneau, Bertrand Desjardins, André Guillemette, Yves Landry, Jacques Légaré et François Nault (avec la collaboration de Réal Bates et Mario Boleda), *Naissance d'une population : les Français établis au Canada au XVIIe siècle* (Montréal et Paris, Presses de l'Université de Montréal et Presses universitaires de France, 1987) et Hubert Charbonneau, « Le caractère français des pionniers de la vallée laurentienne », *Cahiers québécois de démographie* 19, 1 (1990) : 49–62.

10 S. Dépatie en fournissait un exemple dans sa communication à ce colloque lorsqu'elle parlait des jardiniers, un groupe comptant beaucoup de nouveaux arrivants.

11 Charbonneau, « Le caractère français » et Mario Boleda, « Les migrations au Canada sous le régime français (1608–1760) », *Cahiers québécois de démographie* 13, 1 (1984) 23–39.

12 Charbonneau, « Le caractère français ».

13 Charbonneau et al., *Naissance d'une population.*

14 Hubert Charbonneau et R. Cole Harris, « Le peuplement de la vallée du Saint-Laurent », Louise Dechêne, dir., *Atlas historique du Canada. Des origines à 1800* (Montréal, Presses de l'Université de Montréal, 1987), 1 : planche 46.

15 Voir par exemple : Francine Barry, « Familles et domesticité féminine au milieu du XVIIIe siècle », dans Micheline Dumont et Nadia Eid, dir., *Maîtresses de maison, maîtresses d'école. Femmes, famille et éducation dans l'histoire du Québec* (Montréal, Boréal, 1983), 223–235; Philippe Jarnoux, « La colonisation de la seigneurie de Batiscan aux 17e et 18e siècles : l'espace et les hommes », *RHAF* 40, 1 (1986) : 163–191; Louis Lavallée, *La Prairie en Nouvelle-France, 1647–1760 : étude d'histoire sociale* (Montréal et Kingston, McGill-Queen's

University Press, 1992); René Jetté, Danielle Gauvreau et Michel Guérin, « Aux origines d'une région : le peuplement fondateur de Charlevoix avant 1850 »; Gérard Bouchard et Marc De Braekeleer, dir., *Histoire d'un génôme. Population et génétique dans l'est du Québec* (Québec, Presses de l'Université du Québec, 1991), 75–106; Mathieu et al., « Mobilité et mariage ».

16 Lorraine Gadoury, *La noblesse de Nouvelle-France : familles et alliances* (La Salle, Hurtubise HMH, 1991) et Gauvreau, *Québec*.

17 Jacques Mathieu, François Béland et al., « Peuplement colonisateur au XVIIIe siècle dans le gouvernement de Québec », dans R.L. Emerson, W. Kinsley, et W. Moser, dir., *L'Homme et la nature. Actes de la Société canadienne d'étude du dix-huitième siècle* (Montréal, 1984), 127–138; Yves Beauregard, Serge Goudreau, Andrée Héroux, Michèle Jean, Rénald Lessard, Johanne Noël, Lucie Paquet, et Alain Laberge, « Famille, parenté et colonisation en Nouvelle-France », *RHAF* 39, 3 (1986) : 391–405; Danielle Gauvreau et René Jetté, « Histoire démographique et génétique humaine dans une région du Québec avant 1850 », *Annales de démographie historique*, (1992) : 247–268.

18 Dupâquier, dir., *Histoire de la population*.

19 Louise Dechêne, *Habitants et marchands de Montréal au XVIIe siècle* (Paris, Plon, 1974), 434.

20 Hubert Charbonneau, *Vie et mort de nos ancêtres : étude démographique* (Montréal, Presses de l'Université de Montréal, coll. « Démographie canadienne », 1975); Bardet et Charbonneau, « Cultures et milieux en France et en Nouvelle-France »; Charbonneau et al., *Naissance d'une population*.

21 En dépit du sous-enregistrement plus marqué des décès au début.

22 Voir Francois Nault, Bertrand Desjardins et Jacques Légaré, « Effects of Reproductive Behavior on Infant Mortality of French Canadians during the Seventeenth and Eighteenth Centuries », *Population Studies* 44, 2 (1990) : 273–285.

23 Richard Lalou, « La mortalité endogène en Nouvelle-France, entre la sélection naturelle et la sélection sociale », Communication présentée à la conférence sur la mortalité des enfants dans le passé, Union internationale pour l'étude scientifique de la population, Montréal, oct. 1992.

24 Charbonneau et al., *Naissance d'une population*; Bertrand Desjardins, « La mortalité aux âges avancés des immigrants fondateurs de la Nouvelle-France », *Annales de démographie historique* (1985) : 71–83.

25 Bertrand Desjardins et Hubert Charbonneau, « L'héritabilité de la longévité », *Population* 45, 3 (1990) : 603–616.

26 Yves Landry, *Orphelines en France, pionnières au Canada : les Filles du roi au XVIIe siècle* (Ottawa, Leméac, 1992) et Gauvreau, *Québec*.

27 Jacques Henripin, *La population canadienne au début du XVIIIe siècle* (Paris, Presses universitaires de France, 1954).
28 Voir en particulier Charbonneau et al., *Naissance d'une population*; Gérard Bouchard et Richard Lalou, « La surfécondité des couples québécois depuis le XVIIe siècle, essai de mesure et d'interprétation », *Recherches sociographiques* 34, 1 (1993) : 9–44; Yves Landry, « Fertility in France and New France : The Distinguishing Characteristics of Canadian Behavior in the Seventeenth and Eighteenth Centuries », *Social Science History* 17, 4 (1993) : 577–592.
29 Bouchard et Lalou y voient un effet, tandis que Landry rejette le rôle de ce facteur.
30 Charbonneau et al., *Naissance d'une population*.
31 Apparaissant après la naissance d'un ou plusieurs enfants.
32 Les cas de stérilité totale ne dépassent généralement pas 6 % des femmes (ibid.), mais ils ont été plus fréquents chez les Filles du roi (8 %, selon Landry, *Orphelines en France*), également frappées d'une plus forte stérilité partielle.
33 Réal Bates, « Les conceptions prénuptiales dans la vallée du Saint-Laurent avant 1725 », *RHAF* 40, 2 (1986) : 253–272.
34 Ibid. et Lyne Paquette et Réal Bates, « Les naissances illégitimes sur les rives du Saint-Laurent avant 1730 », *RHAF* 40, 2 (1986) : 239–252.
35 Marie-Aimée Cliche, « Filles-mères, familles et société sous le Régime français », *HS/SH* 21, 41 (1988) : 39–69 et « L'infanticide dans la région de Québec (1660–1969) », *RHAF* 44, 1 (1990) : 31–59.
36 C'est le cas de Gadoury (*La noblesse de Nouvelle-France*) qui fait état d'environ 15 % de couples nobles ayant un comportement malthusien au XVIIIe siècle, surtout parmi ceux arrivés récemment dans la colonie. Il n'en va pas de même toutefois chez les bourgeois, où les différences seraient plutôt à mettre sur le compte des effets de la mise en nourrice et d'un épuisement consécutif plus rapide du système reproductif (Carles Simo Noguera, « Le comportement démographique de la bourgeoisie en Nouvelle-France », thèse de PhD, Université de Montréal, 1994).
37 Gauvreau, *Québec* et Gadoury, *La noblesse de Nouvelle-France*.
38 Voir l'article de Jacques Dupâquier, « De l'animal à l'homme : le mécanisme autorégulateur des populations traditionnelles », *Revue de l'Institut de Sociologie* (1972) : 177–211.
39 Raymond Roy et Hubert Charbonneau, « La nuptialité en situation de déséquilibre des sexes : le Canada du XVIIe siècle », *Annales de démographie historique* (1978) : 285–294.
40 Voir Gadoury, *La noblesse de Nouvelle-France* et Louis Pelletier, *Le clergé en Nouvelle-France : étude démographique et répertoire biographique* (Montréal, Les Presses de l'Université de Montréal, 1993). Il est encore difficile

d'établir le sens précis dans lequel opérerait cette association entre célibat et vocations religieuses.

41 Voir Tiphaine Barthelemy de Saizieu, « Les alliances matrimoniales à Neuville à la fin du XVIIIe siècle », dans Joseph Goy, Jean-Pierre Wallot, et Rolande Bonnain, dir., *Évolution et éclatement du monde rural*, 315–323; Jarnoux, « La colonisation de la seigneurie de Batiscan »; Lavallée, *La Prairie en Nouvelle-France*; Gauvreau, *Québec*; Mathieu et al., « Mobilité et mariage dans le gouvernement de Québec »; et Jacques Mathieu, Céline Cyr, Guy Dinel, Jeannine Pozzo, et Jacques Saint-Pierre, « Les alliances matrimoniales exogames dans le gouvernement de Québec, 1700–1760 », *RHAF* 35, 1 (1988) : 3–32.

42 Voir Gadoury, *La noblesse de Nouvelle-France*; Gauvreau, *Québec*; Maureen Molloy, « Considered Affinity : Kinship, Marriage, and Social Class in New France, 1640–1729 », *Social Science History* 14, 1 (1990) : 1–26.

43 Ibid.

44 Gérard Bouchard, « Sur les structures et les stratégies de l'alliance dans le Québec rural (XVIIe–XXe siècle). Plaidoyer pour un champ de recherche », *RHAF* 47, 3 (1994) : 349–375.

45 Hubert Charbonneau et Yves Landry, « La politique démographique en Nouvelle-France », *Annales de démographie historique* (1979) : 29–57.

46 Hubert Charbonneau et Bertrand Desjardins, « Mesure de la descendance différentielle des fondateurs de la souche canadienne-française à partir du registre de population du Québec ancien », *Revue, Informatique et Statistique dans les Sciences humaines* 23, 1 (1987) : 9–20.

47 Nous n'en mentionnons que quelques-uns ici : Raymond Roy et Hubert Charbonneau, « Le contenu des registres paroissiaux canadiens du XVIIe siècle », *RHAF* 30, 1 (1976) : 85–97; Bertrand Desjardins, Pierre Beauchamp, et Jacques Légaré, « Automatic Family Reconstitution : The French-Canadian Seventeenth-Century Experience », *Journal of Family History* 2, 2 (1977) : 56–76; René Jetté, *Dictionnaire généalogique des familles du Québec des origines à 1730* (Montréal, Presses de l'Université de Montréal, 1983); Pierre Rosa, Jacques Légaré, et Pierre Beauchamp, « Établissement d'un registre informatisé de population ancienne », *Informatique et sciences humaines* 14, 56–57 (1983) : 43–56; Yves Landry, « Le registre de population de la Nouvelle-France : un outil pratique au service de la démographie historique et de l'histoire sociale », *RHAF* 38, 3 (1985) : 423–426.

48 Voir, entre autres, Charbonneau, *Vie et mort de nos ancêtres*; Bardet et Charbonneau, « Cultures et milieux en France et en Nouvelle-France »; Charbonneau et al., *Naissance d'une population*; Landry, *Orphelines en France*.

49 Voir, par exemple, Hubert Charbonneau, Jacques Henripin, et Jacques Légaré, « L'avenir démographique des francophones au Québec en l'absence de politiques adéquates », *Revue de géographie de Montréal* 24, 2 (1970) :

199–202; Hubert Charbonneau et Robert Maheu, *Les aspects démographiques de la question linguistique*, (Québec, Éditeur officiel, Commission d'enquête sur la situation de la langue française et sur les droits linguistiques au Québec, Synthèse S3, 1973); Réjean Lachapelle et Jacques Henripin, *La situation démolinguistique au Canada, évolution passée et prospective*, (Montréal, Institut de recherches politiques, 1980).

50 Voir Gadoury, *La noblesse de Nouvelle-France*; Pelletier, *Le clergé en Nouvelle-France*; Yves Landry, « Mortalité, nuptialité et canadianisation des troupes françaises de la Guerre de Sept ans », *HS/SH* 12, 24 (1979) : 298–315; Simo Noguera, *Le comportement démographique de la bourgeoisie*; Gauvreau, *Québec*.

51 Sur ces différents thèmes, voir : Jacques Mathieu, « Mobilité et sédentarité : stratégies familiales en Nouvelle-France », *Recherches sociographiques* 28, 2 (1987) : 211–227; Jacques Mathieu et Serge Courville, dir., *Peuplement colonisateur aux XVIIe et XVIIIe siècles* (Québec, Université Laval, 1987); Jarnoux, « La colonisation de la seigneurie de Batiscan »; Lavallée, *La Prairie en Nouvelle-France*; de Saizieu, « Les alliances matrimoniales à Neuville »; Mathieu et al., « Les alliances matrimoniales exogames dans le gouvernement de Québec »; Cliche, « Filles-mères, familles et société »; Denise Lemieux, *Les petits innocents. L'enfance en Nouvelle-France*, (Québec, Institut québécois de recherche sur la culture, 1985).

52 Quelques travaux ont déjà formé une brèche originale dans cette voie, sous la forme d'études se prolongeant même au-delà de la période du Régime français. Voir, entre autres, Bouchard, « Sur les structures et les stratégies de l'alliance dans le Québec rural (XVIIe–XXe siècle) » et Bouchard et Lalou « La surfécondité des couples québécois depuis le XVIIe siècle ».

53 Par exemple, les travaux suivants réalisés récemment: Gauvreau et Jetté, « Histoire démographique et génétique humaine » et Gérard Bouchard, Hubert Charbonneau, Bertrand Desjardins, Évelyne Heyer, et Marc Tremblay, « Mobilité géographique et stratification du pool génique canadien-français sous le Régime français », dans Yves Landry, John Dickenson, Suzy Pasleau et Claude Desama, dir., *Les Chemins de la migration en Belgique et au Québec: XVIIe–XXe siècles* (Beauport), MNH, 1995), 51–59.

54 Voir, par exemple, les travaux de Dépatie et Dessureault qui invoquent tous deux la variabilité des situations démographiques familiales comme facteur dans la transmission des avoirs familiaux. Sylvie Dépatie, « La transmission du patrimoine dans les terroirs en expansion : un exemple canadien au XVIIIe siècle », *RHAF* 44, 1 (1990) : 171–198 et Christian Dessureault, « L'égalitarisme paysan dans l'ancienne société rurale de la vallée du Saint-Laurent : éléments pour une réinterprétation », *RHAF* 40, 3 (1986) : 373–407.

2 The Merchant in the History of the "First Canada"

DALE MIQUELON

An old song that applies perfectly to history reminds us that the knee bone is connected to the thigh bone, that the thigh bone is connected to the hip bone, and so on. In this era, of course, even the knee bone and the hip bone have their specialists. This paper, which makes no claim to being exhaustive, addresses the published work of a specialty: the history of the merchant in the "First Canada," that is, the colony defined by its *ancien régime* structures that endured to the end of the eighteenth century.[1] This is not economic history in the largest sense, not even the history of mercantilism and trade as a world system; rather it is the history of business people in the conduct of their businesses and in relation to society. It should be easy to grasp so well defined a subject, or at least to survey its bibliography, but our subject matter has a way of sprawling beyond its presumed boundaries and linking up with historical knee bones and thigh bones. Invariably we are confronted by the whole body, history broadly conceived.

It is remarkable to think how little work had been done forty, or even thirty, years ago on merchants in New France. Merchants of the post-Conquest period were only slightly better known. There were few merchant or business studies to set alongside R.H. Fleming's superb "Phyn, Ellice and Company of Schenectady" (1932), an article tucked away where only the most persistent readers would find it.[2] H.A. Innis's *The Fur Trade in Canada* (1930),[3] Donald Creighton's *The Commercial Empire of the St Lawrence* (1937),[4] and W.S. Wallace's collection of essays, *The Pedlars from Quebec and Other Papers on the Nor'westers*,[5] and his *Documents Relating to the North West Company*[6] were as much as most had read. A few unpublished theses that were not business histories, but that had implications for business historians, were known to specialists.

In the 1950s and 1960s, historians pondered Maurice Séguin's provocative thesis on the importance of the bourgeoisie, of which an epitome had been published in 1947 as "La Conquête et la vie économique des Canadiens."[7] We had also the portraits in broad brush strokes of the bourgeoisie in Guy Frégault's pamphlet *La société canadienne sous le régime français* (1954)[8] and Michel Brunet's article "La déchéance de la bourgeoisie canadienne (1760–1793)" (1955).[9] Frégault's "La compagnie de la colonie" (1960)[10] was a true business history, and his "Politique et politiciens" (1961)[11] was a study of the relationship between class and power. Although much of this was worthy history, it remains fair to say that these writings on the bourgeoisie had begun at the sprawling end of the subject, hypothesizing the historical implications of a body of merchants hardly then known. Yet it is no exaggeration to say that these Université de Montréal historians set the agenda for the years to come. All the studies on the merchants of the colony have taken a position either for or against the Séguin thesis; that is, each one is set within the *problématique* that the Montreal School (Séguin, Frégault, Brunet) established. Jean Hamelin's *Économie et société en Nouvelle-France* (1959)[12] and to some extent Fernand Ouellet's early work, including *Histoire économique et sociale du Québec, 1760–1850* (1966),[13] challenged the Séguin thesis. Cameron Nish's *Les bourgeois-gentilshommes de la Nouvelle-France, 1729–1748* (1968)[14] was certainly an attempt to refine/redefine Frégault's ideas. Gilles Bourque's *Classes sociales et questions nationales au Québec, 1760–1840* (1970) sought to rework the question in a Marxist manner, adding "lutte de classe" to "lutte de sociétés superposées" and "colonialisme."[15] Back in the 1960s, the contemporary political implications of the Séguin thesis gave to research on merchants a sense of importance and urgency.

The Montreal historians were not sticklers for theory, with the exception of their adherence to a certain theory of colonization/decolonization. Rather, their work assumed an easy acceptance of a view shared by Marxists and liberals alike: the bourgeoisie was, as Brunet wrote, "la classe dirigeante du monde occidental moderne."[16] These historians saw the bourgeoisie as the agency of social change. Every society had to have one. In writing of a past bourgeoisie, the Montreal School seemed almost to have been writing of themselves, of that signal group without whose guidance societal development surely failed/would fail.

Hamelin and Ouellet argued that in New France the mercantile middle class was weak or marginal and of a character that disqualified it from being a vehicle of social transformation. As Ouellet wrote, "Le marchand-aventurier n'est pas nécessairement l'ancêtre du grand capitaliste. Tout dépend de ses possibilités et des valeurs auxquelles il obéit et qu'il transmet à ses enfants."[17] What Ouellet found absent in the First Canada, of course, was the rational, calculating, individualistic, puritanical bourgeois we find in the pages of Werner Sombart, the bourgeois known not only by his actions but also by his values, which are a solvent for the old, the feudal, the obscurant. Certainly, the Sombartian bourgeois is a grandiose exaggeration of a type that was real enough: the *parfait négociant* extolled by Jacques Savary in 1675. Was ever such a merchant present in New France? If Ouellet hesitated to hand him his naturalization papers, this was not true of Louise Dechêne.

Dechêne's *Habitants et marchands de Montréal au XVIIe siècle* (1974)[18] fell from the press inevitably part of the ongoing debate over the nature of Canadian society and the role of merchants within it in the *ancien régime*. Dechêne presented Alexis Lemoine Monière, for whom documentation was voluminous, as a representative Montreal merchant, portraying him and his fellows as fitting models of Savary's *parfait négociant* fairly well (for colonials) and as being, by implication, authentic merchants. They were serious, pious, hard-working bourgeois for whom the noble life, with its waste, frivolity, and violence, was of no appeal. Her collective portrait, as she noted, had much in common with the portrait of Aubert de La Chesnaye published by Yves Zoltvany in the *Dictionary of Canadian Biography* in 1969.[19]

Hamelin, Ouellet, and Dechêne were pioneers in Canada of a style of social history associated with the French journal *Annales: Économies, Sociétés, Civilisations* and taught by the Sixth Section of the École Pratique des Hautes Études in Paris. They differed among themselves in their conclusions, but all of them evaluated the authenticity of the Canadian merchant with much the same touchstone: the ideal mercantile type, the *parfait négociant*. None of them surrendered to a crude reductionism that would tie the fortunes of French Canada to the presence or absence, success or failure, of the ever-rising middle class. They had in common, rather, an idea of the *ancien régime* that in its totality (economy, society, government ... *mentalité*) was explanatory.

Dechêne also investigated the use of manpower in the fur trade and argued that the number of voyageurs and *engagés* going west was not great and that recruitment was largely from the island of Montreal and Trois-Rivières. Here again, as in the case of the nature and role of the bourgeoisie, merchant history sprawled beyond its narrow boundaries, with implications for the social history of the colony. "La course des bois comme facteur déterminant du caractère de ce peuple nous apparaît donc comme une hypothèse plus que fragile," Dechêne observed, a controversial conclusion that took issue with Ouellet but also with W.J. Eccles, both of whom had seen the free life of the *pays d'en haut* as a major influence on Canadian society.[20]

But what of business history *per se*? *Habitants et marchands* is one of the earliest substantial investigations of how business was conducted in New France. On the *marchands* side, that is its most enduring legacy. Dechêne investigated the profits and structure of trade – in particular, the beaver trade – the accounting methods in use, the many different business methods employed, the use made of capital and credit, and the nature of the relationships between Montreal merchants and metropolitan merchants. The beaver trade profits of 700 per cent that were reported by the explorer and travel writer Lahontan were consigned to the dustbin of historical myths. An individual was lucky to bring home something between 15 and 25 per cent for his part in the trade. Accounts, if those of Monière were anything to go by, were rudimentary. Capital was in short supply and always invested in business. Long credits, for habitants until harvest, for fur traders until the arrival of packs of furs at Montreal, were the rule. Transatlantic family connections facilitated the import-export trade. Did the historiography of business and bourgeois constitute, in 1974, a somewhat conjectural discourse? If so, in *Habitants et marchands* it became anchored in the detail of life and work that Louise Dechêne drew so skilfully and subtly from her documents.

In the 1970s, at the time that Louise Dechêne was writing, a number of other historians were putting the merchants of New France and their trade under the microscope. Montreal and the west were the focus of only a part of this output, which included the town of Quebec, the transatlantic voyage, the West Indies, Louisbourg, and the mother country.

Our first close examination of the accounting documentation for a commercial voyage to New France was J.S. Pritchard's "The Voyage of the Fier: An Analysis of a Shipping and Trading Venture to New France, 1724–1728" (1974).[21] Pritchard's article gave readers a chance to pore over the set of accounts and supporting documentation for a single return voyage from La Rochelle to Quebec to La Rochelle. Dale Miquelon's article "Havy and Lefebvre of Quebec: A Case Study of Metropolitan Participation in Canadian Trade, 1730–1760" (1975)[22] and his book *Dugard of Rouen: French Trade to Canada and the West Indies, 1729–1770* (1978)[23] were both based on business records, in particular balance sheets, set in a context of notarial and official documentation.

They demonstrated many aspects of the technical history of business, including, for example, the more sophisticated accounting of metropolitans involved in large-scale business in contrast to the rudimentary system of Monière. Miquelon introduced, in the persons of François Havy and Jean Lefebvre, merchants right out of the pages of Jacques Savary, and in Robert Dugard, an aspiring *bourgeois conquérant* that even Werner Sombart and Max Weber would have claimed as their own. If there were overriding aspirations behind *Dugard of Rouen*, they were to place Canadian history in the context of French history, business history in the context of social history, and to apprehend *mentalité* through the analysis of a life in business.

Havy and Lefebvre may have found kindred spirits less at Montreal than at Louisbourg. There, Christopher Moore told us in "The Other Louisbourg: Trade and Merchant Enterprise in Île Royale, 1713–1758" (1979),[24] a sophisticated merchant community was built upon fishing, *entreposage*, and the carrying trade, and influenced the broader community through its mercantile values. What a pity that we do not know more about this community! Its volume of business alone would dictate that the attention of business historians should be shifted from the *pays d'en haut* to the Atlantic except that, truth to tell, we still know too little of the fur trade as a business to turn our backs on it.

Dugard of Rouen sketched out a broad history of trade between France, Canada, Louisbourg, and the West Indies, all based on the history of one company. James Pritchard had already published "The Pattern of French Colonial Shipping to Canada before 1760" (1976),[25] which discussed commercial connections between trading families in France and Canada and, above all, provided a statistical history of shipping. Jacques Mathieu provided a detailed analysis of one branch of Canadian trade in *Le commerce entre la Nouvelle-France et les Antilles au* XVIII*e siècle*,[26] which, while published in 1981, reflected the preoccupations of the 1970s. These works reinforced each other and provided a reliable overview of the scale, methods, commodities, and directions of trade.

John Bosher was another historian who was already working on merchant history at the time of the publication of Dechêne's *Habitants et marchands*. His subject was the history of business relationships and networks. Beginning with his article "French Protestant Families in Canadian Trade, 1740–1760" (1974),[27] Bosher wrote about those he called "Canada merchants," the business people who traded to Canada from the French Atlantic ports as well as their agents at Quebec. He drew on the archives of the *état civil*, the *juridictions consulaires*, business records and correspondence, and notarial files. His research continued beyond the 1970s, through the 1980s, and culminated in *The Canada Merchants, 1713–1763* (1987)[28] and its companion volume, *Men and Ships in the Canada Trade, 1660–1760* (1992).[29] These works reveal what we might describe as the social structure of business.

José Igartua was concerned with both business structure and social structure on the Canadian side of the Atlantic, and indeed in Dechêne's Montreal. In "The Merchants of Montreal at the Conquest: Socio-Economic Profile" (1975)[30] and "Le comportement démographique des marchands de Montréal vers 1760" (1979),[31] he distinguished for the mid-eighteenth century a body of merchants identifiable over time, linked to one another by marriage, and marked off by demographic behaviour from other groups in society. He divided them into three groups – first an élite of importers, then fur trade merchants, and finally lesser shopkeepers. Igartua pursued his merchants into the post-Conquest period in "A Change in Climate: The Conquest and the *Marchands* of Montreal" (1974).[32] He suggested that their eclipse was the result of their inability to adapt to a new business climate, an explanation that took both changing circumstances and enduring *mentalité* into consideration.

From time to time, the historians of the 1970s found reference to business women in the documentation. One of the most prominent of these women was the subject of Lilianne Plamondon's 1977 article "Une femme d'affaires en Nouvelle-France: Marie-Anne Barbel, veuve Fornel."[33] Widows were active business persons, and their easy assumption of control betrays that they had been active in business for many years, in spheres not so separate for *bourgeois* and *bourgeoise*.

Can we be sure of the time when the rural merchant first made his appearance on the Canadian stage? We encounter him, among other places, in Louis Michel's article "Un marchand rural en Nouvelle-France: François-Augustin Bailly de Messein, 1709–1771" (1979).[34] This is merchant history derived primarily from the notarial archives. If the documents do not give us an intimate portrait of Bailly de Messein's life and business, they do provide a clear view of his business and social trajectory from young, poor, and well born to old, rich, and well connected. Bailly de Messein is an example of a merchant who made the transition from a life in active trade to one as a *rentier* in a prosperous rural community, probably in part drawn to *rentier* status and in part pushed into it by the need to capitalize on debts owing. He was, *en passant*, the son of a military noble. His choice of career and his success thus confound our categories.

Finally, let us not forget the merchant biographies in the first five volumes of the *Dictionary of Canadian Biography*, published between

1966 and 1983, especially beginning with volume 3. Those who wrote these biographies had a strong sense that they were exploring a new field that would change our understanding of the First Canada.

All of this work of the 1970s involved demystification – no fabulous profits, no grand numbers. Some of it established the necessity for historians not only to count but to become accountants. Some of it showed that genealogical sleuthing and the tracing out of all manner of family and business relationships had a place in serious history.[35] Some of it explored historical demography. For the first time, the merchants and the trade of the First Canada were understood in a series of contexts: *ancien régime* business history in Canada and Europe, colonial business history around the globe, and the history of society. The work of Miquelon and Bosher, for example, focused more on the French business community than on the Canadian. Bosher had behind him his own work on French government finance and administration. Three series published under the aegis of the École Pratique des Hautes Études, VIe Section – "Ports, routes, trafics," "Affaires et gens d'affaires," and "Monnaie, prix, conjonctures" – provided indispensable contextual material and even models for studies of "Canada merchants" and colonial merchants. Histories of eighteenth-century merchants written in England by Lucy Sutherland, Sir Richard Pares, and Ralph Davis were equally suggestive.[36] In business history, then, as in social and economic history in general, Canadian historians were learning from the historians of other countries and were putting the Canadian experience into a context that enhanced its meaning.

The 1970s seem to have been the great decade of merchant studies. In the 1980s and 1990s historians have been less interested in *les marchands*, more interested in *les habitants*. Allan Greer came in from the fields long enough to write, in *Peasant, Lord, and Merchant: Rural Society in Three Quebec Parishes, 1740–1840* (1985),[37] a delightful portrait of Samuel Jacobs, a country merchant who was active towards the end of the eighteenth century. In so many ways Jacobs shared a common merchant world with Monière and the others: the inadequate understanding of the "mystery of bookkeeping" (to use a phrase quoted by Greer),[38] long credits geared to the production cycle, still the shortage of cash, and so on. There is also the late career tendency to move from profit seeking to rent seeking that is evident in so many business careers, including that of Bailly de Messein. Greer saw Jacobs as "rather archaic in the age of Adam Smith and the physiocrats"[39] because he was not an economic liberal, keen to embrace the free market. But then, outside of the business pages of newspapers, who ever has been?[40]

The most recent merchant study is Kathryn Young's *Kin, Commerce, Community: Merchants in the Port of Quebec, 1717 to 1745* (1995).[41] She has smoked out virtually all Quebec City merchants for her period, divided them into affinity groups, traced them through generations, and interrogated the documents on their lifestyle and values. In many ways her book is a companion to Igartua's work on Montreal merchants; it is more detailed in its presentation of the structure of the merchant community but lacks Igartua's demographic analysis.

If we venture upriver from Montreal, we find ourselves in an area and in a history we think we know very well: thanks to H.A. Innis, we know about the fur trade, and thanks to W.J. Eccles, we know about Innis.[42] Eccles, Yves Zoltvany, Dale Standen, Bruce Trigger, Richard White, Conrad Heidenreich – these and many others have taught us a great deal about the *pays d'en haut*. But what do we know about merchants and business in the west that we have not derived from the works of E.E. Rich, Arthur J. Ray, Donald Freeman, or Sylvia Van Kirk – in other words, from the seemingly inexhaustible archives of the Hudson's Bay Company? Our debt to them is evident, for example, in Bruce Trigger's *Natives and Newcomers: Canada's Heroic Age Reconsidered*,[43] as in many other works. Some historians and demographers of the First Canada have made their own contributions to this field of study. Their work concentrates not on methods and profits but on who and how many were involved in the trade in the west, their relationships with each other, and the business structures within which they worked. This historiography, which, so to speak, looks west, is quite different in character from the historiography that looks east, which is the one that we have been examining. Most of this westward-looking work dates from the 1980s and 1990s, and its emphasis on paid labour and on groups rather than on individual merchants suggests that it was a counterpart to the work that displayed a renewed interest in the habitants and the common people.

Two contributions of the 1970s require mention here. The demographers Hubert Charbonneau, Bertrand Desjardins, and Pierre Beauchamp tackled the question of numbers in "Le comportement démographique des voyageurs sous le régime français" (1978).[44] Their rates of participation in western voyages for Canadian males born between 1640 and 1719 and living beyond fifteen years of age, were 16.4 per cent for the colony as a whole, 31.6 per cent for the district of Montreal, and 30.9 per cent for the district of Trois-Rivières. Such numbers were quite sufficient to keep alive the question of the influence of the fur trade upon society. On the other hand, they pointed to regional specialization, as had Dechêne in *Habitants et marchands*. Fernand Ouellet's "Dualité économique et changement technologique au Québec (1760–1790)" (1976) explored many questions, some of them beyond the scope of this paper.[45] Of particular interest for merchant history, Ouellet demonstrated the continued presence of *canadien* traders in the west after 1763 and espoused high estimates of the numbers of men going west as *engagés*. It was his view that the rising labour costs resulting from the increasing profitability of agriculture (from which labour had to be lured away) were the direct cause of the transition in the 1770s from the use of the labour-intensive canoe to the use of the labour-saving batteau. This hypothesis makes of the fur trader an employer in a rather substantial way, as well as a technological innovator.

In chapter 7 of *Peasant, Lord, and Merchant*, Greer, too, addressed the question of the voyageur and the *engagés*. He described the poor cultivators of the sandy soil of the parish of Sorel who, especially between 1790 and 1821, earned wages as labourers in the fur trade. If Ouellet's argument that labour costs mirrored agricultural returns is correct, it is entirely understandable that the habitants of this parish, so ill-favoured as it was by nature, would have become a low-wage labour pool of choice.

In a series of three articles, Gratien Allaire investigated the size and structure of the fur trade and the methodological difficulties posed by the documentation. In "Les engagements pour la traite des fourrures – évaluation de la documentation"(1980), [46] Allaire concluded that while *engagements* and *congés* told us much about the trade, the one thing they could not tell us was its size. In a second article, "Le commerce des fourrures à Montréal: documentation et méthode d'analyse" (1985),[47] Allaire attempted to determine this through an integrated study of *congés, permis, contrats de société,* and fur trade *obligations*. But while he derived a floor for the period 1725–30 (164,000 livres being the average value of French goods exported west from Montreal), the ceiling continued to float at whatever level one might imagine it. Two hundred and two *contrats de société,* all from *les greffes des notaires de Montréal,* were the principal documentary source for a third article, "Officiers et marchands: les sociétés de commerce des fourrures, 1715–1760" (1987).[48] Allaire analysed the development of a trade structure that was composed of rent-seeking commandants and profit-seeking *marchands-voyageurs* and *marchands-équipeurs,* the latter two groups prefiguring, if imperfectly, the wintering and Montreal partners of the later eighteenth century.

Let us note also Michel Filion's statistical study "La traite des fourrures au XVIIIe siècle: essai d'analyse statistique et d'interprétation d'un processus" (1987).[49] It has the particular virtue of bringing together data from before and after 1760 – from pre-Conquest *congés* and post-Conquest trade licences. This makes it possible for the author to demonstrate that the move to labour-saving technology (from small canoes to large ones, from large canoes to batteaux) predated the Conquest, although 1777 remains nevertheless a watershed date. His conclusions concerning ethnicity and trade after 1760, in general, are compatible with the findings of José Igartua, Dale Miquelon, and Fernand Ouellet, that *canadien* merchants were surpassed (rather than themselves suffering an absolute decline) in the fur trade over a generation by English-speaking merchants and traders, with the American Revolution marking a significant turning point in this regard.

Finally, Thomas Wien, in "Castor, peaux, et pelleteries dans le commerce canadien des fourrures, 1720–1790" (1985),[50] gave us something to compare with Allaire's material: an attempt to construct a continuous series representing the value of the fur trade in constant livres *tournois*, from a low value of 735,515 in 1728 to the highest value, 1,664,815 in 1788, even the lowest figure seemingly incompatible with the floor Allaire had laboriously constructed. In "Selling Beaver Skins in North America and Europe, 1720–1760: The Uses of Fur Trade Imperialism" (1990),[51] Wien considered both connections east and connections west. He downplayed the degree of competition between the traders of New France and their English rivals and argued that the Canadian trader's real competition, that with the Canadian at the next river, was controlled by the state through oligopoly. From Michipicoten to Montreal, it would seem, little was left to chance. At the European end of the beaver skin business, Wien found the managed trade of the Compagnie des Indes and the division of at least part of Europe into traditional French and English markets. Furs other than beaver were another matter, as Wien explained in "Exchange Patterns in the European Market for North American Furs and Skins, 1720–1760,"[52] an essay in which he looked "beyond the two countries of importation to an as yet ill-defined market located farther to the east."[53]

Thomas Wien's recent essays on the fur trade are trade history and have implications for political history, but they also must directly affect our view of the Canadian merchants – the norms of their trade, their idea of competition. Certainly, merchants who knew no other world of trade would have turned up their collars and huddled together against the change in climate hypothesized by Igartua.

Habitants et marchands de Montréal au XVIIe siècle did not initiate the investigation of merchants and merchandise on the St Lawrence and it did not end it. Rather, Louise Dechêne's provocative interpretive formulations and her sophisticated research still challenge and inspire us. For Louise Dechêne herself, the last page of *Habitants et marchands* is not the end of the story. *Le partage des subsistances au Canada sous le régime français* (1994),[54] her newest book, is really a kind of sequel that looks to the whole colony rather than to the island of Montreal only and continues her examination of agriculture and trade. It sheds a new light on their interconnectedness, as it does on the role of government. There are many fine pages of business history in this new volume. In short, the job is never done, and as Louise Dechêne remarked at this colloquium, we continually need not only new data but new "scenarios."

Much has been accomplished and synthesized. Two ambitious business histories – Michael Bliss's *Northern Enterprise: Five Centuries of Canadian Business* (1987)[55] and the more recent *A Concise History of Business in Canada* (1994) by Graham Taylor and Peter Baskerville[56] – both synthesize the period before 1800 in about a hundred pages. Dale Miquelon's *New France, 1701–1744: 'A Supplement to Europe'* (1987)[57] includes a summary history of business in New France, while the same author adds material on the post-Conquest period in *The First Canada: To 1791*. But we cannot yet claim to have synthesized a complete history of the merchant and of trade for the First Canada.

At the end of this brief survey, let us avoid the traditional "Conclusion," with its implication of completeness and closure, and admit the open-endedness of our intellectual enterprise. We need more work on business in the frontier areas of the fur trade both east and west, where political and ethnohistorical themes have recently claimed most attention. We need more work on the trade of the towns, of *colportage*, and of local merchants. The marketing of Canadian products in Europe is less a blank than it once was thanks to the work of Thomas Wien, but it remains a neglected field, perhaps because of its demands upon researchers in terms of travel, languages, and mathematics.

Early business history has its own methodological demands, and it is important that historians be prepared to meet them. While complete account books and files of business letters are rare finds, we may assume that such are still to be found and that loose accounting statements – for example, balance sheets or invoices, tucked away in collections of letters and notarial files in France and Canada – are even more likely to surface. So we must learn, or not forget, the accounting methods of the *ancien régime* and familiarize ourselves with bills of exchange, contracts, and the practices of a commercial world now disappeared. The historiography that we have discussed demonstrates amply the importance for our subject of notarial archives. Let us continue to exploit them to the full.

We continue to require a variety of methods. We have seen the excellent results of quantitative investigations, but also their limits. Alongside time series and soundings of the quantifiable, let us not forget qualitative studies: histories of individuals and of partnerships. There are also comparative studies to be made that are at once qualitative and quantitative: for example, a comparison of twenty, fifty, or a hundred partnership agreements could reveal business structures and, in series, structural changes. Another example: a serial study of invoices could reveal patterns relating to interest rates and commissions across the years.

As we have seen in this brief survey, merchant studies have a dual affiliation, on the one hand with the history of business and so of the economy, and on the other with society. We must still come to grips with the question posed by the Séguin thesis so many years ago: What was the role of the merchant in the social evolution of the First Canada? The inventory of the mercantile families and the tracing out of the intricate structure of their interrelationships still await completion. Recently, the Canadian merchants of the post-Conquest period have been lost sight of, a puzzle given the interest they once attracted.

Developing appropriate theory is the most difficult of our tasks. Perhaps it will be easier to accomplish if we can rid ourselves of theoretical baggage only tenuously connected to historical evidence. In the first instance, let us lay to rest the notion that the history of the modern world is the history of a rising bourgeoisie that has come bearing all good things.[58] Of this notion, the American historian J.H. Hexter proclaimed as long ago as 1948, "A concept that at a distance seems solid gold turns out on closer inspection to be mere melted butter."[59]

Our idea of the bourgeois's nature could also stand some renovation. The *bourgeois conquérant*, a Faustian hero, larger than life, still informs our discourse. Merchants and entrepreneurs are judged as authentic or not by how well they match this template. Historians of the First Canada may find it refreshing to contemplate Immanuel Wallerstein's reinterpretation of the bourgeois not as a *type* that changes the world but is unchanged by it, but rather as a figure that evolves with time and circumstances in a class system where boundaries are in flux and permeable. The bourgeois we have looked for in our history, he calls a "deus ex machina," "the reification of an existential actor, the urban burger of the late Middle Ages, into an unexamined essence."

We must address what happens to all our reasonings regarding the characteristics of the Canadian versus the British merchants of the First Canada in view of Wallerstein's dictum: "Every capitalist seeks to transform profit into rent. This translates into the following statement: the primary objective of every 'bourgeois' is to become an aristocrat."[60] Could we better understand Alexis Lemoine Monière, François Havy, François-Augustin Bailly de Messein, Samuel Jacobs, and so many others if we liberated them from our restrictive expectations? Would they lead us to a better understanding of the society of the First Canada and its extraordinary evolution?

NOTES

Author's Note: The author wishes to thank Professor David De Brou for reading and commenting on the manuscript of this paper.

1 For an extended use of this organizing concept, see Dale Miquelon, *The First Canada: To 1791* (Toronto: McGraw Hill-Ryerson, 1994).
2 R.H. Fleming, "Phyn, Ellice and Company of Schenectady," in *Contributions to Canadian Economics, 1932* (Toronto: University of Toronto Library, 1932).
3 H.A. Innis, *The Fur Trade in Canada* (New Haven: Yale University Press, 1932).
4 Donald Creighton, *The Commercial Empire of the St Lawrence* (Toronto: Ryerson Press; New Haven: Yale University Press, 1937).
5 W.S. Wallace, *The Pedlars from Quebec and Other Papers on the Nor'westers* (Toronto: Ryerson Press, 1954).
6 W.S. Wallace, *Documents Relating to the North West Company,* Publications of the Champlain Society, vol. 22 (Toronto: Champlain Society, 1954).
7 Maurice Séguin, "La Conquête et la vie économique des Canadiens," *L'Action Nationale* 28 (1946): 308–26.
8 Guy Frégault, *La société canadienne sous le régime français* (Ottawa: Canadian Historical Association, 1954).
9 Michel Brunet, "La déchéance de la bourgeoisie canadienne (1760–1793)," *Amérique française* 13 (1955): 19–84. This and other relevant essays are collected in M. Brunet, *La présence anglaise et les Canadiens: études sur l'histoire et la pensée des deux Canadas* (Montreal: Beauchemin, 1964).
10 Guy Frégault, "La Compagnie de la Colonie," *Revue de l'Université d'Ottawa* 30 (1960): 5–29, 127–49.
11 Guy Frégault, "Politique et politiciens," *Écrits du Canada français* 11 (1961). These articles are collected in Guy Frégault, *Le XVIIIe siècle canadien: études* (Montreal: Les Editions HMH, 1968).
12 Jean Hamelin, *Économie et société en Nouvelle-France* (Quebec: Les Presses Universitaires Laval, 1959).

13 Fernand Ouellet, *Histoire économique et sociale du Québec, 1760–1850* (Montreal: Fides, 1966).
14 Cameron Nish, *Les bourgeois-gentilshommes de la Nouvelle-France, 1729–1748* (Montreal: Fides, 1968).
15 Gilles Bourque, *Classes sociales et questions nationales au Québec, 1760–1840* (Montreal: Parti Pris, 1970), 323.
16 Brunet, *La présence anglaise*, 49.
17 Ouellet, *Histoire économique et sociale*, 6. Ouellet's view is most explicit in "M. Michel Brunet et le problème de la Conquête," *Bulletin des recherches historiques* 62 (1965): 92–101.
18 Louise Dechêne, *Habitants et marchands de Montréal au XVII*[e] *siècle* (Paris and Montreal: Librairie Plon, 1974).
19 See reference, *Habitants et marchands*, 391, n. 51, to "Charles Aubert de La Chesnaye," *Dictionary of Canadian Biography*, vol. 2 (Toronto: University of Toronto Press, 1969), 26–34. See also Yves F. Zoltvany, "Some Aspects of the Business Career of Charles Aubert de La Chesnaye (1632–1702), Canadian Historical Association, *Annual Report* (1968), 11–23.
20 Dechêne, *Habitants et marchands*, 221–2. See W.J. Eccles, *The Canadian Frontier, 1534–1760* (New York: Holt, Rinehart, Winston, 1969), chap. 5.
21 J.S. Pritchard, "The Voyage of the Fier: An Analysis of a Shipping and Trading Venture to New France, 1724–1728," *Histoire sociale/Social History* 6 (1973): 75–97.
22 Dale Miquelon, "Havy and Lefebvre of Quebec: A Case Study of Metropolitan Participation in Canadian Trade, 1730–1760," *Canadian Historical Review* 56:1–24.
23 Dale Miquelon, *Dugard of Rouen: French Trade to Canada and the West Indies, 1729–1770* (Montreal and Kingston: McGill-Queen's University Press, 1978).
24 Christopher Moore, "The Other Louisbourg: Trade and Merchant Enterprise in Île Royale, 1713–1758," *Histoire sociale/Social History* 12 (1979): 79–96.
25 James Pritchard, "The Pattern of French Colonial Shipping to Canada before 1760," *Revue française d'histoire d'outre-mer* 63 (1976): 189–210.
26 Jacques Mathieu, *Le commerce entre la Nouvelle-France et les Antilles au XVIII*[e] *siècle* (Montreal: Fides, 1981).
27 John Bosher, "French Protestant Families in Canadian Trade, 1740–1760," *Histoire sociale/Social History* 7 (1974): 179–201.
28 John Bosher, *The Canada Merchants, 1713–1763* (Oxford: Oxford University Press/Clarendon Press, 1987).
29 John Bosher, *Men and Ships in the Canada Trade, 1660–1760*, Studies in Archaeology, Architecture and History Series (Ottawa: National Historic Sites, 1992).
30 José Igartua, "The Merchants of Montreal at the Conquest: Socio-Economic Profile," *Histoire sociale/Social History* 16 (1975): 275–93.

31 José Igartua, "Le comportement démographique des marchands de Montréal vers 1760," *Revue d'histoire de l'Amérique française* 33 (1979): 427–45.
32 José Igartua, "A Change in Climate: The Conquest and the *Marchands* of Montreal," in Canadian Historical Association, *Historical Papers, 1974*, 115–34.
33 Lilianne Plamondon, "Une femme d'affaires en Nouvelle-France: Marie-Anne Barbel, veuve Fornel," *Revue d'histoire de l'Amérique française* 31 (1977): 165–85.
34 Louis Michel, "Un marchand rural en Nouvelle-France: François-Augustin Bailly de Messein, 1709–1771," *Revue d'histoire de l'Amérique française* 33 (1979): 215–62. See also Louis Michel, "Le Livre de Compte (1784–1792) de Gaspard Massue, marchand à Varennes," *Histoire sociale/Social History* 13 (1980): 369–98.
35 As John Bosher wrote, this was not "the packrat gathering of little facts for their own sakes" but was "brought into focus in a framework of questions and answers." See "Writing Early Canadian History: The Case for French Merchants in the Canada Trade," in *The Written Word/Prestige de l'écrit*, ed. Alexander G. McKay (Ottawa, Royal Society of Canada, 1980), 26.
36 Lucy Sutherland, *A London Merchant, 1695–1774* (London: Frank Cass & Co./Oxford University Press, 1962); Richard Pares, (among other works) *A West India Fortune* (London: Longmans, Green, 1950), *Yankees and Creoles* (Cambridge, Mass.: Harvard University Press, 1956), *Merchants and Planters* (Cambridge: Cambridge University Press, 1960); Ralph Davis, *Aleppo and Devonshire Square* (London: Macmillan, 1967).
37 Allan Greer, *Peasant, Lord and Merchant: Rural Society in Three Quebec Parishes, 1740–1840* (Toronto: University of Toronto Press, 1985).
38 Ibid., 150.
39 Ibid., 169.
40 See Pierre André Sévigny, "Le commerce du blé et la navigation dans le bas Richelieu avant 1849," *Revue d'histoire de l'Amérique française* 38 (1984): 5–21; and Claude Desrosiers, "Un aperçu des habitudes de consommation de la clientèle de Joseph Cartier, marchand général à Saint-Hyacinthe à la fin du XVIIIe siècle," in Canadian Historical Association, *Historical Papers, 1984*, 91–110.
41 Kathryn Young, *Kin, Commerce, Community: Merchants in the Port of Quebec, 1717 to 1745* (New York: Peter Lang, 1995).
42 W.J. Eccles, "A Belated Review of Harold Adams Innis, *The Fur Trade in Canada*," *Canadian Historical Review* 60 (1979): 419–441.
43 Bruce Trigger, *Natives and Newcomers: Canada's Heroic Age Reconsidered* (Montreal and Kingston: McGill-Queen's University Press, 1985). Daniel Francis and Toby Morantz's *Partners in Furs: A History of the Fur Trade in Eastern James Bay, 1600–1870* (Montreal and Kingston: McGill Queen's

University Press, 1982) treats what is now a part of the province of Quebec, but the details of trade presented in this book are based primarily on Hudson's Bay Company documentation.

44 Hubert Charbonneau, Bertrand Desjardins, and Pierre Beauchamp, "Le comportement démographique des voyageurs sous le régime français," *Histoire sociale/Social History* 21 (1978): 120–33. The Charbonneau team developed a data base from Archange Godbout's "Nos ancêtres du XVIIe siècle," which appeared in instalments in *Rapport de l'archiviste de la Province de Québec*, 1951–60.

45 Fernand Ouellet, "Dualité économique et changement technologique au Québec (1760–1790)," *Histoire sociale/Social History* 9 (1976): 256–96; see also the English translation and revision in Fernand Ouellet, *Economy, Class, and Nation in Quebec: Interpretive Essays*, ed. and trans. Jacques A. Barbier (Toronto: Copp Clark Pitman, 1991), 161–209.

46 Gratien Allaire, "Les engagements pour la traite des fourrures à Montréal: évaluation de la documentation," *Revue d'histoire de l'Amérique française* 34 (1980): 3–26.

47 Gratien Allaire, "Le commerce des fourrures à Montréal: documentation et méthode d'analyse," in B. Trigger, T. Morantz, and L. Dechêne, *'Le castor fait tout:' Selected Papers of the Fifth North American Fur Trade Conference, 1985* (Montreal: Lake St Louis Historical Society, 1987), 93–121.

48 Gratien Allaire, "Officiers et marchands: les sociétés de commerce des fourrures, 1719–1760," *Revue d'histoire de l'Amérique française* 60 (1987): 409–28. W.J. Eccles, from his biography of Frontenac to his article on the military establishment in New France, had taught us to look for fur trade beneficiaries in military uniforms. See *Frontenac: The Courtier Governor* (Toronto: McClelland and Stewart, 1958) and "The Social, Economic, and Political Significance of the Military Establishment in New France," *Canadian Historical Review* 52 (1971): 1–22.

49 Michel Filion, "La traite des fourrures au XVIIIe siècle : essai d'analyse statistique et d'interprétation d'un processus," *Histoire sociale/Social History* 20 (1987): 279–98. In addition to Igartua and Ouellet previously cited, see Dale Miquelon, "The Baby Family in the Trade of Canada, 1750–1820" (MA thesis, Carleton University, Ottawa, 1966).

50 Thomas Wien, "Castor, peaux et pelleteries dans le commerce canadien des fourrures, 1720–1790," in Trigger, Morantz, and Dechêne, *Le castor fait tout*, 72–92.

51 Thomas Wien, "Selling Beaver Skins in North America and Europe, 1720–1760: The Uses of Fur Trade Imperialism," *Journal of the Canadian Historical Association*, n. s., 1 (1990): 293–317.

52 Thomas Wien, "Exchange Patterns in the European Market for North American Furs and Skins, 1720–1760," in *The Fur Trade Revisited: Selected Papers of the Sixth North American Fur Trade Conference, Mackinac Island,*

Michigan, 1991 (East Lansing/Mackinac Island: Michigan State University Press/Mackinac State Historic Parks, 1994), 19–37.

53 Ibid., 31.

54 Louise Dechêne, *Le partage des subsistances au Canada sous le régime français* (Montreal: Les Editions du Boréal, 1994).

55 Michael Bliss, *Northern Enterprise: Five Centuries of Canadian Business* (Toronto: McClelland and Stewart, 1987).

56 Graham Taylor and Peter Baskerville, *A Concise History of Business in Canada* (Toronto: Oxford University Press, 1994).

57 Dale Miquelon, *New France, 1701–1744: 'A Supplement to Europe'* (Toronto: McClelland and Stewart, 1987).

58 Even in so fine and subtle a work as John Bosher's *The Canada Merchants*, this would seem to be an unquestioned assumption. Combined with assumptions of Protestant superiority as it is, it bespeaks an almost Parkman-like parochialism.

59 J.H. Hexter, "The Myth of the Middle Class in Tudor England," *Reappraisals in History: New Views on History and Society in Early Modern Europe* (New York: Harper Torchbooks, 1961), 72.

60 Immanuel Wallerstein, "The Bourgeois(ie) as Concept and Reality," in Étienne Balibar and Immanuel Wallerstein, *Race, Nation, and Class: Ambiguous Identities* (London: Verso, 1991), 143, 144, 146. Note in this regard the narrative trajectory of Pares, *A West India Fortune*, which follows the Pinnys, a family of middling status in rural Dorset (1685), to the West Indian island of Nevis and back to extensive rural estates, once again in Dorset (1850s).

3 L'économie et la société rurale dans la vallée du Saint-Laurent aux XVIIe et XVIIIe siècles : bilan historiographique[1]

LOUIS MICHEL

Dès la publication d'*Habitants et marchands de Montréal au XVIIe siècle* en 1974,[2] la partie consacrée à l'agriculture apparut comme l'une des plus neuves du livre. Vingt ans plus tard, le constat tient toujours. Les pages où Louise Dechêne traite des campagnes de l'île de Montréal au XVIIe siècle ont marqué un tournant important dans les études sur l'histoire rurale de la vallée du Saint-Laurent. Par la critique incisive de nombreux lieux communs et par la démonstration de leur caractère mythique, elles ont disqualifié des représentations qui avaient longtemps eu cours. Elles ont montré comment y substituer un autre mode d'approche pour mettre en œuvre une thématique et un questionnaire qui ont vite fait figure de modèle. Elles ont enfin proposé des conclusions et des hypothèses qui ont suscité et suscitent encore prolongements, vérifications et discussions. C'est donc en bonne partie dans le sillage du livre pionnier de Dechêne et grâce à sa contribution initiale que l'histoire rurale a réussi au cours des deux dernières décennies à se tailler une bonne place dans les recherches sur le XVIIe siècle et XVIIIe siècle canadiens et à y connaître d'indéniables succès.

Au-delà de cette filiation essentielle, toute vue d'ensemble des travaux réalisés depuis une vingtaine d'années doit partir d'un constat bien simple. Dans la vallée du Saint-Laurent, aux XVIIe et XVIIIe siècles, l'histoire de l'agriculture est double. Elle est prise de possession et occupation d'un territoire, mais elle est aussi reproduction et évolution de la société née de la colonisation. À plusieurs égards et particulièrement à microéchelle, ces deux histoires sont distinctes et successives. Mais sitôt qu'on élargit un peu l'angle de visée pour considérer un territoire un peu plus vaste, il apparaît plutôt qu'elles se déroulent simultanément et qu'elles tissent entre elles des liens multiples. Ce dualisme ne vaut pas seulement pour l'évolution d'ensemble. Il est aussi visible et durable dans le cadre des monographies. C'est pourquoi, en 1974, Dechêne avait regroupé dans la partie de son livre relative à l'agriculture une gamme étendue de thèmes et de questions qui débordait très largement une conception strictement agronomique et économiste du sujet. Depuis, son choix a été massivement confirmé et adopté. Son questionnaire est devenu d'usage courant, même si au fil des études, il y a eu d'inévitables déplacements et modifications d'accent. Par conséquent, plutôt que de suivre l'enchaînement des travaux dans l'ordre chronologique ou de confronter les opinions et les positions des auteurs sur quelques grands problèmes, il paraît préférable d'adopter la logique de l'inventaire pour esquisser, thème par thème, de brefs états de la question, en les regroupant sous trois grandes têtes de chapitre : la distribution du sol et le peuplement colonisateur; la seigneurie, l'agriculture et la société rurale; la socioéconomie rurale et la paysannerie.

DISTRIBUTION DU SOL ET PEUPLEMENT COLONISATEUR

Le dépouillement et l'analyse des actes de concession représentent un des premiers apports des monographies des vingt dernières années. Répartition chronologique, traduction en cartes et en graphiques, ce sont plusieurs milliers de concessions qui ont fait l'objet d'un traitement sériel.[3] Il ne s'agit encore que de fragments d'un ensemble, mais ils procurent d'ores et déjà une image plus assurée de la colonisation.

Dechêne l'a souligné : la seigneurie qui « a précédé tout le reste » est « une institution qui préside à la distribution des terres ».[4] Peut-on aller plus loin pour caractériser les manières de procéder des seigneurs et y apercevoir certaines régularités, Dans l'espace, il est bien connu que le découpage du sol a dû se plier aux particularités de la géographie locale, mais un peu partout, les études remarquent un souci manifeste d'assurer un peuplement continu et de faire en sorte que « les nouvelles terres se greffent aux censives déjà existantes ».[5] Le front pionnier ne progresse pas par la prolifération de cellules isolées. En revanche, les seigneurs n'ont pas eu la pleine maîtrise de la durée du processus. Il leur a fallu composer avec les événements et avec la démographie de la colonie. Au XVIIe siècle, l'insécurité et la rareté des hommes ont souvent entraîné des interruptions prolongées. Au XVIIIe siècle, l'opération paraît parfois avoir été relativement précipitée et s'être achevée assez tôt.[6] Mais le plus souvent, dans les seigneuries du cœur de la vallée du Saint-Laurent, la concession des terres a constitué une longue histoire. Plus tard, à la charnière des XVIIIe et XIXe siècles, on note une nette accélération du mouvement. Dans les grandes seigneuries du pourtour de la plaine de Montréal, le gros du territoire est concédé en l'espace d'une génération.[7] Il reste à dater plus précisément ce changement de vitesse. Dans tous les cas, d'ailleurs, les courbes révèlent un rythme saccadé avec des pointes très marquées et très localisées qui résultent probablement de circonstances et de décisions locales. Cela n'exclut pas d'éventuels synchronismes.

Descendant rarement au-dessous d'un seuil de 50 ou 60 arpents, la taille des concessions connaît d'un lieu à l'autre des variations non négligeables. À première vue, les seigneurs ont là une marge de manœuvre réelle et importante. Mais il ne faut peut-être pas en surestimer la portée. Que le sol ait été découpé en petites ou en grandes concessions, les auteurs des monographies invoquent plus ou moins la même explication, un même objectif, soit de fixer le colon, de s'assurer de sa stabilité. Certains seigneurs jugent utile de l'installer d'emblée à l'aise. D'autres estiment préférable d'y aller plus prudemment.[8] C'est sans doute, pour une part, affaire de contexte. Enfin, si dans les premiers temps, les relations personnelles ont tenu une certaine place,[9] il semble aventureux de parler d'une sélection des colons par les seigneurs. En tout cas, et sauf erreur, les refus de concéder paraissent rarissimes jusqu'à la fin du XVIIIe siècle.

Deuxième élément du dossier : le peuplement colonisateur, pour reprendre l'expression de Jacques Mathieu.[10] Les noms des censitaires mentionnés dans les contrats de concession appellent un travail d'identification des individus et de reconstitution de leur itinéraire. Se greffe alors l'étude d'autres pièces et d'autres phénomènes, par exemple celle des actes de mariage et des alliances matrimoniales.[11] La perspective s'élargit assez vite et, de proche en proche, elle finit par englober les diverses facettes de la mobilité, les divers types de migrations au sein de l'espace laurentien ainsi que leur rôle dans la formation et la reproduction d'une société.

Mais à l'échelle de chaque seigneurie, tout commence avec les nouveaux venus. Plusieurs monographies ont décrit leurs caractéristiques, certaines relevant d'ailleurs autant d'une large histoire sociale que de notre propos spécifique. Elles montrent des arrivées échelonnées dans le temps ou relativement groupées en une ou deux vagues principales; elles établissent les proportions de célibataires, de jeunes couples et de familles plus nombreuses, de Français et de Canadiens; elles s'intéressent à la longueur des déplacements et au rôle de la parenté, etc. Au risque de schématiser à l'excès, l'apport initial paraît bien avoir eu un rôle déterminant. Si les entrées de nouveaux venus n'ont jamais vraiment cessé, leur importance relative quant au peuplement local est allée en diminuant. Par ailleurs, les études ont confirmé en partie l'idée que le peuplement a progressé par déversement des excédents des zones les plus peuplées vers les fronts pionniers les plus proches. Mais plus qu'à l'étalement d'une ou deux grosses taches d'huile, il faut penser à celui d'un grand nombre de gouttelettes distinctes. Cette colonisation de proximité n'exclut d'ailleurs nullement des déplacements plus complexes et sur une plus grande distance. Ceux-ci ont peut-être pris plus d'importance au fur et à mesure que le XVIIIe siècle passait et que s'ouvraient des seigneuries plus éloignées de l'axe central.

Dans l'histoire rurale de la vallée du Saint-Laurent, la distribution du sol au moyen des concessions représente donc une sorte de première donne. A-t-elle eu des effets durables? A-t-elle laissé une marque de longue durée? Du côté du peuplement, le diagnostic de Dechêne pour les campagnes montréalaises du XVIIe siècle a été largement confirmé. Partout, il semble possible de parler de « mobilité apparente et [de] stabilité réelle ».[12] Sur le front pionnier, des terres changent de mains rapidement et souvent plusieurs fois. Mais ces signes d'instabilité masquent l'établissement durable d'une partie des pionniers qui constituent ainsi la souche de la population locale. Dans l'histoire de la Côte-du-Sud, par exemple, l'époque du peuplement colonisateur de 1670 à 1720 est suivie, de 1720 à 1790, du temps de « l'enracinement » et de la croissance essentiellement interne de la population.[13] Cela se traduit sûrement dans la prise de possession du sol. À la deuxième, troisième ou quatrième génération, les habitants issus du premier noyau de peuplement paraissent jouir d'un quasi-droit de préemption et ils accaparent le gros des terres qui restent à concéder dans la seigneurie, dans la mesure où la taille et la configuration de cette dernière le permettent.[14] Mais les choses ne s'arrêtent pas là. Mathieu a proposé un schéma ternaire de la dynamique de développement de la communauté rurale. En trois générations se succéderaient une période d'ouverture, un temps de fermeture, et finalement une autre phase d'ouverture correspondant à une « sorte de crise de croissance ».[15] À ce moment, en effet, la seigneurie (ou la paroisse) devient à son tour un foyer d'émigration. À défaut de le trouver sur place, des familles entières et un nombre plus ou moins important de jeunes vont chercher ailleurs un établissement qui leur convienne. C'est une « mobilité de la sédentarité ».[16] Pour en tenir compte, il conviendrait sans doute d'inverser l'optique habituelle des monographies ou de leur ajouter une dimension supplémentaire. Elles suivent en général l'histoire d'une seigneurie ou d'une collectivité depuis ses origines. Elles s'intéressent donc en priorité aux arrivants, à la population stable, à l'évolution de la société locale, à la manière dont elle tente de se reproduire plus ou moins à l'identique. Avec la prise en compte de ceux qui partent et de leur destin, la recherche pourrait s'étendre aux modalités et aux résultats de la reproduction élargie de la collectivité dans un espace dilaté et à géométrie variable. Ce serait aussi l'occasion de soumettre à la vérification une idée de Dechêne qui ne paraît pas avoir été souvent discutée : « le noyau est condamné à rester économiquement faible car il paie le coût de la colonisation périphérique ».[17]

D'un autre côté, quel rapport y a-t-il à moyen et long terme entre le dessin des concessions et la structure agraire de chaque seigneurie? Sylvie Dépatie le considère important au vu du cas de l'île Jésus. La politique seigneuriale de distribution du sol lui semble avoir modelé de façon durable la répartition de la terre entre les propriétaires, notamment en restreignant la taille des tenures et en décourageant leur accumulation.[18] Pourtant, face à la situation relativement précoce que décrit l'ensemble des aveux et dénombrements rédigés entre 1723 et 1745, Mathieu et Alain Laberge sont beaucoup plus perplexes. Devant la complexité du paysage et de la spatialisation du peuplement, il leur apparaît qu'il « n'y a pas d'explication simple qui tienne » et que s'il faut en privilégier une, ce sont « les choix et les aspirations des habitants ».[19] La discussion risque donc de se poursuivre. Toutefois, même ceux qui attribuent une influence durable à la politique seigneuriale sont loin d'en faire un carcan immuable. Le découpage du sol effectué par les seigneurs a reçu des correctifs plus ou moins importants. Là où elles étaient la règle, les grandes concessions n'ont pas tardé à être divisées, même si, de l'avis général, le morcellement n'a pas dépassé certaines limites.[20] En sens inverse émerge et s'affirme un groupe de propriétés dépassant nettement la taille de la concession ordinaire. Pour partie, c'est l'héritage des faveurs accordées par des seigneurs à certains individus.[21] Mais c'est surtout le résultat d'une accumulation, d'une réunion de censives réalisée par quelques habitants. Finalement, les seigneurs ont parfois l'occasion d'annuler certaines concessions, de rentrer en possession de plusieurs terres et donc d'intervenir à nouveau dans leur distribution. Au dossier que Mathieu a rassemblé sur les réunions de terres au domaine du seigneur de 1730 à 1759, il serait sans doute possible d'ajouter des déguerpissements et abandons enregistrés par les notaires.[22] L'ensemble est loin d'être insignifiant. Toutefois, il semble que les interventions seigneuriales ne touchent pas le territoire mis en valeur ou l'habitation principale. Elles s'effectuent plutôt sur le front pionnier, sur les marges ou la périphérie de la seigneurie. Elles interfèrent avec les projets d'extension ou d'agrandissement des habitants et méritent ainsi attention.

LA SEIGNEURIE, L'AGRICULTURE ET LA SOCIÉTÉ RURALE

Plutôt que dans les modalités et les rythmes de la colonisation, c'est dans la nature et les caractéristiques de la seigneurie que plusieurs historiens ont cherché le cœur d'une perspective d'ensemble sur l'histoire rurale des XVIIe et XVIIIe siècles canadiens. Dès 1974, Dechêne avait par son livre bien préparé le terrain. À l'encontre de toutes les représentations qui laissaient croire à une transmutation ou à un affadissement de l'institution au contact des réalités nord-américaines, elle affirmait que la seigneurie montrait bien au Canada son visage pluriséculaire malgré le passage de l'Atlantique. Celle-ci était essentiellement « un régime de propriété contraignant que les habitants subis[saient] avec autant de mauvaise grâce que les paysans français » et, le temps passant, elle devenait « rigide et envahissante ».[23] Par la suite, personne n'a tenté sérieusement et explicitement de faire revivre les vieilles façons de voir, ce qui ne les a peut-être pas empêchées d'avoir la vie dure. Malgré tout, comme si la cause n'était pas entendue, plusieurs auteurs ont jugé nécessaire de réaffirmer le diagnostic de Dechêne, et même de surenchérir sur sa position. Cela se marque surtout dans le choix du vocabulaire et dans l'insistance sur ce choix. Ainsi Dépatie, Christian Dessureault et Mario Lalancette soulignent à plusieurs reprises la nature féodale du régime et définissent les seigneuries qu'ils étudient comme des « cadres d'exploitation féodaux … [ou] lié[s] au privilège seigneurial ».[24] Pourquoi une telle accentuation? Même si cela reste à vérifier, on peut penser que le terrain a paru particulièrement propice pour affirmer des choix plus généraux, plus globaux dans la façon de considérer l'histoire et d'en rendre compte. La définition du régime seigneurial a représenté un bon moyen de souligner le déplacement d'une histoire à inspiration nationaliste vers une histoire centrée sur les réalités sociales, tout en marquant au sein de celle-ci l'adhésion à une problématique marxiste ou marxisante.[25]

Dans le même temps, d'ailleurs, plusieurs sociologues, politicologues et anthropologues ont accordé une attention spéciale à la transition du féodalisme au capitalisme dans la vallée du Saint-Laurent et aux rapports qu'y entretenaient le national et le social. Pour traiter de cette transition et pour la caractériser, ils se sont plus ou moins improvisés historiens. Les textes issus de cette tentative montrent malheureusement un déséquilibre et des difficultés d'harmonisation entre les raffinements de l'argumentation théorique et les insuffisances de l'information. De ce fait, à peu de chose près, les historiens n'ont pas vraiment participé à ce débat et n'ont pas cherché à le poursuivre dans les termes où il était posé. Avec une problématique générale qui n'était pas radicalement différente, ils ont mené leur propre démarche en n'oubliant pas les exigences du métier. Plutôt que de se perdre dans la spéculation, le questionnement théorique a suscité de nombreuses recherches qui ont eu pour objet d'aller voir sur le terrain, à l'échelle locale, les diverses facettes du rapport social entre le seigneur et les censitaires et de montrer son caractère inégal et déséquilibré. En effet, la seigneurie se présente d'abord comme le lieu et le cadre de l'exercice d'un pouvoir qui a des fondements juridiques, institutionnels et qui s'inscrit dans un certain nombre de textes et de contrats, comme les actes de concession. En étudiant le cas de l'île Jésus, Dépatie s'y est longuement arrêtée pour démonter avec minutie tout l'arsenal des droits du seigneur et exposer toutes les possibilités qui s'ouvrent à son action et à celle de ses agents.[26] Il en résulte un potentiel d'intervention et de contrainte qui, au moins en théorie ou à la limite, permet de piéger le censitaire de multiples manières d'autant que «juridiquement parlant, la seigneurie est plus forte au Canada (qu'en France) car son introduction y a précédé l'arrivée des habitants».[27]

Mais au fil du temps, au quotidien, le pouvoir seigneurial est une cœrcition à exercer, une autorité à faire sentir, à renforcer, à rappeler. Il s'observe dans des manifestations concrètes. Au-delà des modes de sociabilité et des rituels de la vie collective, ce sont essentiellement les pratiques de gestion et de perception des diverses redevances. À en juger par l'exemple des seigneuries ecclésiastiques, elles ont évolué dans le sens d'une plus grande rigueur, d'une plus grande exactitude.[28] Il y a eu durcissement. La manière dont le seigneur exerce certains de ses droits suscite aussi de temps en temps et ici et là des conflits plus ou moins importants. Ceux qui naissent de la localisation, du fonctionnement et de l'administration des moulins viennent sûrement en bonne place. Au vu d'une de ces disputes à la Rivière-du-Sud, Thomas Wien observe que les paysans sont «particulièrement exposé[s] à l'arbitraire seigneurial».[29] Il y a probablement un dossier à constituer avec les cas avérés d'abus de pouvoir et de conflits ouverts entre seigneurs et censitaires. Comme le suggère Allan Greer, il faut en chercher les pièces les plus nombreuses dans les archives judiciaires.[30]

L'histoire du pouvoir seigneurial n'est pas pour autant unilatérale. Elle a aussi son envers, soit la résistance passive des paysans, déjà signalée par Dechêne.[31] Il n'est sans doute pas difficile d'en multiplier les exemples pour le XVIIIe siècle. Y a-t-il pour autant généralisation du paiement retardé et de l'accumulation d'arrérages? N'existe-t-il pas des zones ou des localités où le rapport seigneurial se perpétue de façon paisible et routinière, dans la mesure où il n'est pas envahissant et se cantonne à quelques exigences fondamentales, le tout s'accompagnant d'une rentrée relativement régulière des redevances? En d'autres termes, est-il possible de dessiner une géographie de l'exercice du pouvoir seigneurial? Dans l'affirmative, est-elle liée à des différences dans l'ancienneté du peuplement, dans le degré ou le stade de mise en valeur? Certes, il n'est pas facile de fournir des réponses à de telles questions, mais ces dernières n'en sont pas pour autant purement gratuites.

De toute manière, le terrain devient un peu plus assuré lorsqu'il s'agit de l'élément matériel du rapport seigneurial, soit du prélèvement sur le produit des tenures et le revenu des familles paysannes qui les cultivent. À ce sujet et pour un échantillon intéressant de seigneuries (où toutefois celles qui appartiennent aux ecclésiastiques sont sur-représentées), l'apport des études monographiques a été important, même s'il n'a pas éclairé également tous les aspects de la question. Les données les plus nombreuses portent sur les revenus du seigneur ou de la seigneurie, sur leur montant, sur leur composition et sur leur évolution au cours de périodes plus ou moins longues et plus ou moins continues. Tantôt les chiffres sont ceux de recettes effectives et ils ont été recueillis dans des livres de compte de l'époque. Tantôt ce sont les résultats de calculs d'historiens et ils représentent le montant théorique du revenu. Cet ensemble partiel et composite requiert une grande prudence dans l'analyse. Mais il a l'avantage de montrer assez clairement comment les divers canaux du prélèvement contribuent au revenu du seigneur. Il permet également de découvrir comment la hiérarchie des principales composantes change au fur et à mesure que progressent le peuplement et la mise en valeur de la mouvance. Ainsi, la part des moulins paraît avoir tendance à augmenter et donc à renforcer l'importance de la banalité et du monopole.

En revanche, les informations directes deviennent presque inexistantes quand l'attention se porte sur l'ampleur du prélèvement dans le revenu paysan. Les auteurs doivent procéder à une série d'estimations dont chacune comporte une grande marge d'incertitude. Pour le calcul par rapport au produit brut (qui permet aussi de se faire une idée de l'importance de la dîme), il faut ainsi décider du type d'assolement, déterminer la superficie ensemencée, la quantité de semences à l'unité de surface et retenir un rendement moyen. Pour faire un pas de plus et rapporter le prélèvement au produit net ou au surplus, il faut allonger la liste avec une estimation de la consommation domestique. Pour la Rivière-du-Sud en 1775, Wien s'est livré à l'exercice en effectuant le calcul à l'échelle de la seigneurie. Les prélèvements du seigneur (sans la banalité) représentent un peu moins du cinquième du surplus de la production de blé. Avec la dîme, la proportion atteint les deux cinquièmes au maximum.[32] Mais que change une seule variable et on obtient un tout autre résultat. Si Wien retient une ration moyenne d'environ 8 minots par personne, ailleurs Dépatie et Dechêne choisissent plutôt le chiffre de 6 minots, tandis que Greer parle de 9,5 minots.[33] Dans le premier cas, l'ensemble des prélèvements tomberait à un cinquième du surplus, dont un peu moins d'un dixième pour le seigneur. Mais dans la deuxième hypothèse, la dîme et les droits seigneuriaux en absorberaient la totalité. Même sur un simple ordre de grandeur, il n'y a donc aucun accord.

Faut-il alors conclure à une impasse et renoncer à évaluer la charge que représentait pour les paysans l'existence du régime seigneurial? En réalité, c'est la détermination d'un niveau et d'un chiffre moyens qui pose problème. Or, l'incidence du prélèvement n'était pas uniforme, même si, sans doute, personne ne le jugeait accessoire ou superficiel. Chez l'habitant qui semait plus de 100 minots de grains, il écrémait le surplus négociable et il était fort probablement dépassé par la dîme. Chez le colon qui commençait à défricher, il réduisait une provision déjà insuffisante pour assurer sa subsistance. Par conséquent, il paraît souhaitable de poursuivre l'analyse en considérant un certain nombre de cas types et en tenant compte de ce que l'on sait déjà sur les stratifications et les structures internes de la paysannerie.

Même s'il reste du travail à faire, les connaissances concrètes, datées, chiffrées sur la seigneurie et le rapport seigneurial sont sûrement plus abondantes qu'il y a vingt ans. Tout en éclairant nombre d'aspects de l'histoire sociale, ont-elles permis d'étayer solidement certains schémas théoriques ou certaines représentations d'ensemble qui ont directement ou indirectement stimulé les recherches sur la question? Tout le problème est de déterminer la place réelle de la seigneurie dans les structures et dans le fonctionnement de l'économie et de la société rurales, alors que, de toute évidence, elle n'est pas un cadre ou une unité de production. Ne représente-t- elle qu'une superstructure gênante, une formation parasite à l'emprise plus ou moins superficielle? Ou bien faut-il penser que l'existence même du prélèvement seigneurial et du pouvoir qui l'assure détermine largement les orientations et les finalités de la production agricole assurée par les exploitations paysannes? Faut-il admettre que le mode de domination exercé par les seigneurs s'accompagne nécessairement d'un certain type d'agriculture paysanne, d'un certain mode de vie des familles paysannes préoccupées essentiellement d'assurer leur autosuffisance? Dans les travaux les plus importants des dernières années, personne n'a prôné ouvertement et a priori le premier point de vue. En revanche, le second a été défendu avec beaucoup de nuances, mais aussi de fermeté par Greer.[34] On lui a parfois ajouté un corollaire. Comme ils parviennent à confisquer la meilleure part du surplus des exploitations paysannes, les seigneurs et les décimateurs sont les principaux responsables de la mobilisation d'une partie du produit agricole, les principaux fournisseurs du commerce des grains.[35]

En elles-mêmes, les études sur les seigneuries et le rapport seigneurial ne permettent pas vraiment de discuter de telles propositions. Pour Dépatie, Dessureault et Lalancette, établir la nature féodale de la seigneurie est une chose, mais cela n'autorise nullement à conclure au règne du féodalisme.[36] Pour trancher, il faut d'autres données; il faut regarder en elles-mêmes et pour elles-mêmes l'agriculture et la paysannerie.

LA SOCIOÉCONOMIE RURALE ET LA PAYSANNERIE

Cette troisième section demanderait au moins autant d'espace que les deux premières. Mais son objet recoupe en partie celui de deux autres bilans prévus au programme sur la population et la société. La revue peut donc être plus rapide et plus sélective.

Par l'examen du cas de l'île de Montréal de 1648 à 1725, le livre de Dechêne avait donné en 1974 une base très solide à l'étude des défrichements, des caractéristiques de l'activité agricole et de « la gestion de l'habitation ». En d'autres lieux et pour d'autres périodes, les principales monographies[37] ont repris ses interrogations. Chacune a ses accents particuliers mais, dans l'ensemble, leurs résultats concordent. Elles ont apporté diverses retouches[38] et quelques ajouts au tableau initial, tout en confirmant la plupart de ses traits essentiels.

Au-delà des multiples notations concrètes et précises qui font une bonne partie de la valeur des analyses monographiques, où en sont les connaissances sur l'activité agricole? En premier lieu, on a acquis une certaine idée des caractéristiques de la structure agraire. Certes, il n'est pas encore temps de crier victoire. Il n'y a toujours pas de statistiques ou de « photographie » d'ensemble, même si pour les années 1720, l'étude en cours des aveux et dénombrements en laisse espérer une.[39] Mais localement, lorsque les sources le permettent, rien ne s'oppose à la reconstitution relativement précise de la hiérarchie des propriétés et des exploitations et de son évolution dans le temps. Dépatie l'a bien montré pour l'île Jésus.[40] À défaut de documents spécifiques d'origine seigneuriale, les inventaires après décès contiennent les éléments d'une statistique approximative. Un deuxième élément peut être appréhendé avec une certaine sûreté. Il s'agit des moyens de culture (sinon du capital d'exploitation) dont disposent les habitants pour la mise en valeur de leurs terres, soit l'outillage d'un côté, le cheptel et spécialement les animaux de trait, de l'autre. Là encore, l'analyse sérielle d'ensembles significatifs d'inventaires après décès fournit les informations et les chiffres nécessaires. Même si les cas connus ne constituent que des échantillons, ils ont une ampleur suffisante pour constituer de bons témoins. Ils montrent bien la diversité des situations, tout en se prêtant à l'étude de certaines évolutions. En revanche, dans l'étude des facteurs de production, personne ne paraît avoir examiné méthodiquement la question de la main-d'œuvre et de la force de travail dont disposaient les différentes exploitations. Pourtant, la jeunesse de la population et sa reproduction élargie à chaque génération devaient bien avoir quelques conséquences. L'abondance de la main-d'œuvre familiale était-elle vraiment la règle ou le privilège plus ou moins éphémère d'une petite minorité?

Au-delà de ces données de base, l'incertitude s'accroît et le règne des approximations s'étend encore davantage. Il en va ainsi notamment pour la culture du blé et des céréales, la production principale, celle qui structure toute l'activité agricole et toute l'économie rurale. L'absence ou la rareté de statistiques d'ensemble interdit bien sûr d'en faire directement l'histoire en termes quantitatifs. À l'échelle locale, les minutes notariales, et notamment les inventaires après décès, livrent à première vue des renseignements et des chiffres en assez grand nombre, mais leur utilisation demande beaucoup de prudence. Par conséquent, les données les plus sûres, celles qui portent sur le volume des semences, sont aussi les moins nombreuses. L'approche monographique n'est donc pas en mesure de suppléer à l'absence de statistiques globales sur la production.

Ce vide n'est pas nécessairement dramatique et il y a place pour diverses inférences à partir d'autres données. Dans une localité, dans une seigneurie, il est permis de penser que la hiérarchie des quantités récoltées entretient certaines correspondances avec celle des propriétés. À l'échelle globale, tout laisse supposer que l'évolution de la production céréalière est grossièrement accordée à la croissance démographique. De même, il convient de prêter attention à tous les renseignements sur la succession des bonnes et des mauvaises récoltes. Il est cependant plus aventureux de chercher dans les variations du volume des exportations une mesure des variations du surplus.

Mais il y a peut-être d'autres pistes pour pousser un peu plus loin l'étude de l'économie agricole du XVIIIe siècle, à condition cependant d'adopter une approche globale. Ainsi, du fait de leur petite taille et de leur poids démographique minoritaire, les villes offrent des marchés beaucoup trop étroits pour engendrer des spécialisations bien marquées dans la production agricole des diverses régions. Mais tous les prodromes de ce phénomène majeur méritent attention.[41] Bien plus, avant même le temps des spécialisations, alors que règne partout une économie dominée par le blé, les différences régionales paraissent bien exister. Elles se manifestent timidement dans les cartes établies par R.C. Harris avec les données du recensement de 1739.[42] Elles sont beaucoup plus évidentes dans les estimations du surplus de blé des diverses paroisses que Wien a pu établir à partir de déclarations sur le produit des dîmes entre 1788 et 1791.[43] Certes, la mesure n'est pas exacte, mais les écarts sont suffisants pour appeler un effort d'explication. Wien en a d'ailleurs donné l'exemple en examinant la portée des différences climatiques entre les régions de Québec et de Montréal.[44]

Les vingt dernières années ont apporté du nouveau dans un autre domaine, celui du commerce et des échanges dans le monde rural. Paroisse après paroisse, plusieurs auteurs ont repéré et identifié des marchands établis à demeure dans les campagnes dès la première moitié du XVIIIe siècle.[45] Connus surtout par les actes notariés, quelques-uns ont laissé un livre de compte,[46] voire des archives plus abondantes. À en juger par les fortunes et l'ampleur des affaires, des gagne-petit voisinaient avec des personnages beaucoup plus considérables. Le plus riche et le mieux connu est sans doute Samuel Jacobs étudié par Greer.[47]

Prenant plus ou moins complètement le relais de leurs confrères de la ville ou venant briser une quasi-autarcie, ces commerçants s'implantent de façon relativement dense. Leur présence témoigne de l'insertion des ruraux dans des circuits d'échange. Non seulement ils se procurent au magasin général des marchandises importées, mais ils les achètent aussi généralement à crédit. Par conséquent, la rubrique des dettes passives dans les inventaires après décès, l'abondance des obligations et parfois des constitutions de rente révèlent l'omniprésence des pratiques du crédit. Ces dernières engendrent à leur tour des phénomènes d'endettement dont l'ampleur et les fluctuations restent à évaluer.

Ainsi, c'est d'abord comme consommateurs que les ruraux paraissent participer à l'économie marchande. C'est du moins l'aspect le plus connu, celui qui a laissé le plus de traces dans la documentation. À considérer les chiffres en cause, il ne s'agit pas d'un comportement marginal ou anecdotique. Le fait est particulièrement patent pour la minorité de clients qui font figure de gros consommateurs et qui assurent l'essentiel du chiffre d'affaires de chaque marchand.[48]

Naturellement, ces dépenses des habitants[49] sont financées par des recettes tirées de la commercialisation d'une partie de leur production. Pénurie de monnaie ou autres raisons, pendant tout le XVIIIe siècle perdure une pratique originale. Les marchands ruraux acceptent (ou demandent) d'être payés en blé. Ils en rassemblent ainsi des quantités plus ou moins considérables qu'ils échangent à leur tour pour réapprovisionner leurs magasins. Ce circuit régulier de ramassage des surplus de blé laisse de la place à des ventes plus classiques moyennant paiement en argent et dans un climat plus concurrentiel.[50] De toute manière, les chiffres disponibles montrent que les volumes en cause n'ont rien à voir avec de petites quantités résiduelles. Une minorité substantielle de vendeurs livrent des quantités importantes qui représentent la subsistance de plusieurs familles.

Cette dimension de l'économie rurale est maintenant bien établie, même s'il ne faut pas étendre trop vite à l'ensemble de la colonie des phénomènes qui sont particulièrement développés au voisinage de Montréal et dans la vallée du Richelieu. Mais il reste à l'interpréter. Faut-il déduire de ces pratiques de commercialisation l'existence de comportements et de réflexes caractéristiques d'une économie de marché, d'une sensibilité aux signaux du marché, etc.? En réalité, seule une partie du produit est vendue. L'emprise du marché reste partielle, ce qui confère des traits particuliers à son fonctionnement. À l'échelle globale comme à celle de chaque exploitation, l'économie agricole présente un double visage. La difficulté consiste à décrire et à caractériser la combinaison et sa dynamique.

Ce n'est cependant pas la manière de voir de ceux qui adoptent une représentation globale déjà évoquée à propos de la seigneurie. Ceux-ci pensent, en effet, que l'économie rurale de la vallée du Saint-Laurent au XVIIIe siècle se caractérise par la double emprise du féodalisme et d'un type d'économie paysanne qualifié de *household economy*. Le prélèvement seigneurial (ou féodal, en y ajoutant la dîme) est le principal ressort de la circulation du produit agricole. Il confisque une bonne part du surplus des exploitations paysannes qui se sont développées sur les tenures et, ce faisant, il renforce la tendance naturelle des familles qui les tiennent à se replier sur elles-mêmes pour obéir aux logiques de l'autosuffisance et de la reproduction simple, tout cela perpétuant une certaine homogénéité du monde rural.

À vrai dire, le premier terme du raisonnement ne tient guère et n'a pas trouvé beaucoup de défenseurs. Offrant pour l'époque de la Nouvelle-France le premier tableau d'ensemble de la circulation des grains dans la colonie, le tout récent livre de Duchêne souligne notamment que « le commerce colonial repose davantage sur les excédents des agriculteurs que sur les stocks des seigneurs et des curés, ce qui évidemment contribue beaucoup à sa fragilité ».[51] Ce diagnostic devrait régler la question, même s'il reste à prolonger l'étude au-delà de 1760–1763.

Mais, aux yeux de plusieurs historiens, cela n'empêche pas le féodalisme de demeurer tout au long du XVIIIe siècle le mode d'organisation dominant des campagnes et d'opposer une grande force d'inertie au changement. Personne n'a trouvé de signes tangibles du passage au capitalisme. Rien ne manifeste le démarrage d'un processus significatif d'accumulation primitive. Les seigneurs ayant renoncé très tôt à garder de vastes domaines et à être de grands propriétaires, personne n'a cherché à s'emparer de la terre paysanne pour constituer de grandes fermes et implanter une agriculture de type capitaliste. Tout cela conduit à une appréciation particulière de l'installation et de l'activité des marchands dans les campagnes. À première vue, les relations qu'ils nouent avec les habitants, l'ampleur du crédit qu'ils leur consentent, les situations d'insolvabilité qui en résultent créent une situation susceptible de briser la coquille de l'autosuffisance et de conduire une partie des familles paysannes à la vente de leur terre et à la prolétarisation. En d'autres termes, la pénétration des relations marchandes dans le milieu rural constitue normalement le terreau de l'émergence d'autres structures agraires et de rapports de production capitalistes. Et pourtant, les marchands ruraux du XVIIIe siècle, y compris les plus riches d'entre eux, ne montrent aucun empressement à s'emparer de façon durable de la terre de leurs débiteurs, et moins encore à la transformer en grandes exploitations cultivées par des troupes d'ouvriers salariés. Bien au contraire, ils se cantonnent dans leur rôle quelque peu parasitaire de commerçants et paraissent se soucier surtout de garder un grand nombre de clients. Par conséquent, loin d'être des agents de transformation, ils ont partie liée avec le système féodal. Le capital commercial refuse de s'engager dans la production et participe donc, à son échelle, à une certaine « trahison » de la bourgeoisie. Le relatif succès des marchands ruraux n'est pas un signe de développement; il témoigne plutôt de l'immobilisme fondamental de la socioéconomie des campagnes.[52]

Si cette interprétation a ses mérites, elle n'en procède pas moins d'un point de vue trop réducteur. Elle rapporte l'histoire du monde rural au XVIIIe siècle (voire jusqu'en 1850) à la seule aune du passage du féodalisme au capitalisme, les deux étant définis de manière très idéal-typique. Cela revient à aborder la complexité d'une évolution avec un filet à trop larges mailles. C'est encore plus évident quand le projecteur se déplace vers la majorité de la population en cessant de la considérer seulement comme une masse passive n'ayant aucune prise sur son destin.

L'évolution des manières de voir la paysannerie constitue précisément le dernier apport et non le moindre de la recherche des dernières années. Au point de départ, il y a toujours le livre de Dechêne sur l'île de Montréal. Aux yeux de l'auteure, l'époque 1660–1725 était placée sous le signe d'une « dépression profonde et soutenue des prix » ou de « l'abondance et de la non-valeur ».[53] Cette conjoncture défavorable lui semblait avoir de profondes répercussions sur la société rurale naissante en limitant l'horizon des paysans et en les condamnant à se cantonner dans une agriculture essentiellement vivrière. Par conséquent, une fois passé le temps du défrichement, le monde des agriculteurs tendait vers une certaine homogénéité et présentait une faible différenciation. Mais en s'attachant surtout au XVIIIe siècle, les monographies les plus récentes n'ont pas confirmé ce point de vue et ont formulé un tout autre diagnostic. En effet, l'étude de plusieurs ensembles importants d'inventaires après décès a abouti à des résultats convergents. La paysannerie n'y apparaît nullement comme un monde d'égaux. L'échelle des possessions foncières, l'échelle de la valeur des meubles, l'échelle des moyens de production comme leur combinaison révèlent des différences prononcées, des inégalités marquées. Le constat est net et général.

Autant que le fait lui-même, c'est sa portée qui mérite attention. Sauf erreur, personne n'a présenté les inégalités au sein de la paysannerie comme le produit d'un changement conjoncturel et du retournement de la tendance séculaire des prix, même si ce dernier phénomène paraît stimuler ou traduire un développement de la commercialisation du blé. La mise en évidence de diverses hiérarchies au sein de la paysannerie ne change pas nécessairement la vision de ceux qui pensent que les structures et la dynamique du monde rural sont gouvernées par la combinaison du féodalisme et de la *household economy.* Les inégalités qui apparaissent à un moment donné traduisent pour une bonne part la position différente des ménages d'une paroisse ou d'une seigneurie dans le déroulement du cycle familial. Elles sont donc éphémères. En second lieu, le remplacement d'une génération par une autre entraîne périodiquement une sorte de remise à plat du système. Dans la vallée du Saint-Laurent, le partage égalitaire des successions ou les modes habituels de transmission du patrimoine condamnent toute accumulation à demeurer provisoire. Ainsi, même si les différences ne sont pas insignifiantes, elles ne débouchent pas sur une différenciation durable. Par là, la paysannerie peut conserver une relative homogénéité et l'économie paysanne peut continuer de barrer la route au développement du capitalisme.

Sur tous ces points, les recherches les plus récentes ont cependant proposé et préparé une autre façon de voir. Dans leur très grande majorité, les paysans sont bien des propriétaires-exploitants, même s'il convient de prêter attention à la catégorie des fermiers.[54] Mais les différences qui les séparent ne sont pas de simples degrés sur une échelle continue. Pour Dessureault, il faut parler d'une « division sociale immanente de la paysannerie ».[55] Le clivage qui traverse le groupe des cultivateurs tient à l'accès inégal aux moyens de production. Il se révèle notamment dans la possession ou non d'un train de labour. Les caractéristiques du cycle familial ne suffisent pas à en rendre compte, car il est visible dans toutes les classes d'âge. Inhérent à l'histoire de l'occupation et de la mise en valeur de la vallée du Saint-Laurent, ce clivage se double avec le temps d'une autre ligne de partage (ou évolue vers une autre ligne de partage) entre cultivateurs et journaliers. Mais plus encore, il a tendance à s'inscrire dans l'espace avec l'apparition de rangs (voire de paroisses entières) marqués par la prédominance des petits, sinon des marginaux.

De son côté, Dépatie a montré qu'à l'île Jésus, la transmission du patrimoine d'une génération à l'autre n'effaçait nullement ces fractures. Certes, tout en évoluant dans leurs formes, les pratiques sont restées foncièrement égalitaires. Pourtant, il ne faut pas se tromper sur les résultats du processus. Celui-ci fait perdurer une inégalité fondamentale, celle qui règne dans l'accès à la terre productive. À chaque génération, une partie des habitants se voit dotée d'une base solide pour démarrer dans la vie. L'autre partie, peut-être la plus importante, doit partir de zéro ou de peu de chose.[56] Pour sa part, Wien voit dans ces clivages la manifestation ou le résultat d'un processus d'accumulation au sein même de la paysannerie. Une minorité de familles multiplient les acquisitions foncières dans le territoire de la paroisse ou de la seigneurie. C'est à l'époque la meilleure façon d'investir les gains de l'exploitation agricole. De ce fait, les plus petits ou les moins chanceux sont réduits à la portion congrue ou carrément refoulés.[57]

Après ces pas décisifs, il en reste sans doute un à faire. Pour diverses raisons règne encore ici et là l'idée d'une certaine incompatibilité entre la rationalité de l'économie paysanne et l'entrée résolue de l'agriculture sur les chemins de la commercialisation et de la croissance. En témoigne la proposition suivante : « Pour que l'accroissement de la demande produise une hausse notable de la production, il aurait fallu que l'organisation même de la production soit modifiée et que se développent de grandes exploitations ayant systématiquement recours à une main-d'œuvre salariée. »[58] Un examen attentif de l'histoire ultérieure devrait permettre d'éliminer ce fantôme de la nécessité d'une transformation préalable des structures agraires. Au bout du compte, c'est une vision trop univoque, trop réductrice et trop statique de l'économie paysanne qui doit céder la place. Le concept garde son intérêt à condition d'en réviser le contenu pour y incorporer les inégalités, les clivages, la concurrence que se font les paysans pour prendre les meilleures places en même temps que la double orientation des exploitations et les particularités de fonctionnement qui en résultent.[59]

Au total et au terme des deux dernières décennies, l'enrichissement des connaissances est incontestable. Mais il remet en cause des théories, des modèles, des concepts globalisants qui ont régné quelque temps dans le domaine de l'histoire rurale. Ces derniers ont rendu des services; ils ont eu une valeur heuristique, mais ils se révèlent de moins en moins capables de rendre compte d'une réalité complexe. Catherine Desbarats a fait un relevé et une analyse systématique de ces discordances[60] et la cause semble bien être entendue. Le crédit considérable accordé à certaines théories n'a pas seulement poussé à vouloir couler une réalité complexe dans un moule préétabli. Il a également entraîné un déséquilibre entre deux approches de l'histoire. La priorité accordée à ce qui est constitutif d'un système, à ce qui se perpétue, qui a valeur générale, qui se rapproche d'un type moyen, conduit à écarter assez systématiquement ou à reléguer au second rang le changement, les différences, les écarts, etc. On peut souhaiter pour l'avenir qu'intervienne un certain rééquilibrage. Dans les vues d'ensemble à construire pour rendre compte de l'évolution du monde rural, l'intérêt pour les structures et les règles de fonctionnement du système mérite toujours sa place. Mais il faudrait aussi redonner à l'histoire tous ses droits, être attentif aux rythmes, aux durées, aux fluctuations, aux conjonctures dans les différents phénomènes étudiés et prêter attention aux changements autant qu'aux répétitions. L'histoire rurale des XVIIe et XVIIIe siècles canadiens ne présente sans doute aucune mutation structurelle, mais ce n'est pas une raison pour la placer trop exclusivement sous le règne de l'immobilisme, d'un blocage congénital ou de la course à une crise de système. Elle est l'histoire d'un développement avec ses réussites, ses ratés, ses insuffisances, mais aussi sa complexité. En pratique, une telle orientation requiert des approches plus diversifiées. Les monographies gardent leur utilité, étant donné les caractéristiques de la documentation. Toutefois, il est souhaitable, et même indispensable, de poser et d'étudier un certain nombre de questions à une échelle plus globale. Vingt ans après *Habitants et marchands [...]*, Dechêne donne encore l'exemple avec son dernier livre, *Le partage des subsistances au Canada sous le Régime français*.[61]

NOTES

1 La version primitive de ce bilan comprenait une première partie sur « les bases et les cadres des recherches des deux dernières décennies ». Pour respecter les limites fixées, il a fallu l'éliminer et ne garder que la revue des principaux thèmes.

2 L. Dechêne, *Habitants et marchands de Montréal au XVIIe siècle* (Paris et Montréal, Plon, 1974).

3 À défaut de citer tous les auteurs de telles séries, mentionnons pour les cartes et graphiques, C. Dessureault, « L'égalitarisme paysan dans l'ancienne société rurale de la vallée du Saint-Laurent : éléments pour une ré-interprétation », *Revue d'histoire de l'Amérique française* (*RHAF*), 40, 3 (1987) : 208–209; P. Jarnoux, « La colonisation de la seigneurie de Batiscan aux 17e et 18e siècle; l'espace et les hommes », *RHAF* 40, 2 (1986) : 170 et 176–178; L. Lavallée, *La Prairie en Nouvelle-France, 1647–1760 : étude d'histoire sociale* (Montréal, McGill-Queen's University Press, 1992), 72–80.

4 L. Dechêne, *Habitants et marchands*, 241–242.

5 S. Dépatie, « L'évolution d'une société rurale : l'île Jésus au XVIIIe siècle », thèse de PhD, Université McGill, 1988, 35–36.

6 T. Wien, « Peasant Accumulation in a Context of Colonization, Rivière-du-Sud, Canada, 1720–1775 », thèse de PhD, Université McGill, 1988, chapitre I.

7 C. Dessureault, « Les fondements de la hiérarchie sociale au sein de la paysannerie : le cas de Saint-Hyacinthe, 1760–1815 », thèse de PhD, Université de Montréal, 1985; F. Noël, *The Christie Seigneuries Estate Management and Settlement in the Upper Richelieu Valley, 1760–1859* (Montréal, McGill-Queen's University Press, 1992).

8 Jarnoux, « La colonisation de la seigneurie de Batiscan », 173; Wien, « Peasant Accumulation », 63; Dépatie, « L'évolution d'une société rurale », 193.

9 A. Greer, *Peasant, Lord and Merchant. Rural Society in Three Quebec Parishes. 1740–1840* (Toronto, University of Toronto Press, 1985), 6. À Sorel et Saint-Ours, des soldats prennent des tenures dans les seigneuries de leurs anciens officiers.

10 J. Mathieu et S. Courville, dir., *Peuplement colonisateur aux XVIIe et XVIIIe siècles* (Québec, Cahiers du CÉLAT, n° 8, 1987).

11 J. Mathieu et al., « Les alliances matrimoniales exogames dans le gouvernement de Québec, 1700–1760 », *RHAF* 35, 1, (1981) : 3–32.

12 Dechêne, *Habitants et marchands*, 287.

13 A. Laberge, dir., *Histoire de la Côte-du-Sud* (Québec, IQRC, 1993), 62–79.

14 Jarnoux, « La colonisation de la seigneurie de Batiscan »; Mathieu et Courville, dir., *Peuplement colonisateur*, 21–22.

15 Ibid., 29.

16 J. Mathieu, « Mobilité et sédentarité : stratégies familiales en Nouvelle-France », *Recherches sociographiques, 28*, 2–3 (1987) : 219–227.
17 Dechêne, *Habitants et marchands*, 298.
18 Dépatie, « L'évolution d'une société rurale », 193, 196. Pour sa part, Greer constate qu'en 1765, le groupe modal des propriétés se situe entre 60 et 70 arpents à Sorel et entre 100 et 249 arpents à Saint-Denis. Il attribue l'essentiel de cette différence à la plus grande « générosité » des seigneurs de Saint-Denis dans le découpage des concessions. Greer, *Peasant, Lord and Merchant*, 21, 359 n1.
19 J. Mathieu et A. Laberge, « La diversité des aménagements fonciers dans la vallée du Saint-Laurent au XVIIIe siècle », Société historique du Canada/Canadian Historical Association *Communications historiques/ Historical Papers* (1989) : 162–163.
20 Wien, « Peasant Accumulation », 128. Il faudrait déterminer plus précisément ces limites au morcellement, surtout dans les seigneuries les plus densément peuplées. Lorsqu'on pouvait leur adjoindre une terre à bois de 30 arpents ou plus, il n'était pas irrationnel de diviser une concession de 90 arpents en deux habitations de 45 arpents.
21 Laberge, dir., *Histoire de la Côte-du-Sud*, 153–154.
22 J. Mathieu, « Les réunions de terres au domaine du seigneur, 1730–1759 », dans F. Lebrun et N. Séguin, dir., *Sociétés villageoises et rapports villes-campagnes au Québec et dans la France de l'Ouest, XVIIe–XXe siècles* (Trois-Rivières et Rennes, Centre de recherches en études québécoises de l'Université du Québec à Trois-Rivières et Presses universitaires de Rennes 2, 1987), 79–89.
23 Dechêne, *Habitants et marchands*, 258, 257.
24 S. Dépatie, C. Dessureault, M. Lalancette, *Contributions à l'étude du régime seigneurial* (Montréal, Hurtubise HMH, 1987), 230. De même pour Greer, « seigneurial tenure was not a 'thing'; it was rather a form of property and, as such, it had to do with relations between different classes of people ». Greer, *Peasant, Lord, and Merchant*, 90.
25 Outre les principales monographies, voir aussi F. Ouellet, « Libéré ou exploité! Le paysan québécois d'avant 1850 », *Histoire sociale/Social History (HS/SH)* 13, 26 (1980) : 339–368.
26 Dépatie, Dessureault, et Lalancette, *Contributions à l'étude du régime seigneurial*, 37–55.
27 Ibid., 84 (formule empruntée à Dechêne).
28 Outre Dépatie, voir notamment Lavallée, *La Prairie en Nouvelle-France*, 104–105.
29 T. Wien, « Les conflits sociaux dans une seigneurie canadienne au XVIIIe siècle : Les moulins des Couillard », dans G. Bouchard et J. Goy, dir., *Famille, économie et société rurale en contexte d'urbanisation* (Chicoutimi et

Paris, Centre interuniversitaire SOREP et École des Hautes Études en Sciences Sociales, 1990), 225.
30 Greer, *Peasant, Lord, and Merchant*, 103.
31 Dechêne, *Habitants et marchands*, 258.
32 Wien, « Peasant Accumulation », 193–198.
33 Ibid. et Greer, *Peasant, Lord, and Merchant*, 136.
34 Greer, *Peasant, Lord, and Merchant*, notamment ix-xvi, 230–231.
35 Ouellet, « Libéré ou exploité! »
36 Dépatie, Dessureault, et Lalancette, *Contributions à l'étude du régime seigneurial*, 230.
37 Greer, *Peasant, Lord, Merchant*; Dessureault, « Les fondements de la hiérarchie sociale »; Wien, « Peasant Accumulation »; Dépatie, « L'évolution d'une société rurale ». Soit les seigneuries de Sorel, Saint-Ours, Saint-Denis, Rivière-du-Sud, Saint-Hyacinthe, et de l'île Jésus.
38 Par exemple, sur l'utilisation des fumiers, voir les observations de Dépatie, « L'évolution d'une société rurale », 220–226.
39 J. Mathieu et A. Laberge, dir., *L'occupation des terres dans la vallée du Saint-Laurent. Les aveux et dénombrements 1723–1745* (Sillery, Éditions du Septentrion, 1991).
40 Dépatie, « L'évolution d'une société rurale », 135–196.
41 L. Dechêne, « Observations sur l'agriculture du Bas-Canada au début du XIXe siècle », dans J. Goy et J.-P. Wallot, dir., *Évolution et éclatement du monde rural : structures, fonctionnement et évolution différentielle des sociétés française et québécoise, XVIIe–XXe siècles* (Paris et Montréal, Éditions de l'École des Hautes Études en Sciences Sociales et Presses de l'Université de Montréal, 1986), 189–202.
42 L. Dechêne, dir., *Atlas historique du Canada. Des origines à 1800* (Montréal, Presses de l'Université de Montréal, 1987), 1 : planche 53.
43 T. Wien, « Visites paroissiales et production agricole au Canada vers la fin du XVIIIe siècle », dans Lebrun et Séguin, dir., *Sociétés villageoises et rapports villes-campagnes*, 183–194.
44 T. Wien, « Les travaux pressants. Calendrier agricole, assolement et productivité au Canada au XVIIIe siècle », *RHAF* 43, 4 (1990) : 535–558.
45 Ils sont parfois assez nombreux pour que l'on puisse parler de « communauté marchande ». L. St-Georges, « Commerce, crédit et transactions foncières : pratiques de la communauté marchande du bourg de l'Assomption, 1748–1791 », *RHAF* 39, 3 (1986) : 323–343.
46 L. Michel, « Le livre de compte (1784–1792) de Gaspard Massue, marchand à Varennes », *HS/SH* 13, 2 (1980) : 369–398; C. Desrosiers, « Un aperçu des habitudes de consommation de la clientèle de Joseph Cartier, marchand général à Saint-Hyacinthe à la fin du XVIIIe siècle », Société historique du Canada/Canadian Historical Association, *Communications historiques/Historical Papers*, 1984, 91–110.

47 Greer, *Peasant, Lord, and Merchant*, 140–176.
48 Michel, « Le livre de compte (1784–1792) de Gaspard Massue », 378.
49 Comme celles qu'entraînent les acquisitions foncières de toutes sortes.
50 Greer, *Peasant, Lord, and Merchant*, 161–170; Dépatie, « L'évolution d'une société rurale », 185–215.
51 L. Dechêne, *Le partage des subsistances au Canada sous le régime français* (Montréal, Boréal, 1994).
52 Grossièrement résumé, c'est le point de vue défendu par Greer (*Peasant, Lord, and Merchant*) et, en partie, par Dépatie (« L'évolution d'une société rurale »).
53 Dechêne, *Habitants et marchands*, 333, 338.
54 Objet des recherches en cours de S. Dépatie.
55 C. Dessureault, « Crise ou modernisation? La société maskoutaine durant le premier tiers du XIXe siècle », *RHAF* 42, 3 (1989), 387.
56 S. Dépatie, « La transmission du patrimoine dans les terroirs en expansion : un exemple canadien au XVIIIe siècle », *RHAF* 44, 2 (1990) : 171–198, et « L'évolution d'une société rurale », chapitre 5.
57 Wien, « Peasant accumulation », chapitre 5.
58 Dépatie, « L'évolution d'une société rurale », 389.
59 Une telle redéfinition du système aurait également l'intérêt d'éclairer certaines évolutions à long terme, comme la croissance du groupe des journaliers. Elle fournirait sans doute une meilleure clé d'interprétation que l'évolution du rapport population-ressources.
60 C. Desbarats, « Agriculture within the Seigneurial Regime of Eighteenth-Century Canada : Some Thoughts on the Recent Literature », *Canadian Historical Review* 73, 1 (1992) : 1–29.
61 Dechêne, *Le partage des subsistances*, 1994.

Articles

4 Re-examining Mi'kmaq-Acadian Relations, 1635–1755

WILLIAM C. WICKEN

During the early months of 1750, the governor of Nova Scotia, Edward Cornwallis, learned that the French missionary Abbé Le Loutre had arrived at Cobequid, a farming community on the Minas Basin, to compensate local Acadians for property damages committed by Mi'kmaq warriors. During Le Loutre's visit, some Mi'kmaq men stood at the church door and in the presence of two priests forbade any Acadian from travelling beyond the Chebenacadie River towards the English settlement at Chebouctou (Halifax) "on pain of Death."[1] Six months later, the *commissaire-ordonnateur* for Île Royale, Jacques de Prévost, reported that after the English had established a fort at Beaubassin and had landed some two thousand men on shore, Mi'kmaq opposing the settlement had wanted to force the remaining Acadians "in this part to take up arms and threatened to kill them and pillage their farms if they did not put themselves in a state of attack against the English."[2]

Cornwallis's and Prévost's dispatches to Europe suggest that these two episodes were not unique during the 1740s, years of escalating French-English rivalry. Yet those familiar with the literature on the indigenous Mi'kmaq and on the Acadian descendants of seventeenth-century French migrants would be somewhat surprised to learn of such confrontations, for despite the different nature of the two communities' settlements and economies, researchers have repeatedly emphasized the closeness of their cultural, social, and commercial ties.[3] Olive Dickason, in particular, has argued that casual relations and intermarriage between the two groups occurred far more often than parish or census records indicate, with the important consequence that the Acadians were "well on their way toward realizing the official goal of 'one race'" by the time of the British expulsion of the Acadian population in 1755.[4] Similarly, Naomi Griffiths has held that extensive intermarriage helps explain the harmonious relationship that existed between Acadians and Mi'kmaq.[5] Leslie Upton, in turn, has emphasized the political consequences of intermarriage, which he too assumes to have been extensive: when French colonial officials distributed gifts via the children of such matches, they enhanced the latter's prestige within Mi'kmaq society.[6]

Implicitly, such analyses suppose that colonization changed Mi'kmaq and Acadian societies in ways that eased interaction and fostered a convergence of interests. On the one hand, it is assumed that growing dependence on European trade goods altered Mi'kmaq subsistence patterns and provided incentives for conversion to Catholicism and for learning French. On the other hand, it is also assumed that, left largely to their own devices by nearby colonies and Europe, the Acadians survived the harsh environment and the raids of New England privateers by relying not just on their own resources, but on those of the Mi'kmaq. Such mutual dependence made intermarriage both possible and desirable. And if parish registers bore few traces of miscegenation, it was because irregular contact with missionaries precluded systematic registration of cross-cultural marriages.[7]

This chapter proposes to revisit the nature of the ties linking Acadians and Mi'kmaq and, in doing so, to raise doubts about the extent of intermarriage and, more generally, about the long-term convergence of Acadian and Mi'kmaq interests. As Cornelius Jaenen noted in the mid-1970s, the unique circumstances in which French settlement occurred "widened rather than closed" the cultural distance separating French settlers from their aboriginal neighbours.[8] In what follows, we will similarly propose that colonization may have lengthened the cultural and social distances separating Acadian and Mi'kmaq communities. Vigorous natural increases in the Acadian community probably put an end to the need for continued intermarriage of the kind that occurred during the first few years of settlement. An expanding imperial presence after 1713, most visible at the French fortress of Louisbourg on the east coast of Île Royale, also drove a wedge between the two communities.[9] The construction of Fort Beauséjour and the founding of Halifax, both in 1749, would further exacerbate the fundamental tensions existing between a growing, sedentary farming population and a hunting and fishing society, in ways which we will discuss below.

To a greater degree than is perhaps desirable, this chapter argues tentatively. More often than not, the evidentiary base precludes certainties. In contrast to the material available to historians examining non-élites in early modern Europe, there are few sources that provide insights into either Acadian or Mi'kmaq society. There are no court documents, no inquisition or notarial records, while extant parish and census data are sporadic. Official correspondence, moreover, principally concerned itself with issues emerging from France and England's imperial rivalry in the region, and thus both Acadian and Mi'kmaq populations surface only fleetingly in the record. By combining census records and parish registers with a general overview of each society's economic patterns, it nonetheless becomes possible to evaluate official discussions of both communities. Taken as a whole, these fragments of evidence help us understand the mutual perceptions of Mi'kmaq and Acadians as they bartered, journeyed through each other's villages, or fished along the same rivers or streams during the spring and autumn. To interpret Mi'kmaq-Acadian relations is perforce to remain attentive to silences, to the existence of words and gestures never recorded, yet at the heart of colonial and native experiences in the northeast Atlantic region.

POPULATIONS

During the years immediately after 1632, a close trading relationship had developed between individual Acadian and Mi'kmaq families. Though evidence is lacking, it is likely that some of these links were strengthened through intermarriage and maintained despite the declining importance of the fur trade during the seventeenth century.[10] Communication was also enhanced by the recognition by both peoples that they shared a common spiritual world. The Mi'kmaq might have understood Catholicism differently from the way the Acadians did, but the two groups could nonetheless attend mass and observe other rituals side by side. These economic, social, and cultural ties, created during the early seventeenth century, made possible a peaceful co-occupation of adjoining lands. Eventually, however, Acadian expansion and the escalation of French-English rivalry would undermine the prospects for continuing amicable relations. Before analysing the separate effects of these two developments, we turn first to the population of both communities.

The Mi'kmaq inhabited a broad geographical area that encompassed the present-day provinces of Nova Scotia and Prince Edward Island, southern Newfoundland, the eastern coast of New Brunswick, the Gaspé, Saint-Pierre and Miquelon, and the Magdelaine Islands.

In the Bay of Fundy region, where the principal Acadian population was concentrated, Mi'kmaq villages were located at Baye Sainte-Marie, Port Royal, Minas, Piziquit, Cobequid, and Chignecto. While it is impossible to make definitive statements about population growth in these communities between 1635 and 1755, it can be said that European-borne diseases such as smallpox, measles, and scarlet fever periodically took their toll on the Mi'kmaq as they had on other aboriginal societies.[11] Recurring hostilities with New England between 1689 and 1760 also slowed population growth. Though village size cannot be known for certain, war and Acadian expansion clearly precipitated migration from favoured fishing sites. Census data from 1722 show relatively low numbers of people living at Minas, Port Royal, and Chignecto[12] compared with the totals collected between 1706 and 1708, suggesting either recent depopulation or the inability of the missionary priest, Abbé Gaulin, to obtain a reasonable account of the actual population.[13] Despite this, we might say that during the eighteenth century village size varied from a minimum of forty people to more than a hundred.

In the Bay of Fundy region, Mi'kmaq families depended upon a variety of resources.[14] During the warm-weather months running from mid-March to the autumn, they mainly fished the abundant marine life that swarmed through the rivers and estuaries of the Bay of Fundy.[15] Fish were deboned, smoked, and stored for later consumption. During May, garden crops were planted close to fishing sites, to be harvested during the autumn fish runs. In winter, villages broke up into smaller hunting groups, composed of three to five families, to hunt for moose, caribou, beaver, and other terrestrial animals.

Substantially more statistical information is available regarding the Acadians who had settled near Port Royal in 1635. Between 1671 and 1755, their population multiplied almost thirty times, averaging an annual growth rate of 3.75 per cent.[16] Rapid growth was possible because Acadian women married young and natural restraints upon the population such as disease, infant and child mortality, and harvest failures were minimal.[17] Thus, what had begun as a relatively small population of one hundred in 1635 grew to approximately fifteen thousand by 1755, principally through natural increase.

The Acadians were a prosperous people who exploited marshland areas both to grow crops and to feed livestock. Like farmers elsewhere, their lives were governed by the annual cycle of planting and harvesting.[18] In April and May, fields of hay, wheat, oats, rye, and barley were sown and garden crops such as carrots, turnips, cabbage, and onions were planted. Apple and cherry trees, which had been imported from France in the seventeenth century, were cultivated, while in the surrounding countryside cranberries, blueberries, and gooseberries grew wild and were picked by women and children during the late summer. In summer, hay was harvested and sheep were shorn,[19] and as autumn drew nearer and the growing season came to a close, wheat and oats were also harvested, the men moving back and forth across the fields, cutting the stocks of grain. As fodder was often scarce during the winter, as much as 30–40 per cent of the cattle might be slaughtered, the meat drawn into quarters, salted, and either sold or stored for the coming months.[20] Women and the older girls worked hard preserving vegetables and fruits, while the men and boys spent most of their days in the forested areas of the farm, cutting down trees for firewood. Occasionally they forsook the forest and fished for salmon or eels, which teemed in the surrounding rivers during the autumn.

Initially concentrated near Port Royal, Acadian settlements began in the late seventeenth century to emerge in fertile lands bordering on the Bay of Fundy, at Chignecto in 1671, Minas in 1682, Cobequid in 1697, and Piziquit in 1703. Those settling in new areas were at first outnumbered by Mi'kmaq residents. In 1686, for example, the Acadian Minas population totalled 58 people, while the neighbouring Mi'kmaq village probably reached 100 or more. But by 1703, the Acadian population had mushroomed to 507, roughly two and a half times the size of the Mi'kmaq communities living near the Cornwallis and Piziquit rivers. Similarly, 245 Acadians lived at Chignecto in 1703, compared to roughly half as many Mi'kmaq residents.[21] Thirty years later, the population imbalance between the two communities had grown even greater. In 1737, for example, census data show 2,113 Acadians inhabiting lands between the Canard River and Grand Pré and another 1,816 occupying lands adjacent to Chignecto.[22] The Mi'kmaq population inhabiting the Nova Scotian mainland and Unimaki[23] also grew, from 838 in 1722 to approximately 1,158 in 1735.[24] Though these figures likely under-represented the actual population, statements by sakamows (headmen or chiefs) during the 1730s suggest that the population expanded between 1725 and the mid-1730s.[25] Nonetheless, the Mi'kmaq clearly did not experience growth rates similar to the Acadians, particularly during the eighteenth century, when war precipitated migration away from favoured fishing sites. Had the growth rates been more comparable, Acadian expansion into new farmland prior to the 1740s would surely have generated more than the two or three reports of altercations that survive in the official records.[26]

SOCIAL RELATIONS

The effects of opposed economic lifestyles and of an increasing population imbalance became more apparent as the eighteenth century progressed. Because community exploitation of local resources diverged, conflicts erupted over the Acadians' use of land and the Mi'kmaq's use of livestock owned by the colonists. As imperial rivalry intensified, French Catholic priests intervened to resolve such disputes, recognizing that an alliance with the Mi'kmaq would promote France's strategic interests in the region. Expanding the missionary presence in Mi'kmaq society, however, had the effect of furthering social distances between the Mi'kmaq and the Acadians by removing the necessity for the two communities to come together for religious services.

If open conflict with the increasingly numerous Acadians appears to have been rare prior to the 1740s, the Mi'kmaq nonetheless attempted to exert some political control over lands lying adjacent to the Bay of Fundy.[27] In the early eighteenth century, episodic reports from officials, traders, and fishermen refer to Mi'kmaq complaints concerning European encroachments upon their lands. Such complaints hint that the Mi'kmaq believed in the need to maintain jurisdiction over their lands and to enforce proprietary rights. In 1720, for instance, a group of sakamows informed the governor of Île Royale, Joseph de Saint-Ovide, that he must "learn from us that we have lived on this earth that you trample with your feet and upon which you walk, before even the trees that you see began to grow, it is ours and never can we be removed from it, nor can we be made to abandon it."[28] That same year, Peter Nunquadden, a sakamow of the Minas Mi'kmaq, was quoted as demanding that the New England trader John Alden pay him fifty livres "for liberty to trade, saying this Country was theirs and every English Trader should pay Tribute to them."[29] Permission was also required to build or settle on Mi'kmaq lands, as the Acadian René Le Blanc discovered after he was commissioned by the English government to build a blockhouse near Minas during the early summer of 1732. Jacques, son of Winaguadesh from the Piziquit River, told Le Blanc that he "was King of that Country," and he forbade Le Blanc from building there.[30] Indeed, records suggest that Acadians did not establish new settlements without the consent of neighbouring Mi'kmaq people. In November of 1724 the governor of Île Royale wrote that five or six Acadian families living below the Chebenacadie River were inhabiting land that had been given to them by the Mi'kmaq.[31] Similar ideas were expressed in 1740 by Major Paul Mascarene, then president of the Nova Scotia Executive Council, who reported that Acadians who wanted to acquire new landholdings, but who did not have the approval of the British government to do so, settled on lands that they said had been purchased from the Mi'kmaq.[32]

Agreements to occupy adjoining lands were only possible because Mi'kmaq and Acadians followed different economic cycles and because, initially, population densities were low. As farmers, Acadians did not at first interfere with Mi'kmaq fishing and hunting. Co-occupation therefore was possible so long as fish and animal populations remained stable and harvests did not fail. Acadian population growth, however, would jeopardize the Mi'kmaq's access to the region's marine and terrestrial resources. As a non-agricultural people, the Mi'kmaq moved freely through their territory in a seasonal cycle that encompassed a broad geographical area, fishing along river systems and hunting in the interior for moose and caribou. For each individual, survival as well as personal prestige was dependent upon maintaining a harmonious relationship with the animal spirits. Failure to observe the sacred rituals thought necessary to maintain harmony could have catastrophic consequences.[33] Thus, their association with the land differed markedly from that of Acadians, whose attention was focused upon a relatively small and confined land area.[34] For French and English settlers, life was rooted firmly in cultivated land and did not routinely extend to the forests that surrounded agricultural communities. For much of the seventeenth and eighteenth centuries, forests were feared, deplored as obstacles to European expansionism, and linked in the minds of the French and the English alike with dark, uncontrolled emotions, chaos, and savagery.[35] In contrast, colonial officials and missionaries extolled the neat, orderly world of the farm, occupied year round by inhabitants who in the process of tending their crops, enclosing their fields, and maintaining their buildings were adding materially to the wealth of the colony and ultimately to that of its benefactors, the European monarchies. Hard-working settlers, in turn, might be rewarded by the gain of additional land, held for an older son or some other family member. Thus, as the Acadian population grew, so did the size and number of its farms: for example, in 1686, there were but 671 arpents under cultivation; by 1688, 896 arpents, and five years later, 1,300 arpents.[36] By 1748–50, dyked marshlands had increased to approximately 12,600 acres throughout the Bay of Fundy area, including 3,000 acres at Port Royal, 4,000 at Minas, 2,500 at Piziquit and Cobequid, and another 3,000 within the Chignecto region. And as Acadian cultivated order thus beat back fearsome wilderness, Mi'kmaq were excluded from ever greater spaces in the landscape.[37]

Acadian farming practices also forced the Mi'kmaq to redefine how land could be used and what rights accrued to individuals who occupied it.[38] Unlike the Mi'kmaq, the Acadians dramatically altered the landscape, building dykes and destroying marshlands that had long been habitats for waterfowl and other animal life. The Acadians also claimed exclusive proprietary rights over farm animals. To the Mi'kmaq, people occupying specific territories were custodians of the land, preserving its faunal and floral life for the collectivity. Others could use resources found within the territory, particularly if they were in need. As was also true of New England's relations with aboriginal peoples,[39] conflicts emerged between Acadian and Mi'kmaq communities regarding rights to unfettered livestock. During the 1750s, Abbé Maillard, a missionary who lived among the Mi'kmaq between 1735 and 1761, recounted a conversation with some Unimaki Mi'kmaq regarding what should be done with livestock that had wandered far from the French settlements.

My Father, [a Mi'kmaq man said] we found livestock more than three leagues from the french settlements; we look upon them as lost and gone astray forever in the woods; isn't it better that we kill them to profit from their flesh, and from their hides, rather than to leave them lost? I [Maillard] then replied: When I will know that it is not yourselves that have chased them [the cattle] to this distance in the woods, I will then know to invite you to take hold of them. If you take it upon yourselves to do this before the answer that I had told you to wait for, M. the Governor will be informed of it, and entry into the Church will be refused to you until you have brought me in money, [or] in goods that which the livestock was known to be worth.[40]

Similar incidents occurring after 1760 suggest that Acadian livestock were killed when other resources were not readily available. In 1763 James Falkener of Cobequid complained to Nova Scotia's Executive Council that local Mi'kmaq men had killed his ox. Pursuing them into the woods, Falkener had been informed by the men "that they were Starving and that when they could hunt for any Beaver they would satisfy him for his ox."[41] In contrast to New England law enforcers, the Executive Council did not seek compensation for the animal but rather reimbursed Falkener for his loss. This might suggest that the council understood and accepted Mi'kmaq jurisdiction over animals roaming in territories external to the principal farming settlements, continuing a customary practice that had evolved from the pre-1755 period.

During the eighteenth century, such customary practices became increasingly strained for two reasons. First, Acadian development increased both the number of farms and the overall size of the livestock population. Furthermore, warfare between Great Britain and France inhibited Mi'kmaq use of traditional fishing sites, leading to migrations into the interior and hence to a greater reliance upon terrestrial mammals, which in turn tempted individual Mi'kmaq families to kill Acadian livestock for food. Prior to 1749, however, such dislocations in village subsistence patterns had been temporary. Following proclamations of peace, as in 1713, 1725, and 1748, fishing sites were reoccupied.[42] However, with the establishment of English settlements at Halifax in 1749 and at Lunenberg in 1753, reoccupation of eastern coastal sites became more tenuous, forcing communities either to move laterally along the coastline or to move into the interior, along the Piziquit and Shubenacadie rivers. The participation of Jean-Baptiste Cope, identified as a sakamow from Shubenacadie, in the negotiation of a treaty of peace and friendship in 1752 with the British suggests such migrations: traditionally inhabitants of the eastern coast, the Cope family appears thus to have migrated to a position of prominence in Shubenacadie by the early 1750s.[43]

Tensions arising from different concepts of property were accentuated as expanding Acadian settlements widened physical and social distances between Acadians and local Mi'kmaq communities. That social distances grew is suggested by the registers kept for the parishes of Chignecto between 1681 and 1686 and of Grand Pré between 1709 and 1749. Though records for Chignecto are sporadic, they show that during the early years of its settlement, thirty-four Mi'kmaq were baptized by the local parish priest, Claude Moireau, with godparents selected from prominent Acadian members of the community, particularly Michel Le Neuf, a one-time governor of Acadia, who had been granted a seigneury in the region in 1676. During the following century only four Mi'kmaq were baptized.[44] For Minas, parish registers extant only for the period 1709 to 1748 do not record any baptisms, marriages, or burials among the local Mi'kmaq population.[45] A different situation prevailed at Port Royal, where registers are extant from 1702 to 1755. As Fort Anne became the centre-point for British-Mi'kmaq discussions, particularly after 1725, some Mi'kmaq families converged on Port Royal, accompanying prominent individuals involved in the meetings. Consequently, thirty-one births, marriages, and deaths are recorded between 1722 and 1735, twenty-eight of them occurring after 1725. No similar acts appear in the registers between 1735 and 1755. While not conclusive, the registers do suggest that as settlement increased, contacts between Acadians and surrounding Mi'kmaq populations became scarcer.

The lack of social interaction discouraged intermarriage between the two communities. During the early years of the fur trade and immediately after a settlement was established by Isaac de Razilly at La Hève in 1632, some Europeans had married Mi'kmaq women. However, when the Acadians migrated to the Annapolis Basin in 1635, these couples remained behind, some living separately from Mi'kmaq villages and acting as intermediaries in the fur trade.[46] Officially sanctioned marriages between members of the two communities, however, would have been extremely rare after 1635. This is demonstrated by an examination of both census records and parish registers made of the Acadian population. The 1671, 1678, 1686, and 1693 Acadian censuses show that only one aboriginal woman was the wife of an Acadian and lived in an agricultural community.[47] Significantly, she was Abenaki and probably had agricultural skills. Though parish registers are not available for these communities for most of the seventeenth century, both the 1671 and the 1686 censuses provide the maiden name of each married woman and widow, which with the one exception are of European origin. While the registers kept by missionaries living among the Mi'kmaq, such as those of the Abbés Gaulin, Courtin, Maillard, and Le Loutre, have not survived, parish registers from the Acadian settlements at Port Royal, Chignecto, and Minas do exist. These list the parents' names for and the place of residence of the bride and groom, but do not record Mi'kmaq-Acadian marriages.[48]

The rarity of intermarriage should not be surprising. An agricultural lifestyle demanded skills that Mi'kmaq women did not possess. Since Mi'kmaq women grew up in fishing and hunting societies, they would not have known how to milk cows, look after livestock, make butter or bread, or turn wool into hats and mittens. Mi'kmaq mothers would thus have resisted attempts to marry their daughters into Acadian farming families.[49] Religious differences would also have tended to discourage intermarriage. Even though most young Mi'kmaq women had been baptized, their understanding of Catholicism may have been syncretistic, incorporating Christian symbolism into an animistic worldview.[50]

Unofficial liaisons between Acadian men and Mi'kmaq women did occur. In 1686 the intendant Jacques DeMeulles complained that some Port Royal residents were keeping "Indian women in their dwellings, and others ... desert father and mother and follow these Indian women into the woods."[51] Further evidence of these liaisons has not been found, although two censuses of the Mi'kmaq population made in 1708 and 1722 show the presence of widows in Mi'kmaq communities adjacent to Acadian settlements, which at least suggests that relationships could have been established.[52] However, widespread unofficial unions between Acadian men and Mi'kmaq women would have been unlikely for a number of reasons. First, except for the very earliest years of settlement, the Acadian population did not suffer from gender imbalance to any great degree; young males did not have to go elsewhere to find women their own age. Secondly, compared to their Canadian counterparts, Acadian men married very young, so that there was only a short time during their lives when they would have been free of marital vows. Moreover, the constant presence and scrutiny of the parish priest would have served to regulate their wanderings.[53] Finally, and probably most importantly, the Mi'kmaq population living adjacent to the Acadian settlements was never large. As the Acadian settlements expanded, they came into contact with more Mi'kmaq peoples, at Chignecto (1671), Minas (1682), Cobequid (1697), and Piziquit (1703). Mi'kmaq villages in these areas, including at Port Royal, constituted only five of the eighteen villages located on mainland Nova Scotia and Unimaki, and they had an approximate population of only five hundred people.[54] Though liaisons likely occurred, in relative terms these would not have constituted a significant component of Acadian life.

Such blood ties as did exist became increasingly tenuous as Acadian settlements multiplied. As conflict between England and France enveloped the region between 1710 and 1755, missionary policies tended to increase social distances between the two communities. Many characteristics of Mi'kmaq society were in conflict with what missionaries considered to be Christian virtues. In contrast to Acadian farmers, Mi'kmaq men wore little clothing during the summer months. According to Dièreville, who visited Acadia in 1699–1700, some youths wore "nothing but a Shirt in summer ... to which a piece of cloth or leather is attached," to cover their loins.[55] Such attire might have offended Acadian sensibilities, particularly as village populations increased, and it is possible that Mi'kmaq movements into these areas thus tended to become less frequent. The Acadian response to scantily clad men travelling through Acadian villages is suggested by the reactions of one English family who settled at Grand Pré after 1760. In 1763 Bartholomew Necout, a Mi'kmaq resident, "was struck on the head from behind" with a large hedge rake and "knocked senseless" by John Hammond, a local farmer. Though the attack involved a dispute between the two regarding Necout's dog, Hammond was affronted by Necout's appearance at his house, where his "wife had been frighted at seeing the Indian running naked about the Town, and for that reason he had run after him [Necout] and beat him."[56] Contrasting clothing styles, in turn, reflected different perceptions of the body and, relatedly, of sexual mores. The church's interdiction against premarital sex and divorce conflicted with Mi'kmaq social customs, while French religious and political authorities were concerned with the effect the latter might have on the Acadian population.

Missionaries and colonial officials also wished to maintain social distances because they believed that alcohol bought from Acadian villagers created unnecessary tensions between European and Mi'kmaq individuals. Throughout the post-contact period, the trade in alcohol had been a continuing source of concern for many Mi'kmaq communities.[57] Indeed, Abbé Maillard argued that the trade threatened the peace of his mission, undoing attempts to mould the Mi'kmaq into practising Christians. To remedy this situation, both Maillard and his contemporary, Abbé Le Loutre, insisted that Mi'kmaq villages be located far away both from Acadian settlements and from French habitations on Île Royale. This, they hoped, would reduce alcohol consumption and minimize the resulting conflicts with residents of European descent.[58] Thus, an increasing number of missionaries worked exclusively among the Mi'kmaq, constructing churches adjacent to their villages. Churches were built first at Antigoniche in 1715 and later at Chebenacadie in 1722 and Maligoueche in 1726.[59]

Despite Acadian expansion and an increased missionary presence, social interaction between the two communities continued, though in a more limited form. During warm-weather months, Mi'kmaq families could be observed fishing at the mouth of rivers flowing into the Minas Basin, including the Canard, Habitant, Gaspereau, and Piziquit rivers.[60] Since Acadian populations were situated nearby, interactions would have occurred. One of the most tangible results of social contact was the emergence of an incidental exchange of food and pelts for European merchandise. Though there is limited evidence of such trading relationships, research in Massachusetts and Virginia has shown that wild meat and fish flowed into English towns and villages both as much-needed provisions in the early years of settlement and later as variations in an otherwise steady diet of salted meat.[61] Similarly, the Mi'kmaq probably valued the exchange of furs, skins, fish, and moose meat for powder, shot, cloth, needles, kettles, and other European-produced wares. It would have been the men, principally, who sold the proceeds of their winter hunt, while the women would have sold baskets, finely coloured quill boxes, berries, fish, and small furs. As in the post-1760 period, women and children were probably a more familiar sight in settled villages than were men. The men's skimpy summer attire and aggressive behaviour would have threatened and affronted secular officials, whose attitudes would have been communicated to neighbouring villagers by missionaries and parish priests. Women's importance in this trade is shown in the 1761 diary of the Reverend John Seccombe, resident of Chester, an east-coast village near Lunenberg. On 7 August, Seccombe was visited by two Mi'kmaq women who "brought in a birch Canoe, five Salmon and Eighty Salmon Trout, one of the salmon weighed 22 pound, one dozen of the Trouts weighted 14 pounds." Three weeks later, two Mi'kmaq women appeared in the village bringing "seil skin and Ells [eels] to sell."[62] Other post-1760 records indicate the presence of women in Planter and Loyalist settlements, selling baskets, boxes, and other items. Though of a later period, these women were likely continuing a pattern established from Mi'kmaq interactions with Acadian farmers between 1632 and 1755.[63]

POLITICS

Social tensions between Mi'kmaq and Acadian communities along the Bay of Fundy worsened as a result of the English conquest of Port Royal in 1710. That year was an important watershed in Mi'kmaq-Acadian relations, as from that point until the Acadian expulsion of 1755 British officials attempted to coerce Acadians into becoming loyal subjects of the Crown. Though unsuccessful in establishing complete authority, colonial officials did enlist Acadians in various tasks that placed them in conflict with the Mi'kmaq. Repairing the fortifications at Annapolis Royal, conveying information to British officials, serving as pilots in British vessels, and acting as intermediaries with the Mi'kmaq, Acadians were manoeuvred into playing a duplicitous role in their relations with their native neighbours.[64] Not surprisingly, long-standing tensions between the two communities erupted under the pressures of heightened Anglo-French rivalry during the 1740s and 1750s.

The two communities perceived the British conquest of Port Royal in different terms. While many Acadians resented the English presence, they nevertheless hoped to maintain the peace, since trade with New England was an important component of their economy. As Acadian farming progressed, exports of grain and livestock to colonial American markets replaced the fur trade, now in decline, which had financed the earliest years of French settlement. Mi'kmaq communities, however, viewed the English presence with alarm. By the 1720s sakamows began to fear a recurrence within their own territories of the perfidy they had witnessed further westward, where settlement had eventually precipitated a northward migration of many Abenaki villages.[65] These misgivings increased with an English reluctance to enter into a relationship that involved an annual exchange of gifts.[66] Though the British signed a treaty of peace and friendship with the Mi'kmaq in June 1726, the agreement did little to assuage the community's concerns regarding ultimate British interests. Indeed, as events in the post-1726 period suggest, both parties to the treaty understood it differently. While the British ostensibly thought the Mi'kmaq had agreed to become "subjects" of the Crown, the Mi'kmaq believed that they had merely agreed to become allies of the king.[67]

The failure to arrive at a mutual understanding of their relationship in the post-1710 period led to a series of conflicts that disrupted the Acadian economy. On several occasions between 1714 and 1737, Mi'kmaq villagers attacked British merchant vessels trading in the Minas Basin. In some cases, confrontations between Acadians and Mi'kmaq ensued. At Chignecto in 1714, Richibouctou people pillaged a French trader's vessel sailing from Boston. When local Acadians tried to intervene, the Mi'kmaq threatened to burn "their houses and livestock if they opposed them in their design, as was their custom to do."[68] In a similar incident at Minas in July of 1724, thirty Mi'kmaq from the Saint John River and forty to fifty from Chebenacadie and the eastern coast stopped Acadians from trading with two English vessels.[69] In 1734 three Acadians journeyed from Port Royal to Minas to ask the Mi'kmaq to stop their opposition to the establishment of an English post at Minas. Though some listened favourably to their entreaty, two sakamows chased the Acadians away, threatening to "break their heads" if they ever returned.[70]

The pillaging of New England trading vessels by the Mi'kmaq interrupted the flow of goods into Nova Scotia and increased their cost, as traders attempted to compensate themselves for actual or expected losses. Moreover, English colonial officials forced the Acadians to reimburse New Englanders for goods lost and it is likely that the bulk of the reimbursement funds were contributed by the more prosperous members of the community, including local merchants.[71] Conflict between the Mi'kmaq and New England also necessitated more armed vessels along the eastern coast to protect English fishermen, which made trading with Louisbourg a more hazardous and costly enterprise. In September 1724 Nicolas Gauthier of Port Royal was returning from Île Royale when he was stopped near Cap Sable by a sloop commanded by Joseph Marjory, who had been commissioned by the Massachusetts government to protect the fishery. According to Gauthier, Marjory demanded that a hogshead of wine and a quarter cask of brandy be given to him, a "request" with which Gauthier grudgingly complied.[72] Some Acadian vessels were seized and confiscated. For example, an Acadian by the name of Pellerin, travelling to Louisbourg with a boatload of cattle, had his vessel seized by the commander of the English garrison at Canceau, Major Cosby, who subsequently used it to patrol the Fronsac Passage.[73]

Anxious that peace be maintained in the region, Acadian merchants at times assumed an intermediary role between Mi'kmaq sakamows and British officials. On several occasions, Acadian traders ransomed English soldiers and civilians held prisoner by the Mi'kmaq. In 1724 Pierre Le Blanc purchased the freedom of an Englishman captured by the Mi'kmaq near Canceau, while on at least two occasions, in 1745 and 1753, Jacques Vigneaux (*dit* Maurice) bought or tried to buy that of English civilians held prisoner from the Mi'kmaq.[74] All of these prisoners were subsequently returned to English authorities.

Acadians understood the dangers of not aligning themselves with the Mi'kmaq. Those, like Joseph Brossard, who were summoned by the Nova Scotia Executive Council in 1724 to explain why they had not provided information regarding Mi'kmaq plans to attack Port Royal, replied that if they had done so, their families would have been destroyed.[75] Colonial officials, however, offered the Acadians little choice but to assist in attempting to extend the English's jurisdiction over Acadia. Initially, this included forcing residents to repair the garrison's fortifications and to serve as interpreters in discussions with the Mi'kmaq and Maliseet. In April of 1714 Claude Melançon of Port Royal and Jean Landry of Minas accompanied an expedition headed by Pierre Capon, a representative of the English government. Together they visited Acadian and Mi'kmaq inhabitants at Minas, Chignecto, and the Saint John River, whom Capon invited to swear allegiance to the English Crown. Similarly, in the same year Pierre Arceneau of Chignecto visited Mi'kmaq villages along the eastern coasts of Nova Scotia and New Brunswick, inviting the people to Port Royal to treat with the English.[76] In effect, English recruitment of Acadians as intermediaries with the Mi'kmaq was yet another sign of diverging interests.

Despite the willingness of some prominent Acadian merchants, such as Nicolas Gauthier, to align themselves with French imperial interests, most Acadians sought a solution that would secure their families and their farms from the vicissitudes of war. Farms were not movable, and as the heirs of more than 120 years of settlement, the Acadians would have faced the prospect of dislocation with terror. While war had periodically affected them, particularly between 1689 and 1713, the Acadians had never been exposed to the full force of imperial armies trudging through their lands. Rather, hostilities had been occasional affairs, resulting in few casualties and only limited damage to homesteads and farms. The British conquest of Port Royal in 1710, the settlement of Halifax in 1749, and the establishment of Fort Lawrence in 1750 along the Missiquash River near the Acadian settlements at Beaubassin introduced a new and far more dangerous element into the Acadian and Mi'kmaq worlds. Virtually ignored by both Great Britain and France for most of the seventeenth century and the first half of the eighteenth, the Acadians were culturally and physically unprepared to confront the imperial war that was to erupt in their midst. While Mi'kmaq communities viewed war with similar distaste, their economy, being more flexible, insulated women, children, and elders from injury.

SUMMARY AND CONCLUSIONS

As conflict between England and France intensified in the 1740s, tensions between the Acadian and Mi'kmaq populations grew. War revealed strains that had grown as the Acadian population swelled. Occasional flare-ups occurred, perhaps over a cow lost in the forest and killed for its food, perhaps over an exchange of furs for powder perceived to be unfair. But these disputes were resolvable, as both Acadian and Mi'kmaq occupied a spiritual ground overseen jointly by parish and missionary priests willing to mediate disputes between the two communities. Moreover, intermarriage, which had established kinship ties between the two communities during the early years of Acadian settlement, was still remembered by Mi'kmaq and Acadian elders. History bound individuals and families, linking them within a common heritage in place and time.

By the mid-1740s, the imperial drama came between communities and between families whose oral tradition told of intermarriage and intersecting lives. To the Mi'kmaq, war with England meant defending their lands against a people with whom they shared little common cultural ground. As this war unfolded and Mi'kmaq blood was shed, demands for revenge mounted. Within this context, Acadian reticence to join their brothers, the Mi'kmaq, not just to defend their lands, but to avenge the blood of their kin, would have been seen as confirmation of what many elders had already known: spaces that were thought to be jointly occupied were no longer, riven instead by the steady progress of Acadian settlement.

Conclusions stemming from this examination of Mi'kmaq-Acadian relations, though tentative, illustrate a final, broader theme in the history of New France. Just as settlement in that colony varied from English settlement along the eastern seaboard, so different patterns emerged in colonial relations with aboriginal peoples. In the British colonies, aboriginal communities relied heavily on farming and adapted with difficulty to the steady but massive immigration onto their lands. French settlement in Acadia and Canada, on the other hand, proceeded more slowly and in areas where aboriginal peoples were engaged in fishing, hunting, and gathering. A relatively long period of adjustment ensued,[77] during the earliest years of which individual contacts between aboriginal people and French traders and farmers developed. Such contacts, in turn, helped forge French-aboriginal alliances in the late seventeenth century. Over time, however, the very economic differences that had made accommodation possible between the colonists and the Algonkian hunting and gathering societies contributed to increased cultural and social distances between them, inhibiting consistent communication. As a result, personal trading and kinship relations were slowly but irrevocably undermined. As the French-speaking population swelled during the eighteenth century, these tensions spilled over into the political sphere, where discussions between French colonial officials and their erstwhile aboriginal allies exacerbated misunderstandings and suspicions. By the time war once again danced through the North American landscape in the early 1750s, a new political conjuncture in French-Algonkian relations had emerged, limiting France's ability to parry the final (and fatal) British thrust.

NOTES

Author's Note: This article is based on sections of chapter 4 of my thesis, "Encounters with Tall Sails and Tall Tales: Mi'kmaq Society, 1500–1760" (PhD dissertation, McGill University, 1994).

1 Public Record Office, London (PRO), Colonial Office Series (CO) 217/9:191r, Cornwallis to Board of Trade.

2 Archives nationales (AN), Archives des colonies (AC), Correspondance générale, Île Royale (C11B), Prévost au ministre, 27 juillet 1750, 29:106v.

3 Olive Dickason, "From 'One Nation' in the Northeast to 'New Nation' in the Northwest: A Look at the Emergence of the Métis," in Jennifer S. Brown and Jacqueline Peterson, eds, *The New Peoples: Being and Becoming Métis in North America* (Winnipeg: University of Manitoba Press, 1985), 22–4; idem, *Canada's First Nations: A History of the Founding Peoples from Earliest Times* (Toronto: McClelland and Stewart, 1992), 169–70; Naomi Griffiths, *Contexts of Acadian History, 1686–1784* (Montreal and Kingston: McGill-Queen's University Press, 1992), 23–5; Francis Jennings, *Empire of Fortune: Crowns, Colonies & Tribes in the Seven Years War in America* (New York: W.W. Norton, 1988), 176; Stephen E. Patterson, "Indian-White Relations in Nova Scotia, 1749–1761: A Study in Political Interaction,"

Acadiensis 23, no. 1 (autumn 1993): 25; and L.F.S. Upton, *Micmacs and Colonists: Indian-White Relations in the Maritimes, 1713–1867* (Vancouver: University of British Columbia Press, 1979), 26–7.

4 Dickason, *Canada's First Nations*, 169–70.

5 Griffiths, *Contexts of Acadian History*, 24–5.

6 Upton, *Micmacs and Colonists*, 16–47.

7 Dickason, "From 'One Nation' in the Northeast," 22–4.

8 Cornelius Jaenen, *Friend and Foe: Aspects of French-Amerindian Cultural Contact in the Sixteenth and Seventeenth Centuries* (Toronto: McClelland and Stewart, 1976), 197.

9 For a concise account of the 1713–44 period, see Dale Miquelon, *New France, 1701–1744: 'A Supplement to Europe'* (Toronto: McClelland and Stewart, 1987), 95–123.

10 Wicken, "Encounters with Tall Sails," 274–305.

11 On the Mi'kmaq, the major research in this respect has been done by Virginia Miller; see her "Aboriginal Micmac Population: A Review of the Evidence," *Ethnohistory* 23 (1976): 117–29. See also Ralph Pastore, "Native History in the Atlantic Region during the Colonial Period," *Acadiensis* 20, no. 1 (autumn 1990): 208–11; and Wicken,"Encounters with Tall Sails," 184–204.

12 AC, C11B 6:77r, "Recensement des Sauvages dans l'isle Royalle et de la peninsule de l'acadie," 27 December 1722.

13 Chicago, Newberry Library, William Ayers Collection, "Recensement general fait au mois de Novembre mil Sept cent huit de tous les Sauvages de l'Acadie."

14 On Mi'kmaq economic patterns, see Patricia Nietfeld, "Determinants of Aboriginal Micmac Political Structure" (PhD dissertation, University of New Mexico, 1981), 306–84.

15 Pierre Biard, "Relation of 1616," in Reuben Thwaites, ed., *Jesuit Relations and Allied Documents*. 73 vols. (Cleveland: Burrow Brothers, 1896), 3:79–81; Marc Lescarbot, *History of New France*, vol. 3, trans. W.L. Grant (Toronto: Champlain Society, 1914), 236; and Nicolas Denys, *Description and Natural History of the Coasts of North America (Acadia)*, ed. William F. Ganong (Toronto: Champlain Society, 1908), 124.

16 Jacques Houdaille, "Quelques aspects de la démographie ancienne de l'Acadie," *Population* 3 (1980): 582; and Raymond Roy, "La Croissance démographique en Acadie de 1671 à 1763" (MA Thesis, Université de Montréal, 1975), 58.

17 Gisa Hynes, "Some Aspects of the Demography of Port Royal, 1650–1755," *Acadiensis* 3 (1973): 8–9, 17. Among Acadian women living at Port Royal between 1725 and 1739, the average age at first marriage was 21. For the period between 1703 and 1755, Jacques Houdaille has calculated that the average age at which women first married was 20.4. (Houdaille, "Quelques aspects de la démographie," 585, 593).

18 Much of the following description relies on Andrew Hill Clark, *Acadia: The Geography of Early Nova Scotia to 1760* (Madison: University of Wisconsin Press, 1968).

19 AC, C11D 2:19, "Relation de l'acadie envoyée par le Sr. Perrot," 9 August 1686.

20 Clark, *Acadia*, 167–9.

21 AC, G1 466 28, "Recensement de l'Acadie," 1703.

22 Clark, *Acadia*, 208, 210.

23 "Unimaki" is a Mi'kmaq term to describe the territory they inhabited on Cape Breton Island, on Saint-Pierre and Miquelon, as well as in southern Newfoundland.

24 AC, C11B 6:77r, "Recensement des Sauvages dans l'isle Royalle et de la peninsule de l'acadie," 27 December 1722; 1735: AC, G1 466: doc. 71. The 1735 census provides only the number of men capable of bearing arms. The figure of 1,158 has been calculated through reference to the 1722 census, which shows that 31.6 per cent of the population is composed of men thirteen years of age and older.

25 See for instance, AC, C11B 11:255v, Saint-Ovide au ministre, 14 November 1732; AC, C11B 21:77, de Forant au ministre, 14 November 1739; AC, C11B 22:38v, MM. de Bourville et Bigot au ministre, 17 October 1740.

26 This new farmland was located along the Chebenacadie River, on the eastern coast of Nova Scotia, Epikoitik (Prince Edward Island), and the Petitcodiac and Wulstukw (Saint John) Rivers (Clark, *Acadia*, 201–24).

27 Nietfeld, "Determinants," 325–48.

28 NA, MG 18, F29, "Discours curieux des sauvages du Canada par M. de Saint-Ovide gouverneur de l'Île royale au sujet des mouvements du Gouverneur Anglois de l'Acadie avec les réponses que les sauvages y ont faites" [1720–22].

29 PRO, CO 217 4:151r, "Memorial of John Alden," 14 September 1720.

30 Archibald MacMechan, ed., *Original Minutes of His Majesty's Council at Annapolis Royal, 1720–1739* (Halifax: Public Archives of Nova Scotia, 1908), 239.

31 AC, C11B 7:29v, Saint-Ovide au ministre, 24 November 1724.

32 PRO, CO 217 8:77, Mascarene to Board of Trade, 16 August 1740.

33 On similar patterns in other aboriginal societies, see Fred Myers, "Burning the Truck and Holding the Country: Property, Time and the Negotiation Identity among Pintupi Aborigines," in Tim Ingold, David Riches, and James Woodburn, eds, *Hunters and Gatherers, vol. 2: Property, Power and Ideology* (New York and Oxford: Berg Publishers, 1988), 65–70; and Keith Basso, "Stalking with Stories: Names, Places and Moral Narratives among the Western Apache," in *Proceedings: The American Ethnological Society*, ed. Edward M. Bruner (Washington: American Ethnological Society, 1983), 48–9.

34 For an account of the ways in which aboriginal peoples and Europeans living in New England differed in their treatment of the land, see William Cronon, *Changes in the Land: Indians, Colonists and the Ecology of New England* (New York: Hill and Wang, 1983), 34–81.

35 Keith Thomas, *Man and the Natural World: Changing Attitudes in England, 1500–1800* (London: Allen and Lane, 1983), 193–5; and D.G. Charlton, *New Images of the Natural in France* (Cambridge: Cambridge University Press, 1984), 42.

36 Clark, *Acadia*, 163–4; and AC, G1 466: doc. 10, "Recensement de l'Acadie," 1686.

37 Clark, *Acadia*, Table 6.11, 236.

38 Over the last two decades, scholars have turned to the ecological consequences of European colonization. Samples of the earliest works include Cronon, *Changes*; Alfred Crosby, *Ecological Imperialism: The Biological Expansion of Europe, 900–1900* (New York: Cambridge University Press, 1986); Richard White, *Land Use, Environment and Social Change: The Shaping of Island County, Washington* (Washington: University of Washington Press, 1980).

39 Cronon, *Changes*, 129–30.

40 "Lettre de M. l'abbé Maillard sur les missions de l'Acadie et particulièrement sur les missions micmaques à Madame de Drucourt," in *Les Soirées Canadiennes* (1863), 366–67 [author's translation].

41 Public Archives of Nova Scotia (PANS), RG 1, 188:382, Nova Scotia, Executive Council Minutes, 30 June 1763.

42 Abbé Gaulin's 1722 aggregate census of the Mi'kmaq population hints at the possible effects of war: for villages located within the vicinity of both Minas and Port Royal, Gaulin noted that they did not have a fixed point of residence. AC, C11B 6:77r, "Recensement des Sauvages dans l'isle Royalle et de la peninsule de l'acadie," 27 December 1722.

43 *Treaty or Articles of Peace and Friendship renewed, between His Excellency Peregrine Thomas Hopson Esq. ... and Major Jean Baptiste Cope ...* (Halifax: printed by John Bushell, Printer to the Government, 1753).

44 Parish registers for Chignecto (Beaubassin) exist only for the years 1681 to 1686, 1712 to 1723, 1732 to 1735, and 1740 to 1748. PANS, Churches: Acadian French Records (transcripts).

45 PANS, Church: Acadian French Records, Registres des baptêmes, mariages et sépultures, Grand Pré, 1709–48 (transcripts).

46 François-Edmé Rameau de Saint-Père, *Une colonie féodale en Amérique L'Acadie (1604–1881)*, vol. 1 (Paris: E. Plon, Nourrit et cie., 1889), 153.

47 "Familles établies à L'Acadie, 1671," 3. Bona Arsenault states that Anne Ouestuorouest was Abenaki. Bona Arsenault, *Histoire et généalogie des Acadiens*, vol. 2 (Montreal: Leméac, 1978), 673.

48 Parish registers clearly indicate the ethnic origin of each individual. Thus, the Mi'kmaq appear as "sauvage de ..." followed by their usual place of residence.

49 Ethnographic data collected among twentieth-century urban Bedouins, for instance, show a similar pattern, as mothers objected to their daughters' marrying into shepherd families, arguing that they would have difficulty adjusting to an unaccustomed lifestyle. Lila Abu-Lughod, "The Romance of Resistance: Tracing Transformations of Power through Bedouin Women," *American Ethnologist* 17, no. 1 (February 1990): 44.

50 Wicken, "Encounters with Tall Sails," 346–57.

51 Jacques DeMeulles, "Account of the Voyage of Monsieur DeMeulles to Acadie," in *Acadiensia Nova*, ed. William I. Morse, vol. 1 (London: Bernard Quaritch, 1935), 109. In the same year, the governor of Acadia, François-Marie Perrot, wrote of Acadians who "traded in the woods [with the Indians] and lead a scandalous life with the Indian women." AC, C11D 2:12, Perrot, "Relation de l'acadie," 9 August 1686.

52 Chicago, Newberry Library, William Ayers Collection, "Recensement general fait au mois de Novembre mil Sept cent huit de tous les Sauvages de l'Acadie"; AC, C11B 6:77r, "Recensement des Sauvages dans l'isle Royalle et de la peninsule de l'acadie," 27 December 1722.

53 For details regarding the presence of French priests in Acadian communities, see Wicken, "Encounters with Tall Sails," 223–7.

54 Ibid., 91–115.

55 Sieur de Dièreville, *Relation of the Voyage to Port Royal in Acadia or New France*, trans. Clarence Webster (Toronto: Champlain Society, 1933), 167.

56 PANS, RG 1, 188:396, Executive Council Minutes, 8 August 1763.

57 Boston, Massachusetts State Archives (MSA), 38A:14, "A Journall of a Voyage to Cape Britton ...," 18 October 1715.

58 AC, C11B 2:41V, 44, Conseil de la Marine, 4 décembre 1716; Le Loutre à M. Montigny, 1 octobre 1738, in *Canada-Français*, vol. 1 (Quebec, 1888), 20–1; and PANS, RG 1, 21:50–51, Paul Mascarene, Order with Advice and Consent of the Executive Council, 20 October 1743.

59 Maligoueche is located on the southern shores of Lake Bras d'or on Cape Breton Island.

60 PANS, MG 1, 258, Isaac Deschamps Papers, "A sketch of the Province of Nova Scotia ..." [n.d.].

61 Sarah F. McMahon, "A Comfortable Subsistence: The Changing Composition of Diet in Rural New England, 1620–1840," *William and Mary Quarterly*, 3d series, 42, no. 1 (January 1985): 34–8; and Henry Miller, "An Archaeological Perspective on the Evolution of Diet in the Colonial Chesapeake, 1620–1745," in Lois Green Carr, Philip D. Morgan, and Jean B. Russo, eds, *Colonial Chesapeake Society* (Chapel Hill and London: University of North Carolina Press, 1988), 181–6.

62 "The Diary of Rev. John Seccombe," in *Report of the Board of Trustees of the Public Archives of Nova Scotia* (Halifax: Queen's Printer, 1960), 20.
63 Women's involvement in the early trade is mentioned in Denys, *Description and Natural History*, 447–8. Similar patterns emerged in Abenaki trade with the English along the Kennebec and Penobscot rivers during the eighteenth century. See PRO, CO 5 879:45v, "At a Conference in the Council Chamber in Boston," 25 June 1736.
64 AC, C112A 35:110r–111r, 121v, 122r, Bégon au ministre, 25 octobre 1715; British Museum, Add. Mss. 19071, Paul Mascarene to secretary of war, 2 July 1744, 48r; and PANS, RG 1, 25: doc. 28, Mascarene to Richard Collins, 9 August 1746.
65 On Abenaki dislocation, see David Lyn Ghere, "Abenaki Factionalism, Emigration and Social Continuity: Indian Society in Northern New England, 1725 to 1765" (PhD dissertation, University of Maine, 1988), 158–234.
66 PRO, CO 217 2:194r, John Doucett to Board of Trade, 10 February 1718.
67 "Indian Explanation of the Treaty of Casco Bay, 1727," in *Dawnland Encounters: Indians and Europeans in Northern New England*, ed. Colin G. Calloway (Hanover and London: University Press of New England, 1991), 115–18; and William C. Wicken, "The Mi'kmaq and Wuastukwiuk Treaties," *University of New Brunswick Law Journal* 43 (1994): 242–53.
68 AC, C11A 35:120v, Bégon au ministre, 25 octobre 1715.
69 MacMechan, ed., *Original Minutes*, 58.
70 AC, C11B 15:3v, Conseil de la Marine, Saint-Ovide au ministre, 1 décembre 1734.
71 MacMechan, ed., *Original Minutes*, 31.
72 MSA, 63:416, "Declaration of Joseph Marjory," 18 Decembre 1724.
73 AC, C11D 9:65r, Felix Pain, "Extrait des nouvelles de l'acadie," [1724].
74 AC, C11D 9:65, "Extraits des nouvelles de l'Acadie raportée par le père félix missionaire Récollets de l'acadie," [1724]; and *The Journal of Captain William Pote, Jr. During his Captivity in the French and Indian War from May, 1745, to August, 1747* (New York: Dodd, Mead and Company, 1896), 49.
75 MacMechan, ed., *Original Minutes*, 71.
76 AC, C11A 35:110–111, 121v, 122, Bégon au ministre, 25 octobre 1715.
77 Jaenen, *Friend and Foe*, 194.

5 The Trade Assortment: The Meanings of Merchandise in the Ojibwa Fur Trade

BRUCE M. WHITE

In July 1791, after a winter of trading among a group of Ojibwa, or Anishinaabeg, from Leech Lake (in present-day north-central Minnesota near the Crow Wing River), Jean-Baptiste Perrault returned to Michilimackinac to pay off his supplier, a Mr Todd, who had provided him with goods the previous fall. After paying his debts, Perrault had a credit of £31, Halifax currency, on his account. He did not receive any of this in cash but used his credit to resupply with Todd for the next year. Obtaining seven bolts ("pieces") of woollen cloth, or "drap," and what he called the "assortment" of goods, which were wrapped into the cloth bales and packed in cases, barrels, and other packages, Perrault set off for the western end of Lake Superior. On the fifth day he arrived at the mouth of the Rivière au Poisson qui rit, the present-day Laughing Whitefish River in Michigan, where he encountered a trader of his acquaintance named Dufaut.[1]

Dufaut was on his way to Michilimackinac from his wintering place at Lac du Flambeau to the south. As they floated in the lake in their two canoes – manned by canoemen who are never mentioned – the two men began to converse. Dufaut wished to know how furs were selling at Mackinac. The prices were low, said Perrault, offering him a shot of alcohol, presumably rum. After drinking it, Dufaut said, "Well the season is pretty far along, it will soon be too late for me to go back to Lac du Flambeau."[2]

Perrault replied, "Well how about trading with me? How many packs do you have?" Dufaut said he had one pack of otter, five packs of beaver, two packs of martin, three packs of bear, and one pack of fisher, wolverine, and muskrat, adding, "The rest is deerskins." He then asked Perrault, "And you, what is in your canoeload?" Perrault said that he had the following:

"7 assorted bales, 12 barrels of drink, 2 do. powder, 5 sacks of shot and ball, 1 case of axes and chisels, 6 trade guns, 1 bale of tin kettles, 2 sacks of flour, 4 sacks of wheat, 1 barrel of grease & one ditto of sugar."

Dufaut considered for a moment: "Let's land, it's done." Before they landed, Perrault made sure that Dufaut understood that he (Perrault) would need to keep enough provisions in his canoe to get him back to Mackinac. Dufaut agreed. They went ashore at the mouth of the river. Perrault had his tent put up. Dufaut told him: "It's not necessary for you to open your packages. Just show me your manifests. That will be enough." Dufaut was satisfied. In the same way Perrault received Dufaut's fur bales *sous cordes*, all wrapped up, without opening them. The men both spent the night there and went their separate ways the next morning.[3] Perrault arrived at Mackinac fourteen days later. Finding Mr Todd, who was quite surprised to see him, Perrault was able to sell his furs at a better price than he had gotten earlier. He made a profit of £132 on the transaction. He obtained more merchandise and set out again for his wintering post.[4]

This anecdote from Perrault's memoirs describes a fairly minor incident in the long life of a trader. Yet it is an account that brings together many threads in the history of the fur trade.[5] A striking aspect of this encounter is the easy understanding between the two traders, especially with respect to the merchandise Perrault carried in his canoe. When the two men discussed this merchandise, they spoke in a common language of trade. Dufaut knew well what was in Perrault's canoe. He did not need to look at the goods or check their quality because he knew the bales contained goods that all the traders in this region brought to their trading posts. With little variation these were the goods that he himself would have gotten had he gone to Mackinac. They were a set of goods that had proven, in both the French and British fur trades, to satisfy the Ojibwa with whom the two men traded. But more than that, the trade assortment had a special meaning in the trade process itself.

An aboriginal group's preference for specific kinds of goods was related to its culture, the history of its dealings with European traders, and the economics of the trade. The goods that made up the trade assortment satisfied native demand in a variety of ways. They could be used to keep people warm, to kill animals, or to cook food. They could increase the prestige and power of the person who owned them or who gave them away in religious and political ceremonies.

The Ojibwa of Lake Superior first obtained French merchandise sometime in the early to mid-seventeenth century. There are many unanswered questions about the nature of the Ojibwa's interest in European technology and the effect of the technology on Ojibwa culture. It is not clear, as some have argued, that the Ojibwa became dependent on European technology in the sense that they could not survive without it.[6] Nonetheless, by the eighteenth century many Ojibwa people had developed a strong liking for a range of French, and later British, tools, utensils, cloth, clothing, guns and ammunition, silver ornaments, and beads. Further, Ojibwa interest in these kinds of trade merchandise persisted well beyond the era of the fur trade. Many of the same goods they had sought from traders were later supplied by US government officials during annuity payments. There were, however, variations in the Ojibwa demand for merchandise. Men and women often desired a different set of goods, in accordance, in part, with Ojibwa subsistence patterns. Men used guns and ammunition for hunting. Women made use of awls for sewing and for their birch-bark work, scrapers for working hides, and metal utensils for preparing food. Men and women may have chosen different sizes of the "point" blankets offered by the trader and different silver ornaments or other articles of adornment. Finally, some of the demand was based on needs that were not immediately material. In addition to being worn or used as bedding, blankets were also used as shrouds for the bodies of people who had died, as gifts at the Feast of the Dead or at Midewiwin religious ceremonies, and as offerings to be dropped in the water as a way of calming spirits on dangerous canoe voyages on Lake Superior.[7]

While much has been written about the aboriginal people's interest in European merchandise, few scholars have offered detailed descriptions of the nature and quantities of trade goods supplied at Great Lakes trading posts during the French and British fur trades. One of the first to attempt this kind of exhaustive research was Louise Dechêne, in her path-breaking study *Habitants et Marchands de Montréal au XVIIe siècle*. Using notarial documents as well as the records of Montreal merchant Alexis Lemoine Monière, she enumerated the merchandise imported into North America by French businessmen of the seventeenth and eighteenth centuries and shipped from Montreal in birch-bark canoes to supply the growing demand from native consumers. Rather than describing these goods piecemeal, Dechêne categorized them according to a variety of types, including cloth, clothing, blankets, beads and other "trinkets," utensils, tools, wine and brandy, and ammunition, and recorded the value of the merchants' investments in these categories. Dechêne's work revealed the rich assortment of goods sought by aboriginal people and demonstrated something that may have startled many: cloth, clothing, and blankets accounted for over 60 per cent of the merchant's investment in goods for trade with aboriginal people.[8]

Others have now followed Louise Dechêne's lead. In my own 1987 essay, "Montreal Canoes and Their Cargoes," I studied the goods shipped from Montreal to a Sault Ste Marie trader in the 1780s.[9] The archaeologist Dean Anderson also delved into the Monière accounts to provide an archaeological perspective on the flow of merchandise into native societies. Anderson compared the goods found in eighteenth-century Great Lakes archaeological sites with the goods listed in the Monière accounts of shipments to the same region. By keeping track of the posts to which the goods were sent and categorizing the merchandise according to a series of functions (such as clothing, hunting, adornment, and grooming), Anderson provided some insights into the way such items were used in native societies. His study corroborated many of Louise Dechêne's conclusions about the nature of the merchandise shipped by Montreal merchants.[10]

Anderson pointed out that the account books he had relied on in his study were not necessarily a record of the merchandise acquired by aboriginal people. Some of the goods might have been intended for sale to traders and mixed-blood residents of the region. However, Anderson argued that by and large these account books, while not "an exact record of the goods Indians obtained," did record "goods intended for trade," an inventory that was based on the traders' understanding of the aboriginal people's interest in European goods. The accounts, he went on, were therefore records of "the flow of European goods into Indian societies," shaped "predominately by Indian demand." Extrapolating from his study, Anderson stated that there was broad consistency in the types and quantities of goods shipped to a variety of native communities in the Great Lakes region.[11]

Such a conclusion is not surprising given the fact that Great Lakes native groups shared similar languages, cultures, and woodland subsistence patterns, which would have influenced the choice of goods shipped there. On the other hand, information on the trade patterns in other regions suggests that these may have differed in important ways from the patterns of the Great Lakes peoples. According to the traders themselves, knowing of these differences was crucial to the trader's success. An individual who was familiar with one or more groups of Indians in one region was not necessarily equipped to deal properly with those of another region. As Pierre-Antoine Tabeau, a trader of the Upper Missouri around 1800, put it, "Those who are not versed in the Savage trade cannot imagine how important is the selection of articles and how far an individual, unfit or evilly intentioned, can be harmful to the process of commerce and to good order."[12] Certain Indian groups had a preference for certain kinds of merchandise over others. The Sioux and Arikira liked many of the things that the Osage and the Kansas favoured, but they also liked blue glass beads, brass wire, and iron for arrows and spears. The Arikira would not trade for any item that was over the value of a buffalo robe. They were fond of vermilion but would not trade for it; they expected it as a gift accompanying other items.[13] Tabeau wrote, "Ammunition, knives, spears, blue beads, tomahawks, and framed mirrors are the only articles for which they are willing to exchange their robes."[14]

Tabeau's remarks suggest an important aspect of the trade assortment, one that is not mentioned at all in the records of goods shipped from Montreal, but that is also a product of native demand: the patterns according to which these goods were traded. The mere fact that a blanket and a knife were both sought by aboriginal people did not mean that they could be traded in precisely the same way. The trade assortment was not merely a set of goods; it was also a set of practices, a game with specific rules, a language according to which each object could be made to represent a variety of meanings. European merchandise was never traded as a unit; different goods were traded in different ways. For these reasons, the characteristic trade assortment of a particular region or community can only be fully understood in terms of the process through which the goods were traded.

THE TRADE PROCESS

The earliest exchanges between the peoples of the western Great Lakes and the French newcomers were probably sporadic, occurring when traders or merchants met with Indians who had packs of furs ready to trade for merchandise. Transactions like this took place when fleets of canoes manned by people usually called "Ottawa" (though this would have included ancestors of the present-day Ojibwa) came down the Ottawa River to Montreal in spring or summer. On these visits there were speeches, ceremonies, and the smoking of pipes, followed by the direct exchange of furs for goods.[15] Early on, however, a system became established in which traders ventured west and wintered in or near native villages. In this context, trade was not confined to gifts and one-for-one exchanges once a year. Credit was added to the range of possible transactions, and the trade involved more than furs and merchandise, since traders were dependent on the native community for the food and supplies needed to survive the winter.[16]

It is difficult to gauge the exact structure of the early trade among the Ojibwa, since few narrative or business sources survive from the seventeenth century.[17] However, by the mid-eighteenth century, trade in native communities had become a formalized system, including gifts, credit, and direct exchanges. Though much of the information about this system of trade comes from records of the so-called British trade, there is strong evidence that the methods used were inherited from the French, or rather were continued by French traders – such as Perrault and Dufaut – who remained in the region and passed their expertise on to the new British traders.[18]

A trading year in a native community near Lake Superior began in the fall when the trader from Sault Ste Marie or Michilimackinac arrived with a new supply of goods. Once settled in his trading house, he met with members of the community and exchanged ceremonial gifts. He then gave out goods on credit, and his aboriginal customers set off on their fall and winter hunts, in small family groups. During the subsequent winter, the trader or his men might go *en drouine* (a term with obscure origins),[19] visiting native families to collect the furs they had secured. Aboriginal people might revisit the trading post, bringing in furs. In both cases, further gifts and further credit might be given. At the end of the trading year, before the departure of the trader, goods were exchanged and there might be concluding gifts and ceremonies.[20]

Trade participants brought to each of these various trade transactions a set of expectations specific to each encounter. Both the aboriginal people and the traders had an understanding of what they might expect when they met to trade. The work of economic anthropologist Marshall Sahlins helps to explain how this worked. In his study of "the sociology of primitive exchange," Sahlins delineated a "spectrum of reciprocities." At one extreme was what he and others have called "generalized reciprocity," exchanges that were "putatively altruistic." Sharing or generosity, for example, would prompt the pure gift; in such transactions the gift was not reciprocated with an immediate return gift, but rather with a long-term obligation. "Receiving goods lays on a diffuse obligation when necessary to the donor and/or possible for the recipient. The requital thus may be very soon, but then again it may be never."[21] In the middle of the spectrum lay "Balanced reciprocity," or direct exchange – "The reciprocation is the customary equivalent of the thing received and is without delay." Sahlins suggested that the term could be loosely applied to transactions "which stipulate returns of commensurate worth or utility within a finite and narrow period." At the other extreme was "negative reciprocity," the attempt to get something for nothing. The most extreme example would be theft through violence, but Sahlins suggested that there were other forms of negative reciprocity in which "various degrees of cunning, guile, stealth" were used to "maximize utility at the other's expense." Sahlins's analysis suggests that the occurrence of these various forms of reciprocity was dependent on social distance; that is, generalized reciprocity was most likely to occur among the closest kin, whereas negative reciprocity was the most "impersonal sort of exchange" and from the present-day "point of view the 'most economic.' "[22]

Anthropologists have often applied ideas such as these to the analysis of material and social exchange within societies or between peoples with similar social systems. It is more challenging, however, to analyse exchanges between societies that appear to be radically different.[23] How do the variety of exchanges in the fur trade fit Sahlins's model? What accommodations were made between aboriginal people and fur traders to shape the process?

Many aspects of fur trade exchange make sense in the context of Sahlins's theories. At one extreme was what is usually called gift giving, the presentation of items by both traders and aboriginal people that helped to reduce the social distance between strangers, making long-term relationships possible. In the middle were a variety of balanced exchanges in which the parties to the trade exchanged items one-for-one. At the other extreme was what was usually called "pillaging," the plunder of objects by trader or aboriginal.[24]

Neatly categorizing any transaction is not always easy. It may appear, for example, that a trader's gift fits the category of generalized reciprocity, a freely given object designed to reduce social distance. A closer examination might reveal that the gift was solicited or coerced through various means and was actually the opposite, a form of near-pillage in which guile has taken the place of violence. North West Company trader François Victoire Malhiot stated that on his way to Lac du Flambeau on 25 July 1805 he had met an Ojibwa man named Le Genou. The man was very unhappy with the trader Simon Chaurette of the competing XY Company, and he also complained of the lack of food and ammunition at the post. It seemed to Malhiot that Le Genou was planning to do some harm to Chaurette, "at least to pillage him." Malhiot came to this conclusion because Le Genou, speaking of Chaurette, had said, "Oh Dog, you will be pitiful." Said Malhiot, "These last words contain a lot of things."[25]

For traders like Malhiot, pity was a familiar concept. It was something that their customers often referred to in the speeches they made when they sought to establish a relationship with government officials or traders or when they hoped to receive gifts from individuals of power.[26] Clearly Le Genou had been frustrated in his attempts to secure for himself a satisfactory relationship with Chaurette. He may have felt that Chaurette was not showing the proper generosity. Traders who were not generous or who violated the proper way of dealing with aboriginal people were quite commonly threatened with pillage, the sanction of losing all their goods. If pillage occurred, the trader would then be "pitiful," the condition he had ignored in others. More often the trader would respond to the threat by being more generous. Generosity in traders, then, was not always freely exhibited; rather it could be motivated by fear, the product of threats and guile. [27]

Similarly, credit was shaped by a variety of sometimes ambiguous motivations and understandings. Much of the exchange of goods for furs took place in credit transactions. While fur-trade credit has often been described as debt slavery – a means of binding aboriginal people to traders year after year – the logic of credit is much more complex than that.[28] The meaning of credit was hinted at in a description given by Alexander Henry the Elder of his first trading year among the Lake Superior Ojibwa. In 1765 Henry, one of the pioneer British traders in the region, set out for the south shore of Lake Superior. He had never traded in the region before but drew on the knowledge of several French businessmen, including Étienne-Charles Campion, who had advised him in 1761, and Jean-Baptiste Cadot, the trader at Sault Ste Marie who had helped to save his life after the siege of Fort Michilimackinac in 1763 and who became his business partner in 1765.[29] Historian Harold Innis described Henry and Cadot's partnership as "symbolic of the necessary combination between English capital and French experience" that helped to shape the fur trade in the British period.[30]

Henry purchased four canoeloads of goods at Fort Michilimackinac on twelve-month credit. After passing Point Iroquois west of Sault Ste Marie, Henry "fell in with Indians, of whom," he wrote, "I purchased provisions. One party agreed to accompany me, to hunt for me, on condition of being supplied with necessaries on credit."[31] Farther on, at Ontonagon, Henry met more Indians, "whom I furnished with merchandise on credit." He recorded the basis on which he gave credit, in the process delineating the kinds of goods he supplied in such transactions: "The prices were for a stroud blanket, ten beaverskins; for a white blanket, eight; a pound of powder, two; a pound of shot, or of ball, one; a gun, twenty; an axe, of one pound weight, two; a knife, one."[32]

At Chequamegon, or La Pointe, his wintering place, Henry found fifty lodges of aboriginal people "who were almost naked, their trade having been interrupted, first by the English invasion of Canada, and next by Pontiac's War." Henry also noted: "Adding the Indians of [Chequamegon] to those which I had brought with me, I had now a hundred families, to all of whom I was required to advance goods on credit. At a council, which I was invited to attend, the men declared, that unless their demands were complied with, their wives and children would perish; for that there were neither ammunition nor clothing left among them. Under these circumstances, I saw myself obliged to distribute goods, to the amount of three thousand beaver-skins."[33] Despite the recent interruption in trade, these Ojibwa remembered how to deal with traders and what to say to get what they wanted. Statements about their great need were often part of the speeches given by aboriginal people at the beginning of a trading year.[34] And these people were neither naked nor destitute, though the clothing Henry found them wearing qualified as nakedness by European standards; they wore clothing made of deerskin, "European manufactures having been for some time out of their reach."

The kinds of goods that Henry gave on credit, as well as the circumstances that led to his giving credit, reveal some of the logic behind the credit relationship: credit was necessary to supply and clothe the people for the coming winter so that they could supply the trader with furs. The alternative to credit could have been that they would use their time and resources in clothing and feeding themselves, not in hunting or trapping furs for the trader. In Henry's case, his willingness to give credit was amply rewarded. As a return on his investment, he received 150 packs of beaver and 25 packs of otter and marten.[35]

Transactions such as this were generally balanced, insofar as aboriginal people were able and willing to produce the furs and traders to supply goods. Yet credit is not a balanced transaction in terms of time. When goods are given out on credit, reciprocation does not take place immediately. In this sense, though technically a form a balanced reciprocity, the credit relationship at first mimics generalized reciprocity, with the difference being that repayment is obligatory in the credit relationship and a length of time is set after which the person receiving credit has to repay the debt.

One of the reasons that traders gave goods on credit was to influence the trapping behaviour of aboriginal clients. Aboriginal people repaid their debts because that is what they had agreed to do and because reciprocity was ingrained in their culture. But they did not always repay them entirely. Opinions have differed about the extent to which debts remained unpaid, on the average, at the end of the trading year. Johann Georg Kohl, an ethnographer who visited the

Ojibwa of the south shore of Lake Superior in 1855, stated that Canadian traders "often give the Indians credit for large supplies, and rarely find any difficulty in getting their accounts settled."[36] Others have disagreed.[37] Sometimes a less-than-full repayment was influenced by an inability to gather enough furs. Anthropologist Mary Whelan has a more complex explanation. In her study of the Dakota fur trade, she stated that "in situations where social and economic behavior are organized around reciprocity, 'debt' is actually required to keep the system functioning. Full repayment is not intended and no notion of 'getting out of debt' is involved. The point is to stay in debt so that social ties are maintained and you are assured of having an ally when future need arises."[38]

From the beginnings of the fur trade, a recurring theme was the desire of aboriginal people to establish a consistent and reliable source of supply of European technology and goods.[39] Given this interest in a continuing supply, a certain amount of debt might have been deemed useful in influencing traders to return to the community. The degree to which repayment of debt took place probably varied according to local circumstances. What also varied was the degree to which complete repayment was of real concern to the traders, since it is probable that traders factored in differing amounts of unpaid credit in their rates of exchange.[40]

If aboriginal people sometimes were unable or unwilling to repay the credit they received from traders, this did not mean that they were confused about the difference between gift and credit. There was an important relationship between the two transactions. Neither could exist without the other. Gifts made credit relationships possible because they helped create good feeling and trust. Even though credit was not always repaid, suggesting the hypothesis that credit was actually assumed to be a gift, in fact gift and credit were not interchangeable.

In his book *The Middle Ground*, historian Richard White suggested that while credit was central to the fur trade, the aboriginal people in the Great Lakes region "never fully acknowledged advances as debts."[41] Instead, he said, they treated such advances as they would other generalized exchanges, whereby the original gift would be "reciprocated at a time when the giver needed aid and the recipient was able to give it." But with respect to the Ojibwa people, since they tried to repay their debts yearly, this theory would only make sense if one assumed that the perceived need White referred to occurred regularly on a seasonal basis – that is, if the Ojibwa believed that traders "needed aid" in the form of various furs, in the winter and spring each year. Otherwise, White's theory appears to assert that aboriginal people had only one form of exchange, generalized reciprocity, and that they were incapable of distinguishing other forms of exchange with other rules and other expectations. Such an argument is in keeping with the frequent tendency to collapse all forms of material interaction in non-Western societies into the category of the "gift." As anthropologist Nicholas Thomas made clear in his description of similar trade situations in the Pacific, "we cannot understand these systems as unitary gift economies or, for that matter, as economies dominated by any particular transaction form." Whether or not aboriginal economies in North America were ever limited to what might be called the gift, that does not appear to have been the case by the eighteenth century. By that time reciprocal exchanges in the trade were consistent with White's later statement that the fur trade was a "precarious amalgam of exchanges that ranged from gifts to credit transactions, to direct commodity exchanges, to extortion, to theft," though one can argue with the term "precarious."[42]

The aboriginal ability to negotiate alliances, described so thoroughly by White in his account of aboriginal-French diplomacy in the seventeenth and eighteenth centuries, was also present in the fur trade, though the patterns of trade have yet to be so clearly explained.[43] Both aboriginal people and traders had a sense of the complexity of the trade transactions, whether or not they agreed on precisely what transactions were being undertaken at any particular time or on what the reciprocal obligations were. The various kinds of transactions could be distinguished from one another by the way in which both parties spoke as they negotiated them. The fur trade was never a silent trade.[44] Both traders and customers gave speeches in which they explained what they expected of their relationship as a whole and of any transaction in particular. Thus, the verbal context of any transaction was important in interpreting its meaning. The temporal and seasonal context was also important. Certain transactions were more likely to happen following certain other kinds of transactions or to take place at a particular season of the year.[45] Finally, the objects themselves (that is, their cultural definitions in trade and in native life or what Nicholas Thomas called the "cultural differentiation of artifacts") helped to differentiate the transactions.[46]

OBJECTS OF TRADE

In the Ojibwa fur trade, certain kinds of objects came to have a certain significance, and thus certain kinds of goods were more likely to have a place in certain transactions. This particularity, in and of itself, helped make clear to both trader and aboriginal customer what was expected during particular transactions. Cloth goods and alcohol, for example, were two kinds of merchandise defined and treated in strikingly different ways. Alcohol, whether brandy, high wines, or rum, had obvious cultural significance in the fur trade as well as in aboriginal-European diplomacy.[47] Among traders in the Lake Superior region in the eighteenth and early nineteenth centuries, alcohol, in the form of rum or brandy, was chiefly given to aboriginal people in two kinds of transactions: as gifts and in exchange for food. The trading ceremonies at the beginning and end of the year and on the repayment of debts usually featured gifts of alcohol. The food on which the trader depended, such as wild rice, game, and maple sugar, was in large part obtained with liquor. XY trader George Nelson wrote of his experiences while trading on the Chippewa River in 1803–4: "We don't pay provisions here with anything else than with rum sometimes tobacco, but seldom tho[ugh], & ammunition. The Indians are so accustomed to it that they are quite surprised when any other payment is given them."[48] By contrast, cloth, clothing, and blankets were mainly exchanged either in the context of the credit/debt transactions – as in the circumstances in 1765 described by Alexander Henry – or directly, for furs or possibly for supplies such as canoes.

The contrast between these two kinds of merchandise and between the transactions through which they were characteristically exchanged may suggest evidence for what anthropologists have called "spheres of exchange," that is, categories of exchange involving different goods and services with differing cultural values. Generally, there were rules and social sanctions against exchanging goods appropriate to different spheres.[49] Marshall Sahlins stated that many societies make "distinctive categorizations of food versus other goods, i.e. 'wealth.'" He suggested that in such societies "food for goods transactions" would "rend the solidary bonds."[50] A problem with applying a spheres-of-exchange theory to the Ojibwa fur trade lies in the difficulty in determining the basis – cultural, social, and economic – for the existence of such spheres, the kinds of goods that might fit in the various categories, and the relative rigidity or permeability of these categories. It is also not altogether clear how binding such distinctions might be in intercultural exchanges.

It was often noted that, among the Ojibwa, the reluctance to share food and the insistence on selling it or demanding goods in return for it were considered to be violations of cultural rules.[51] Beyond that, however, no comprehensive effort has been made to describe Ojibwa ideas concerning what anthropologist A. Irving Hallowell called the concept of property, that is, "the pattern of rights, duties, privileges, powers, etc., which control the behavior of individuals or groups in relation to one another and to the custody, possession, use, enjoyment, disposal, etc. of various classes of objects." As Hallowell stated, any such study would involve "an exceedingly complex network of structural relations and a wide range of variables."[52]

One helpful source, however, does offer suggestions concerning Ojibwa beliefs about the rights and duties of people towards material goods. Johann Georg Kohl, who recorded a variety of such beliefs, stated that among the Ojibwa the willingness to share "reaches such a pitch that it is one of the chief obstacles to their conversion." He noted that "next to the liar, no one is so despised by the Indians as the narrow-hearted egotist and greedy miser ... As long as a man has anything, according to the moral law of the Indians, he must share it with those who want; and no one can attain any degree of respect among them who does not do so most liberally." Most of the examples that Kohl gave had to do with the willingness of the Ojibwa to share their last bit of food if others were in need.[53]

The obligation to share food, according to Kohl, did not mean that all food resources were open to exploitation by everyone. Kohl described certain aspects of food gathering and of exploitation of the natural surroundings for which other rules applied. He said that the places in which resources were harvested, such as a sugar bush, a cranberry patch, and even beaver dams, all had owners – that is, people who controlled their use. In the case of beaver dams, Kohl said that ownership could be "handed down from father to son." In the case of the other resources, he noted that they were "family property." He said that "no Indian family would think of making sugar at a place where it had no right."[54] While society encouraged the sharing of food, it still placed the ownership of some resources with individuals or family groups.

A further implication in the idea that resources were owned by those individuals who made use of them is that ownership was shaped by a gendered division of labour. When he wished to have a bark house built so that he would have lodging during his visit, Kohl negotiated with women to erect the structure and buy the rolls of bark to cover it, because they were responsible for this activity in Ojibwa society. In this sense, bark houses were the property of women in general. Specific houses or rolls of bark were the property of specific women. There is some suggestion that similar factors applied to the meat obtained by a hunter but prepared by women. In describing the importance of sharing meat, Kohl stated that before the hunter ate anything himself, "his feeling of honour insists that he must first of all consult with his wife how the deer is to be divided among his neighbours and friends."[55]

Kohl, along with many others, reported that when a person asked for food from people who had it, they felt obligated to give it. This was not the case with other kinds of goods. For example, it is likely that among the Ojibwa, as among other aboriginal groups, furs were treated differently from the meat of the animals from which the furs were taken. Instead of being shared, they would be the property of the hunter or trapper who took them, or of his family.[56] To obtain furs and other kinds of property, negotiations were necessary to determine the proper return. Another special class comprised religious objects, which required high returns and special negotiations when exchanged. Kohl stated that "all their information about religious matters, every exchange of magic remedies, every copy and explanation of a picture-writing, must be paid for, and they ask enormous prices. They will often give a horse, a handsome fowling-piece, or a packet of beaver skins, for a piece of bark that has figures scratched on it. For how little is a packet of skins in comparison with a magic song, to which all the beavers in the world listen, and must go into traps on hearing it."[57]

Generosity with food was expected of all people, and those who were generous were considered to be fulfilling their obligations towards other members of the society. Generosity with other objects, however, brought greater returns: it could help give a person power and influence in the society. Kohl noted that the most powerful men in the community were the worst dressed: "They give to the tribe not only what they obtain by the chase, but also all the presents even to their tribute-money. Frequently, when a chief receives very handsome goods, either in exchange for his peltry, or as recognition of his high position, he will throw them all in a heap, call his followers, and divide all among them," including sometimes the shirt off his back. Ultimately, said Kohl, such giving away of goods was an investment: "A man who lays up such capital in the hearts of his followers is thence much richer than if he had all the wares under lock and key. In case of need, all his followers blindly obey his orders."[58] The implication of these statements is that the Ojibwa made a distinction between food and other objects in terms of the rights and duties of their owners, and in terms of the value of these objects in exchanges.

In his discussion of the separation of food and "wealth" in many societies, Sahlins argued that there had to be an important qualification: "These food and nonfood spheres are sociologically based and bounded." At a certain social distance, the spheres dissolved. Exchanges that were not possible inside a society might be possible in dealings with people from outside the society. In the case of the fur trade, however, a system of interaction was established between the Ojibwa and Europeans in which social and cultural distances were overcome. This was made possible because Europeans accommodated themselves to native beliefs and culture. Aboriginal beliefs about food and other objects were applied to the material goods of the fur trade. Thus, logically, alcohol and tobacco were incorporated into the food sphere of exchange and treated as objects to be shared or traded for other objects of food. Many other trade goods were treated, in Sahlins's terms, as wealth – that is, as objects for which there was no obligation to share. Most of the time they were traded directly.

However, there were exceptions to the rules suggested here. Both cloth goods and alcohol were sometimes exchanged in ways that did not fit this pattern. For example, special coats were given to chiefs at trading ceremonies at which the trader sought to reward Ojibwa leaders for their loyalty. And, as stated before, chiefs often passed these articles on to their followers. Blankets and other cloth articles might also be given to "cover the body" of a person who had died. Long speeches were delivered to explain what these articles of clothing were meant to represent.[59]

There were also occasions when the usual food/alcohol transactions could not occur because one or the other was not available. For example, according to XY trader George Nelson, food was scarce at his trading post on the Chippewa River in March 1804. Nelson's men had to be fed in other ways. Nelson wrote that one of the men had "gone with his family to his father in law's lodge as we have nothing here to eat. I give him a little ammunition & a few silverworks to trade provisions – for we have now nothing else to trade. We subsiste [*sic*] upon indian Charity."[60] Without the alcohol they needed to trade for food, Nelson's men were forced either to use other trade goods or to rely on their relatives in the native community. Similarly, there were occasions when, for a variety of reasons, alcohol was traded directly for furs or other items.

How did such uses fit into the distinctive spheres of exchange discussed here? Gifts of clothing to chiefs were intended to serve a very specific purpose – to increase the traders' influence in a community by showing honour to the leaders of that community. For the purposes of the transaction, clothing was redefined from an item designed to keep its wearer warm to an intangible symbol of respect, something with an intangible reciprocal, loyalty. Symbols like this could not be bought, but had to be given freely. On the other hand, when alcohol was traded for furs or other objects, it ceased to be a symbol of the close social relationship that both aboriginal people and traders were seeking to establish. It became a mere commodity, with no implication of a close relationship. Such exchanges of alcohol occurred not in credit transactions, but in one-for-one exchanges when aboriginal people who were not indebted to a trader purchased a quantity of alcohol with what would presumably be a surplus of furs. Evidence suggests that such purchases occurred more frequently at places like Sault Ste Marie, to which aboriginal people travelled from distant places in the summer, having the opportunity for only short-term dealings with the trader. On such occasions, gifts might be given to initiate or cement a transaction, but there was no question of credit.[61]

The nature of these exceptional transactions involving cloth goods and alcohol suggests something of the logic of the normal spheres of exchange. Alcohol, food, and tobacco were usually exchanged in ways that decreased social distance between traders and aboriginal people. As Louise Dechêne noted, liquor served more as a "token of goodwill than as a commodity."[62] Objects in this category could be given away or traded one for the other. Such transactions created a trader-aboriginal society in which trust was possible. Similarly, the giving away of clothing was intended to foster loyalty. By contrast, most cloth, clothing, and blankets were given on credit or traded directly. These transactions made up the bulk of transactions in which traders obtained furs. This was only fitting, since cloth, clothing, and blankets replaced furs in aboriginal society.

SUMMARY AND CONCLUSIONS

For traders who operated in the western Great Lakes region in general and among the Ojibwa in particular, the choice of goods was crucial. Every trader needed to bring an assortment of goods designed to fulfil native demand. Aboriginal people used merchandise to meet a variety of material, social, and religious needs. Beyond fulfilling these needs, the assortment of goods brought by fur traders had another role to play in the patterns of trade. The trade assortment consisted of a specific set of goods, each of which was used in various ways in trade encounters, as gifts, in credit transactions, and in one-for-one exchange. Some goods, such as alcohol, tobacco, and food, were usually given as gifts and in exchange for food. Other goods, such as clothing, cloth, and blankets, were usually exchanged in credit transactions and in direct trade. The particular uses of the different goods in this way reflected native beliefs, the way in which aboriginal people categorized and valued food and other material objects.

Whether or not other trade goods fit into the trade categories or spheres of exchange identified here remains to be demonstrated. To explore this question, it is necessary to make detailed use of trade narratives that describe the attitudes and behaviour of trade participants. It is also important to make use, when possible, of fur trade account books that record in detail the many kinds of transactions that took place during a trading year. With such data it may be possible to measure the proportion of goods traded, given away, and given on credit for furs, food, and supplies, and to determine when during the trading year these different exchanges occurred. Such an analysis would increase our understanding of the patterns that existed in the way merchandise reached aboriginal people.

Another point that needs further exploration is the degree to which the patterns described here were influenced by financial considerations on the part of traders. Traders may have resisted receiving food in exchange for such expensive items as cloth, clothing, or blankets, except in cases where they hired people to hunt for them.[63] Aboriginal people who could pay off the bulk of their debts by bringing in food would not have had an incentive to hunt for furs, which were after all the ultimate purpose of the fur trade from the European point of view. Traders would probably have been quite happy to trade liquor for furs, since concentrated liquor was denser and more easily transported and handled than cloth, clothing, and blankets. But aboriginal people who obtained only liquor would not have had the clothing or tools necessary to survive and hunt and trap furs during the winter. Thus, some of the patterns of the fur trade made sense both from the point of view of native spheres of exchange and business economics.

The way in which some trade goods were expended in the fur trade, however, was probably viewed as an unfortunate necessity by the traders. Louise Dechêne made this clear when she stated that traders "had to provide a whole range of articles, some not very profitable."[64] Trade merchandise used in gift giving or used to pay for supplies was, from the trader's point of view, overhead. The traders had to pay for it one way or another. The profits made by fur traders, then, cannot be determined, as is sometimes attempted, simply from an analysis of credit or one-for-one exchanges of furs for merchandise. Any detailed study of the operations of the fur trade business must take into account the many meanings of merchandise, both in fulfilling aboriginal demand and in making possible the smooth operation of trade.

NOTES

Author's Note: This paper was shaped in part by the writings and lectures of Louise Dechêne at McGill University and Stephen Gudeman at the University of Minnesota. I was also influenced by conversations with other students of these professors: Thomas Wien in Montreal and John Anfinson, Trevor Barnes, Mary Whelan, and Randy Withrow in Minnesota.

1 The original manuscript of Jean-Baptiste Perrault's narrative is in the Henry R. Schoolcraft Papers, Library of Congress, Washington, DC. The narrative was first published in English in *Michigan Pioneer and Historical Collections* (Lansing, Mich.: Michigan Pioneer and Historical Society, 1909, 1910), 37:508–609. The first French edition, from which the author has translated all quotations used here, was titled *Jean-Baptiste Perrault marchand voyageur parti de Montréal le 28e de mai 1783* (Montreal: Boréal Express, 1978). Perrault uses the French term "assortiment," to describe the merchandise (82). See also pages 80, 89, and 98 of his narrative for other uses of the term.
2 Perrault, *Jean-Baptiste Perrault*, 82.
3 Ibid., 83.
4 Ibid.
5 One important aspect of the encounter is the nationality of the traders. For many people who write about the fur trade, Perrault, Dufaut, and the men who worked for them would probably be described as British traders. They were agents of British-controlled companies, in the midst of what is normally called the "British period" of colonial history. Yet for the Ojibwa of Lake Superior, the British fur trade was simply a continuation of the trade that had begun in the mid-seventeenth century – a trade through which they obtained valued European goods. Well into the nineteenth century, these Ojibwa called the European traders with whom they dealt "les français" or in their own language "wemitigoozhi." The French term, for example, was used in relation to the North West Company traders under the command of François Victoire Malhiot. See Malhiot, Journal, 13 (3 September 1804), original in McGill University Libraries, Rare Books and Special Collections. On the Ojibwa word, see John Nichols and Earl Nyholm, *An Ojibwe Word Resource Book* (St Paul: Minnesota Archaeological Society, 1979), 151. Except for a scattering of Scots, Irish, and English, mostly at the higher-level positions, the bulk of those active in the Lake Superior fur trade were of French ancestry, people whose ancestors had worked in the fur trade since its beginnings. For an attempt to explore the extent of the continuing French influence in the British trade in the early 1800s, see Bruce M. White, "'Give Us a Little Milk': Economics and Ceremony in the Ojibway Fur Trade" (MA thesis, McGill University, 1985), 94–7.

6 On questions about dependency, see Richard White, *The Middle Ground: Indians, Empires, and Republics in the Great Lakes Region, 1650–1815* (Cambridge: Cambridge University Press, 1991), 482–3.

7 For a description of the goods supplied during Ojibwa annuity payments, see Frances Densmore, *Chippewa Customs* (St Paul: Minnesota Historical Society, [1929] 1979), 138–9. For a summary of the range of goods sought by the Ojibwa and their multiple uses, see Bruce M. White, "Encounters with Spirits: Ojibwa and Dakota Theories about the French and Their Merchandise," *Ethnohistory* 41 (summer 1994): 376.

8 Louise Dechêne, *Habitants et marchands de Montréal au XVIIe siècle* (Paris: Librairie Plon, 1974), 151, 507. The English translation of Dechêne's book was published as *Habitants and Merchants in Seventeenth-Century Montreal* – (Montreal and Kingston: McGill-Queen's University Press, 1992).

9 Bruce M. White, "Montreal Canoes and Their Cargoes," in Bruce Trigger et al., eds, *'Le castor fait tout': Selected Papers of the Fifth North American Fur Trade Conference, 1985* (Montreal: Lake St Louis Historical Society, 1987), 164–92.

10 Anderson's work also revealed that cloth goods accounted for more than 60 per cent of the trader's investment, something that was, of course, not evident from the fragments of mainly non-perishable goods found in archaeological sites. See Anderson, "Documentary and Archaeological Perspectives on European Trade Goods in the Western Great Lakes Region" (PhD dissertation, Michigan State University, 1992), 104, 113–23, 148; and idem, "The Flow of European Trade Goods into the Western Great Lakes Region, 1715–1760," in Jennifer S.H. Brown, W.J. Eccles, and Donald P. Heldman, eds, *The Fur Trade Revisited: Selected Papers of the Sixth North American Fur Trade Conference, Mackinac Island, Michigan, 1991* (East Lansing and Mackinac Island: Michigan State University Press/Mackinac State Historic Parks), 101, 109.

11 See Anderson, "Documentary and Archaeological Perspectives," 66–68; and idem, "Flow of European Trade Goods," 113.

12 Pierre-Antoine Tabeau, *Tabeau's Narrative of Loisel's Expedition to the Upper Missouri*, ed. Annie Heloise Abel (Norman: University of Oklahoma Press, 1939), 170.

13 For examples of other such preferences, see Shepard Krech, "The Early Fur Trade in the Northwestern Subarctic: The Kutchin and the Trade in Beads," in Trigger et al., *'Le castor fait tout'*, 236–77.

14 Tabeau, *Tabeau's Narrative*, 171.

15 R. White, *The Middle Ground*, 105. For accounts of Ottawa expeditions to Montreal, see Nicolas Perrot's account in Emma Helen Blair, ed., *Indian Tribes of the Upper Mississippi Valley and Region of the Great Lakes* (Cleveland, Ohio: Arthur H. Clark Company, 1911), 1:175, 210–20. For a description of the speeches and ceremonies, see Louis-Armand, Baron de Lahontan, *New Voyages to North-America*, ed. Reuben G. Thwaites (Chicago: A.C. McClurg,

1905), 1:92–5. On French gift-giving practices, see Cornelius J. Jaenen, "The Role of Presents in French-Amerindian Trade," in Duncan Cameron, ed., *Explorations in Canadian Economic History: Essays in Honour of Irene M. Spry* (Ottawa: University of Ottawa Press, 1985), 231–50.

16 See Harold A. Innis, *The Fur Trade in Canada: An Introduction to Canadian Economic History* (Toronto: University of Toronto Press, [1930] 1956), 57–62, for a discussion of the transition from trade at Montreal to trade in the interior of the Great Lakes region. Most early discussions of the role of credit in the fur trade concern the Hudson's Bay Company, though there is evidence that the French granted credit at an early date in inland trade. See Toby Morantz, "'Gift-Offerings to Their Own Importance and Superiority': Fur Trade Relations, 1700–1940," in William Cowan, ed., *Papers of the Nineteenth Algonquian Conference* (Ottawa: Carleton University, 1988), 137, 140; and Daniel Francis and Toby Morantz, *Partners in Furs: A History of the Fur Trade in Eastern James Bay, 1600–1870* (Kingston and Montreal: McGill-Queen's University Press, 1983), 52.

17 Dechêne, *Habitants et Marchands*, 168.

18 Continuity in gift giving and ceremonies is discussed in B.M. White, "Encounters with Spirits," 381.

19 A variant of the term was *en dérouine*. See John Francis McDermott, *A Glossary of Mississippi Valley French, 1673–1850*, Washington University Studies, n. s., Language and Literature, no. 12 (St Louis: Washington University, 1941), 66; and André Bergeron, *Dictionnaire de la langue québécoise* (Montreal: VLB Editeur, 1980), 179–80.

20 For a more detailed description of the process, see Bruce M. White, "A Skilled Game of Exchange: Ojibway Fur Trade Protocol," *Minnesota History* 50 (summer 1987): 229–40.

21 Marshall Sahlins, *Stone Age Economics* (New York: Aldine Publishing Co., 1972), 193, 194.

22 Ibid., 194, 195.

23 One anthropologist who has sought to study the economic exchange between societies is Nicholas Thomas. See his *Entangled Objects: Exchange, Material Culture and Colonialism in the Pacific* (Cambridge, Mass.: Harvard University Press, 1991), particularly 84–8.

24 Bruce M. White, "The Fear of Pillaging: Economic Folktales in the Western Great Lakes," in Brown, *Fur Trade Revisited*, 199–216.

25 Malhiot, Journal, 3.

26 B.M. White, "Give Us a Little Milk," 22–23, 38–39.

27 Sometimes a threat of pillage was made as a way of improving rates of exchange or coercing gifts, occasionally at the encouragement of rival traders. See B.M. White, "Fear of Pillaging," 207.

28 See Morantz, "Gift Offerings," 140.

29 The partnership helps demonstrate the way in which the methods perfected in the French period were carried over in new circumstances. Alex-

ander Henry, *Travels and Adventures in Canada and the Indian Territories* (New York: Garland Publishing, [1809] 1976), 11, 192–6. On Étienne-Charles Campion, see *Dictionary of Canadian Biography* (Toronto: University of Toronto Press, 1979), 4:132–3. On the career of Jean Baptiste Cadot, see David Armour's biographical sketch in *Dictionary of Canadian Biography*, 4:128–30; Theresa M. Schenck, "The Cadottes: Five Generations of Fur Traders on Lake Superior," in Brown, *Fur Trade Revisited*, 189–94; and B.M. White, "Montreal Canoes," 164.

30 Innis, *Fur Trade in Canada*, 167–8.

31 Henry, *Travels and Adventures*, 194.

32 The rates of exchange described by Henry in 1765 were much higher than those described for later periods. This was probably due to the scarcity of goods after many years of war. Ibid., 195–6.

33 Ibid.

34 On speeches of this kind, see B.M. White, "Give Us a Little Milk," 40.

35 Henry, *Travels and Adventures*, 204.

36 Johann Georg Kohl, *Kitchi-Gami: Life among the Lake Superior Ojibway* (St Paul: Minnesota Historical Society Press, [1860] 1985), 78.

37 See R. White, *The Middle Ground*, 114.

38 Mary K. Whelan, "Dakota Indian Economics and the Nineteenth-Century Fur Trade," *Ethnohistory* 40 (spring 1993): 246–76.

39 B.M. White, "Encounters with Spirits," 389.

40 According to Royce Kurtz, in the trade among the Fox and Mesquakie in the 1820s, "a return in skins of 50 percent on credit was necessary to break even." See Kurtz, "Looking at the Ledgers: Sauk and Mesquakie Trade Debts, 1820–1840," in Brown, *Fur Trade Revisited*, 148. According to Innis (*Fur Trade in Canada*, 374), in the Hudson's Bay Company fur trade in the late nineteenth century, a return of 75 per cent was regarded as "a very favorable recovery."

41 R. White, *The Middle Ground*, 114.

42 Ibid., 480; and Thomas, *Entangled Objects*, 50.

43 R. White, *The Middle Ground*, 84, 93, for example, and throughout the book.

44 The idea of a "silent trade" – an exchange of goods between people from different societies who carried out the process without speaking to each other – is a kind of economic myth. See Philip D. Curtin, *Cross-Cultural Trade in World History* (Cambridge: Cambridge University Press: 1984), 12–13.

45 On fur trade speeches and seasonal aspects of the trade, see B.M. White, "A Skilled Game of Exchange," 231–4.

46 Thomas, *Entangled Objects*, 206. Thomas wrote, "If inadequate and overgeneralized notions of 'gift economies' are displaced by more locally particular models of prestations, alienability, and debts, and if this discussion is integrated with the interpretation of the cultural differentiation of artifacts,

some sense can be made of the process of colonial contact in different areas."

47 See B.M. White, "Give Us a Little Milk," 32–5.

48 George Nelson, Journal, 1803–04, 35 (15 September 1803), Metropolitan Toronto Central Library. See also B.M. White, "A Skilled Game of Exchange," 235.

49 Sex and money may represent two such spheres of exchange in modern European-American society. Sex is something that is supposed to be given away, on the basis of love, friendship, or marriage, not to be exchanged for money. Characteristically, economic anthropologists define as entrepreneurs those who are able to cross the boundaries between such spheres and reap potential profits from doing so. See Frederick Barth, *The Role of the Entrepreneur in Social Change in Northern Norway* (Bergen: Norwegian Universities Press, 1963), 10; and Paul Bohannan and George Dalton, eds, *Markets in Africa* ([Evanston]: Northwestern University Press, 1962), 3.

50 Sahlins, *Stone Age Economics*, 218.

51 Ibid., 269–70, gives several examples of this attitude towards food, taken from the narrative of John Tanner, a white man who lived for many years among Ottawa and Ojibwa on the Red River. See John Tanner, *A Narrative of the Captivity and Adventures of John Tanner* (New York: Garland Publishing, [1830] 1975).

52 Ibid., 218. For a discussion of "property" as a set of rights and duties, see A. Irving Hallowell, "The Nature and Function of Property as a Social Institution," in his *Culture and Experience* (New York: Schocken Books, 1967), 236–49.

53 Kohl, *Kitchi-Gami*, 66, 70.

54 Ibid., 421. A variety of sources have suggested that Ojibwa ownership was communal while at the same time noting that people had "rights" in various kinds of property. As Hallowell suggested, however, having a right to do something is seen as one kind of ownership even among Europeans. See Hallowell, *Culture and Experience*, 236–49. Inez M. Hilger noted that "maple groves were not claimed by any particular family, but it was well understood that no one tapped trees that were customarily tapped each season by the same family." See Hilger, *Chippewa Child Life* (St Paul: Minnesota Historical Society, 1991), 146–7. See also Peter Grant, "The Sauteux Indians: About 1804," in Louis R. Masson, ed., *Les bourgeois de la Compagnie du Nord-Ouest* (Quebec: Côté et Cie., 1889–90), 2:326; and Joseph N. Nicollet, *The Journals of Joseph N. Nicollet: A Scientist on the Mississippi Headwaters with Notes of Indian Life, 1836–37* (St Paul: Minnesota Historical Society, 1970), 253. Ownership of particular resources for a season or a longer period of time did not necessarily imply the existence of so-called hunting territories, the meaning and pre-European existence of which has been widely debated. See Eleanor Leacock, *The Montagnais*

'Hunting Territory' and the Fur Trade, American Anthropological Association, Memoir no. 78 (Menasha, Wisc.: American Anthropologist, [1954]); and John M. Cooper, "Is the Algonquian Family Hunting Ground System Pre-Columbian?" *American Anthropologist* 41 (1939): 66–90.

55 Kohl, *Kitchi-Gami*, 70.

56 Samuel W. Pond discussed this distinction among the Dakota. See Pond, *The Dakota or Sioux in Minnesota as They Were in 1834* (St Paul: Minnesota Historical Society, [1908] 1986), 49. Peter Grant stated that, among the Ojibwa, even provisions could be differentiated based on whether or not they were "reserved for the traders or for some other particular purpose." See Grant, "Sauteux Indians," 326.

57 Kohl, *Kitchi-Gami*, 161, stated that "it is often possible to receive as a present from an Indian a richly decorated pipe without any return; you can eat your fill in his lodge, and, in some cases he will refuse to take anything for it … but if you try to get from him a piece of written bark and the requisite explanation of the hieroglyphics, you must pay its weight in silver. Brother keeps such secrets hidden from brother, son from father, and will only surrender them for payment." Kohl suggested that these beliefs were dictated, in part, by a sense of obligation to the spirit from whom the knowledge was gained, quoting one person as saying, "The Great Spirit would be angry were we to squander his gifts."

58 Ibid., 66–67.

59 On chiefs' coats, see B.M. White, "A Skilled Game of Exchange," 14. On gifts for "covering the body," see North West Company partner John Sayer's 1804–5 journal, erroneously labelled as that of Thomas Connor, in Charles M. Gates, ed., *Five Fur Traders of the Northwest* (St Paul: Minnesota Historical Society, [1933] 1965), 266, 269; and Perrault, *Jean-Baptiste Perrault*, 68–69, 70–72, 75.

60 On Sayer's wife making sugar, see Curot, Journal, 39 (8 March 1804). See also John Sayer's journal (1 March 1805), in Gates, *Five Fur Traders*, 270; and Nelson, *Journal*, 25.

61 Preliminary calculations by the author based on an account book of Jean-Baptiste Barthe, a trader at Sault Ste Marie in the 1770s, show exchanges of alcohol for furs amounting to over 23 per cent of the value of all exchanges of trade goods for furs. Cloth, clothing, and blankets amounted to over 55 per cent. See Barthe account book, 1775–79, Burton Historical Collection, Detroit Public Library.

62 Dechêne wrote that "the trader who wanted to secure a faithful clientele and convince the Indians to hunt on his behalf, in order to secure steady returns, did not turn brandy into a major item for sale." Dechêne, *Habitants and Merchants*, 82, 88.

63 See B.M. White, "A Skilled Game of Exchange," 232.

64 Dechêne, *Habitants and Merchants*, 82, 88.

6 Savage/Saint: The Lives of Kateri Tekakwitha

ALLAN GREER

Today, as in the seventeenth century, Kateri (Catherine) Tekakwitha remains a fascinating figure. She is one of those exceptional Amerindians who embraced the religion of the European wholeheartedly, taking devotion and self-abnegation to lengths that even the Jesuit missionaries regarded as excessive. After converting and moving to the Christian settlement called Kahnawake by the Iroquois, Sault St Louis by the French, she fasted, prayed, and whipped and froze her body, literally to the point of death. She commands our attention not only for her physical and moral *jusqu'au bout*ism, but also because of her peculiar liminal position on the line where native North America meets the Christian spiritual invasion. Undeniably Iroquoian to the end of her short life (1656–80), she pursued ideals of spiritual perfection that appear to have been fundamentally European and Catholic. These strange and perplexing circumstances help to explain why historians and anthropologists have become interested in Tekakwitha.[1] Furthermore, the sources are rich and plentiful. If one seeks to approach aboriginal people of the seventeenth century – and particularly aboriginal women – as specific individuals rather than as undifferentiated groups, then one is unlikely to find any figure about whom more has been written than Kateri.

She attracts the attention of historians largely because she attracted the attention of members of the Society of Jesus, inveterate writers of letters, books, memoirs, and "relations." Of the Jesuits who knew her well, two wrote about her extensively: Pierre Cholenec, her confessor, and Claude Chauchetière, who stood watch at her deathbed. Between them, these missionaries wrote three book-length accounts of her life and death, as well as several shorter letters and fragments of larger works. Because Kateri has long been a candidate for canonization (she was beatified in 1980), these documents have been carefully conserved, verified, copied, and translated by qualified experts within the Catholic Church.[2] Clearly, they constitute a rich documentary trove. However, two points need to made about these sources. First, all our information about Tekakwitha, with only a minor exception, comes directly or indirectly from these two Jesuits; other French writers mention her story, but their reports are all at second-hand. Needless to say, there is no Iroquois testimony on the subject that survives from that period. Second, all the longer texts penned by Cholenec and Chauchetière were written in the hagiographic genre: these are not simply biographies, they are *vitae sanctorum*, lives of a saint. They were therefore composed with a particular purpose and formulated according to a well-defined set of conventions. According to the great Bollandist scholar, Hippolyte DeleHaye, hagiography consists of "writings inspired by devotion to the saints and intended to promote it"; he continues, "in order to be strictly hagiographic, the document should be of a religious character and should aim at edification."[3]

Of course, historians are accustomed to working with sources that are formulaic and certainly none of the scholars who have written about Tekakwitha is unaware of the hagiographic nature of the documents; nor are they inclined to accept these accounts at face value. However, they do take as their subject Kateri Tekakwitha, the human being, and the life she lived, even though hardly anything about that life can be known with certainty. If we accept the proposition that Tekakwitha comes to us essentially as a literary creation, a different approach to the documents suggests itself. Why not focus on the life as written, on the texts that really do exist, rather than on the life as lived and the somewhat shadowy figure who inspired the hagiographers? Such an approach implies a major swing of the spotlight, away from Tekakwitha and her Iroquois world and towards Chauchetière and Cholenec and their Counter-Reformation French culture. This is not to say that seventeenth-century Iroquois culture does not deserve the attention of historians – far from it. It merely suggests that analysis of Tekakwitha's life story may not be the best vehicle for such a study.

We have, in the Kateri dossier, a series of drafts which display the two Jesuits' efforts, over the course of some thirty-five years, to interpret the signs with which God had surrounded the young woman and, on that basis, to hammer out a satisfying and convincing life story for her. Much as we would like to know how this story would have been told by an Iroquois woman, there is nevertheless something to be learned in an examination of the cross-cultural and cross-gender dynamics at work when European male observers construct an identity for a subject who is native and female. Once they came to believe that she was a holy person, the two writers struggled mightily, each in his own way, to reconcile that attribute with the facts of her sex and race. The views of Chauchetière and Cholenec always tended to diverge somewhat and thus we can discern a revealing dialogue running just below the surface of the texts.

Finally, there are the successors to the writings of Claude and Pierre, the thousands of devotional works dedicated to Kateri over the last three hundred years and which continue to pour forth at a rapid rate. All are based – often very loosely – on the original hagiographic texts, though they reprocess the story in interesting ways. A full treatment of these later stages of revision by writers who never met Tekakwitha during her lifetime would be an immense task going well beyond the scope of this paper. What I propose here is to concentrate mainly on the first two Jesuit hagiographers, the ones who provided later generations with all their material. Towards the end of the paper, a brief survey of the more recent literature will be offered.

EARLY REPORTS

From her lifetime on earth, not a word on Tekakwitha survives in the written record.[4] The earliest known text appears to be a letter written by her confessor, Father Pierre Cholenec, to the superior of the Jesuits exactly two weeks after her death.[5] It focuses in fact on the death itself and its after-effects, rather than on the life of the young woman. Cholenec makes it abundantly clear that Tekakwitha was anything but an isolated hermit. The bulk of his letter is devoted to her four companions in ascetic devotion and their redoubled efforts to mortify the flesh after the departure of their sister; prayer, fasting, and flagellation were very much collective practices according to this early report. Cholenec does, however, include a passage on Tekakwitha herself, or at least on her recent death. His sketchy treatment follows the established formulas of hagiography: "She died as she had lived, that is to say, like a saint. She was regarded as such by the whole village here, both before and after her death." At the moment of death her face was transformed, becoming happy and serene so that it was a joy to look upon.

A second brief account of "Catherine Tegaskouita" appears in a Jesuit letter written two and a half years after her death.[6] It is the work of Father Claude Chauchetière, Cholenec's colleague at

Kahnawake and, like the other Jesuit, Chauchetière places Tekakwitha's holiness squarely in the setting of collective female devotion. She was one of several pious young women who lived a life of chastity, charity, and "austerities," which included the use of whips, iron girdles, food deprivation, and voluntary exposure to cold. It was Tekakwitha, however, who "died with the reputation of sanctity," and after her death, others were inspired to take up the life of "mortification" and "penance" with renewed fervour. Chauchetière acknowledges "the graces that we believe we receive, every Day, through her Intercession." He alludes to the existence of a cult and mentions pilgrimages made to her tomb. Claude Chauchetière, we know from other sources, was the missionary charged with visiting the sick and dying at Kahnawake. He had been at Tekakwitha's side during the last days of her life and he was permanently marked by the experience.[7]

Tekakwitha also makes an appearance in another of Chauchetière's writings from this period, a chronicle of the mission of Sault St Louis/Kahnawake.[8] She is described as a "treasure," but the Jesuit states quite clearly that her conduct, though good, was not entirely exceptional: "Mais on peut dire qu'elle luy [the mission] a servy davantage après sa mort, car son corps inanimé sert icy d'argument de crédibilité de la foy pour les sauvages et ses prières soulagent continuellement cette mission."[9] During her lifetime, Kateri was simply one member among thirteen of a group of pious and ascetic young women, and Chauchetière's mission history accords much more attention to that collectivity. These women not only resisted overwhelming pressures to fornicate, they renounced marriage itself and, in some cases, cut off their hair to discourage suitors.[10] Indistinguishable from her fellows in life, Chauchetière's Kateri was launched by death into a special celestial orbit.

One final report on Tekakwitha, though not clearly dated, seems also to come from the years immediately following her death.[11] It is by Jacques de Lamberville, the priest who first encountered Tekakwitha in her village in the Iroquois country. His brief letter, which contains the only surviving mention of the young woman not from the pen of Chauchetière or Cholenec, tells of her conversion, her baptism (1676), and her departure (1677) for the Christian town of Kahnawake near Montreal. The Lamberville text describes the pre-conversion Tekakwitha as a mild and well-behaved child who instinctively avoided all the temptations to sin inherent in a pagan environment. Adhesion to Catholicism brought Tekakwitha into conflict with other residents of her longhouse, though Lamberville mentions no violence or threats, only "mécontentements." When a party of visiting Catholic Iroquois offered to conduct her to Sault St Louis, she therefore agreed readily. Her uncle followed after to try to stop her, but was unable to find her. On this point as well, and in striking contrast to later texts, there is no hint of violence in Lamberville's account.

These early reports on Kateri, despite differences in emphasis and on points of detail, display some common tendencies. Tentatively, they all suggest that she was a Christian holy woman, but they point to signs of saintliness that accompanied and followed her death. Her lifetime and the ascetic and mystical practices that characterized her last three years on earth are depicted in almost anonymous terms, dissolved in the collective life of female devotion at Kahnawake. Anyone familiar with Iroquoian cultural traditions will recognize the indigenous antecedents of the "sisters'" practices of female friendship, sharing, fasting, and self-torture,[12] though of course the Jesuits chose always to depict these in the European language of Counter-Reformation piety.

AN INSPIRED DRAFT

The first full-length hagiography of Kateri Tekakwitha was written by Claude Chauchetière. This is a lumpy, ill-organized text, clearly a work-in-progress that was amended, recopied, and revised over the years.[13] Some internal references indicate that he wrote the *Vita* about 1685 on the basis of notes compiled shortly after Tekakwitha's death. On the other hand, there are references to events, described as recent, that occurred in 1695.[14] For two centuries it languished in manuscript form, unpublished but not unread. The author himself had a modest uncertainty about his own literary qualifications, and certainly his efforts to proclaim the sanctity of the Mohawk woman received little encouragement from his Jesuit colleagues and superiors. Among those who for many years threw cold water on Chauchetière's Tekakwitha fixation was an unnamed colleague at Kahnawake who may well have been Pierre Cholenec himself. Cholenec did not deny the possibility of saintly election, but as Kateri's confessor, he was inclined to caution, on the grounds that rumours of adultery and fornication spread by her detractors had never been fully put to rest. More generally, Chauchetière felt himself to be swimming against a powerful tide of scepticism among the French in Canada (Jesuits included!), "qui doutent quil y ait de la foy parmi les sauvages."[15]

Moved by "une semonce puissante et une inspiration tres forte," he nevertheless determined at last to "rompre le silence."[16] For this young mystic, subject as he was to fits of enthusiasm as well as to periods of black despair, witnessing the death of Kateri had been a pivotal personal event. His *Life* of Tekakwitha, as well as an autobiographical statement composed in middle age,[17] tells of his prayers to the departed Mohawk virgin and his restless efforts to try the healing power of objects associated with her on anyone afflicted in body or in spirit. Native, French, men, women, children, and livestock were all treated with the crucifix she wore or with earth from her grave. The cult that Chauchetière did so much to promote did indeed flourish and grow over the years, bringing hundreds of natives and French on pilgrimages to Kahnawake, and helping by their presence to enhance Kateri's reputation for holiness. Eventually, the Jesuit order would grant its belated blessing to the movement for recognition of her status as a saint, but when Claude was at work on his *Life*, this was far from a certain prospect.

From the start, then, Chauchetière's central challenge was to establish the veracity of his account. This is, of course, the problem facing any hagiographer: to make the incredible believable. Establishing credibility was no easy matter at this stage of the church's history, when the rigorous Bollandists were busy applying the most sophisticated techniques of hermeneutics to separate fact from fancy in long-accepted saintly legends.[18] And insofar as his story was addressed to Europeans, the missionary had to contend with the handicap that it came from America, an inferior continent known to be the source of outrageous tall tales. To make matters worse, Chauchetière was putting forward as a candidate for Christian veneration a "savage" Amerindian and a woman. It was a daunting triple challenge that the Jesuit faced, and he responded to it partly through an appeal to the authority of the witness.

Chauchetière's is, in the first instance, a work of personal testimony. For him, the essential fact about the holy woman was that miraculous effects followed her death, and he is quite open about his role in encouraging the sick to turn to Kateri for help. He proposed the cure and he verified the results. In other respects as well, the appeal to first-hand observation pervades this text: I saw, I inquired, I heard, I myself was moved by God. This rhetoric of experience and direct sense perception is not limited to saints' lives – Anthony Pagden, who coined the term "autoptic style" to describe it, sees the appeal to the authority of the observer as characteristic of European descriptions of the wonders of the New World[19] – but it is particularly suited to the depiction of marvels. The crucial sections of Father Claude's narrative that deal with post-mortem cures and apparitions are written very much in this vein.

Unfortunately for Chauchetière, however, he did not himself observe most of Tekakwitha's life on earth and consequently he had to rely on the testimony of others to a great extent. Out of this information, derived from direct and indirect observation, the missionary constructed a narrative that follows the tried and true techniques of hagiography. There is, first of all, the theme of adversity: the subject is portrayed not simply as good and pious, but as the victor in powerful struggles against temptation and evil. The devil naturally does his best to corrupt a holy life, and in the logic of hagiography, God himself also raises obstacles in order to test and prove the mettle of his chosen. Accordingly, the Jesuit follows the example of countless writers of saints' lives before him in playing up the various "trials" threatening Kateri's vocation. If the result is a more compelling and readable story, then so much the better for his purposes.

Like most female saints in the late medieval and early modern period, Tekakwitha is depicted as having to struggle mightily to avoid marriage and preserve her chastity. According to Chauchetière, before her conversion the girl's family subjected her to great pressure to marry and, when the direct approach failed, they tried to trick her. But it was all to no avail, so firm was her aversion to sex and matrimony. Even after she moved to Kahnawake and lived among Catholic natives, well-meaning friends tried to make her wed. Now, everything we know about Iroquoian respect for personal autonomy, especially in the areas of sex and marriage, suggests that the pressure exerted on Tekakwitha would not have gone beyond advice and gentle persuasion. Nonetheless, the author contrives to give the impression that the poor girl was like the hundreds of female saints in the European tradition who had to summon up heroic powers of resistance to overcome coercive parents determined to see their daughters properly matched.

Conflict was occasioned also by her conversion to Christianity. In her native town, and even within her own household, Kateri had to face the ferocious resentment of "pagan" Mohawks and their boundless hatred of the faith. Whereas the eye-witness Father Lamberville had the young convert merely suffering her housemates' "marks of displeasure," Chauchetière speaks of "persecution" and recounts a harrowing tale of a man raising a hatchet over her head and threatening to split her skull unless she renounced Catholicism. Echoes of classical saints' lives dating back to the grim days of pre-Constantine Rome are unmistakable.[20]

Oppression finally led Tekakwitha to quit the old Mohawk country and move to Kahnawake, and her "escape" is presented here, like the persecution that provoked it, in much more dramatic terms than

Lamberville's eyewitness report would seem to justify. Chauchetière has her wicked uncle – a leader of the anti-Christian faction – pursuing her with a loaded gun, determined to kill her and her companions if he could catch them. One would never guess from this narrative that migration from Gandaouague to Kahnawake was a mass phenomenon around this time (1677) and that it took place without violence. Iroquoian political life, as Daniel Richter has brilliantly demonstrated, was subject to recurrent factional strife and frequent schisms accompanied by out-migration of one party.[21] Disagreements, connected primarily to foreign policy issues, led one large element among the Mohawks to seek closer ties with the French, and to that end, they removed themselves to the Montreal region. Of course, none of this is apparent in the hagiography, where conflict is portrayed as strictly religious and focused on a specific individual.

Throughout her life, Tekakwitha also had to contend with assaults on her reputation, specifically malicious gossip calling her virginity into question. In this area, too, Chauchetière relies on stock elements from European hagiographic traditions. Where female saints are concerned, unstained sexual "purity" was a matter of obsessive concern to writers of *Vitae*. It was the holy woman's most precious attribute, but it was also a fragile possession, so difficult to prove in the eyes of humanity and so easy to question. Consequently the *Lives* of women saints often feature the theme of struggle to maintain self-respect and a sense of mission in the face of debilitating slander and moral abuse.[22] Chauchetière's story conforms to the pattern. Far from rushing past incidents that seemed to some to cast doubt on Kateri's sexual probity, the author dwells on them at length. In one case, her persecutors in "pagan" Gandaouague accused her of sleeping with her uncle, and in a later episode, this time in Christian company, she was found alone with a man in suspicious circumstances, which led to salacious gossip at Kahnawake. Chauchetière notes that even one of the Jesuit missionaries – most likely this was none other than Pierre Cholenec – began to harbour doubts as a result of these charges of fornication.[23] In Chauchetière's account, however, these incidents are transformed from grounds for uncertainty into additional signs of divine election. God had allowed this calumny in order to test Tekakwitha's faith and her patience; without a word of complaint, she eventually emerged victorious.

These sub-plots of trial and tribulation belong very much to the conventions of the hagiographic genre; they lend interest to the story of Kateri's life and make it comprehensible to a Catholic audience raised on the legends of the saints. What made Tekakwitha unique was the undeniable fact that she was an Indian, a "Sauvagesse" raised among savages in a wild land, and Europeans at this time did not normally see Amerindians as candidates for God's special favour. Chauchetière himself may well have been under the influence of a current in Christian mysticism that was inclined to exalt the "ignorant" innocent at the expense of the oversophisticated cleric, and he would therefore have been open to the possibility of a saintly Indian.[24] But if this was his attitude, it was certainly not one he could expect many of his readers to share. To convince a sceptical white audience, the author had to create a distinction between his subject's essential nature and her cultural and racial identity: to distinguish between the "real" Kateri and her Indianness.

He did this partly through a highly selective account that tended to ignore the Iroquoian antecedents of her ascetic practices and mysticism. Readers unfamiliar with the way of life of her people might easily gain the impression that her spiritual powers derived wholly from the teachings of the Jesuits in combination with her innate character. And why did Tekakwitha beat, starve, and freeze herself? Chauchetière explains: "Dans cet esprit de perfection qui transforme les hommes en anges elle considéra son corps non seulement comme une chose aussi méprisable que la boue Mais encore comme son ennemi." This is a completely conventional observation on ascetic practices among Catholic women in the late medieval and early modern period. So far, we remain in the realm of cliché, but the Jesuit continues: "... et l'opposition de la vie quelle avoit mener aux Iroquoys et de celle quelle voyoit qu'on menoit au sault, luy augmentoit la crainte de tomber dans les desordres de son pais et luy donnoit plus de courage pour continuer dans les pratiques quelle venoit d'entreprendre."[25] In this revealing passage, Kateri's inner self appears in violent opposition both to her own woman's body and to the sinful society of her birth. Thus, while implicitly denying that her penitential practices were in any positive sense a product of her native identity, the author insists that they in fact arose in reaction *against* that identity.

The hagiographer's Tekakwitha is a radically desocialized subject. At odds with her country of origin, she remains a strangely solitary figure, even in the godly environment of the Sault St Louis mission. Chauchetière insists that she was finally at home and in harmony with her surroundings when she settled at the Christian town, and yet he does his best to minimize her connections even with that community. His text cannot avoid referring to other Iroquois converts, and particularly to Kateri's close friend Marie-Thérèse, but there is little of the sense conveyed in the early reports outlined above of the saint's intimate association with the group of pious "sisters." Such an individualized framing of the subject is, of course, perfectly normal in hagiography, or in any sort of biography for that matter, though in this case it seems particularly emphatic. She was a girl, the reader is repeatedly told, who prized solitude and shunned company; mild and cheerful with companions, she remained admirably *detached* from the things of this world and, above all, from her own native culture.

THE OFFICIAL LIFE

Claude Chauchetière's motives in trying to promote a popular cult around Kateri Tekakwitha certainly had a "political" element. The Jesuits were under attack from Governor Frontenac and other secular and ecclesiastical authorities in the 1680s, and Chauchetière thought this example of spectacular missionary success would strengthen the image of the order.[26] However, his campaign was not part of a concerted Jesuit public relations offensive, as some have suggested.[27] On the contrary, the Jesuit establishment consistently discouraged the young missionary's zeal on behalf of his native saint. Only long after her death (and some time after Frontenac's death, for that matter), when the fame of Kateri's healing powers had spread far and wide, did the organization give its belated blessing to the movement and allow her story to be published. Claude was still alive and active in the Montreal-Kahnawake area at this time (the second decade of the eighteenth century), and one might think he would have been asked to revise his manuscript for public consumption. But instead of the enthusiastic true believer, the authorities chose the initially sceptical Pierre Cholenec as hagiographer-designate. Was Cholenec judged to be a superior stylist or, as Tekakwitha's confessor, a more authoritative witness? Or was he (as I suspect) seen as a more reliable spokesman for the Jesuit organization than Chauchetière? In the absence of direct evidence on this point, one can only speculate.

At any rate, Cholenec's account of the life of the Iroquois virgin first appeared in print in 1717 in the pages of the *Lettres édifiantes et curieuses*, a popular successor to the *Jesuit Relations* featuring reports from French Jesuit missionaries around the world.[28] Though presented in the form of a personal letter – the preferred pattern for communicating Jesuit exotica since the days of Francis-Xavier[29] – this article was in fact the carefully wrought product of successive drafts and revisions, involving consultation with the highest levels of the Society of Jesus. We have one long, undated manuscript in Cholenec's hand that may have constituted his first stab at the subject.[30] There is also a condensed version, in Latin, which was addressed in 1715 to Father Michelangelo Tamburini, the provost-general at Jesuit headquarters in Rome.[31] All indications are that changes were made, mostly of a stylistic nature, in Quebec, Paris, and Rome. The result of all the polishing was a highly readable saint's life with none of the ragged edges of Chauchetière's rambling text.

The "facts" of Tekakwitha's life and death as they appear in Cholenec's works are basically the same as those reported by Chauchetière, though on one point the two accounts differ glaringly. Cholenec states that the young woman took a solemn vow of celibacy, dedicating her virginity to Jesus and Mary like most good female saints. The putative vow looms large in Cholenec's writings, since he wishes to present Tekakwitha as "la première vierge Iroquoise" (this is indeed the title of his longest text), and by that he was alluding to something more than a simple abstention from sex. A chastity of fact, even combined with good intentions for the future, was all very well and good, but European Catholics would have expected something more heroic of female candidates for canonization. According to the hagiographer, what distinguished Tekakwitha from other chaste Indians was the solemn undertaking: "C'est d'avoir été la première de ce nouveau monde qui, par une particulière inspiration du St Esprit a voué sa virginité à Dieu, a embrassé cet état si parfait de soi et si sublime …"[32] Though he had once wondered whether Kateri was an adulteress, Cholenec was now prepared to proclaim her a consecrated virgin in the highest degree. Chauchetière, on the other hand, had stated that the young woman had *not* taken the vow of perpetual virginity. She wanted to, but her confessor Pierre Cholenec would not allow it![33] Once they had decided to go to the public with this spectacular mission success story, it seems, the Jesuits were determined to make it effective; there was no room on this point for Chauchetière's ingenuousness.

In several small ways, Cholenec and his editors seem to have tailored their narrative in line with European expectations about saints. The story of Kateri's childhood and of her incessant struggles to resist family pressures to marry reads very much like the lives of countless late-medieval women saints. Particularly striking are echoes recalling the girlhood of the great Italian mystic of the fourteenth century, Catherine of Siena, for whom Tekakwitha had been named at baptism and whose *Vita* as transmitted by the Jesuits had clearly helped inspire the Mohawk's ascetic devotions.[34] But the life as written as well as the life as lived felt the force of Catherine's example. All versions of Tekakwitha's *Life* mention the fact that, as a child, she had occasionally worn feminine "finery" and that this was the only stain in an otherwise blameless existence to which her sense of sin could attach itself. Catherine of Siena had had exactly the same cause for later atonement: an older sister had once talked her into wearing make-up and pretty clothes that would appeal to men. To make the identification with the Sienese saint complete, the final version of Cholenec's account includes a passage blaming her relatives for forcing Tekakwitha to stray in this small way from the path of chaste virtue.[35]

Other Europeans besides Catherine of Siena appear in the published text as important influences in the Mohawk's spiritual development. For example, when recounting the initial conversion of Tekakwitha, Cholenec attributes great power to the blood spilt in Iroquoia twenty years earlier by the Jesuit martyr Isaac Jogues.[36] (Jogues is nowhere to be found in earlier drafts by either hagiographer.) Later, he asserts that Kateri and her companions were inspired to take up an ascetic religious life after visiting a convent in Montreal, an influence Chauchetière makes no mention of. If the central question for both hagiographers is "How could a mere Indian be saintly?" then part of Cholenec's response is "Because she was under the influence of non-Indians."

In most respects, the different versions of the *Life* are not in contradiction. Not surprisingly, the two Jesuits shared a basically similar approach to their subject and both relied on familiar hagiographic styles and conventions. In Cholenec's hands, however, many of the rhetorical techniques of the genre are heightened. Themes of conflict, adversity, and danger appear more intense: the persecution of Tekakwitha in pagan Gandaouague seems more vicious, her "escape" to Kahnawake more perilous. All this was no doubt designed to improve the dramatic qualities of an article intended for a broad French readership, but it also has the effect of exaggerating the contrast – already quite stark in Chauchetière's work – between the evils of pagan Iroquoia and the perfection of the Catholic mission.

Space has moral and spiritual meaning in all the Jesuit *Vitae* of Tekakwitha. Michel de Certeau has observed that saints' *Lives* since ancient times tend to be organized around movement between a "bad" place and a "good" place: the subject experiences adversity in one locality – usually some version of a "desert" or wilderness – and glorification in the other.[37] Cholenec's Kateri conforms to this pattern to a striking degree. The move from the "abominable country" of her birth – "another Egypt" – to the "promised land" of Kahnawake is the primary spatial dynamic: "Il est aisé de conclure," observes the Jesuit, "que Catherine était là-haut comme dans une terre étrangère et que le pays des Irokois n'était rien moins que le sien, quoiqu'elle y ait pris naissance, puisqu'on n'y pense qu'à faire le mal et qu'elle n'était née que pour le bien. Au contraire, la terre du Sault semblait être son pays natal."[38]

A related spatial sub-theme centres on the polarity of the Christian village, with its surrounding corn fields on the one hand and the dark, threatening forest on the other. Most of the residents of the Sault mission went off on long hunting expeditions during the winter months, and the women in particular looked forward to this time in the forest because it offered a varied diet and relief from the routine duties of agriculture. But the hunt held no charm for Kateri: "Elle ne s'y plaisait pas, et l'on voyait assez à son air qu'elle était hors de son centre ... de sorte que si son corps était dans les bois, son âme était tout entière au Sault."[39] She did her best to live a regulated life of devotion in this disordered environment, and she even built herself a little private oratory where she prayed before a cross fashioned from sticks, creating a small patch of civilization in a wild land.

Raw nature versus cultivated *écoumène*; Iroquois country versus mission settlement; savagery versus Christian virtue. These closely related polarities are vividly in evidence through all the early accounts of Tekakwitha's story, whether by Claude Chauchetière or by Pierre Cholenec, and they form the fundamental background to the hagiographers' strategy. Only through a radical disaggregation of the Mohawk woman's identity could the Jesuits hope to convince a European audience of Kateri's holiness (and convince themselves as well; especially in Chauchetière's case, this is hardly a conscious rhetorical "strategy"). At the heart of the early *Vitae* lies the message that Tekakwitha was Indian, but only by accident: her nature was essentially a negation of Indianness.

We should not leave the two Jesuits on this sour note without attempting to do them fuller justice. Undeniably they demonize the unconverted "savage," but unlike more naive missionaries and European travellers, they do recognize basic and abiding cultural differences. More "liberal" writers such as Lescarbot and Lafitau have been praised for stressing the similarities between Amerindians and the "primitive" ancestors of modern Europeans, but they achieve this identity only by ignoring native history and by downplaying the cultural gap separating French and Iroquois cultures.[40] Chauchetière and Cholenec were painfully – not to mention intolerantly – aware of the distance separating the norms, outlook, and behaviour of the Iroquois from their own. And yet, they never accepted the gap as unbridgeable, nor did they attribute it, after the manner of racists of later centuries, to any inherent biological defects of Indian nature. The mediating figure of Kateri constituted proof that, through God's grace, the barrier of cultural incommensurability could be overcome: the savage could become saint.

A SAINT FOR MODERN TIMES

Pierre Cholenec's published *Life* of Tekakwitha proved to be an instant success. Widely read in France, it was soon translated into Spanish and published in Mexico City (1724); German, Italian, and other versions followed, most of them products of the Jesuits' international network.[41] Over the course of the eighteenth and nineteenth centuries, a succession of European authors took up Cholenec's story and adapted it to current needs. Meanwhile, a steady stream of aboriginal and French-Canadian pilgrims continued to visit the grave of the Mohawk holy woman.

This situation prevailed until the late nineteenth century, when concerted efforts aimed at securing Tekakwitha's canonization began in earnest. What followed was an explosive proliferation of hagiographic materials as an Americanized version of the Kateri industry took flight. It began with the United States Council of Catholic Bishops and its search for a genuine American saint. By virtue of her New York state birthplace, Tekakwitha seemed a likely candidate, and the Third Plenary Council of 1884 accordingly petitioned the Holy See to introduce her cause.[42] In an age of nationalism, this figure who had once been seen as a spiritual exile in the pagan land of her birth now became, for American Catholics, "our Katherine." Such an appropriation naturally provoked a nationalist reaction on the part of the French-Canadian church, which began its own campaign to stimulate the Tekakwitha cult and to promote the cause of her canonization. Soon there were two major shrines devoted to her memory, one at Auriesville, New York, near her birthplace, and one at Kahnawake, where her body was interred. Moreover, there were two parallel vice-postulators orchestrating the canonization campaign, one in the United States and one in Quebec. The Jesuits were still involved, though their efforts were almost overwhelmed by the larger campaigns of the national ecclesiastical establishments and the various lay and clerical writers caught up in the enthusiasm.

Since the 1880s and down to the present day, books, pamphlets, paintings, sculpture, films, and broadcasts have proliferated at an amazing rate. Much of this material is strictly kitsch and most texts tend to feed off one another, with each author adding a personal touch: imagined dialogue, homely moral lessons, and so on. The more sophisticated accounts are based on thorough research into the surviving documents, including Chauchetière's manuscript and the final Cholenec text, the latter being the sole source for hagiographies published in the eighteenth century and the first half of the nineteenth.

In important respects, modern writings by white Catholics on Tekakwitha remain tributary to Cholenec and Chauchetière for their interpretations as well as their data. For example, Cholenec's last-minute insertions of European influences – the blood of the martyr Jogues, the example of the hospital nuns – continue to be emphasized. There are significant departures, however. In many modern versions of the *Life*, Tekakwitha's mortification of the flesh is toned down, and her less heroic virtues – her obedience, helpfulness, and cheerful disposition, everything that made her a "good girl" – are played up. Twentieth-century accounts also tend to ignore the miraculous cures wrought by the saint after her death and which occupy such a prominent place in the early hagiographic manuscripts. Shifts in emphasis on this order could be catalogued ad infinitum if one wished to make the effort, but I expect the results would be thoroughly unsurprising. It might be more interesting to consider the ways in which modern hagiographers have dealt with the issue of Tekakwitha's native identity.

Some have, as far as possible, ignored it. A short book, published by a Jesuit vice-postulator in 1967, presents Kateri mainly as the embodiment of a series of abstract moral and religious virtues.[43] This is a work about charity, apostolic poverty, obedience, penitence, and so on, one in which incidents from the Tekakwitha story appear, along with passages on Job, St Theresa of Avila, and Max Jacob, primarily as illustrative matter. The fact that she lived in a particular historical period and belonged to a specific ethnic group plays no great part in this account, and consequently, the tension between her "savagery" and her saintly status – so central to the original Jesuit *Lives* – is hardly to be found here. Otherness is no longer a problem, since the savage has been so thoroughly processed, digested, and assimilated that little trace remains of her Indian identity.

Some of the modern works on Tekakwitha, on the other hand, do make much of her "Indianness." Particularly items published in Europe tend to display a fascination with native North America, but this preoccupation is far removed from the seventeenth-century Jesuit fixation on savagery. Far from constituting a problem, Kateri's native identity is treated as a colourful exotic touch that adds interest to an inspiring story of spiritual uplift. References to uncultivated nature abound: the rushing streams, the lonely forest, the call of the loon. And natural man is present too: brave warriors with evocative names such as The Eagle, The Fox.[44] Illustrations generally emphasize the young woman's dark complexion, as Claude Chauchetière's oil portrait, the one surviving depiction by someone who actually saw Tekakwitha, does not.[45] Moreover, she is usually outfitted in fringed buckskin and feathers, and always, always she appears in a sylvan setting (the background of Chauchetière's portrait is cleared land, with a church as its most prominent feature). One Italian *Life* of Kateri includes tourist scenes of uninhabited Canadian wilderness featuring waterfalls and birch groves; there is also a handsome portrait of "un guerriero pellirossa" in what appears to be the costume of a Sioux of the late nineteenth century![46]

By the twentieth century, the opposition between holiness and savagery, an opposition that had provided the basic tension in Chauchetière's and Cholenec's *Lives*, had largely evaporated. A biological racism that depicts aboriginal people as inherently childlike – an attitude at some distance from the early Jesuits' assumptions about cultural hierarchy – surfaces in some modern works.[47] Yet Amerindian culture is seldom demonized in the way it was in the seventeenth century. Obviously, this reflects the objective fact that pagan Iroquoia no longer constituted a threat to Christian French Canada. Instead of the fear-inspired vision of Indian repulsiveness, we now have a benign, but basically contemptuous image of the quaint, thoroughly defeated Indian. At work as well was a transformation in Euro-American conceptions of nature and of uncivilized natural man in the wake of the Enlightenment and the Romantic movement.[48] After Rousseau and Diderot, even pious Catholics would not necessarily assume that spiritual perfection and Amerindian identity were incompatible.

And so the parts of Tekakwitha come together again, after a fashion. Contemporary hagiography presents her as a saint and as a savage, but without insisting that these two aspects were locked in mortal combat. She emerges as an Indian once more, but her Indianness is so generic, so vaguely delineated and ethnographically confused as to bear little relation to Mohawk culture of the seventeenth century. Chauchetière and Cholenec were well acquainted with Iroquois *moeurs et coutumes*, and they realized how fundamentally these differed from all that European Catholicism stood for. Their successors simply failed to take Iroquois distinctiveness seriously, and consequently their reassembled Tekakwitha was built from the wrong parts. A holy woman torn from her native context in the seventeenth century, she was put back together in the twentieth as a personification of Catholic virtue joined to a sentimentalized Indian identity.

POSTSCRIPT

Throughout this paper, the focus has been on "white" versions of the Kateri legend, but all indications are that aboriginal people, at Kahnawake and elsewhere, have had their own interpretation, and it has no doubt evolved over the course of three centuries. Unfortunately, the sources available to me give little more than tantalizing hints as to how that story was constructed in times past. Recently, however, an organized "Kateri Movement" has emerged to revitalize and promote an aboriginal version of Catholicism.[49] This is a pan-Indian movement with adherents throughout North America, and in its literature, Tekakwitha is presented as an inspired teacher who managed to synthesize native spirituality and Christianity. Unlike white followers of the Kateri cult, who tend to want personal "favours" from the saint (bodily health, marital harmony, career success),[50] members of the Kateri Movement seem more interested in finding ways to reconcile their own native identity with their Catholic faith. In this quest, they find Tekakwitha a helpful symbol.

At Kahnawake itself, where the real Tekakwitha came into her own and where her remains still lie buried, she is remembered in different ways. Some Mohawk residents pray for her canonization in the parish church and appear to regard her as a sort of local patron saint. Others regard her as a cultural traitor who collaborated with the European invasion of the Americas.[51] I discovered a third attitude during a recent visit to the community. I asked one woman, educated in convent schools as a child but active in the Mohawk drive for sovereignty in later life, about her views on Tekakwitha. In reply, she spoke of the Jesuit missions of the seventeenth century, of the later efforts of nuns and priests to shape the behaviour and attitudes of Indian children, but she had nothing to say about Kateri herself. Quite clearly, for this modern Mohawk, Kateri Tekakwitha had little or no concrete historical reality; the implication is that her story could not be separated from the Euro-Canadian missionary enterprise that had created, repeated, and transformed that story. Perhaps this Mohawk woman should have the last word.

NOTES

1 Henri Béchard, "Tekakwitha, Kateri," in *Dictionary of Canadian Biography* (Toronto: University of Toronto Press, 1966–), 1:635–6; Normand Clermont, "Catherine Tekakwitha: 1656–1680," *Culture* 7 (1987): 47–53; K.I. Koppedrayer, "The Making of the First Iroquois Virgin: Early Jesuit Biographies of the Blessed Kateri Tekakwitha," *Ethnohistory* 40, no. 2 (spring 1993): 277–306; Nancy Shoemaker, "Kateri Tekakwitha's Tortuous Path to Sainthood," in Nancy Shoemaker, ed., *Negotiators of Change: Historical Perspectives on Native American Women* (New York: Routledge, 1995), 49–71. In addition to her treatment in these studies, Tekakwitha is mentioned in passing in several influential works, including James Axtell,

The Invasion Within: The Contest of Cultures in Colonial North America (New York: Oxford University Press, 1985), 118; Natalie Z. Davis, "Iroquois Women, European Women," in Margo Hendricks and Patricia Parker, eds, *Women, 'Race,' and Writing in the Early Modern Period* (London: Routledge, 1994), 256; John Demos, *The Unredeemed Captive: A Family Story from Early America* (New York: Random House, 1994), 128–30.

2 See *The Positio of the Historical Section of the Sacred Congregation of Rites on the Introduction of the Cause for Beatification and Canonization and on the Virtues of the Servant of God, Katharine Tekakwitha, The Lily of the Mohawks* (New York: Fordham University Press, 1940). The Vatican Archives undoubtedly contain additional materials of interest, but because Tekakwitha's canonization cause was only instituted in the 1930s, these would be in a modern section of the archives that would not be open to researchers.

3 Hippolyte DeleHaye, *The Legends of the Saints: An Introduction to Hagiography*, trans. V.M. Crawford (London: G. Chapman, 1962), 2. See also Richard Kieckhefer, "Imitators of Christ: Sainthood in the Christian Tradition," in Richard Kieckheifer and George Bond, eds, *Sainthood: Its Manifestations in World Religions* (Berkeley: University of California Press, 1988), 1–42.

4 An early eighteenth-century hagiography manuscript quotes from a letter of introduction supposedly written in 1677 by Jacques de Lamberville. It refers to Tekakwitha as a "treasure" but provides little concrete information. *Positio*, 69.

5 "Extraict d'une autre lettre du pere Chonelec [*sic*] sur le mesme suiet et la mort d'une ste fille, escritte le premier jour de may 1680." This manuscript purports to be a copy of part of a letter by Pierre Cholenec on 1 May 1680. Archives du Séminaire de Québec, manuscrits 374, "Des Missions Iroquoises en l'année 1676 [*sic*]." Henri Béchard published the text as an appendix to *L'héroique indienne Kateri Tekakwitha* (Montreal: Fides, 1967), 189–94. The original letter has never been located.

6 "Lettre du P. Claude Chauchetière touchant la mission des Iroquois du Sault St. François Xavier proche Montréal," 14 October 1682. The "original" of this document, actually a more or less contemporary transcription, is in the Archives françaises de la Compagnie de Jésus (Vanves), Fonds Brotier, vol. 162, fol. 148–50. A nineteenth-century manuscript copy held in the Canadian archives of the Jesuit order was published, along with an English translation, by Reuben Thwaites in his great edition of the *Jesuit Relations*. Archives de la Société de Jésus, province du Canada français (hereafter ASJCF), Fonds Rochemonteix, no. 4023; Reuben G. Thwaites, ed., *The Jesuit Relations and Allied Documents* (hereafter *JR*). 73 vols (Cleveland: Burrows, 1896–1900), 62:166–89.

7 ASJCF, no. 390, "Notes autobiographiques du P. Claude Chauchetière," 7 August 1694.

8 Claude Chauchetière, "Narration de la Mission du Sault depuis sa fondation jusqu'en 1686," ed. Hélène Avisseau (Bordeaux: Archives départementales de la Gironde, 1984). The original manuscript, with Chauchetière's own illustrations, is in the AD, Gironde.

9 Chauchetière, "Narration," 47.

10 Ibid., 42.

11 "Abbrégé de la vie de Catherine Tegaskouita, chrétienne Iroquoise décédée en la même mission du Sault de St. Franc. Xavier le 17 avril 1680." The (apparent) original is in the Archives françaises de la Compagnie de Jésus (Vanves), Fonds Brotier, vol. 162, fol. 150v–154. A nineteenth-century copy can be found in ASJCF, 4023, Fonds Rochemonteix, fol. 135–50. See also the English translation published in *Positio*, 78–90.

12 Several authors have made this point in relation to Tekakwitha and her colleagues. See Clermont, "Catherine Tekakwitha: 1656–1680"; David Blanchard, "... To the Other Side of the Sky: Catholicism at Kahnawake, 1667–1700," *Anthropologica* 24 (1982): 77–102; Daniel K. Richter, "Iroquois versus Iroquois: Jesuit Mission and Christianity in Village Politics, 1642–1686," *Ethnohistory* 32 (1985): 1–16; Koppedrayer, "The Making of the First Iroquois Virgin"; and Shoemaker, "Kateri Tekakwitha's Tortuous Path to Sainthood."

The bibliography on relevant aspects of Iroquois culture is rich and immense. Highlights include J-F. Lafitau, *Customs of the American Indians Compared with the Customs of Primitive Times*, ed. W.N. Fenton and E.L. Moore (Toronto: Champlain Society, 1974–77); A.C. Parker, *Parker on the Iroquois*, ed. William Fenton (Syracuse, NY: Syracuse University Press, 1968); Daniel Richter, *The Ordeal of the Longhouse: The Peoples of the Iroquois League in the Era of European Colonization* (Chapel Hill: University of North Carolina Press, 1992); Dean R. Snow, *The Iroquois* (Oxford: Blackwell, 1994); Bruce Trigger, ed., *Handbook of North American Indians*, Vol. 15: *Northeast* (Washington: Smithsonian Institute, 1978), *passim*; Anthony F.C. Wallace, *The Death and Rebirth of the Seneca* (New York: Random House, 1969); Matthew Dennis, *Cultivating the Landscape of Peace: Iroquois-European Encounters in Seventeenth-Century America* (Ithaca: Cornell University Press, 1993).

13 Claude Chauchetière, "La Vie de la B. Catherine Tegakouita, dite à présent La Saincte Sauvagesse." The original manuscript is in ASJCF, no. 343. It was published only in the nineteenth century; an English translation was later published as part of the *Positio*. *La Vie de la B. Catherine Tegakouita dite à présent la Saincte Sauvagesse par le R.P. Claude Chauchetière pretre missionnaire de la Compagnie de Jésus* (Manate, Presse Cramoisy, 1887); *Positio*, 111–211.

14 *Positio*, 112. Copies of various earlier versions circulated among Jesuits in Canada, France, and the West Indies. (It should be noted that, outside the

official channels of communication and control, the Jesuits maintained a decentralized postal network that exchanged texts in ways that anticipate the Internet three hundred years before the fact.)

15 Chauchetière, "La Vie," 2.

16 Ibid., 1–2.

17 ASJCF, no. 390, "Lettre du P. Claude Chauchetière à son frère," 7 August 1694. (This is a nineteenth-century manuscript copy. The original has not been located.)

18 DeleHaye, *The Legends of the Saints.*

19 Anthony Pagden, *European Encounters with the New World from Renaissance to Romanticism* (New Haven: Yale University Press, 1993), 51–87. See also Rolena Adorno, "The Discursive Encounter of Spain and America: The Authority of Eyewitness Testimony in the Writing of History," *William and Mary Quarterly*, 3d series, 49 (April 1992): 210–28.

20 See Jacobus de Voragine, *The Golden Legend: Readings on the Saints*, trans. W.G. Ryan, 2 vols (Princeton: Princeton University Press, 1993); and Robin Lane Fox, *Pagans and Christians in the Mediterranean World from the Second Century AD to the Conversion of Constantine* (London: Penguin, 1988), 419–92.

21 Richter, "Iroquois versus Iroquois."

22 Donald Weinstein and Rudolph Bell, *Saints and Society: The Worlds of Western Christiandom, 1000–1700* (Chicago: University of Chicago Press, 1982), 88.

23 Chauchetière, "La Vie," 106.

24 Michel de Certeau, *La fable mystique: XVIe–XVIIe siècle* (Paris: Gallimard, 1982), 43–4.

25 Chauchetière, "La Vie," 76–7.

26 Ibid., 3.

27 Koppedrayer, "The Making of the First Iroquois Virgin," 292–4.

28 "Lettre du Père Cholenec … au Père Augustin LeBlanc … le 27 août 1715," *Lettres édifiantes et curieuses écrites des missions étrangères*, 30 vols (Paris: N. Leclerc, 1708–71), 12 (1717): 119–211.

29 John Correia-Afonso, *Jesuit Letters and Indian History* (Bombay: Indian Historical Research Institute, 1955).

30 "La vie de Catherine Tegakouita, première vierge Iroquoise." The original manuscript is at the archives of the Hôtel-Dieu de Québec. I consulted a photocopy held at the ASJCF (no. 345). This document is available in an imperfect English translation in *Positio*, 241–335. The date of this document is open to question. The editors of the *Positio*, anxious to minimize the lapse of time (and therefore the fading of memories) between the subject's death and the composition of the hagiography, argue that it was written in 1696. Their case rests on the fact that the latest datable event mentioned in the text occurred in that year (*Positio*, 240). Obviously, it

could not have been written earlier than 1696, but it may well have been written much later. The nineteenth-century Jesuit archivist Félix Martin indicates in a note attached to the manuscript version at the ASJCF that Cholenec revised and corrected the text in collaboration with Father François LeBrun, and LeBrun, we know, did not arrive in Canada until 1707. My conclusion is that this draft hagiography is closer in time to Cholenec's published "Lettre" (1715–17) than to Chauchetière's manuscript *Vita* (1685–95).

Of course, this was not Cholenec's first statement on the subject; as we saw above, he already referred briefly to her saintly qualities in the early 1680s.

31 "Catharina Tegakouita inter Canadenses Iroquos Prima virginitatem voti religione consecratam palam professa," ASJCF, no. 829.3. See also *Positio*, 383–408.

32 Cholenec, "Vie de Catherine Tegakouita," 49–50.

33 Cholenec, "Lettre," 81; and Chauchetière, "La vie," 126.

34 Shoemaker, "Kateri Tekakwitha's Tortuous Path," 55. Cf., Raymond of Capua, *The Life of St. Catherine of Siena*, trans. G. Lamb (London, 1960); Maisie Ward, *Saint Catherine of Siena* (London and NY: Sheed and Ward, 1950); and *I, Catherine: Selected Writings of St Catherine of Siena*, ed. and trans. Kenelm Foster and Mary John Ronayne (London: Collins, 1980).

35 Cholenec, "Lettre," 41–2; and Raymond of Capua, *Life of St. Catherine of Siena*, 37.

36 Cholenec, "Lettre," 43.

37 Michel de Certeau, "Hagiographie," in *Encyclopaedia Universalis* (Paris, 1985), 9:72.

38 Cholenec, "La vie," 7.

39 Ibid., 22.

40 Pagden, *European Encounters with the New World*, 148–9.

41 *La Gracia Triunfante en la Vida de Catharina Tegakovita* (Mexico: Joseph Bernardo de Hogal, 1724). Other early works are listed in Carlos Sommervogel et al., *Bibliothèque de la Compagnie de Jésus*, 12 vols (Paris and Louvain, 1890–1960); and Edward-Xavier Evans, "The Literature Relative to Kateri Tekakwitha, the Lily of the Mohawks, 1656–1680," *Bulletin des recherches historiques* 46 (July 1940): 193–209, (August 1940): 241–55.

42 Justin C. Steurer, "The Impact of Katherine Tekakwitha on American Spiritual Life" (PhD dissertation, Catholic University of America, 1957), chap. 5.

43 Henri Béchard, *L'héroïque Indienne Kateri Tekakwitha* (Montreal: Fides, 1967). A similar approach can be found in Pierre Théorêt, *Kateri, 1656–1680: vierge Iroquoise* (Lyon and Paris: Emmanuel Vitte, 1960).

44 Juliette Lavergne, *La vie gracieuse de Catherine Tekakwitha* (Montreal: Editions Albert Lévesque, 1934).

45 The original hangs in the parish rectory at Kahnawake. A black and white reproduction can be found in Denis Martin, *Portraits des héros de la Nouvelle-France: images d'un culte historique* (Montreal: Hurtubise, 1988), 51. Cf. ibid., p. 53, illus. 36.

46 Fernando Bea, *Caterina Tekakwitha, prima Vergine Irochese* (Torino: Marietti, 1962).

47 See, for example, Robert Rumilly, *Kateri Tekakwitha: le lys de la Mohawk, la fleur du Saint Laurent* (Paris: Bouasse Jeune, 1934).

48 See Gilbert Chinard, *L'Amérique et le rêve exotique dans la littérature française au XVIIe et au XVIIIe siècle* (Paris: E. Droz, 1934).

49 Sister Eva Solomon is a central figure in the Kateri Movement. Her views are set out clearly in her keynote address to the 1991 Tekakwitha Conference, "Gathered in Unity and Love through Blessed Kateri" (typescript kindly supplied by the author).

50 As revealed in the quarterly magazine, *Kateri*, published at Kahnawake by the vice-postulator of the cause.

51 Koppedrayer, "The Making of the First Iroquois Virgin," 278.

7 Le Pérou éphémère : termes d'échange et éclatement du commerce franco-amérindien, 1645–1670[1]

THOMAS WIEN

« Une aventure spéculative de type quasi médiéval », c'est ainsi que Louise Dechêne décrit, au terme d'une analyse d'une profondeur inédite, le commerce canadien des fourrures sous le règne de Louis XIV.[2] Vers la fin du XVIIe siècle, l'étape de ce circuit marchand qui renvoie le plus à d'autres temps et d'autres lieux se déroule sur les cours d'eau reliant Montréal et la région des Grands Lacs. Comme autant de caravanes, des flottilles de canots français transportent leurs précieuses cargaisons – pelleteries, marchandises, nouvelles, influences – à travers une zone qui échappe encore à l'autorité de l'État.[3]

Mais ne nous trompons pas de continent. L'ancêtre immédiat de ce système d'échanges est le commerce, fort ancien, des peuples autochtones d'Amérique du Nord-Est.[4] À partir de la fin du XVIe siècle, l'expansion du marché européen des fourrures (et du castor surtout) favorise un commerce plus soutenu entre les nations amérindiennes et les Français qui se rencontrent déjà sur les rives du golfe du Saint-Laurent.[5] Il reste qu'en 1660 encore, soit un bon demi-siècle après les débuts de la colonisation du Canada, les autochtones ont toujours la haute main sur le commerce de l'intérieur. Ce sont les « Outaouais »[6], successeurs des Hurons en tant que partenaires les plus importants des Français, qui assurent – selon le bon plaisir des Iroquois, bien entendu – la principale liaison entre la colonie et le Pays d'en haut. À leur tour, ils approvisionnent leurs voisins en outils, draps et parures, sinon en armes obtenus au Canada.[7] Si des Français accompagnent parfois les Outaouais sur la rivière qui porte leur nom, l'essentiel des échanges franco-amérindiens se fait encore à Montréal, à Trois-Rivières ou, avec la participation d'autres groupes d'autochtones, ailleurs dans la colonie.

Dès 1666–1667, une fois que les Iroquois consentent à suspendre les hostilités, s'amorce cependant une substitution lourde de conséquences, sur la rivière des Outaouais surtout : qu'ils soient nés dans la colonie ou arrivés depuis peu, des Français supplantent graduellement les commerçants amérindiens. S'étendant sur un tiers de siècle et procédant par à-coups, le mouvement est malgré tout irréversible. En dépit de l'opposition parfois sincère des autorités, le commerce canadien des fourrures éclate pour de bon.[8]

En tant qu'étape dans l'ouverture du pays amérindien aux gens de souche européenne, le changement annonce bien sûr des substitutions d'une portée bien plus vaste que celle, commerciale, qui nous intéresse ici. Mais même dans l'immédiat, les deux parties franchissent une nouvelle étape dans leurs relations ambiguës. D'abord, en changeant d'intermédiaires, le commerce semble pour ainsi dire traverser un miroir. La possibilité de vendre quelques articles aux autochtones descendus d'« en haut » échappe à la plupart des habitants de la partie occidentale de la colonie. En revanche, des tribus entières de l'intérieur, hommes et femmes, entrent peu à peu directement en contact avec les commerçants français. Ce rapprochement en favorise d'autres : l'alliance diplomatique est renforcée et une population métissée voit le jour sur les rives des Grands Lacs. En même temps, des affrontements violents, fruit de tensions et de rivalités de toutes sortes, accompagnent çà et là les transactions.[9]

Pourquoi les échanges franco-amérindiens font-ils ce saut vers l'Ouest? « C'étoit un Pérou pour eux », écrit Bacqueville de La Potherie au sujet des Français qui, comme son principal informateur Nicolas Perrot, firent le voyage des Grands Lacs au lendemain de la paix de 1666–1667.[10] C'est contre cet horizon de gains faramineux que les historiens situent habituellement la ruée vers l'intérieur des Français. Ces dernières années, ces historiens ont aussi travaillé à dégager la conjoncture complexe qui, vers la fin des années 1660, rend ce mouvement à la fois possible et nécessaire. Nous y reviendrons. Mais en privilégiant des changements au pays amérindien comme en Europe, ces analyses passent assez rapidement sur l'évolution antérieure, dans la colonie même, des conditions d'échange entre Français et autochtones.

Or, ce marché interculturel est le point de départ des commerçants français qui se dirigent vers l'Ouest. Pourquoi ne serait-il pas aussi le nôtre? Procéder ainsi, c'est prendre en quelque sorte le contre-pied de l'observation de La Potherie : c'est se demander pourquoi, dans les années 1660, le marché colonial soutenait si mal la comparaison avec le Pérou des Grands Lacs. La principale raison, nous semble-t-il, est que le commerce des marchandises y prend la forme d'un affrontement inégal; seulement l'offre française est appelée à augmenter dans la foulée de la libéralisation du commerce au Canada, alors que la demande des Amérindiens demeure chancelante et limitée. Dès le milieu du XVIIe siècle, ce déséquilibre fait évoluer les termes d'échange au détriment des Français, incitant certains d'entre eux à imiter, à la longue, les Outaouais – comme si le Pérou de l'Ouest ne se mettait à briller que lorsque celui du Canada avait perdu de son éclat.

LE PROBLÈME

À vrai dire, les historiens ne se sont pas beaucoup interrogés au sujet de l'éparpillement des échanges franco-amérindiens. Pendant longtemps, le phénomène semblait se passer d'explication. L'intérieur du continent n'attirait-il pas nécessairement, aimanté comme il l'était par l'urgence de l'édification du pays transcontinental?[11] Ou, tout au moins, c'était l'affinité naturelle entre Français et autochtones, célébrée et dénoncée en alternance par l'histoire-épopée, qui rendait inéluctables des retrouvailles dans l'Ouest.[12]

Cette force d'attraction du pays indien est encore présente dans l'explication qu'avait esquissée Harold A. Innis en 1930, mais elle revêt des traits plus économiques.[13] C'était par souci de rejoindre les peuples de l'intérieur riches en castors que les Français se seraient échappés de la colonie. Pour ce faire, il leur fallait évincer des intermédiaires amérindiens qui approvisionnaient jusque-là ces nations. Âpres au gain, ces commerçants s'effaceraient pourtant assez vite. Chez Innis, le remplacement des Outaouais est programmé d'avance, ne serait-ce que pour permettre aux Français d'en découdre avec les rivaux anglais établis à Albany ou sur la baie d'Hudson. Il ressemble en quelque sorte à une prise de contrôle d'un réseau de distribution.

Sceptiques devant tant de fatalité, d'autres historiens ont cherché depuis à rendre au changement son caractère contingent. C'est sans doute l'analyse du comportement des intermédiaires autochtones qui illustre le mieux cette tendance. Forte de son regard particulier, mais aussi de parallèles stimulants entre ce commerce et celui, mieux documenté, des postes de la baie d'Hudson,[14] l'ethnohistoire a fait apparaître sous un jour moins paradoxal l'effacement de ces commerçants assez particuliers devant l'avancée des coureurs de bois.

Malgré les divergences entre les auteurs, les autochtones qui émergent de ces analyses ont ceci en commun : leur vocation commerciale répond à tout un écheveau de stratégies. Ce ne sont pas des inconditionnels du commerce d'intermédiaires. S'ils se montrent néanmoins des commerçants redoutables, c'est précisément à cause de leur tendance à subordonner la participation à ces échanges à des considérations plus générales. L'intensité de leur activité commerciale est déterminée d'abord et avant tout par leurs propres besoins en produits européens.[15] Susceptibles de croître à la longue, ces besoins s'inscrivent dans l'immédiat à l'intérieur d'étroites limites : un mode de vie réfractaire à l'encombrement, une façon très sélective d'intégrer les nouveaux produits à leur culture matérielle, une tendance à préférer des économies d'efforts à des objets jugés inutiles, tout concourt pour restreindre la demande des marchandises.[16]

Loin de faire sauter ces limites, le commerce de produits européens que les autochtones entretiennent avec d'autres groupes amérindiens favorise justement de telles économies en leur permettant d'obtenir du castor relativement bon marché. Les autochtones ne voient sans doute pas l'intérêt d'augmenter de beaucoup le volume de ce commerce, prolongement d'habitudes parfois séculaires de voisinage. Leurs livraisons de castor à la colonie répondent à une logique analogue : ils n'ont aucun intérêt à les augmenter une fois leur quota de marchandises atteint. S'ils se montrent à l'affût d'aubaines dans leurs échanges avec les Français et réticents à accepter des hausses de prix, c'est que cette flexibilité à sens unique leur permet de réaliser une économie supplémentaire d'efforts, de s'approvisionner en marchandises, à moyen terme, avec encore moins de castor qu'auparavant. D'où leur réputation auprès des Français de commerçants aguerris. Rien n'indique toutefois que lorsque des Européens, gens qui obéissent à une autre logique, pénétreront cet espace commercial, beaucoup de commerçants autochtones trouveront que le jeu en vaut encore la chandelle.

En ce qui a trait plus particulièrement aux Outaouais, les auteurs de travaux récents vont jusqu'à suggérer que les membres de cette nation ont cédé volontiers leur monopole aux Français; ils auraient voulu « s'épargner la peine de faire de si grands voyages » et profiter bientôt des avantages stratégiques de la présence d'un poste français à Michillimakinac, au cœur de leur pays.[17] Tout en se proposant de surveiller de près, sécurité oblige, l'accès de leurs voisins aux armes à feu, ont-ils prévu toute l'ampleur que prendrait le commerce des nouveaux venus?[18] Quoi qu'il en soit, c'est en alliés privilégiés qu'ils auraient accueilli les Français chez eux.[19] Mais la véritable invitation à remonter les rivières n'émane-t-elle pas des limites inhérentes du commerce des Outaouais? Finalement, ce sont ces commerçants exigeants qui ont créé le Pérou de l'intérieur – en le sous-alimentant, pour des raisons bien à eux, en marchandises.

Encore faut-il qu'il y ait des candidats pour se lancer dans cette conquête commerciale. Nous rejoignons là une histoire plus critique de la population coloniale qui, notamment en faisant un sort aux affinités électives franco-amérindiennes, a problématisé davantage le mouvement. Du coup, rendre visite aux nations de l'intérieur est devenu moins évident : le voyage vers les Grands Lacs est périlleux et ardu, même pour ceux qui sont arrivés depuis longtemps au Canada.[20] Sous d'autres cieux, la Hudson's Bay Company, qui, à partir de 1670, occupe une position en marge du pays des Grands Lacs analogue à celle du Canada, met plus de cent ans avant de tenter une percée notable à l'intérieur.

Pourquoi ce décalage? Une partie de la réponse se trouve sûrement en Europe. Dès 1664, la dégringolade du prix français du castor, qui ne peut que comprimer les marges de profits des commerçants de la colonie, a dû faire lorgner plus d'un vers l'Ouest.[21] Au XVIIIe siècle, la compagnie anglaise bénéficie de conditions moins difficiles à ce chapitre, car elle profite d'une hausse des prix européens des fourrures.[22] Une autre partie de l'explication réside à l'intérieur des terres : au XVIIIe siècle, les échanges sont sans doute moins avantageux dans une zone parsemée de postes canadiens qu'en 1650, à une époque où elle était approvisionnée parcimonieusement en marchandises par les seuls Outaouais. La Hudson's Bay Company a dû réfléchir à deux fois avant d'aller affronter les Montréalais sur ce terrain.

Mais un autre facteur sans doute plus fondamental encore est à l'œuvre. Comme plus tôt pour le Canada, les comptoirs de la compagnie anglaise subissent le blocus commercial des Canadiens dont les postes sont établis sur les rivières menant à la baie d'Hudson. Ce blocus est de plus en plus efficace au XVIIIe siècle, de sorte que c'est une compagnie menacée d'asphyxie qui, à partir de 1774, se mettra à construire un réseau de postes à l'intérieur. Au Canada, l'obstruction des Iroquois est elle aussi redoutable à ses heures mais, à l'encontre de l'obstruction des Canadiens, elle est passagère.[23] Dès 1665 et a fortiori à la faveur de la paix de 1666–1667, les Outaouais descendent nombreux dans la colonie s'approvisionner en marchandises. Ils apportent beaucoup de castor à la foire de Montréal qui vit un âge d'or pendant quelques années.[24] Au moment où débute la substitution d'intermédiaires, la colonie n'est pas à court de castors, au contraire.

Et pourtant, le mouvement qui minera ce marché apparemment florissant s'est déjà mis en branle. Pourquoi? Regardons de plus près la foire de Montréal vers 1665, juste avant l'éclatement qui nous intéresse. Deux phénomènes frappent l'observateur. D'une part, fidèles à leurs habitudes, les Outaouais s'offusquent lorsque certains marchands français tentent de profiter de l'abondance du castor pour donner moins de produits européens par peau.[25] D'autre part, les Français se bousculent autour de la foire afin d'avoir accès à la clientèle amérindienne.[26] La rigidité des partenaires autochtones ressemble à celle des intermédiaires qui fréquentent les postes de la baie d'Hudson, mais la concurrence interne, elle, n'a pas d'équivalent nordique. Autour de la baie, la compagnie détient un monopole qui lui permet d'ajuster le volume des marchandises à la demande et d'éviter la concurrence entre ses propres commis.[27]

Au Canada, par contre, à partir de la fin des années 1640, rien n'est moins sûr. Le monopole de la Compagnie des Cent-Associés sur les échanges franco-amérindiens s'effrite et, comme l'avait dit naguère Innis, le petit commerçant entre en scène.[28] Dès qu'elle n'est plus débitée par un seul magasin, la marchandise menace d'écraser peu à peu la fourrure soumise à l'inflexibilité autochtone et, en l'occurrence, au blocus des Iroquois.[29] À notre sens, c'est cette offre mal maîtrisée qui est la première responsable de l'éclatement du commerce canadien. Dans ce marché qui est facilement inondé, elle exerce une pression à la baisse sur le pouvoir d'achat des produits européens.[30] Pour les Français, la tentation de trouver un endroit où la fourrure est moins coûteuse n'en est que renforcée. Pour parler comme La Potherie, le Pérou que cherchent ces commerçants, c'est bien entendu un lieu où les consommateurs autochtones sont nombreux et prêts à payer cher les marchandises qu'on leur livre. Mais ne s'agit-il pas en même temps d'un endroit où les Européens et leurs produits sont – pour un temps encore – clairsemés? Au demeurant, le Canada des années 1650 ne correspond déjà plus à cette description.

C'est donc vers le marché franco-amérindien de la colonie, carrefour central du système des échanges avant les années 1670, qu'il convient de se tourner, afin de voir ce qui fait courir les coureurs de bois. Le Canada de l'« époque héroïque » offre un fort mauvais laboratoire pour étudier le tiraillement de l'offre et de la demande dans le commerce interculturel; c'est d'ailleurs en partie pour cette raison que les historiens ont brossé un tableau assez sommaire de ce lieu d'échanges.[31] Le XVIIe siècle canadien n'a guère légué de comptabilité commerciale aux historiens – en supposant, ce qui n'est pas évident, que l'on ait comptabilisé beaucoup de transactions entre Français et autochtones. Même au cours de cette période où la traite se déroulait encore en plein cœur de la colonie ou tout près, à Tadoussac, les échanges de base nous échappent.[32] À la place, des indices indirects témoignent des conditions dans lesquelles Amérindiens et Français arrivaient à trouver preneurs pour leurs produits respectifs. C'est ainsi que nous pouvons entrevoir l'appréciation du castor aux dépens des marchandises, ainsi que plusieurs signes de la concurrence aggravée entre Français avides d'obtenir leur part de la clientèle amérindienne. Commençons toutefois par l'examen des traits principaux du commerce de ces produits européens.

L'APPROVISIONNEMENT EN MARCHANDISES

Face aux livraisons hésitantes des Outaouais, que celles des autres fournisseurs autochtones de la colonie sont loin de compenser, se trouve une offre de marchandises qui, un peu malgré elle, s'accroît et s'éparpille. Retenons deux moments de ce processus : l'augmentation du volume de marchandises disponibles et la chute du monopole interne de la Compagnie des Cent-Associés.

La quantité de marchandises atteignant les Amérindiens au Canada au cours de cette période échappe à toute mesure. Tout au plus est-il possible de déceler en arrière-plan la tendance à la hausse des importations coloniales. L'augmentation ininterrompue du tonnage des navires armés pour le Canada – il double entre 1645 et 1665 – laisse supposer que cette hausse est continue.[33] Mais méfions-nous de ce mouvement régulier, qui cache des accidents en mer aussi bien que des cales contenant, dans des proportions variables, immigrants, marchandises, vivres et autres fournitures... Mise à part 1655, année funeste où sur six navires partis de France, seulement trois atteignent le Canada,[34] les livraisons de marchandises fluctuent aussi selon les modalités changeantes de l'approvisionnement de la colonie, au gré des ententes et des mésententes entre les détenteurs du monopole, divers armateurs français, les principaux habitants du Canada et le roi.[35] L'impression qui se dégage de cette histoire compliquée est néanmoins celle d'une expansion des importations coloniales au cours des années 1650 et de nouveau à partir de 1662. Elle est associée généralement à la participation de marchands rochelais.[36]

C'est cependant moins la quantité de marchandises disponibles qui fait évoluer les termes d'échange que leur façon d'atteindre les partenaires amérindiens. Il n'est pas dans l'intérêt des marchands de la colonie d'accorder trop de crédit si les retours en fourrures se font attendre; la surabondance de produits importés que l'on note parfois dans la colonie est nécessairement passagère.[37] Le changement important à signaler, c'est plutôt celui qui concerne l'organisation du commerce avec les Amérindiens, qui s'ouvre peu à peu aux colons au cours de cette période. C'est dans ce contexte que la hausse de la population coloniale – elle passe d'environ 900 habitants en 1645 à près de 3 000 habitants en 1663, avant le début de la vague d'immigration colbertiste[38] – acquiert toute sa signification pour le commerce franco-amérindien. L'expansion de la participation à la traite connaît certes des limites, mais elle suffit à créer une certaine concurrence dans les échanges avec les autochtones, empêchant l'ajustement, encore possible sous le monopole, de l'offre en marchandises à la demande.

Les étapes de ce changement sont assez bien connues.[39] Rappelons que la mainmise sur les échanges avec les Amérindiens dans la colonie, apanage habituel des monopoles coloniaux, est contestée de diverses façons, mais qu'elle subsiste tant bien que mal jusqu'en 1645.[40] Depuis 1633, après la fin de l'aventure canadienne des Kirke, la Compagnie des Cent-Associés pratique le commerce des fourrures à partir de ses magasins coloniaux. Les colons domiciliés ont cependant la permission de traiter leurs denrées agricoles avec les Amérindiens et de vendre à la Compagnie les castors qu'ils reçoivent en échange.[41] Vraisemblablement, beaucoup d'entre eux fournissent également quelques marchandises aux autochtones.[42] La Communauté des Habitants, qui réunit en principe l'ensemble des colons, mais qui est dominée par une oligarchie, se fait octroyer le monopole en 1645. Elle tente d'abord d'exclure les petits habitants de tout commerce avec les autochtones, mais en 1647, subissant des pressions des Montréalais notamment, elle se voit obligée de leur permettre de nouveau d'échanger leurs denrées avec les Amérindiens.[43] Vers 1651–1652, les petits habitants voient officiellement reconnu leur droit d'échanger aussi des marchandises contre les fourrures des Indiens. Ce droit s'applique en principe aux seuls domiciliés, à l'exclusion des engagés et des « volontaires » qui ne possèdent pas de terres. À Montréal, la Société de Notre-Dame permet cependant aux serviteurs de Chomedey de Maisonneuve, qu'elle n'a pas les moyens de payer autrement, de participer à la traite.[44] En 1662, cette permission semble comprendre les soldats aussi bien que les domestiques.[45] Ailleurs, nous allons le voir, des non-propriétaires participent malgré les interdictions.

Cette tendance vers l'accès accru aux partenaires amérindiens est circonscrite de diverses façons, mais elle est réelle. Des habitants qui participent au commerce, tous n'ont pas les mêmes moyens d'assembler des marchandises, par manque de capital ou du pouvoir qui parfois en tient lieu. Quelques marchands importants se taillent une place de choix dans ce marché, lorsque ce ne sont pas les plus puissants qui s'organisent pour entraver la circulation des marchandises. Citons le cas le plus flagrant. En 1656, les membres de la clique du gouverneur Lauson réussissent à accaparer la majeure partie des marchandises de traite arrivées dans la colonie; ils veulent, selon la formulation du chancelier Séguier, « faire leur dernière main » avant de quitter le Canada.[46] Traiter avec les Amérindiens, c'est un droit qui de toute évidence n'est jamais tout à fait acquis – encore en 1665, on redoute que la Compagnie des Indes occidentales n'utilise le monopole que l'on vient de lui confier pour exclure les colons de ces échanges[47] –, mais qui existe dans les faits.

Tout est alors prêt, dirait-on, pour qu'un déséquilibre se développe dans le commerce des marchandises. Une demande amérindienne limitée fait face à une offre coloniale qui peut maintenant se dérégler.

Cherchons d'abord les signes de ce dérèglement dans l'évolution des termes d'échange.

TERMES D'ÉCHANGE ET CONCURRENCE

Les termes des échanges franco-amérindiens possèdent plusieurs composantes : le prix des articles européens en castors, prix-repère susceptible de ne changer que lentement; le résultat des tiraillements entre les parties concernant la qualité des fourrures et les mesures de marchandises débitées à la livre, à l'aune et au pot; le solde des échanges de présents offerts de part et d'autre; le cas échéant, la proportion des avances en marchandises accordées aux autochtones qui finiront par être remboursées.[48] Seule une comptabilité détaillée permettrait de les suivre.

Elle n'existe pas. À la place, faisons appel, dans un premier temps, aux impressions d'un contemporain. C'est un Charles Aubert de La Chesnaye nostalgique qui évoque, en 1676, les échanges du temps de Champlain. En plus de bien se vendre en France, écrit le plus important marchand de la colonie, la peau de castor se serait alors obtenue des Amérindiens dans la vallée même « pour un grelot, ou un miroir de fer blanc, [de la valeur] d'un sol marqué ».[49] De tels bons coups aux dépens des autochtones font bien sûr partie de la mythologie du commerce des fourrures, et le marchand lui-même avait d'excellentes raisons de regretter une période où une seule compagnie possédait le monopole du commerce. Il est néanmoins probable qu'arrivé au Canada pour la première fois en 1654 seulement, La Chesnaye avait puisé dans la mémoire collective locale, quitte à exagérer les aubaines d'antan, et que, partant, cette impression d'échanges franco-amérindiens devenus moins rentables avec le temps reflétait une véritable tendance.[50]

Rien ne permet d'affirmer que le déclin noté par La Chesnaye ne se produit qu'après 1645. Au contraire, une certaine familiarisation à long terme des partenaires autochtones avec les marchandises importées n'est pas à exclure, les rendant moins prêts à la longue à les payer rubis sur l'ongle. Nombre de navires, parfois tolérés au gré des négociations avec les métropolitains qui contestent le monopole, parfois non, viennent accoster pour offrir une certaine concurrence, renforçant ainsi la position amérindienne. Il se peut que ce commerce en aval de Québec ait eu des séquelles pour l'évolution à long terme des équivalents marchandises/castor dans l'ensemble de la colonie.

Tout indique cependant que le phénomène s'aggrave d'une manière décisive vers le milieu du XVIIe siècle. Nous l'avons vu, la libéralisation de la traite devient plus perceptible et les marchandises, plus abondantes vers le début des années 1650, à l'époque où la destruction de la Huronie remet en question l'approvisionnement du Canada en castor. Les engagés affluent vers la colonie.[51] La situation favorise provisoirement les ventes de produits agricoles aux Amérindiens chasseurs-cueilleurs privés du grenier huron.[52] Mais déjà, il y a des signes d'engorgement du marché amérindien. En 1653, le Conseil de Québec abaisse le droit perçu en nature par le magasin de la Communauté des Habitants de la moitié au quart des castors. L'ajustement aidera peut-être à enrayer les exportations frauduleuses de castor qui ont alors pris une certaine importance, mais le Conseil justifie autrement sa magnanimité. « Sy est, écrit-on, que l'habitant n'y peut trouver proffit raisonnable, la moitié [du castor] qui luy reste n'estant pas capable de l'indemniser de ce qu'il luy coute led[it] castor qu'il auroit traitté. »[53] Le castor, dirait-on, revient cher aux colons.

S'agit-il d'une détérioration des termes d'échange ou allège-t-on un fardeau qui était trop lourd dès son imposition cinq ans plus tôt? Il semble que les termes d'échange soient en cause. Regardons du côté de Trois-Rivières, devenu un point névralgique du commerce à la faveur de la pression iroquoise qui rend plus intéressant le Saint-Maurice, moins exposé que l'Outaouais. Dès 1652, les Trifluviens se plaignent que des non-propriétaires leur livrent une concurrence déloyale dans leur commerce avec les Amérindiens. En janvier 1653, Pierre Boucher, commandant du bourg, ordonne aux « volontaires » de se faire soit habitants (en obtenant une terre), soit serviteurs.[54] La brève paix avec les Iroquois qui suit semble aggraver ces difficultés. Le commandant ne tarde pas à réagir.[55] De toute évidence intéressé lui-même au commerce, Boucher tente d'abord de mettre fin à toute transaction entre les simples Trifluviens et les Amérindiens.[56] En juillet 1654, il annule toutefois cette mesure sans doute inefficace. En guise d'explication, il affirme que de « grands abus » seraient commis dans le commerce avec les Amérindiens, et surtout dans celui avec « les nations qui descendent d'en haut extraordinairement ».

> [P]lusieurs des Français, poursuit-il, desquels mesme la plupart ne sont point habitans ny permanents en ce pays mais passagers donnent des marchandises à qui plus vil prix aux dits Sauvages à l'envy les uns des autres pour attraper du castor ce qui causeroit la ruyne de la traite veu que les Sauvages ayans eu des marchandises à vil prix n'en voudroient achepter à prix raisonnable[.][57]

Datant pourtant d'une période de livraisons un peu plus abondantes de castor, l'explication de Boucher fait état des suites de la concurrence entre Français : la chute des cours des produits européens et le difficile retour à un prix qui serait « raisonnable » aux yeux des colons domiciliés. En espérant mettre un terme à ces pratiques déloyales, il publie un tarif établissant des prix planchers pour diverses marchandises.

Cette tentative pour imposer un prix jugé acceptable n'est que la première d'une série, signe de difficultés persistantes. Elles sont sans doute accentuées par la reprise de la guerre par les Iroquois en 1657 qui inaugure une période de vaches maigres. L'année suivante, le gouverneur Voyer d'Argenson, très soucieux de la rentabilité d'une traite dont dépendent ses appointements et l'entretien de sa garnison,[58] en vient à déplorer la concurrence conduisant à « l'avilissement de la traicte que les habitants ont reduict à un tel point qu'à peine reçoivent-ils des sauvages le prix de leurs marchandises ».[59] Il propose de publier à son tour un tarif des prix.[60] Encore une fois, en 1665, le lieutenant général Prouville de Tracy juge bon de faire afficher une liste de prix officiels.[61] En plus de confirmer que le temps de la peau de castor valant un grelot était bel et bien révolu, ce « Réglement pour la traitte des sauvages » permet de constater un net glissement en faveur des autochtones depuis le tarif de Boucher publié onze ans plus tôt.[62] Même dans leurs règlements, les autorités semblent composer avec une traite devenue difficile.

Un autre phénomène vient confirmer que la concurrence entre vendeurs de marchandises s'intensifie. Il s'agit du commerce de l'eau-de-vie. Rappelons que ce produit occupe une place particulière dans le commerce euro-amérindien. Associée à des visions et, peut-être, à la perte d'inhibitions, la boisson est prisée dans les sociétés autochtones; reçue en cadeau ou en échange, elle accompagne presque toujours le commerce.

Mais c'est seulement dans des circonstances particulières qu'elle se met à couler à flots, car elle vient déjouer bien des contraintes. L'eau-de-vie permet en effet d'absorber une partie du pouvoir d'achat d'autochtones qui ont déjà fait le plein de produits européens. Consommée sur place, elle n'encombre pas les canots, facteur important pour ces clients qui ont presque tous une rivière à remonter pour regagner leur pays.[63] En même temps, elle offre aux Européens l'occasion de protéger quelque peu leurs marges, notamment en diluant la marchandise, au risque toutefois de voir s'installer une concurrence tout à fait déréglée. Peu importe ce risque et peu importe les coûts néfastes à long terme pour les consommateurs amérindiens, dans l'immédiat, l'eau-de-vie représente la quadrature du cercle. C'est donc en temps de concurrence, lorsque le pouvoir d'achat accru des uns coïncide avec la tentative pour maintenir les profits des autres, que l'alcool prend de la place dans les échanges. Il dépasse les bornes délimitées par le protocole des échanges euro-amérindiens qui le contenait jusqu'alors.[64]

À la lumière de cette analyse, il est tentant de voir dans les controverses familières concernant l'eau-de-vie au cours de cette période plus qu'un simple reflet des querelles politico-religieuses entourant

Tableau 1
Coût officiel de la peau de castor, 1654 et 1665[62]

1654 (Trois-Rivières)	*1665 (Canada)*
2 grandes haches	2 haches
10 grands couteaux	8 couteaux à manche de bois
20 alênes	25 alênes
2 tranches	2 tranches
1 livre de poudre	2 livres de poudre
4 livres de plomb	4 livres de plomb
0,167 à 0,2 couvertures	0,33 couverte à l'iroquois[e] 0,25 couverte de ratine

cet « ennemy domestique ».[65] Au XVIIe siècle comme au XVIIIe siècle, ce produit apparaît bien sûr inséparable de la traite. Dès Champlain, les ordonnances condamnant la vente de boissons enivrantes aux Amérindiens se suivent et se ressemblent.[66] Mais à y regarder de plus près, cette marchandise ne semble pas échapper à l'influence de la conjoncture. Comme le souligne Vachon de Belmont vers 1705, « il n'y avoit point de traite où ils [les commerçants français] pussent si aisément tromper, ils mesloient de l'eau salée et vendoient à fausses mesures, » quand ils ne volaient pas carrément leurs clients éméchés.[67] Cet emploi semble plus indiqué dans les années 1650 et 1660, à une époque où la concurrence s'intensifie, qu'auparavant. En 1644 encore, Marie de l'Incarnation, observatrice pourtant peu susceptible de minimiser l'importance de ce genre de phénomène, laisse entendre que le commerce des boissons est une activité marginale, l'affaire de quelques matelots qui vendent à la dérobée aux jeunes autochtones.[68] En 1646, notent les Jésuites dans leur journal, les Hurons n'ayant pas trouvé assez de marchandises dans la colonie retournent dans leur pays avec une douzaine de paquets de castor.[69] Il se peut que la pénurie de marchandises de cette année-là s'étende aux liquides, mais n'excluons pas que le magasin de la Communauté des Habitants, fort de son monopole, ne mise pas encore sur la boisson afin d'éponger l'offre supplémentaire des autochtones.[70]

Par contre, ce n'est peut-être pas un hasard si une ordonnance du gouverneur de Lauson condamnant ce trafic intervient en 1654, à un moment de forte concurrence.[71] C'est vers cette époque que La Chesnaye situe l'entrée en scène de « la canaille [qui] en vouloit aussy avoir sa part », sachant que l'on tolérait la traite de l'alcool chez quelques privilégiés.[72] Une ordonnance royale suivra trois ans plus tard; les Montréalais font alors mine de ne plus faire ce commerce, mais à Trois-Rivières, on ouvre un cabaret pour la clientèle amérindienne.[73] À la fin de mars 1658, l'abbé Gabriel de Queylus, alors curé de Québec, fait de la vente d'eau-de-vie aux Amérindiens un péché mortel,[74] six mois avant que le gouverneur Voyer d'Argenson ne constate «l'avilissement de la traicte».[75] La concurrence, dirait-on, fait ouvrir les robinets à certains colons. Les autres se plaignent de ne plus pouvoir récupérer les avances qu'ils ont consenties aux Amérindiens.

Les années 1660 suivent la tendance déjà amorcée. En 1663, le nouveau Conseil souverain constate que le commerce de l'eau-de-vie, légalisé l'année précédente, est en recrudescence et le bannit à son tour.[76] Cette mesure s'avère assez inefficace,[77] surtout à partir de 1665. C'est alors qu'arrivent dans la colonie quelques centaines de Français, dont l'intendant Talon intéressé de près au commerce des boissons (que celui-ci légalisera de nouveau en 1668),[78] de même que des gens de guerre qui participent à bien des négoces.[79] Entre-temps, une partie de la population, l'évêque en tête, exprime son désaccord à coups d'excommunications et de cas réservés pour celui-ci et de requêtes au Conseil souverain pour ceux-là.[80] La controverse donne lieu à des conflits entre les «puissances»; en 1664, le gouverneur Saffray de Mézy, s'étant brouillé avec l'évêque, accuse ce dernier de s'être concerté avec les Jésuites afin de «traiter des boissons aux sauvages [surtout les Hurons et Algonquins, domiciliés] pour leurs pelteries, ostant ensuite tout commerce aux habitants».[81] L'accusation semble exagérée, mais qu'elle ait été faite témoigne d'une atmosphère de concurrence déloyale.[82] La fréquence des mesures en dit long sur leur inefficacité contre ce «torrent qui avoit rompu ses digues».[83]

Citons pour terminer les rêves apocalyptiques de certains religieux lors du tremblement de terre de 1663. Au premier rang de la foule des pécheurs qui implorent la miséricorde de Dieu se trouvent les trafiquants d'eau-de-vie.[84] Voilà une vision d'enfer qui exploite bien le registre post-tridentin. Mais il est difficile de ne pas y voir la trace des excès d'un commerce qui est à l'étroit dans ses meubles coloniaux.

ÉCHAPPER

Dans ces conditions, est-il surprenant que l'on assiste à des tentatives pour se mettre à l'abri de la concurrence? Elles prennent diverses formes, notamment celle de tenter sa chance autour des Grands Lacs. Ceux qui disposent d'atouts particuliers peuvent toutefois se ménager un accès privilégié aux autochtones dans la colonie même. Certains bénéficiant, par exemple, de l'appui des seigneurs de Montréal s'installent à l'extrémité ouest de l'île, afin de pouvoir intercepter les

Amérindiens qui descendent entre deux raids des Agniers.[85] L'entente commerciale conclue en 1660 entre Charles Le Moyne, marchand et ancien employé des Sulpiciens, et Médard Chouart Des Groseilliers, qui vient d'arriver avec plusieurs centaines de Nez percés vise le même but : devenir fournisseur exclusif des intermédiaires descendus d'« en haut ».[86] Scrutons enfin les débuts obscurs, vers 1663, de la foire de Montréal. Cette histoire se résume à une tentative de marchands importants pour centraliser les échanges avec les autochtones, limitant la participation de la « canaille », pour employer les termes de La Chesnaye.[87] Entre-temps, à l'intérieur des murs, les marchands se bousculent afin de râfler les meilleurs emplacements pour la traite.[88]

Pour ceux qui n'ont pas les moyens des principaux habitants, la concurrence provoque nécessairement d'autres réactions. Le moyen le plus simple d'y échapper est sans doute de se retirer du commerce.[89] Le mouvement est appelé à gagner de l'ampleur devant les conditions difficiles du milieu des années 1660, époque où non seulement le castor des Amérindiens mais aussi les importations sont chers.[90]

L'autre façon d'éviter une concurrence excessive consiste bien sûr à aller rejoindre les autochtones – nous revenons à notre interrogation de départ. Le phénomène n'est bien sûr pas nouveau. Il y a depuis les années 1650 une certaine tradition de départs pour commercer. Dès l'automne 1653, quelques jeunes profitent d'une accalmie dans la guerre pour se rendre au Pays d'en haut.[91] Ils sont peu nombreux, mais d'autres Français suivront au cours des années suivantes, à la faveur du départ d'un missionnaire ou d'un voyage d'exploration, à destination de contrées moins exposées aux raids des Iroquois, mais supposées riches en fourrures.[92] Les plus téméraires, comme Des Groseilliers, « général de la flotte des hautauois »[93] et ses compagnons successifs, mettent le cap sur les Grands Lacs, chargés d'encourager les alliés à descendre dans la colonie.

On tente des échappées, mais la route de l'Ouest demeure dangereuse. Dollard des Ormeaux l'apprend à ses dépens en 1660.[94] C'est seulement à la faveur des expéditions militaires que les départs se multiplient. Si « tous nos jeunes François-Canadois », qui, selon Marie de l'Incarnation, « sont très vaillans, et qui courent dans les bois comme des Sauvages », accompagnent les expéditions contre les Agniers de 1666, ils ne semblent pas rapporter beaucoup de fourrures.[95] La ruée comme telle ne semble débuter que l'année suivante, avec une forte participation de militaires en tant qu'intermédiaires et sans doute aussi comme fournisseurs de marchandises.[96] Les autorités sont également tôt au fait des bénéfices possibles,[97] mais réduire le mouvement à une simple expression de la rapacité des serviteurs du roi à tous les niveaux serait méconnaître sa vraie nature. Une première requête datant de février 1668 en donne une bonne idée. Des habitants de la région de Trois-Rivières demandent au Conseil souverain d'interdire à tous et surtout aux « fainéantz » d'aller dans les bois chercher les « sauvages » :

[P]lusieurs personnes gens de guerre et autres ont eu la hardiesse d'en [eau-de-vie] traicter en telle sorte qu'aux lieux de Montréal, Trois-Rivières, Champlain, Cap-de-la-Magdelaine, Batiscan, et S[ain]te-Anne, depuis quelques mois en ça on a veu les sauvages perpétuellement yvres et dans les derniers désordres que l'yvresse puisse produire et que ces personne ne [se] contantent pas seulement de traicter dans les habitations en ce que lorsqu'ils ont veu les sauvages s'esloigner pour faire leur chasse, ils n'on pû s'empescher de les aller chercher sous divers pretextes les uns d'aller à la chasse les autres d'aller querir de la viande ou chercher leurs debtes, si bien qu'à peine [il] y a une bande de sauvages dans les bois qui n'aye des François avec soy et Dieu sçait ce qui s'y passe qu'entre les maux qui naissent de ce commerce il y en a deux principallement: [ils chassent moins...]; l'autre est que plusieurs habitans ayant faict de grands prests aux sauvages pour les mettre en estat de faire leur chasse comme hardes, vivres, armes, poudre, plomb et autres choses ils voyent à leur grand regret et prejudice des gens enlever par le moyen de l'eau de vye des pelleteries qui leur appartiennent puisqu'elles ne sont faictes qu'à la faveur de leurs prests.[98]

Le mouvement prend de l'ampleur chez les petits participants au commerce, gens de guerre mais aussi, d'autres sources le confirment,[99] habitants et engagés. Il suivent les autochtones domiciliés partis à la chasse, mais également ceux venus d'ailleurs s'approvisionner en marchandises. Voilà une nouvelle étape dans la concurrence qui fait rage depuis des années. Si le rôle de premier plan accordé aux soldats nous situe bien sous le régime royal, le mélange familier d'eau-de-vie, de crédits « volés » et de concurrence entre les Français établis et ceux qui ne le sont pas, renvoie aux difficultés de base de ce commerce ouvert et vulnérable à la fois.[100]

C'est ainsi que les échanges franco-amérindiens s'éparpillent sous le signe du paradoxe. Les petits commerçants qui quittent en nombre grandissant la colonie sont en bonne compagnie, car, nous l'avons vu, c'est par centaines que les Outaouais, à court de marchandises, voyagent entre les deux pays, celui d'en haut et celui d'en bas, vers la fin des années 1660.[101] À la foire de Montréal, où les marchands tiennent le haut du pavé, la manne arrive bien tard : d'autres Français sont déjà à la recherche d'endroits où le castor coûte finalement moins cher. Si le mouvement suscite un certain intérêt officiel, il semble se passer pendant un certain temps de l'appui des marchands importants (bien qu'une restructuration s'annonce).[102] Mais, aiguillonné par les termes d'échange avantageux de l'intérieur, il prendra de l'ampleur, sans doute assez pour surcharger de façon sérieuse, quelques années plus tard, le marché français du castor.[103] Assez pour provoquer aussi, au gré d'autres déséquilibres entre la marchandise et la fourrure, d'autres fuites en avant de ce commerce condamné à aboutir un jour au Pacifique.

Revenons pour conclure à cette colonie-foire devenue colonie-entrepôt. Le changement rappelle que dans ce commerce comme dans tout autre deux offres s'affrontent. Au Canada, à partir du milieu du XVIIe siècle, c'est l'asymétrie latente d'échanges entre deux cultures qui éclate au grand jour. Les Amérindiens gèrent finalement mieux les quantités de fourrures qu'ils offrent aux Français que ces derniers ne gèrent les quantités de marchandises. Du côté autochtone, les raisons en sont bien connues : ils intègrent leurs fournitures dans un mode de vie rétractaire à l'encombrement et qui a plusieurs façons de mesurer la richesse. Au cours de la période qui nous intéresse, les attaques des Iroquois font le reste.

Quant à l'explication de cette offre française si mal maîtrisée, ne réside-t-elle pas finalement dans le côtoiement du commerce et de la colonisation?[104] Le deuxième tiers du XVIIe siècle est une période de transition que les historiens ont trop souvent tendance à joindre de force à celle qui précède ou à celle qui suit. Soit qu'ils fassent du Canada un comptoir, où ce sont les monopoles qui s'affirment, le plus souvent par rapport à d'autres monopoles créées par les Hollandais ou par les Anglais;[105] soit qu'ils érigent en modèle la colonie de peuplement, contenant mal leur impatience devant ces habitants qui ne trouvent que peu à peu leur vocation agricole. Or, c'est par le chevauchement de ces deux hypothèses que s'explique à notre sens l'éclatement des échanges : les colons, les soldats et les autres ont fini par venir, marchandises en mains. Certains d'entre eux ont accepté l'invitation implicite à remonter les rivières que leur lançaient des autochtones aux besoins limités. N'en déplaise à Colbert, partisan du peuplement concentré, ce pas de deux franco-amérindien fait que la colonie agricole est impensable sans sa diaspora commerçante.[106]

NOTES

1 Je voudrais remercier James Pritchard, commentateur lors du colloque, et Louise Dechêne de leurs remarques sur la communication qui est à l'origine de ce texte. J'aimerais aussi remercier Hélène Bédard et Sylvie Dépatie qui ont bien voulu commenter cette version plus élaborée. C'est grâce au Fonds pour la formation de chercheurs et l'aide à la recherche (FCAR) du Ministère de l'Éducation du Québec que j'ai pu mener à bien les recherches qui sont présentées ici.

2 L. Dechêne, *Habitants et marchands de Montréal au XVIIe siècle* (Paris, Plon, 1974), 229.

3 Sur ces questions, voir A. Rotstein, « Fur Trade and Empire. An Institutional Analysis », thèse de PhD, University of Toronto, 1967; R.C. Harris, « Theorizing European Power in the Cordilleran Fur Trade », dans S. Courville et N. Séguin, dir., *Espace et culture* (Sainte-Foy, Presses de l'Université Laval, 1995), 127–137; B.M. White, « The Fear of Pillaging: Economic Folktales of the Great Lakes Fur Trade », dans J.S.H. Brown et al., dir., *The Fur Trade Revisited* (East Lansing, Mich., Michigan State University Press, 1994), 199–216; et, dans un autre contexte, L. Fontaine, *Histoire du colportage en Europe (XVe–XIXe siècle)* (Paris, Albin Michel, 1993).

4 Voir J.V. Wright et R.L. Carlson, « Commerce préhistorique », dans L. Dechêne, dir., *Atlas historique du Canada. Des origines à 1800* (Montréal, Presses de l'Université de Montréal, 1987), 1 : planche 14.

5 B. Allaire, « Le commerce des fourrures à Paris et les pelleteries d'origine canadienne en France (1500–1632) », thèse de PhD, Université Laval, 1995; L. Turgeon, « Vers une chronologie des occupations basques du Saint-Laurent du XVIe au XVIIIe siècle. Un retour à l'histoire », *Recherches amérindiennes au Québec* 24, 3 (1994) : 3–15.

6 Les Français ont tendance à désigner par le nom d'« Outaouais » non seulement les membres de cette nation, mais aussi, parfois, les autres autochtones de provenance diverse qui les accompagnent. R. White, *The Middle Ground : Indians, Empires, and Republics in the Great Lakes Region, 1650–1815* (Cambridge, Cambridge University Press, 1991), 105–106; William James Newbigging, « The History of the French-Ottawa Alliance, 1613–1763 », thèse de PhD, University of Toronto, 1994, 22.

7 Newbigging, « History of the French-Ottawa Alliance », 96.

8 Pour compléter ce tableau, il faut bien sûr ajouter les Amérindiens dits « domiciliés » qui s'établissent dans des missions situées près des habitations françaises et qui participent à des échanges avec les colons, sinon, comme les Hurons peu après leur arrivée dans la région de Québec, avec d'autres groupes amérindiens. M. Jetten, *Enclaves amérindiennes : les « réductions » du Canada, 1637–1701* (Sillery, Septentrion, 1994); J.A. Dickinson et J. Grabowski, « Les populations amérindiennes de la vallée laurentienne, 1608–1765 », *Annales de démographie historique* (1993) : 51–65; B.G. Trigger, *Les Enfants d'Aataentsic. L'histoire du peuple huron*, trad. J.-P. Sainte-Marie et B. Chabert Hacikyan (Montréal, Libre Expression, 1991), 788–789.

9 White, *The Middle Ground*, 60–75; W.J. Eccles, *Frontenac : The Courtier Governor* (Toronto, McClelland and Stewart, 1959), 75–98.

10 C.C. Le Roy Bacqueville de La Potherie, *Histoire de l'Amérique septentrionale* (Paris, Nyon fils, 1753), 2:86.

11 C. Berger, *The Writing of Canadian History. Aspects of English-Canadian Historical Writing since 1900* (2nd ed., Toronto, University of Toronto Press, 1986), 92–94.

12 Voir J. Blain, « La frontière en Nouvelle-France : perspectives historiques nouvelles à partir d'un thème ancien », *Revue d'histoire de l'Amérique française* (RHAF) 25, 3 (1971) : 397–407.

13 H.A. Innis, *The Fur Trade in Canada. An Introduction to Canadian Economic History* (Toronto, University of Toronto Press, 1956 [1930]), 42, 54, 56, 82. L'idée est développée davantage chez W.T. Easterbrook et H.G.J. Aitken, *Canadian Economic History* (Toronto, Macmillan, 1956), 39, 74. Voir aussi E.E. Rich, « Trade Habits and Economic Motivation among the Indians of North America », *Canadian Journal of Economics and Political Science* 26, 1 (1960) : 36–42, et la formule de H. Hickerson, qui parle de « l'expropriation [par les Européens] des sphères commerciales » des intermédiaires autochtones (Harold Hickerson, « Fur Trade Colonialism and the North American Indians », *Journal of Ethnic Studies* 1 (1973) : 37).

14 Voir l'examen du comportement des Amérindiens fréquentant les postes de la Hudson's Bay Company par A.J. Ray et D.B. Freeman, « *Give Us Good Measure* » *: An Economic Analysis of Relations between the Indians and the Hudson's Bay Company* (Toronto, University of Toronto Press, 1978), 218–228; A.J. Ray, « Indians as Consumers in the Eighteenth Century », dans C.M. Judd et Ray, dir., *Old Trails and New Directions* (Toronto, University of Toronto Press, 1980), 255–271. Stimulante, la récente remise en question de Carlos et Lewis ne réussit toutefois pas à démontrer que les hausses de prix que consent la Hudson's Bay Company à ses partenaires autochtones incite ces derniers à chasser davantage (A.M. Carlos et F.D. Lewis, « Indians, the Beaver, and the Bay : The Economics of Depletion in the Lands of the Hudson's Bay Company, 1700–1763 », *Journal of Economic History* 53, 3 (1993) : 465–494).

15 Voir notamment l'analyse du rôle des Montagnais chez J.A. Dickinson et B. Young, *Brève histoire socioéconomique du Québec*, trad. H. Filion (Sillery, Septentrion, 1992), 32.

16 Ce qui n'exclut pas des engouements particuliers pour les armes et les munitions, au gré de la situation stratégique : M. Trudel, *Histoire de la Nouvelle-France, La Seigneurie des Cent-Associés* (Montréal, Fides, 1979), 3:223.

17 White, *The Middle Ground*, 162; Newbigging, « History of the French-Ottawa Alliance », 23, 97–98, 106–117. La citation est de P.-F.-X. de Charlevoix, *Histoire et description générale de la Nouvelle-France* (Paris, P.-F. Giffart, 1744), 1:391.

18 En dépassant Michillimakinac, les Français démontrent qu'ils ne se contenteront pas de recréer un système ressemblant à certains égards à celui des Hurons trente ans plus tôt : dans la formulation d'Aubert de La Chesnaye, ils leur « [passeront] sur le ventre … pour aller eulx mesmes chercher les

nations les plus reculez. » B.G. Trigger et G.M. Day, « Southern Algonquian Middlemen : Algonquin, Nipissing, and Ottawa, 1550–1780 », dans E.S. Rogers et D.B. Smith, dir., *Aboriginal Ontario. Historical Perspectives on the First Nations* (Toronto, Dundurn Press, 1994), 67–68, 71; C. Aubert de La Chesnaye, « Mémoire [...] sur le Canada » (1676), dans *Collection de manuscrits [...] relatifs à la Nouvelle-France* (Québec, A. Côté, 1883), 256.

19 White, *The Middle Ground*, 106–107. D'après Pierre-Esprit Radisson, c'est la menace iroquoise qui ouvre la porte du pays indien : « Those great lakes had not so soone comed to our knowledge if it had not been for those brutish people [les Iroquois]; two men [c'est-à-dire Radisson et Des Groseilliers] had not found out ye truth of these seas so cheape; the interest and the glorie could not doe what terror doth at ye end. » G.D. Scull, dir., *Voyages of Pierre Esprit Radisson* (New York, Burt Franklin, 1967 [1885]), 187–188. Voir L.G. Waisberg, « The Ottawa : Traders of the Upper Great Lakes, 1615–1700 », mémoire de M.A. McMaster University, 1978, 71; B.G. Trigger, *Les Indiens, la fourrure et les Blancs*, trad. G. Khal (Montréal et Paris, Boréal et Seuil, 1990), 243, 248, 251.

20 Voir les observations de Radisson au sujet de ses compagnons de voyage français en 1658 dans Scull, dir., *Voyages*, 142.

21 Dechêne, *Habitants et marchands*, 173, 217–230.

22 A.J. Ray, « Buying and Selling Hudson's Bay Company Furs in the Eighteenth Century », dans D. Cameron, dir., *Explorations in Canadian Economic History* (Ottawa, Presses de l'Université d'Ottawa, 1985), 95–115; T. Wien, « Exchange Patterns in the European Market for North American Furs and Skins, 1720–1760 », dans J.S.H. Brown et al., dir., *The Fur Trade Revisited* (East Lansing, Mich., Michigan State University Press, 1994), 19–37.

23 Dans leur explication de l'éclatement des échanges, Dickinson et Young, (*Brève histoire*, 34–35) mettent l'accent sur la pénurie de castor qu'occasionne ce blocus; voir aussi Trudel, *Histoire de la Nouvelle-France*, 3:269–271.

24 Trigger et Day, « Southern Algonquian Middlemen », 75. Voir les observations empreintes de nostalgie de François-Madeleine-Fortuné Ruette D'Auteuil, qui aurait vu la foire avant son départ, vers 1673, pour aller faire des études en France. « Mémoire sur ce qui concerne le commerce des castors et ses dépendances » (1715), Rapport de l'archiviste de la province de Québec *RAPQ*, 1922–1923, 71; voir la biographie de Ruette d'Auteuil par M. Leland, *Dictionnaire biographique du Canada* (Québec, Presses de l'Université Laval, 1969), 2:611–614. Sur les arrivées d'Outaouais et autres autochtones, voir Waisberg, « The Ottawa », 85; Frontenac au Ministre, 14 nov. 1674 et 9 octobre 1679, *RAPQ*, 1926–1927, 66, 103; N. Perrot, *Mémoire sur les mœurs, coustumes et relligion [sic] des sauvages de l'Amérique septentrionale* (Leipzig, Franck, 1864), 119; M. de l'Incarnation à son fils, 1er sept. 1669, dans G. Oury, dir., *Marie de l'Incarnation, Ursuline (1599–1672). Correspondance* (Solesmes, Abbaye Saint-Pierre, 1971), 840.

25 Bacqueville de La Potherie, *Histoire*, 2:121. D'autres partenaires des Français font preuve des mêmes réticences. Sur celles des Montagnais, voir Trigger, *Les Indiens*, 264–265, 431; en 1646, les Hurons qui se trouvent devant une colonie à court de marchandises – les navires de France arrivent bien tard cette année-là – vont jusqu'à remporter chez eux une partie de leur cargaison de castors, signe d'un refus de payer cher en fourrures des produits européens devenus rares. C.H. Laverdière et H.R. Casgrain, dir., *Le Journal des Jésuites* (Québec, Léger Brousseau, 1871) (ci-après *JJ*), 65.

26 Voir ci-dessous. Sur la concurrence au sein de ce marché lorsqu'il revivra provisoirement vers le tournant du XVIIIe siècle, voir Bacqueville de La Potherie, *Histoire*, 1:364–366.

27 Ce qui n'exclut pas un certain « commerce privé » à la baie d'Hudson, dans lequel sont engagés les employés, des capitaines de navire, etc., et les Amérindiens. Mais ces transactions, même si elles prennent parfois de l'ampleur, se déroulent en marge d'un monopole efficace; par rapport à la situation canadienne, il y a là une nuance importante. Voir G. Ens, « The Political Economy of the "Private Trade" on the Hudson Bay : The Example of Moose Factory, 1741–1744 », dans L. Dechêne, T. Morantz et B.G. Trigger, dir., *« Le castor fait tout » Selected Papers of the Fifth North American Fur Trade Conference 1985* (Montréal, Société historique du lac Saint-Louis, 1987), 382–410; E. Mancke, *A Company of Businessmen : The Hudson's Bay Company and Long-Distance Trade, 1670–1730* (Winnipeg, Rupert's Land Research Centre, 1988), 25–27.

28 Ce changement est toutefois davantage à *l'origine* du mouvement vers l'Ouest que son résultat, comme le prétend H.A. Innis, *The Fur Trade in Canada : An Introduction to Canadian Economic History* (Toronto, University of Toronto Press, 1970 [1930]), 38.

29 Presque sans relâche à partir des années 1640, la guerre iroquoise vient perturber le commerce. Si la colonie exporte presque toujours quelques fourrures, grâce au produit de Tadoussac notamment, la menace qui plane sur ses approches de l'Ouest nuit à sa source d'approvisionnement la plus importante. Les livraisons des Outaouais sont irrégulières et, au cours d'une année normale, maigres. Les chiffres sont incomplets, mais tout indique qu'au cours des années 1650 et de la première moitié des années 1660, le nombre de fois où le Canada reçoit la visite de 100 canots ou plus d'Outaouais (à raison de 3 ou 4 personnes par canot) se comptent sur les doigts d'une seule main. Les Hurons avaient pourtant atteint ou dépassé ce chiffre à plusieurs reprises au cours des années 1630. Voir C. Heidenreich, *Huronia : A Historical Geography of the Huron Indians 1600–1650* (Toronto, McClelland and Stewart, 1971), 251–275; M. Trudel, *Histoire*, 3:153–270.

30 Nous simplifions, bien sûr : sont également échangés des vivres et divers services.

31 Mais les préoccupations successives des historiens y sont aussi pour quelque chose. Pour une histoire d'abord préoccupée par les controverses au sujet de la traite de l'alcool, la colonie est la scène de toutes les débauches. Par la suite, elle devient le lieu de livraison du *staple* exportable, ou encore le théâtre de négociations diplomatiques visant à fixer une fois pour toutes le cours des biens échangés. D'une façon ou d'une autre, elle semble échapper à la conjoncture des termes d'échange. Sous le regard plus attentif de Dechêne (*Habitants et marchands*, 166–167, 171–176), c'est bien la concurrence entre vendeurs de marchandises qui émerge dans ses diverses manifestations, mais l'évolution des termes d'échange semble assujettie surtout à la lente familiarisation des consommateurs autochtones avec les biens de fabrication européenne et non à l'évolution de l'offre et de la demande. A. Vachon, « L'eau-de-vie dans la société amérindienne », Société historique du Canada, *Rapport annuel* (1960) : 22–32; Innis, *The Fur Trade*, 23–42; Rotstein, « Fur Trade and Empire ». Sur les diverses conceptions du commerce interculturel, voir Trigger, *Les Indiens*, 255–270 et B. White, « Encounters with Spirits : Ojibwa and Dakota Theories about the French and Their Merchandise », *Ethnohistory* 41, 3 (été 1994) : 369–405.

32 D'où la tendance des historiens à privilégier les finances publiques, assez bien documentées par les sources officielles, dans leurs analyses de l'économie coloniale au cours de cette période. Voir L. Campeau, *Les finances publiques de la Nouvelle-France sous les Cent-Associés 1632–1665* (Montréal, Bellarmin, 1975); Trudel, *Histoire*, 3:115–290. Voir aussi les études du commerce de la baie d'Hudson, qui réussissent à mieux cerner les transactions entre la compagnie anglaise et les autochtones. Ray et Freeman, « *Give Us Good Measure* », 125–217; D. Francis et T. Morantz, *La traite de la fourrure dans l'est de la baie James 1600–1870*, trad. A. Dandonneau et N. Ozenne (Sillery, Presses de l'Université du Québec, 1984).

33 J.F. Bosher, « The Imperial Environment of French Trade with Canada, 1660–1685 », *English Historical Review* 108, 426 (1993) : 51.

34 Trudel, *Histoire*, 3:235.

35 Sur l'économie politique de la colonie au cours de cette période, voir C. Horguelin, *La prétendue République : Pouvoir et société au Canada (1645–1675)* (Sillery, Septentrion, à paraître).

36 Dès 1645, la Communauté des Habitants gère seule le commerce maritime. Obtenant son capital par de coûteux emprunts à la grosse aventure, elle n'a pas intérêt à trop remplir ses magasins. Les marchands rouennais qui lui succèdent ont une marge de manœuvre plus grande, car on leur garantit des ventes à prix fixe. À partir de 1649, on permet aux habitants – lire principaux habitants – d'importer de France tout, sauf des marchandises de traite, mais l'ordonnance ne comprend sous cette rubrique ni les produits textiles, ni l'eau-de-vie et se borne à exiger que l'on déclare des importations de munitions et de fusils. De toute évidence partielle à partir de ce moment, la mainmise du magasin de la Communauté sur l'importa-

tion des marchandises de traite prend fin vers 1652–1653; à cette époque, des marchands de la métropole, des Rochelais surtout, investissent peu à peu le commerce franco-canadien. Devenus nombreux vers 1655, la plupart des marchands rochelais quittent la colonie en 1659, cédant la place à une société de Rouennais qui accapare le commerce pendant deux ans. Les Rochelais ne seront de retour qu'en 1662; ce sont de petits marchands, peu capitalisés, mais qui arrivent avec force assortiments et des offres de crédit. D'Ailleboust au nom du Conseil, 15 mars 1649, dans P.-G. Roy, *Ordonnances, commissions, etc., etc. des gouverneurs et intendants de la Nouvelle-France* (Beauceville, L'Éclaireur, 1924), 1:10; Marcel Delafosse, « La Rochelle et le Canada au XVIIe siècle », *RHAF* 4 (1951) : 478–480; *JJ*, 261 (1er août 1659). Il y a une foule de marchands dans la colonie, écrit-on en 1663 : A. Patoulet au Ministre, 11 nov. 1663, Archives nationales (AN) Col., C[11A], 3. C'est au cours de ces années que les marchands rochelais Gaigneur et Grignon se plaignent de problèmes d'écoulement de marchandises à Québec. Delafosse, « La Rochelle et le Canada au XVIIe siècle », 480; Moreau, 20 avril 1663, Archives départementales de la Charente-Maritime (ADCM). Sur le contexte des années 1660 et le peu d'importance des branches nord-américaines du commerce rochelais, voir toujours M. Delafosse, « La Rochelle et les Îles au XVIIe siècle », *Revue d'histoire des colonies* 36 (1949) : 269–272, 276. Sur quelques-uns de ces marchands (mais choisis selon quels critères, la religion mise à part?), voir J. F. Bosher, « Sept grands marchands catholiques français participant au commerce avec la Nouvelle-France (1660–1715), *RHAF* 48, 1 (1994) : 3–27.

37 Un exemple parmi plusieurs : les armateurs du vaisseau *Les Armes d'Amsterdam* déclarent qu'arrivé tard à Québec, le capitaine n'a pas pu faire grand-chose, les quatre navires qui avaient précédé le sien y ayant « porté toutes les choses nécessaires et chargé toutes les peletries quy s'y estoient trouvées. » Archives nationales du Canada (ANC), MG 18, O12, Collection Kupp, vol. XII, document 465; constat d'avaries, 3 janvier 1658; ADCM B 5663/120.

38 J.A. Dickinson, « Les Amérindiens et les débuts de la Nouvelle-France », dans Associazione italiana di studi canadesi, *Canada ieri e oggi*, (S.l., Schena editore, 1985), 108.

39 Voir surtout Trudel, *Histoire*, 3:167–285.

40 « De 1608 à 1663, écrit Delâge, les Amérindiens [partenaires des Français] font toujours face à un monopole et ce, malgré que les compagnies se succèdent. » Denis Delâge, *Le pays renversé. Amérindiens et Européens en Amérique du Nord-Est, 1600–1664* (Montréal, Boréal, 1985), 112. Dans la mesure où la Compagnie des Cent-Associés et la Communauté des Habitants subsistent jusqu'au début du régime royal, l'auteur a raison, mais la durée de vie du monopole des échanges avec les Amérindiens est bien plus courte…

41 P. Le Jeune, « Relation de 1636 », dans R.G. Thwaites, dir., *Jesuit Relations and Allied Documents* (Cleveland, Burrows Brothers, 1896–1901)(ci-après *JR*), 11:170–174.

42 Campeau, *Les finances*, 79; Dechêne, *Habitants et marchands*, 143.
43 Il se peut toutefois que les Trifluviens se démettent pendant quelque temps de ce droit, moyennant certaines conditions : « Requête des habitants des Trois-Rivières », 30 sept. 1647, Collection de pièces judiciaires et notariales, liasse 1, n° 23, Archives nationales du Québec à Québec (ANQQ).
44 Dechêne, *Habitants et marchands*, 52. Voir F. Dollier de Casson, *Histoire du Montréal*, éd., M. Trudel et M. Baboyant, dir. (Montréal, Hurtubise HMH, 1992), 54–55.
45 Ordonnance du 4 nov. 1662, cité dans M. Trudel, *Montréal. La formation d'une société 1642–1663* (Montréal, Fides, 1976), 157; É.-M. Faillon, *Histoire de la colonie française en Canada* (Montréal, Bibliothèque paroissiale, 1866), 3:11 (ordonnance du 4 nov. 1662).
46 Mémoire pour Mgr le Chancelier [Séguier], vers 1657, mss Fr. 1787 f° 137, Bibliothèque nationale (Paris). Voir aussi Campeau, *Les finances publiques*, 129. La réforme de 1657 restreint elle aussi l'accès aux marchandises de traite. Elle oblige les marchands importateurs à concentrer ces articles dans le magasin de la Communauté des Habitants, qui n'avance ou ne vend que la moitié aux particuliers. Il semble bien que ce régime contraignant soit reconduit pendant deux autres années. Ibid., 136–137; Trudel, *Histoire*, 3:246.
47 Le Barroys, premier interprète du roi en langue portugaise et commis de la Compagnie des Indes occidentales, à MM. de la Compagnie, Estat des affaires du Canada en l'année 1665, Col., C11A, 2: f° 174–174v°; « Mémoire des choses principales qui [concernent?] le Canada et les affaires de la Compagnie », ibid., f°s 172–173, AN; Colbert à Talon, 5 janv. 1666, *RAPQ*, 1930–1931, 42. La « liberté entière de la traite » est confirmée par un arrêt du Conseil d'État du roi du 8 avril 1666. *Édits, ordonnances royaux, déclarations et arrêts du Conseil d'État du Roi concernant le Canada* (Québec, E.-R. Fréchette, 1854), 1:60–62.
48 Nous sommes très mal renseignés sur l'utilisation du crédit dans les transactions franco-amérindiennes à cette époque, mais la fréquence des mentions de ces « avances » est à la hausse dans les années 1650 et 1660 – autre signe de la concurrence accrue entre les créanciers français? Sur ces questions, voir T. Morantz, « 'So Evil a Practice' : A Look at the Debt System in the James Bay Fur Trade », dans R.E. Ommer, dir., *Merchant Credit and Labour Strategies in Historical Perspective* (Fredericton, Acadiensis Press, 1990), 203–222.
49 Aubert de La Chesnaye, « Mémoire », 248.
50 Dechêne, *Habitants et marchands*, 163, 166–167, 209.
51 M. Boleda, « Trente mille Français à la conquête du Saint-Laurent », *Histoire sociale/Social History* 23, 45 (1990) : 167.
52 Dickinson, « Les Amérindiens », 99. Voir le témoignage enthousiaste – mais sans doute exagéré – que Simon Denys livre peu après son arrivée dans la colonie. L. Campeau, « Un témoignage de 1651 sur la Nouvelle-

France », *RHAF* 23, 4 (mars 1970) : 607, 609. L'élan est provisoire, car les réfugiés amérindiens dispersés par l'offensive iroquoise se mettent bientôt à produire du maïs dans leurs nouveaux établissements de la région des Grands Lacs.

53 Arrêt du Conseil de Québec (1653), Col., C^{11A}, 1, f° 286, AN.

54 Ordonnance du 14 janvier 1653, dans « Ordonnances inédites de Pierre Boucher », *Bulletin des recherches historiques* (*BRH*) 32 (1926) : 187–188.

55 Ordonnances, 6 juillet 1653 et 7 décembre 1653, ibid., 187–188.

56 Ordonnance du 7 décembre 1653, ibid., 187. Voir aussi Campeau, *Les finances publiques*, 119.

57 Ordonnance, 31 juillet 1654, dans « Ordonnances inédites de Pierre Boucher », *BRH* 32 (1926) : 190.

58 « Mémoire sur le com[m]erce en Canada du Castor et autres Pelleteries » (1699), Col., C^{11A}, 17, f° 152v°, AN. Voir aussi « Mémoire pour la justification de Mr d'Avaugour en Canada » (1663), Col., F^{2A}, vol. 13, pièce 18, f° 15, AN (transcriptions aux ANC).

59 D'Argenson à M. de Morangé, 5 sept. 1658, *BRH* 21 (1921) : 299–300.

60 D'Argenson à MM. de la Compagnie de la Nouvelle-France, 5 sept. 1658, ibid., 303.

61 Il semble que Tracy passe outre à une ordonnance du roi, publiée la veille, qui oblige ceux qui achètent du castor des Indiens de diminuer d'un quart la quantité de denrées qu'ils donnent en échange. Ordonnance du 24 juill. 1665, C^{11A}, 2, f° 161–162, AN.

62 Pierre Boucher, ordonnance du 31 juillet 1654, dans « Ordonnances inédites de Pierre Boucher », *BRH* 32 (1926) : 190; [Alexandre Prouville, seigneur de] Tracy, « Réglement [sic] pour la traitte des sauvages » du 25 juillet 1665, dans *Collection de manuscrits* 1:179–180.

63 Les Amérindiens domiciliés, présents plus longtemps au cours de l'année, sont bien sûr plus exposés que ne le sont ces visiteurs.

64 Voir Ray et Freeman, « *Give Us Good Measure* », 128–144. Sur le rôle de l'alcool dans les échanges lorsque la concurrence est moins forte, voir l'analyse perspicace de White, « The Trade Assortment : The Meanings of Merchandise in the Ojibwa Fur Trade », dans ce volume.

65 « Relation de 1662–1663 », dans *JR*, 48:60.

66 M. de l'Incarnation, *Écrits spirituels et historiques*, éd. C. Martin (Paris et Québec, Desclée-De Brouwer et Action sociale, 1935), 377n. 64. Sur les tentatives des autorités d'endiguer ce commerce, voir A.G. Bailey, *The Conflict of European and Eastern Algonkian Cultures*, (2nd ed., Toronto, University of Toronto Press, 1969 [1937]), 66–71.

67 [F. Vachon de] Belmont, « Histoire de l'eau-de-vie en Canada », dans Société littéraire et historique de Québec, *Collection de mémoires et de relations sur l'histoire ancienne du Canada* (Québec, W. Cowan et fils, 1840), 9.

68 Lettre à son fils, 26 août 1644, dans Oury, dir., *Marie de l'Incarnation*, 221. C'est toutefois en 1644 que Huault de Montmagny défend la vente

d'armes à feu et de boissons alcoolisées aux Amérindiens. Ordonnance du 9 juillet 1644, dans Roy, *Ordonnances, commissions, etc.*, 1:5.

69 *JJ*, 65.

70 Trudel, *Histoires*, 3:183n. 56.

71 Ordonnance 4 septembre 1654, dans « Les ordonnances du gouverneur de Lauzon », *RAPQ* 1924–1925, 386. Voir aussi la décision prise le 13 septembre 1654 par le Conseil de la Nouvelle-France de taxer le prix de l'eau-de-vie et du vin; le Conseil avait remarqué que l'on se procure ces substances dès l'arrivée des vaisseaux, afin de les vendre à un prix excessif aux particuliers qui ne peuvent en faire provision. Ibid., 387.

72 [C. Aubert de La Chesnaye], « Boissons », Col., C^{11A}, 12, f° 380v, AN.

73 *JJ*, 228–229 (déc. 1657). Voir *Jugements et délibérations du Conseil Souverain de la Nouvelle-France (JDCS)* (Québec, A. Côté, 1885), 1:185–186, 25 avril 1664; Faillon, *Histoire*, 3:27.

74 *JJ*, 233 (31 mars 1658).

75 D'Argenson à M. de Morangé, 5 septembre 1658, *BRH* 21 (1921) : 299–300.

76 Le commerce est légalisé par Dubois Davaugour en janvier 1662. Il est interdit par Chomedey de Maisonneuve le 24 juin 1662, par le Conseil souverain de Québec le 28 septembre 1663 et par C. D'Ailleboust le 31 juillet 1667. *JJ*, 305 et L. Campeau, *Les finances publiques*, 157; É.-Z. Massicotte, *Répertoire des arrêts [...] conservés dans les archives du Palais de justice de Montréal, 1640–1760* (Montréal, G. Ducharme, 1919), 3 et 5; Col., C^{11A}, 2, f° 50r°–50v°, AN.

77 Sous Talon. *JDCS*, 1:534–536, 10 novembre 1668.

78 Voir, entre autres, l'arrêt du 17 avril 1664 dénonçant des gens, « presque tous des habitans » de Sillery et de Cap-Rouge, qui vendent des boissons enivrantes aux Amérindiens. Col., C^{11A}, 2, f° 92p°–92v°, AN.

79 Le premier concerné est visiblement l'intendant Talon. Voir Aubert de La Chesnaye, « Mémoire » (1676), dans *Collection de manuscrits*, 1:252; Talon à Colbert, 4 oct. 1665, *RAPQ*, 1930–1931, 37; Talon à Louvois, 19 octobre–19 décembre 1667, ibid., 89; Talon, « Mémoire », 10 novembre 1670, ibid., 126. Sur les fournitures royales d'eau-de-vie, voir *JDCS*, 1:247, 30 juill. 1664. Il faudrait sans doute interpréter l'initiative prise en 1668 par Talon comme une tentative pour s'introduire dans ce commerce, s'il n'y était pas déjà engagé. Invoquant le désir de se « redîmer » du coût de construction de sa brasserie, Talon obtient un arrêt du Conseil souverain fixant à un niveau assez élevé le prix de la bière, dont il sera le seul producteur, et limitant l'importation de vin et d'eau-de-vie, mesure qui favorisait évidemment son propre commerce d'importation. Arrêt, 5 mars 1668, *JDCS*, 1:476–479. Voir Conseil souverain à Colbert, [30 oct. 1668], ibid., 1:526; Colbert à Colbert de Terron, 16 avril 1669, Col. B, 1, f°s 123v°-124v°, AN. Ce sont ceux « qui ont l'authorité au Canada », gens de guerre et officiers, qui, vers 1667, semblent mettre la main sur le commerce d'importation des marchandises pour la traite. Ils s'en servent, dit-on, pour

obtenir les meilleures pelleteries des habitants. « Mémoire sur le Canada [1667] », Col., C^{11A}, 2, f°s 352–353v^o, « Mémoire de la main de M. de Tracy » ibid., f° 326v^o; « Mémoire sur le Canada » (1666?) Col., F^{2A}, 10, n.p., AN. Dollier de Casson, *Histoire*, 273.

80 « Mandement contre ceux qui vendent des boissons enivrantes aux Sauvages », 5 mai 1660, dans H. Têtu et C.-O. Gagnon, *Mandements [...] des évêques de Québec* (Québec, 1887), 1 :14–15; « Excommunication contre Pierre [...] pour avoir traité des boissons enivrantes aux sauvages », 18 avril 1661, ibid., 30–32; « Délibération de la Sorbonne sur les boissons enivrantes », 1er février 1662, ibid., 41; « Excommunication contre ceux qui vendent de la boisson aux Sauvages remise en sa force », 24 février 1662, ibid., 42–43; « Autre déclaration », 30 avril 1662, ibid., 43–44; arrêt du Conseil souverain de Québec, 28 sept. 1663, *JDCS* 1:8; jugement, 23 nov. 1663, ibid., 1:64; jugement, 8 fév. 1664, ibid., 1:115–116; arrêt, 17 avril 1664, ibid., 1:170–171; délibération, 25 avril 1664, ibid., 1:185–186; délibération, 11 et 12 mai 1664, ibid., 1:188–189; arrêt, 29 avril 1665, ibid., 1:340; arrêt, 6 décembre 1666, ibid., 1:368–369; délibérations, 24 janv. et 26 avril 1667, ibid., 1:372–373 et 388; 2 jugements, 20 juin 1667, ibid., 1:406–409, 410–411; 2 jugements, 18 juill. 1667, ibid., 1:422–423; arrêt, 29 fév. 1668, ibid., 1:474.

81 « Copie de la requête présentée par François Le Mercier, supérieur des missions de la Compagnie de Jésus en Nouvelle-France », 8 mai 1666, dans C. de Rochemonteix, *Les Jésuites et la Nouvelle-France au XVIIe siècle* (Paris, Letouzey et Ané, 1896), 2:528.

82 Toutes les accusations contre les religieux et les autres privilégiés devraient se lire contre cet arrière-plan d'une concurrence accrue entre vendeurs de marchandises. Voir C.J. Jaenen, « The Catholic Clergy and the Fur Trade, 1585–1685 », Société historique du Canada/Canadian Historical Society, *Communications historiques/Historical Papers* (1970) : 60–80.

83 P.-F.-X. de Charlevoix, *Histoire*, 1:361.

84 [C. Simon], « Relatio Terraemotus in Nova Francia, 1663 », dans *JR* 48:219–221; A. Jamet, dir., *Les Annales de l'Hôtel-Dieu de Québec* (Québec, Hôtel-Dieu, 1939), 122–124; Marie de l'Incarnation à son fils, août-sept. 1663, dans G. Oury, dir., *Marie de l'Incarnation*, 687–699; P. Ragueneau, *La vie de Mère Catherine de Saint Augustin* (Paris, F. Lambert, 1671), 236–240.

85 Dechêne, *Habitants et marchands*, 251, 381, 385.

86 Basset, 22 août 1660, sociétés ANQM.

87 Communication personnelle de Mario Lalancette. Voir É.-Z. Massicotte, « La foire des pelleteries à Montréal au XVIIe siècle », *BRH* 28 (1922) : 373–377; É.-M. Faillon, *Histoire*, 3:399.

88 Voir, dans ce volume, M. Lalancette et A. Stewart, « De la ville-comptoir à la ville fortifiée : évolution de la forme urbaine de Montréal au XVIIe siècle ». Plus tard, on attribuera le départ pour l'Ouest des petits commerçants aux agissements de quelques habitants « principaux » : « Mémoire

sur la ferme du Domaine d'Occident », 28 décembre 1698, cité dans Innis, *The Fur Trade*, 58–59.

89 Dechêne, *Habitants et marchands*, 172–174.

90 Nous connaissons mal l'évolution des prix des marchandises importées. En 1658, le gouverneur Voyer d'Argenson accusera les « marchandeaux » sous-capitalisés de brader leurs marchandises au Canada, mais si tel est peut-être le cas au début, on finit bientôt par s'entendre sur les prix. Lorsqu'il est question, en 1656, de taxer les marchandises à Québec, le marchand Jean Gitton se fait dire par ses associés qui lui confient une cargaison qu'il « ne sera [...] contraint de s'arrester au prix de la [...] taxe quy sera faite audit quebeq ». Il semble bien que les importateurs se soient entendus sur un prix plancher. Dans les années 1660, ce prix aura tendance à augmenter (et ce, afin de compenser des pertes dans le commerce transatlantique du castor), malgré les tentatives répétées du Conseil souverain de faire respecter son « tarif ». Il faudrait pousser plus loin les recherches. [Voyer d'Argenson] à MM. de la Compagnie de la Nouvelle-France, 5 sept. 1658, *BRH* 21 (1921) : 301; Cherbonnier, 13 avril 1656, accord, ADCM, arrêt du Conseil souverain, 16 janvier 1664, *JDCS* 1:93, suivi de plusieurs autres arrêts et jugements jusqu'en 1670 sinon plus tard; arrêt du Conseil souverain, 14 juillet 1665, Col., C^{11A}, 2, f° 170–170v, AN; L. La Berge, *Rouen et le commerce du Canada de 1650 à 1670* (L'Ange-Gardien (France), Bois-Lotinville, 1972), 108; Dechêne, *Habitants et marchands*, 162.

91 Trudel, *Histoire*, 3:223; ordonnance de Lauson du 28 avril 1654, *RAPQ*, 1924–1925, 383.

92 M. Trudel (*Histoire*, [Montréal, Fides, 1983], 3,2:211–250) énumère soigneusement ces expéditions en notant leur but exploratoire, mais non leur caractère exclusif. Celles-ci permettent à quelques favorisés d'entretenir des relations privilégiées avec les autochtones d'une région donnée – si elles ne misent pas sur de tels rapports, préalablement établis. Voir notamment le cas de Charles Amiot, qui accompagne le jésuite Henri Nouvel lors de son séjour chez les Papinachois au cours de l'hiver 1663–1664. C'est lui qui transmet par la suite à Guillaume Couture le privilège, valant 35 castors, que lui ont accordé les Papinachois et les 8chestigueux « pour lui laisser le passage de la rivière libre ». « Relation de 1663–1664 », *JR* 49:62–68; *JJ*, 324, 5 avril 1664; Pierre Duquet, 28 mai 1665, marché entre G. Couture et C. Amyot, ANQQ.

93 Min. not. Cherbonnier, 15 juin 1661, obligation à la grosse aventure, ADCM.

94 A. Vachon, « Adam Dollard des Ormeaux », *Dictionnaire biographique du Canada* (Québec, Presses de l'Université Laval, 1966), 1:274–283; Trigger, *Les Indiens*, 387; G. Laflèche, *Les Saints Martyrs canadiens, Le martyre de la nation huronne et sa défaite avec Dollard des Ormeaux* (Laval, Éditions du Singulier, 1995), 5:375–385. Citons un autre indice de la pression de la concur-

rence. En avril 1664, Aubert de La Chesnaye, adjudicataire de la ferme de Tadoussac, obtient un jugement du Conseil souverain portant défense de prêter des marchandises « aux sauvages qui pourront aller en traite au dict Tadoussac ». JDCS, 1:169, 5 avril 1664.

95 Lettre de M. de l'Incarnation à son fils, 16 oct. 1666, dans Oury, dir., *Marie de l'Incarnation*, 768. Mentionnons cependant le cas de François Bissot, qui revient de l'une de ces expéditions avec une cargaison de peaux de castor et d'orignal. L. La Berge, *Rouen*, 128. Voir aussi arrêt du Conseil souverain, 5 janvier 1667, Col., C^{11A}, 2, f° 332r°–332v° AN.

96 Sur la participation des militaires, voir notamment Perrot, *Mémoire*, 114–117. Pour des traces de départs en 1667, voir JDCS, 1:634–635, 12 sept. 1670; J. de Latouche, 2 juill. 1667, société, Nicolas Gastineau Duplessis et Armand Darbas, Archive nationales du Québec en Mauricie-Bois-Francs.

97 C'est « soubs prétexte de découverte » ou d'exploration minière, d'après Aubert de La Chesnaye, que l'intendant Talon envoie des hommes vers les Grands Lacs et c'est lui qui propose le premier l'idée d'établir des postes royaux dans la région. En attendant que le gouverneur Frontenac passe à l'action en 1673, c'est sans doute son prédécesseur Courcelle qui est le premier officier à tirer d'importants bénéfices directs de l'éclatement des échanges. De retour de son expédition au lac Ontario, celui-ci expédie en France des peaux d'orignal, de castor et de loutre valant près de 17 000 livres. Courcelle, écrit Perrot (*Mémoire*, 129), aurait fait des présents aux Iroquois rencontrés à Cataracouy en 1671, « auxquels ils répondirent »; les pelleteries sont énumérées dans Becquet, 3 nov. 1671, obligation de Chesnaye et al. à Rémy de Courcelles, ANQQ. Sur le projet de Talon, voir « Mémoire ... sur le Canada », 10 octobre 1670, *RAPQ*, 1930–1931, 121.

98 Voir notamment la requête de plusieurs habitants de Trois-Rivières, Cap-de-la-Madeleine et Champlain, fév. 1668, JDCS, 1:474–475.

99 Requête des habitants de Montréal, de Trois-Rivières etc., 26 juin 1669, JDCS, 1:558–559.

100 En permettant de nouveau la vente de l'alcool aux autochtones dans la colonie, le Conseil souverain dit vouloir empêcher des libertins d'aller leur porter dans les bois. JDCS, 1:534–536, 10 nov. 1668.

101 Voir ci-dessus, n. 24.

102 Sur la restructuration, voir Dechêne, *Habitants et marchands*, 174–180; sur l'entrée en scène des marchands, voir Perrot, *Mémoire*, 130.

103 En guise d'explication de ce marasme, les historiens insistent sur l'importance du prix fixe offert dès 1674 par l'importateur de la métropole pour le castor canadien. Mais la logique de la concurrence en Amérique du Nord (d'abord au Canada et ensuite dans la région des Grands Lacs) n'est-elle pas le ressort de base de la surproduction du castor? W.J. Eccles,

France in America (2nd ed. Toronto, Fitzhenry and Whiteside, 1990 [1972]), 89; G.D. Taylor et P.A. Baskerville, *A Concise History of Business in Canada* (Toronto, Oxford University Press, 1994), 42. Voir aussi « Mémoire concernant le commerce, la navigation et les colonies pour servir d'instruction au Sieur Comte de Tallard » (1705), Section Outre-mer, Dépôt des fortifications des colonies – (Canada : Mémoires généraux), fos 77–78, AN.

104 Dans un survol récent, Baskerville, *A Concise History*, voit bien que la concurrence favorise l'expansion déréglée de la traite, tout en pensant que l'État aurait pu l'empêcher en utilisant des « mécanismes de contrôle » appropriés. À la longue toutefois, le seul moyen de parvenir à cette fin n'aurait-il pas été d'interdire, frégates à l'appui, le peuplement de la vallée du Saint-Laurent?

105 Le cas de la Nouvelle-Hollande, où le monopole est aboli en 1639, est riche en parallèles. Richter, *The Ordeal of the Longhouse. The Peoples of the Iroquois League in the Era of European Colonization* (Chapel Hill, NC : University of North Carolina Press, 1992), 93–97; Vernon, « The Dutch, the Indians, and the Fur Trade in the Hudson Valley, 1609–1664 », dans L.M. Hauptman et J. Campisi, dir., *Neighbors and Intruders : An Ethnohistorical Exploration of the Indians of the Hudson's River* (Ottawa, Musées nationaux du Canada, Service canadien d'ethnologie, 39, 1978), 201, 205; J. E. Murray, « The Early Fur Trade in New France and New Netherland », *Canadian Historical Review* 19 (1938) : 365–377.

106 D. Miquelon, « Jean-Baptiste Colbert's "Compact Colony Policy" Revisited : The Tenacity of an Idea », dans P. Galloway, dir., *Proceedings of the Seventeenth Annual Conference of the French Colonial Historical Society* (Lanham, Md., University Press of America, 1993), 12–13.

8 Les deniers du Roi dans l'économie canadienne du XVIIIe siècle

CATHERINE DESBARATS

S'il n'a eu que peu d'échos depuis, l'appel lancé il y a vingt ans par Louise Dechêne n'en demeure pas moins à propos : une relecture des rapports entre l'État et le secteur privé s'imposait, jugeait-elle à l'époque, étant donné l'apparente autonomie de la vie économique du XVIIe siècle canadien qu'elle venait de décrire en détail.[1] Une telle autonomie remettait en cause de nombreux lieux communs concernant la nature du pouvoir colonial, entre autres, l'idée persistante que l'économie tout entière aurait évolué sous l'impulsion de l'État. Dans *Habitants et marchands de Montréal au XVIIe siècle*, ce sont avant tout les structures agraires qui semblent battre un rythme indépendant des gestes et intentions des agents du roi au Canada. Et plutôt que d'observer dans les seigneuries, ainsi qu'il a souvent été postulé, un État tutélaire surveillant de façon minutieuse les contrats de concession, ou une intendance présidant à l'allégement des taux de redevances pour encourager le peuplement des campagnes, on y voit des gestes « routiniers et imprévoyants » qui se juxtaposent à une jurisprudence encline à donner raison aux seigneurs plutôt qu'aux censitaires.[2]

Les études rurales ultérieures, embrassant le XVIIIe siècle pour la plupart, confirment ces constats, offrant en outre l'image d'une paysannerie étanche aux perturbations qui émanent des autorités, surtout en temps de guerre.[3]

À la suite de ses propres travaux récents sur le partage des subsistances et sur l'efficacité de la police des grains, Dechêne a été la première à signaler que la paysannerie était sans doute plus vulnérable aux règlements et réquisitions de l'État qu'on ne l'a admis jusqu'à maintenant. Il serait bien surprenant que les irruptions souvent incohérentes (mais privilégiant toujours le monde urbain) de l'intendance dans le marché des grains qu'elle nous dépeint n'aient pas enflé les risques et les coûts des paysans.[4] Sans se livrer aux scénarios hypothétiques et aux comparaisons qui permettraient de mieux saisir l'ampleur de tels effets, admettons toutefois que les interventions régulatrices sous l'Ancien Régime ont peut-être freiné la croissance coloniale, et non seulement dans les campagnes. Le peu de ressources qu'exigaient ces règlements ne les empêchait pas d'avoir des répercussions majeures.[5] À ces nuances importantes près, auxquelles nous reviendrons, l'idée d'une certaine autonomie du secteur privé en Nouvelle-France mérite que l'on s'y attarde et surtout qu'on la précise.

Rappelons d'abord que, dans les métropoles européennes de l'époque, l'activité économique «chiffrable» de l'État n'avait rien de prépondérant, se trouvant bornée par les finances royales.[6] Qui plus est, les monarchies absolutistes semblent avoir été plus contraintes à cet égard que les pays dotés d'institutions représentatives.[7] Contrairement à ce qu'on aurait pu croire et à ce que croyait le peuple français, les gouvernements anglais et hollandais exigeaient apparemment une plus forte part du revenu national sous forme d'impôts et d'emprunts que l'État de France sous Louis XIV et Louis XV. Mais, même en Angleterre, ces ponctions ne paraissent pas avoir dépassé le cinquième du produit national en temps de guerre durant la période 1688–1815.[8] Dans la France du XVIIIe siècle, le fisc se contentait en temps de paix d'une part qui semble avoir baissé légèrement d'environ 8 à 11 % en 1733, à 8 à 9 % en 1768. La part réclamée en temps de guerre aurait légèrement augmenté pour atteindre 11 à 13 % pendant la guerre de la Succession d'Autriche et 12 à 13 % pendant la guerre de Sept Ans.[9]

De tels calculs rappellent que l'ubiquité absolutiste est tantôt fiction du régime, tantôt fantasme d'historiens trop familiers avec l'État providence du XXe siècle. Mais qu'en est-il dans le cas de la colonie si faiblement peuplée, si souvent fréquentée par la guerre? Reproduit-elle en microcosme des structures visibles à l'échelle du royaume, ou revêt-elle l'allure d'une périphérie atypique? Afin d'y voir plus clair, nous rassemblerons dans un premier temps les chiffres – tout épars et fragiles qu'ils soient – qui relativisent le poids économique de l'État dans le Canada du XVIIIe siècle.

S'il est certain qu'en France l'État n'est pas partout, la frontière entre les sphères économiques privée et publique baigne en revanche dans les eaux bourbeuses du privilège. Quoique rognant le pouvoir royal, ce privilège se trouve paradoxalement renforcé par les contraintes du fisc et par le vœu des souverains de la maison de Bourbon de se situer au-dessus des lois humaines. D'une part, le Roi Soleil et son successeur ne disposaient tout simplement pas des moyens d'anéantir les droits et prérogatives particuliers ayant trait au système financier. D'autre part, ces rois en tiraient profit. La vente d'offices vénaux de toutes sortes, on le sait bien, constituait une source de fonds moins épineuse que la levée d'impôts nouveaux et détestés. Les études récentes révèlent de surcroît que les financiers du régime, surtout s'ils se groupaient en corporations, accédaient à des emprunts à bien meilleur marché que le roi qui se réservait le droit de renier ses dettes, tout en étant à l'abri des poursuites judiciaires.[10] De façon plus générale, les souverains devaient composer avec élites et corps qu'ils cooptaient en octroyant monopoles, commissions et contrats et en cédant une part importante de la collecte et dépense des fonds royaux à des intermédiaires. Ainsi se cultivaient les réseaux de clientèles qui bien plus que la répression brute et gaspilleuse, semble-t-il, nourrissaient l'obéissance et la fidélité au roi.[11] Mais échafaudé de la sorte sur le favoritisme et cantonnant ses libéralités au sein de sa clientèle politique, le pouvoir royal créait en même temps ses exclus. Ce sont en gros les contribuables, qui cherchaient tant bien que mal à dissimuler leurs biens et leurs transactions aux autorités dont ils se méfiaient.

Nous sommes moins en mesure d'affirmer que le privilège définit tout autant les points névralgiques du système politique colonial. Et si certains affirment avec John F. Bosher qu'une nuée de privilégiés (son *official Bourbon society*)[12] gravite autour des agents royaux en Nouvelle-France, il est moins certain qu'elle s'arroge à elle seule les retombées de l'activité économique de l'État. Cette incertitude motivera le second volet de l'enquête, où seront abordés les rapports entre secteur privé et secteur public à une échelle cette fois microscopique. En ventilant la valeur des contrats octroyés par l'intendant, le but est d'éclairer à la fois les contours économiques de l'État et une facette de l'exercice du privilège, levier politique par excellence de l'Ancien Régime.

LE POIDS ÉCONOMIQUE DE L'ÉTAT: VUE D'ENSEMBLE

L'état fragmentaire des sources a favorisé plutôt les impressions floues que des analyses quantitatives du poids économique de l'État. L'incertitude ne règne pas tellement au niveau des activités économiques de ce dernier, puisque les finances coloniales nous ont légué des bordereaux de recettes et de dépenses. C'est plutôt au sujet de l'économie privée de la colonie que l'on peut dire avec l'intendant Hocquart: « Je suis bien fasché de ne pouvoir vous donner que des connaissances vagues et indéterminées sur le commerce de ce pays. »[13]

Pour l'instant, l'impression qui semble prévaloir se dégage des travaux de William J. Eccles. Selon celui-ci, la prédominance politique et sociale de l'élite militaire se serait accompagnée d'une primauté économique : l'économie coloniale aurait évolué sous l'impulsion de l'État et, tout comme en Prusse, la « guerre » aurait constitué « l'industrie » la plus importante du Canada. Ensemble, ces propos impliquent plus précisément que les dépenses militaires ont propulsé de façon significative la croissance économique coloniale. Le fond de l'argumentation est par contre plus indirect, voire elliptique. Car le poids onéreux du militaire que perçoit Eccles ne découle pas uniquement de la fréquence ou de l'ampleur des guerres mais, selon lui, du rachitisme séculaire de l'économie privée, fruit à son tour du système social français. Une « nouvelle classe moyenne et aisée » (française?) aurait privilégié l'achat d'offices vénaux plutôt que les investissements dans le commerce ou dans l'industrie, faisant ainsi de la colonie une « bureaucratie militaire ».[14]

Pour voir si de telles hypothèses se confirment dans les faits, et notamment pour évaluer l'effet d'entraînement exercé par l'État sur l'économie tout entière, il nous faudrait idéalement des estimations fiables du produit colonial et de ses diverses composantes. Les autorités de l'Ancien Régime n'ayant pas été à même de produire de tels chiffres, la tâche incombe désormais aux historiens. Or ceux-ci n'en sont pour la plupart qu'à leurs premières tentatives, dosant théories et statistiques partielles avec des succès inégaux. Au Canada, seul Morris Altman a relevé jusqu'à présent le défi problématique : cherchant à savoir, entre autres, dans quelle mesure le régime seigneurial canadien aurait pu freiner la croissance coloniale, il établit des chiffres pour le revenu colonial du Canada entre 1695 et 1739 qui se comparent favorablement avec ceux décrivant le revenu des colonies américaines. Si la recette d'Altman est douteuse à bien des égards, elle donne lieu néanmoins à des ordres de grandeur plausibles.[15] Pour ce qui en est de la part du gouvernement dans la production coloniale, il semblerait qu'elle se soit amenuisée entre les années 1712–1713 et 1739. Les estimations de la production cessent par la suite, tout comme les recensements sur lesquels elles sont basées.

Pour une poignée d'années qui suivent, nous n'avons que des mesures du commerce extérieur qui témoignent d'un renversement de la tendance antérieure, et des effets de la guerre, puisque la part gouvernementale croît par rapport à l'ensemble des échanges mesurés. Cela dit, les chiffres ayant trait au commerce extérieur, produits par l'intendant Hocquart, méritent également d'être scrutés de plus près. En 1734, celui-ci expliquait au secrétaire d'État à la Marine, le comte Jean-Frédéric Phélypeaux de Maurepas, que les montants figurant comme « sorties » englobaient non seulement des produits exportés, tels les fourrures et le bois, mais aussi les lettres de change tirées sur la Marine et sur la Compagnie des Indes.[16] La proportion des dépenses de l'État payée sous cette forme variait d'une année à l'autre (une tendance à la hausse se dessine entre 1729 et 1745) et n'incorporait même pas la totalité des transferts de fonds occasionnés par les dépenses du gouvernement. Il a donc semblé plus prudent de comparer ces dernières uniquement avec les sorties de biens, et non avec le chiffre d'ensemble fourni par Hocquart.

Même en temps de paix, l'économie publique est loin d'être négligeable. En 1729, par exemple, les dépenses gouvernementales correspondent en gros à la moitié de la valeur de l'ensemble des exportations privées (voir le tableau 1). Six ans plus tard, ces mêmes dépenses équivalent aux trois quarts des exportations de fourrures.[17] Du moins, pendant les paisibles années 1730, donc, l'échelle de l'économie publique avoisinait celle d'un secteur-clé des échanges privés. Il faut se rappeler toutefois que la traite des fourrures en soi ne correspondait peut-être qu'à 11 à 14 % de l'ensemble de la production coloniale.[18] Dans ces conditions, il paraît excessif de parler d'une économie coloniale militarisée. En temps de paix, les dépenses gouvernementales ne font de l'État qu'un secteur important parmi d'autres, ni plus ni moins.

La guerre de la Succession d'Autriche vient brouiller ce tableau. Dès 1745, les dépenses de l'État dépassent la valeur totale des exportations privées (voir le tableau 1). Nous n'avons pas de chiffres exacts pour le démontrer, mais il semble fort probable sinon évident qu'en même temps, ces dépenses se gonflèrent par rapport à l'ensemble de la production coloniale. Pendant les années 1740, les bordereaux du Canada ne permettent pas de dire plus que les dépenses réelles de l'État « auraient pu » doubler au cours de la décennie.[19] Si le rythme de croissance de la population de la période antérieure s'était maintenu (soit 2,6 % ou un doublement tous les 27 ans), les dépenses réelles *per capita* auraient également grimpé, et probablement à un rythme plus accéléré que les 4 à 10 % par décennie (en temps de paix) postulé par Altman pour la croissance de l'ensemble de la production coloniale.[20] Dans ces conditions, il semble donc que la part de l'économie publique croissait non seulement par rapport aux exportations privées pendant les années 1740, mais aussi par rapport à la production totale. L'économie coloniale était sans doute plus « militarisée » qu'avant, mais l'ampleur du phénomène reste inconnue. Ce qui est plus certain, c'est que face à l'effondrement des exportations et de la chute des expéditions de traite vers le Pays d'en haut, les marchands canadiens ayant accumulé des stocks trouvaient, en attendant l'accalmie, un débouché dans les expéditions militaires.[21] Plutôt que de stimuler la croissance économique coloniale, les dépenses de l'État ont peut-être au mieux adouci les effets d'une croissance interrompue.

Tableau 1
Exportations du Canada et leur composition, comparées aux dépenses du gouvernement colonial (1729–1745) (*livres françaises*)

			Lettres de change		*Dépenses coloniales*	
Exportations totales (sorties)		*Produits (fourrures, etc.)*	*Marine*	*Compagnie des Indes*	*Minimum*	*Maximum*
1729	1 287 256				579 190	
1735	1 527 244	809 933	0	?	620 573	653 315
1739	2 220 718	1 640 726	437 003	372 929	703 197	747 637
1742	2 098 642		547 566	32 426	986 555	1 068 878
1745	2 179 835	1 057 878	1 121 957		1 165 244	1 834 277

Sources : 1729 : Beauharnois et Hocquart au ministre, 25 oct. 1729, Col., C^{11A}, 51, f° 153, AN. La lettre indique qu'aucune lettre de change ne fut tirée en 1729. Du moins, l'intendant fut empêché d'en tirer en 1729 et 1730 pour acquitter les dépenses générales de la colonie. 1735 : Hocquart à Maurepas, 15 oct. 1735, Col., C^{11A}, 64, f° 99 et Hocquart à Maurepas, 1er nov. 1735, Col., C^{11A}, 64, f° 243v^{o}, AN ; 1739 : F^{2B}, 11, f° 19, ibid. 1745 : Hocquart à Maurepas, 31 oct. 1746, Col., C^{11A}, 85, f° 456v^{o}, ibid. Le chiffre pour 1742 semble représenter uniquement les biens exportés, et non les lettres de change, quoiqu'on le cite souvent comme chiffre pour les « sorties totales ». Voir Hocquart à Maurepas, 8 oct. 1743, Col., C^{11A}, 79, f° 319, ibid.

Cette vue d'ensemble, il faut le répéter, repose sur des sources et des statistiques bien fragiles, dont les implications ont tout de même le mérite d'être plausibles. Même en tenant compte de l'incertitude qui règne dans les finances coloniales, les dépenses nominales de l'État *per capita* semblent bien s'être contractées avant 1739. Dans une économie largement agricole, et à une époque où l'échelle des dépenses de l'État reposait essentiellement sur le nombre de soldats entretenus et sur la présence ou l'absence de campagnes militaires, le rétrécissement relatif de l'État paraît tout à fait naturel. Que la part de l'État dans l'économie coloniale imite les proportions observées en France, du moins en temps de paix, voilà qui étonne davantage. Mais manifestement, les contraintes fiscales de l'absolutisme existent tout autant dans la colonie, même si la marge de manœuvre de l'intendant y dépend moins en pratique des impôts prélevés localement que de la volonté des fournisseurs de l'État de vendre à crédit. En temps de crise, les contrastes sont plus marquants : la guerre de la Succession d'Autriche va militariser l'économie du Canada bien plus que celle de la France où, comme nous l'avons noté plus haut, les ponctions de l'État ne semblent pas avoir dépassé 13 % du revenu national. Outre-mer, l'effondrement du commerce colonial aurait plutôt fait doubler cette proportion.

RETOMBÉES DE L'ÉCONOMIE « PUBLIQUE »

Ce ne sont pas seulement de fragiles statistiques qui ont contribué à la confusion quant au poids économique de l'État en Nouvelle-France. Des portraits trop souvent impressionnistes de la communauté marchande, et en particulier de ses liens avec les autorités coloniales, y sont également pour quelque chose. Ne tenant pas compte du portrait d'ensemble des fournisseurs de l'État, et peut-être convaincus d'avance des effets néfastes du privilège dans cette petite-société coloniale, les historiens ont trop hâtivement cru discerner des monopoles.[22] À vrai dire, l'étude plus systématique des retombées de l'économie publique ne devrait plus rester en souffrance tant il y a de concurrents pour le titre de « fournisseur monopolistique » de l'État. Les bordererεaux des recettes de dépenses coloniales peuvent être exploités à cette fin, puisqu'ils nomment de façon assez systématique les fournisseurs de l'État entre 1726 et 1751. La nature et la quantité des produits ou services en question ne sont pas toujours précisées, mais les sommes dues par l'État le sont en général. Il est donc possible d'analyser la concentration des paiements de ce dernier et en même temps de voir si une tendance monopolisatrice se manifeste.

A priori, on ne peut écarter la possibilité que derrière la façade d'une saine bureaucratie rigide et respectueuse des règlements, les documents financiers recèlent des cas de fraude ou de prête-noms. Les travaux de Bosher, qui soulignent l'enchevêtrement des secteurs privé et public de l'Ancien Régime, sèment effectivement le doute à cet égard. Les cas de corruption devraient certainement être dépistés plus systématiquement que nous ne proposons de le faire ici. Mais entre-temps, certaines observations permettent de dissiper quelque peu ces doutes, si ce n'est que provisoirement.

D'abord, dans les cas de fraude connus, et commis avant 1750, le plus souvent par les gardes-magasins du roi, ceux-ci pèchent non pas tant par l'invention de dépenses fictives que par la sous-représentation de l'argent reçu dans leur caisse.[23] C'est le cas, par exemple, du garde-magasin au fort Saint-Frédéric, Jacques Barsalou, qui fut condamné à restituer 2 000 # au roi. Des abus de ce genre n'invalident pas nécessairement l'analyse des dépenses enregistrées dans les bordereaux. Notons également que, du moins pendant l'intendance de Hocquart, la série de contrats enregistrés au contrôle de la Marine, tel que l'exigeait l'Ordonnance des armées navales de la Marine de 1689, concorde avec les bordereaux approuvés par l'intendant.[24] En outre, dans son examen des achats de produits frumentaires pour les greniers du roi, Dechêne n'a trouvé aucun indice de prix enflés – autre forme possible de fraude. De facon plus générale, ce n'est pas par pur hasard que nous disposons de bordereaux coloniaux détaillés pour les exercices fiscaux de 1726 à 1751. La majorité de ces documents a été préparée sous la surveillance de Hocquart, dont l'intendance se distingue par sa plus grande conformité aux règlements formels, notamment en matière de finances, où l'Ordonnance de la Marine de 1689 faisait loi dans la colonie aussi bien que dans les arsenaux de la Marine.[25]

Pour le moment, donc, fions-nous aux renseignements que nous livrent les bordereaux. C'est une gageure qui paraît d'autant plus raisonnable (et le raisonnement n'est pas aussi circulaire qu'il ne le semble de prime abord) que les résultats ne varient que peu d'une année à l'autre, d'une catégorie de dépense à l'autre, ou même d'une colonie à l'autre, puisque nous avons mené la même enquête pour l'île Royale.[26] En effet, comme on le verra ci-dessous, à l'exception de ceux qui détenaient les contrats pour les travaux de fortifications, surtout à l'île Royale, la majorité des fournisseurs recevait des paiements relativement modestes. Bien sûr, il ne faut pas oublier que l'État ne faisait pas qu'acheter des ravitaillements pour les troupes et leurs armes, mais qu'il recourait à des services divers – ceux d'armuriers, de serruriers, de tonneliers, même de couturières, entre autres, en plus de ceux de journaliers divers. Peu de métiers d'artisans, en fait, échappaient aux besoins de l'État, surtout en temps de guerre. Dans ces conditions, il est préférable d'examiner la distribution des dépenses en ventilant leurs différentes catégories.

L'analyse de la distribution des paiements de l'État que nous faisons ici ne porte que sur les achats autorisés localement par l'intendant ou le commissaire-ordonnateur. Pourtant, il ne faut pas oublier que le gouvernement du Canada se faisait partiellement approvisionner par la France – notamment pour les uniformes des soldats, les fusils et le plomb-en-grains livré aux troupes de la Marine et aux nations amérindiennes alliées. Ces achats, surveillés par l'intendant de Rochefort, Louis-Balthasar de Ricouart, et transmis par le vaisseau du roi, laissaient tout de même la part du lion aux fournisseurs canadiens. Le blé et la farine, par exemple, avaient été fournis sur place depuis longtemps, le recours aux suppléments importés étant réservé aux pires récoltes. En conséquence, les envois de Rochefort n'excédaient que rarement le tiers des besoins de l'État au Canada en matière de « vivres, munitions et marchandises ».

Nous n'avons pas tenté de faire une étude systématique des contrats relatifs aux envois de Rochefort, mais on peut affirmer avec certitude que ceux-ci ne font pas l'objet d'un unique bail, en dépit de l'impression souvent laissée dans les travaux d'historiens. Un bon nombre des produits en question, à savoir les uniformes, la poudre, les vivres importés et compris dans la « ration du munitionnaire » (telle qu'elle est définie dans l'Ordonnance de la Marine de 1689), sont tirés des magasins du roi en France, ayant d'abord été achetés dans le cadre de plus gros contrats à l'échelle de la Marine tout entière, ou du moins à celle de l'arsenal de Rochefort.[27]

Quels sont donc les traits saillants de la distribution des paiements de l'État? Nous avons examiné la question pour sept années durant la période 1729–1749, selon les catégories de dépenses qui figurent dans les bordereaux mêmes (voir les tableaux 2 et 3).[28] D'abord, si la concentration des paiements varie d'une rubrique de dépenses à l'autre, étant plus élevée pour les transports et les fortifications, dans aucun cas ne peut-on parler de monopole au sens strict du terme.[29] Prenons l'exemple des fournitures de vivres, munitions et marchandises. Pendant les années de paix, on dénombre au moins une cinquantaine de fournisseurs qui se partagent les ventes à l'État, alors qu'en 1746, en pleine guerre de la Succession d'Autriche, la mêlée se gonfle à près de 600.

À la veille de la guerre de Sept Ans, selon José Igartua, la communauté marchande de Montréal se chiffrait à 172. Y étaient pour le compte non seulement le noyau restreint de gros importateurs et marchands-équipeurs, mais aussi une nuée de marchands-équipeurs modestes et peu connus des historiens, et même de petits boutiquiers et artisans. À Québec, Danielle Gauvreau dénombrait une soixantaine de « marchands et commerçants » à partir du recensement de 1744. D'un autre côté, Kathryn Young identifiait pour la période 1717–1745 une communauté « stable » de 72 marchands qui auraient travaillé à Québec pendant au moins une décennie. Dans ce contexte, il est apparent que, pour équiper les campagnes coloniales de la guerre de la Succession d'Autriche, Hocquart fit non seulement appel à une poignée de marchands privilégiés, mais dut ratisser au-delà même de la communauté marchande. Et inversement, il est tout aussi clair que, pendant les années de paix, un nombre de ceux ayant des produits ou services à vendre le faisaient en dehors de l'orbite de l'État.

Un second trait ressort de l'analyse de la répartition des achats du gouvernement colonial : qu'il s'agisse d'une année de paix ou d'une année de guerre, et quelle que soit la nature des dépenses envisagées, la valeur des achats se resserre autour de ses bornes inférieures. Le fournisseur typique, c'est-à-dire majoritaire, recevait de l'État des sommes relativement modestes. Prenons une fois de plus l'exemple des « vivres, munitions et marchandises ». À la veille de la guerre de la Succession d'Autriche, la grande majorité des fournisseurs touchait moins de 2 500 # au cours d'un exercice fiscal. Plus de la moitié livrait des assortiments de produits valant moins de 1 000 #. Il en est de même pour les journées de travail : rares étaient ceux qui se faisaient rémunérer au-delà de 400 #. Et si les sommes moyennes et maximales versées par

Tableau 2
Montants moyens payés aux fournisseurs du roi au Canada (*livres françaises*)

	1729	*1732*	*1737*	*1741*	*1745*	*1746*	*1749*
Fortifications							
Moyenne	1 065	1 163	738	278	273	2 017	2 462
Écart type / moyenne	357%	262%	260%	199%	130%	813%	493%
Nombre de fournisseurs	29	37	60	70	100	132	127
Construction de canots							
Moyenne	390			77	369	303	277
Écart type / moyenne	105%			139%	101%	94%	141%
Nombre de fournisseurs	4			75	14	23	50
Journées de travail							
Moyenne	206		440	109	268	554	401
Écart type / moyenne	83%		127%	288%	84%	179%	128%
Nombre de fournisseurs	23		36	140	50	78	84
Vivres et marchandises							
Moyenne	1 949	1 464	1 340	1 073	1 685	3 528	3 197
Écart type / moyenne	196%	215%	241%	204%	336%	355%	272%
Nombre de fournisseurs	49	72	179	125	92	588	230
Transport							
Moyenne	986	942	1 161	1 058	352	2 183	533
Écart type / moyenne	159%	184%	283%	246%	231%	336%	315%
Nombre de fournisseurs	11	14	36	27	33	73	82
Diverses dépenses							
Moyenne	351	321	192	133	238		
Écart type / moyenne	128%	72%	130%	160%	183%		
Nombre de fournisseurs	11	43	40	73	10		
Dépenses imprévues							
Moyenne						464	346
Écart type / moyenne						294%	218%
Nombre de fournisseurs						217	217
Courses et voyages							
Moyenne	239	288	127	52	246	293	277
Écart type / moyenne	29%	68%	166%	148%	183%	183%	141%
Nombre de fournisseurs	24	14	55	84	51	51	55

Source : Bordereaux des dépenses générales du Canada, 1729–1745, Col., C^{11A}, 60, 62, 70, 79, 113–118, AN.

la caisse de la Marine tendaient à augmenter pendant les années de guerre, la concentration des paiements était peu affectée par la conjoncture. L'effet des gros contrats octroyés aux fournisseurs les plus aisés se dissolvait dans la foule de modestes nouveaux venus. Ainsi, s'il est vrai qu'en 1746, des marchands bien connus, tels que Denis Goguet,

Nicolas Jacquin dit Philibert, ou François Chalet, touchaient des sommes sans précédent et qu'une trentaine de fournisseurs franchissaient le cap d'avant-guerre, soit 15 000 #, en même temps, le nombre de petits fournisseurs explosa, et avec lui, l'écart de l'ensemble des paiements.

Si la tendance monopolisatrice des fournitures de l'État colonial au Canada a été exagérée, il reste vrai qu'à tout moment une minorité – atypique, donc – de gros joueurs se détache du peloton (voir le tableau 3). Mais avant d'y voir l'effet du favoritisme de l'intendance, il faut en savoir plus long sur la structure des marchés privés. Imaginons, par exemple, qu'une étude des fortunes et chiffres d'affaires marchands venait confirmer le schéma montréalais proposé il y a vingt ans par Igartua, soit un noyau de « gros » marchands, entouré d'une périphérie de joueurs secondaires. Dans ces conditions, la répartition des paiements que nous venons d'étudier refléterait tout autant la diversité des moyens des fournisseurs que l'exercice sélectif du favoritisme.

Lorsqu'on isole le dixième des fournisseurs bénéficiant des plus gros contrats pendant les sept années étudiées ici, on aboutit à un groupe d'environ 90 individus, dont beaucoup ne figurent au rang de cette élite qu'une fois, et ce, en temps de guerre. D'autres, par contre, s'y retrouvaient plus systématiquement. Le marchand-boucher Joseph Guyon Després, par exemple, s'est taillé une place plutôt enviable sur les bordereaux du Canada, en vertu surtout de ses ventes de bœuf à la garnison de Montréal ou des expéditions équipées à partir de ce poste. Les bouchers de Québec, Charles Larche et Romain Dolbec, figurent aussi de temps en temps aux premiers rangs, mais moins souvent que Guyon Després, puisqu'ils nourrissent une plus petite garnison. Mais cette proéminence des bouchers découle en grande partie de la structure du marché en question. La boucherie est un métier réglementé et les autorités en limitent les effectifs.

Plus rarement, on retrouve au rang de ceux qui touchent les plus gros paiements de l'État des artisans, tel le tanneur Jean-Baptiste Barsalou, ou même des hommes à tout faire, tel Étienne Blot. Au-delà de ses liens occasionnels avec l'État, Barsalou semble peu différent de ses collègues tanneurs, tels Jean-Louis Plessy dit Bélair, ou Gabriel Lenoir dit Rolland. Blot, de son côté, apparaît d'abord sur le bordereau de 1737, ayant vendu un assortiment hétéroclite de menus produits – quelques cordes de bois, des chandelles, etc. Dès lors, il offre annuellement ses services, tantôt de charpentier, tantôt de charretier, de sorte que la caisse de la Marine lui sera redevable de 11 008 # en 1749. Ni Blot, ni Barsalou n'est conforme au portrait jadis offert par Cameron Nish d'un groupe de « bourgeois-gentilshommes » monopolisant contrats, postes administratifs et s'arrogeant le sommet de la hiérarchie

Tableau 3
Effectifs et concentration des fournisseurs du roi au Canada

	1729	*1732*	*1737*	*1741*	*1745*	*1746*	*1749*
Fortifications							
Nombre de fournisseurs	29	37	60	70	100	132	127
Part des paiements allant au plus							
gros fournisseur	56%	25%	21%	15%	3%	50%	35%
2 fournisseurs	67%	50%	28%	18%	5%	54%	51%
5 "	73%	59%	36%	25%	12%	58%	70%
10 "					18%	60%	79%
15 "							
Journées de travail							
Nombre de fournisseurs	23		36	140	50	78	84
Part des paiements allant au plus							
gros fournisseur	12%		10%	15%	6%	13%	4%
2 fournisseurs	22%		19%	26%	10%	18%	9%
5 "	45%		37%	45%	18%	31%	17%
10 "				60%		48%	28%
15 "						57%	

Vivres, munitions et marchandises							
Nombre de fournisseurs	49	72	179	125	92	588	230
Part des paiements allant au plus gros fournisseur	17% (10%)	13% (8%)	8% (7%)	11% (7)	26% (20%)	8% (7%)	6% (5%)
2 fournisseurs	34 (21)	26 (17)	17 (14)	20 (13)	31 (25)	13 (11)	12 (11)
5 "	59 (31)	47 (31)	36 (30)	37 (23)	45 (36)	24 (21)	28 (24)
10 "		75 (49)	55 (46)	54 (34)	57 (45)	38 (33)	51 (43)
15 "			68 (57)			46 (41)	67 (57)
20 "						53 (47)	75 (65)
Transport							
Nombre de fournisseurs	11	14		27	33	73	82
Part des paiements allant au plus gros fournisseur	48%	43%		40%	35%	24%	26%
2 fournisseurs	63%	60%		65%	44%	45%	33%
5 "	83%	78%			57%	82%	44%
10 "						87%	54%
15 "							
20 "							

Source : Bordereaux des dépenses générales du Canada, 1729–1745, Section Outre-mer, G^2, 213, AN.

N.B. Dans la catégorie des « vivres et marchandises », le premier chiffre représente la concentration des paiements par rapport aux achats effectués dans la colonie. Le chiffre entre parenthèses mesure la concentration par rapport à l'ensemble des achats, qu'ils soient effectués en France ou au Canada.

sociale en fonction de leur accès au privilège. De façon plus générale, l'intendant et les commissaires-ordonnateurs travaillant à Montréal semblent avoir fait preuve d'une plus grande libéralité dans leurs achats que ce qu'on a prétendu jusqu'à présent.

CONCLUSION

Aussi partiels et bruts qu'ils soient, les résultats livrés ici confirment le besoin d'une plus vaste réinterprétation des rapports entre l'économie publique et le secteur privé. Vue de loin, l'activité économique de l'État colonial au Canada entre dans les normes observées à l'échelle des royaumes européens; du moins, en temps de paix au XVIIIe siècle, l'État est loin d'être le moteur principal de l'économie coloniale, constituant tout de même un secteur non négligeable parmi d'autres. En revanche, cette autonomie se voit battue en brèche par les besoins de l'État en temps de guerre : récoltes, main-d'œuvre, vaisseaux, ballots de marchandises; tous ces éléments de l'économie coloniale subissent des ponctions plus fortes orchestrées par l'intendance, alors que leurs marchés habituels s'effondrent. Pendant de tels moments, l'interruption de la croissance du secteur privé semble être la contrepartie, parfois même la conséquence de l'explosion des dépenses militaires. Dans ces conditions, il faudrait peut-être insister davantage sur l'aspect onéreux de cet État, qui n'est d'ailleurs pas réputé pour honorer ses dettes avec une parfaite exactitude.

L'analyse de la répartition des contrats de l'État nous éloigne encore plus des hypothèses formulées pour le royaume et soulève une foule de questions connexes auxquelles il faudra répondre avant d'ambitionner de donner des interprétations plus globales de la nature du pouvoir colonial. Pour l'instant, il semblerait que, durant son séjour canadien, Hocquart ne disposait pas des deniers du roi au seul profit d'un groupe circonscrit de clients privilégiés. Serait-ce tout simplement que les agents royaux n'ont pas besoin de cultiver des réseaux de clientèles pour s'assurer la fidélité des sujets dans un milieu hypercentralisé qui par rapport aux provinces françaises a l'allure d'une table rase juridique, sociale et politique? Sommes-nous, avec l'intendant et le gouverneur de la Nouvelle-France, aux derniers maillons transatlantiques des chaînes de clientèles de l'Ancien Régime? En l'absence d'enjeux politiques d'envergure, le besoin de manier le privilège se fait peut-être moins sentir. Ou est-ce plutôt, si l'on présume toujours le besoin de nouer de tels réseaux, que l'absence de grosses fortunes mercantiles ou seigneuriales, qui auraient pu monopoliser les deniers du roi, contraint l'intendant à faire appel à d'autres moyens pour s'assurer la fidélité de ses sujets? Faute d'enjeux politiques importants finalement et vu la faible concentration de capitaux dans la colonie, ceux qui font affaire avec le roi risquent de connaître plus son visage arbitraire que ses traits de magnifique patron. Et son appétit pour le crédit s'étendant outre-Atlantique, le roi se trouve peut-être contraint à le chercher là où il peut au Canada, soit chez une multitude de modestes fournisseurs.

NOTES

1 Louise Dechêne, *Habitants et marchands de Montréal au XVIIe siècle* (Montréal, Boréal, 1988), 482.

2 Dechêne, *Habitants et marchands*, 247 et « L'évolution du régime seigneurial au Canada : le cas de Montréal aux XVIIe et XVIIIe siècles », *Recherches sociographiques* 12, 2, (1971) : 143–151.

3 Voir surtout Sylvie Dépatie « L'évolution d'une société rurale : l'île Jésus au XVIIIe siècle », thèse de PhD, Université McGill, 1988 et Thomas Wien, « Peasant Accumulation in a Context of Colonization : Rivière du Sud, Canada 1720–1775 », thèse de PhD, Université McGill, 1988.

4 Louise Dechêne, *Le partage des subsistances au Canada sous le Régime français* (Montréal, Boréal, 1994).

5 Patrick O'Brien, « Central Government and the Economy, 1688–1815 », dans Roderick Floud et Donald McCloskey, dir., *The Economic History of Britain since 1700* (2nd ed., Cambridge, Cambridge University Press, 1994), 210.

6 Pour la France, voir James Riley, « French Finances, 1727–1768 », *Journal of Modern History* 59 (1987) : 234–236. Jean Meyer, *Le poids de l'État* (Paris, Presses universitaires de France, 1983) offre un survol impressionniste. Pour l'Angleterre, voir O'Brien, « Central Government », 210 et Patrick O'Brien et Philip A. Hunt, « The Rise of a Fiscal State in England, 1485–1815 », *Historical Research* 66 (1993) : 129–176. Pour la Prusse, voir P.G.M. Dickson, *Society and Government under Maria Theresia, 1740–1780* (Oxford, Oxford University Press, 1987).

7 Pour une analyse des rapports entre les institutions politiques et la capacité de l'État de s'arroger une part importante du revenu national, voir Philip T. Hoffman et Kathryn Norberg, dir., *Fiscal Crises, Liberty and Representative Government, 1450–1789* (Stanford, Stanford University Press, 1994).

8 Patrick O'Brien, « The Political Economy of British Taxation, 1600–1815 », *Economic History Review* 41 (1988) : 1–33, et O'Brien et Hunt, « The Rise of a Fiscal State in England, 1485–1815 », et O'Brien, « Central Government », 210.

9 Riley, « French Finances », 236. Dans le cas des deux royaumes, il faut rappeler que ces chiffres sont fort approximatifs, à la fois pour les estimations du revenu national et pour les chiffres mesurant les impôts et « affaires extraordinaires ».

10 David D. Bien, « Offices, Corps, and a System of State Credit : The Uses of Privilege under the Ancien Régime », Keith Baker, dir., *The French Revolution and the Creation of Modern Political Culture*, vol. 1, *The Political Culture of the Old Regime* (London, Pergamon Press, 1987) et Hilton Root, « Tying the King's Hands : Credible Commitments and Royal Fiscal Policy under the Old Regime », dans *The Fountain of Privilege. Political Foundations of Markets in Old Regime France and England* (Berkeley, University of California Press, 1994), 163–178.

11 Voir William Beik, *Absolutism and Society in Seventeenth-Century France. State Power and Provincial Aristocracy in Languedoc* (Cambridge et New York, Cambridge University Press, 1985), James Collins, *Classes, Estates, and Order in Early Modern Brittany* (Cambridge et New York, Cambridge University Press, 1994), Hilton Root, *Peasants and King in Burgundy : Agrarian Foundations of French Absolutism* (Berkeley, University of California Press, 1987) et Julian Swann, « War and Finance in Burgundy in the Reign of Louis XIV, 1661–1715 », dans Richard Bonney et Mark Ormrod, dir. *Crises, Revolutions and Self-Sustained Growth : Essays in European Fiscal History, 1130–1830* (Stamford, Paul Watkins Press, à paraître).

12 John F. Bosher, *The Canada Merchants 1713–1763* (Oxford, Clarendon Press, 1987), 47–109.

13 Hocquart à Maurepas, 17 oct. 1730, Col., C^{11A}, 53, f° 123, AN.

14 Pour les arguments concernant la faiblesse de l'économie privée, voir William J. Eccles, *The Canadian Frontier 1534–1760* (Albuquerque, University of New Mexico Press, 1979), 70. Voir aussi W.J. Eccles, « The Social, Economic and Political Signifance of the Military Establishment in New France », *Canadian Historical Review* 52 (1971) : 1, pour la comparaison avec la Prusse. Eccles précise « If it were possible to have an accurate accounting – unfortunately it is not – it likely would be found that the military establishment ran the fur trade a close second as the economic mainstay of the colony. » En dépit de cette qualification, d'autres historiens ont plutôt tendance à reprendre l'idée de la primauté économique de la guerre. Voir Bosher dans *The Canada Merchants*, 13. Pour ce qui en est de l'argument « elliptique », vraisemblablement, Eccles ne voulait pas proposer que des capitaux du Canada auraient pu être absorbés par l'achat d'offices dans la colonie, puisque la vénalité n'y existait à peu près pas. Pour une courte période suivant la guerre de la Succession d'Espagne, le poste de commissaire de la Marine a été transformé en office vénal – mais celui qui exerçait la fonction au Canada (en tant que subdélégué de l'intendant) n'était pas en mesure de l'acheter. Certains offices financiers plus

importants – tels celui du trésorier-général de la Marine – touchaient certainement des affaires coloniales, mais étaient hors de la portée de la plupart des investisseurs de la colonie.

15 Morris Altman, « Economic Growth in Canada. Estimates and Analysis. 1695–1739 », *William and Mary Quarterly*, 45 (1988) : 684–711. Nous avons déjà soulevé certaines objections aux estimations de Morris Altman. Voir C. Desbarats, « Agriculture within the Seigneurial Régime of Eighteenth-Century Canada : Some Thoughts on the Recent Literature », *Canadian Historical Review* 43 (1992) : 1–29. En outre, il faut noter qu'implicitement Altman fonde sa conclusion que le secteur gouvernemental représentait une part décroissante de l'ensemble de l'activité économique coloniale sur une hypothèse de prix constants, puisqu'il compare les chiffres nominaux fournis par Frégault pour les dépenses du gouvernement colonial avec son estimation du *real gross domestic product* de la colonie.

16 Hocquart à Maurepas, 28 oct. 1734. Col. C^{11A}, 62, f° 198, AN. Plusieurs historiens ont déjà souligné ce trait surprenant des statistiques fournies par Hocquart. Dale Miquelon, « Canada's Place in the French Imperial Economy : An Eighteenth Century Overview », *French Historical Studies* 15, (1988); Maurice Filion, *La pensée et l'action coloniale de Maurepas vis-à-vis du Canada* (Ottawa, Leméac, 1972) et Jacques Mathieu, *Le commerce entre la Nouvelle-France et les Antilles* (Montréal, Fides, 1981).

17 Le chiffre nominal des exportations légales de fourrures en 1735 (865 232 #) est fourni dans Thomas Wien, « Castor, peaux et pelleteries dans le commerce canadien des fourrures, 1720–1790 », dans Louise Dechêne, Toby Morantz et Bruce Trigger, dir., *« Le castor fait tout » : Selected Papers of the Fifth North American Fur Trade Conference* (Montréal, Société historique du lac Saint-Louis, 1987), 92. Nous nous sommes servie de la borne supérieure des dépenses coloniales pour cet exercice. Voir le tableau 6.8 de C. Desbarats, « Colonial Government Finances in New France, 1700–1750 », thèse de PhD, Université McGill, 1994.

18 Les chiffres d'Altman impliquent qu'entre 1695 et 1735, la part de la production coloniale attribuable au commerce des fourrures baisse de 14 à 11 %. Altman, « Economic Growth », 691.

19 Il y a trop d'incertitude dans les finances coloniales pour en arriver à une série chiffrée unique et définitive des recettes et dépenses de l'État. En rassemblant tous les bordereaux rivaux, on peut tout de même établir des séries d'*intervalles* décrivant les finances du gouvernement colonial. Voir Desbarats, « Colonial Government Finances », chap. 4.

20 Les taux de croissance de la population sont fournis dans Richard Lalou et Mario Boleda, « Une source en friche : les dénombrements sous le Régime français », *Revue d'histoire de l'Amérique française*, 42, (été 1988) : 56.

21 Les dernières recherches de Bosher signalent la croissance du nombre (et du tonnage) de vaisseaux armés en France pour la colonie pendant cette

même guerre, en dépit de l'absence de chiffres officiels sur les importations au Canada. Il faudrait cependant savoir combien de ces armements traversèrent l'Atlantique sans péripétie avant de soupçonner que l'on a peut-être également exagéré l'effondrement des exportations. John Bosher, « Shipping to Canada in Wartime, 1743–1769 », *Business and Religion in the Age of New France, 1600–1760. Twenty-Two Studies* (Toronto, Scholar's Press, 1995), 464–488.

22 C'est le cas, par exemple, de Cameron Nish, *Les bourgeois-gentilshommes de la Nouvelle-France, 1729–1748* (Montréal, Fides, 1968); et plus récemment, de Kathryn Young, « Kin, Commerce and Community. Merchants in the Port of Québec from 1717 to 1745 », thèse de PhD, Université du Manitoba, 1991, 81, 97. Celle-ci suggère, par exemple, que la famille Pascaud détenait « le » bail (comme s'il n'y avait qu'un seul contrat du genre) pour les fournitures des magasins du roi pendant la période 1717–1745.

23 Voir le « Procès-verbal de l'interrogatoire de Barsalou, garde-magasin du fort Saint-Frédéric », 24 fév. 1748, Section Outre-mer, G², 213, art. 24 et le « Jugement rendu dans l'affaire Barsalou », ibid., art. 25, AN.

24 Louise Dechêne constate la même concordance entre les bordereaux et les contrats que l'on retrouve dans Section Outre-Mer, G³, 2040, AN. Voir Dechêne, *Le partage des subsistances*, chap. 7. L'auteure signale un cas de prête-nom, mais qui ne s'accompagne apparemment pas de prix exagérés. Il s'agit du garde-magasin François Foucault que Maurepas accuse d'avoir acheté son propre blé pour les greniers du roi, sous le nom de Lemieux, et ce, à 2 livres par quintal au-dessus du prix courant. Voir le *Dictionnaire biographique du Canada*, 3:242–243. S'il y a apparence d'abus, le cas mérite tout de même d'être analysé de plus près. L'intendant ne nia pas que « Lemieux était chargé un homme à Foucault » et que, depuis longtemps, il était chargé des fournitures de la garnison de l'île Royale. Hocquart fournit en outre une explication plausible pour le prix ostensiblement trop élevé : les prix « courants » connus de Maurepas s'appliquaient à des ventes commerciales de piètres quantités de farine qui se vendaient avec le biscuit, principal objet d'échange. Si le prix accordé à Lemieux n'avait pas fait l'objet d'adjudication à rabais, prétendait Hocquart, il n'était pas pour autant frauduleux. Le taux fut fixé par l'intendant de concert avec le contrôleur de manière à compenser Lemieux d'une vente qui ne l'assurait pas d'un marché pour les déchets de la mouture et de l'épuration des grains. La participation de Foucault à cette transaction mérite également d'être examinée de plus près, puisque Hocquart ne semble pas croire qu'elle était illégale. Il est possible que, dans ce cas particulier, Foucault (ou Lemieux) agissait dans le cadre de l'exercice de sa fonction publique. Le blé était transformé en farine ou pain pour les troupes dans les magasins du roi canadiens. Il se peut donc que, pour rembourser le Canada, le commissaire-ordonnateur à l'île Royale ait tiré

une lettre de change au nom de Foucault ou Lemieux. En somme, il s'agit peut-être d'un cas où les règles de l'époque auraient été ambiguës, plutôt qu'un cas d'abus pur et simple. Voir Hocquart à Maurepas, 2 nov. 1740, Col. C^{11A}, 73, f° 377v°, AN.

25 Le ministère de Maurepas, qui correspond en gros aux années de l'intendance de Hocquart, a également été décrit comme une période de conformité accentuée aux règlements. Aussi les bordereaux de Hocquart, parce que plus transparents que ceux de ces prédécesseurs, ont fait l'objet de critiques assez soutenues, ce qui permet peut-être de croire que des instances de fraude importantes ne seraient pas passées sous le silence. Voir Henri LeGohérel, *Les trésoriers-généraux de la Marine (1517–1788)*, (Paris, Éditions Cujas, 1965), 282–283. Si un souci de légalité et une plus grande compétence contribuent à cette conformité accrue tant en France qu'au Canada, il ne faut pas sous-estimer l'effet d'une paix prolongée. La guerre détruisait toujours les routines administratives.

26 Voir Desbarats, « Colonial Government Finances », chap. 7.

27 C'est surtout dans le cas de l'île Royale qu'il est question d'importer des vivres pour les troupes et ces envois sont compris dans le contrat du munitionnaire de la Marine.

28 Les catégories de dépenses sont les suivantes : « fortifications », « construction de canots », « journées de travail », « vivres, munitions et marchandises », « transport », « courses et voyages », aussi bien que les rubriques plus floues de « divers dépenses », et « dépenses imprévues » qui deviennent importantes surtout en temps de guerre. Nous avons rassemblé les fournisseurs de vivres d'une part et de munitions et marchandises, de l'autre, car certains se retrouvaient systématiquement dans les deux catégories.

29 Évidemment, il faut convenir que la notion de monopole se définit *par rapport* à un marché. Plus on établit des bornes étroites pour le marché, plus on aura tendance à voir des monopoles.

9 Le mariage dans la Coutume de Paris : normes et pratiques à Neuville aux XVIIe et XVIIIe siècles[1]

GENEVIÈVE POSTOLEC

Cet article vise à faire ressortir un aspect de l'histoire des familles qui a une dimension primordiale mais encore relativement méconnue. En effet, il s'attache aux rapports entre la famille et son encadrement par le droit coutumier à un moment-clé dans le cycle familial, lors du mariage de ses membres. Comme le souligne Claude-Joseph de Ferrière, « le contrat de mariage est sans doute le plus important de tous ceux qui se font entre les hommes puisqu'il sert de fondement à la vie civile, au repos des familles & au bien de l'état ».[2] De plus, il ajoute que « la grande faveur des contrats de mariage & la nécessité qu'il y a de suppléer à nos Coutumes, pour bien ménager l'intérêt des familles, font que l'on déroge souvent au droit commun et ordinaire ».[3] La Coutume de Paris, ainsi présentée et commentée, laisse entrevoir à la fois l'importance des conventions matrimoniales et la complexité des rapports entre droit et société.

Peu de chercheurs se sont pourtant penchés spécifiquement sur les fondements légaux de l'institution matrimoniale tels qu'ils sont définis dans la Coutume de Paris, le droit en vigueur en Nouvelle-France depuis 1664.[4] Notre propos vise donc, par une comparaison entre les règles de droit à propos des mariages, tant les premiers mariages que les remariages,[5] à cerner les normes encadrant les réalités tant matrimoniales que familiales. Par le contenu de certains actes notariés – les contrats de mariage[6] –, nous cherchons à vérifier la conformité ou les écarts entre les règles de droit et leur application. Leur utilisation n'est pas en soi neuve[7], mais la comparaison entre les règles de droit et la pratique observée renouvelle les constats que l'on avait jusqu'ici dégagés à leur propos.

La plupart des études portant sur le droit coutumier ont vu celui-ci comme un ensemble qui suit une ligne directrice sans en dévier et l'interprétation des règles juridiques a surtout mis en relief la rigidité des lois et leur formalisme.[8] Les deux grands pôles du droit coutumier sont la règle de l'égalité entre les héritiers et la protection des intérêts familiaux.[9] À trop vouloir vérifier le premier principe,[10] on a négligé le second. En effet, il a trop souvent été entendu que la protection des intérêts familiaux se faisait de manière uniforme, automatique et sans heurts à l'intérieur de la famille.[11] Pourtant, si l'on s'attache à l'esprit qui se dégage de la Coutume de Paris, en matière de protection des intérêts familiaux, il appert que la législation privilégie toujours les droits des enfants mineurs, et notamment leurs droits en regard du patrimoine. Mais cette défense, pour légitime qu'elle soit dans ses objectifs et sa finalité, n'emprunte pas toujours les mêmes chemins; cela dépend des circonstances et des personnes en présence. Au plan matrimonial notamment, la situation varie considérablement selon que l'on est en présence d'un premier mariage ou d'un remariage : dans le premier cas, il est question de protéger les enfants qui naîtront vraisemblablement au sein du nouveau couple; dans le second cas, il s'agit, d'une part, de protéger les enfants issus du premier lit et, d'autre part, d'étendre le parapluie aux enfants à naître de cette nouvelle union. Le droit coutumier n'est donc pas uniforme et ne présente pas la même souplesse, ni la même ouverture d'esprit par rapport à ces deux types d'unions.

La lecture des différents traités de droit et des dictionnaires de pratique juridique ayant trait à la Coutume de Paris, comme ceux de Ferrière ou de Lange[12], permet de saisir la transcription juridique de telles modalités. Cela se traduit par l'existence, en premier lieu, de règles prohibitives qui établissent les bornes à ne pas dépasser, en deuxième lieu, de règles positives qui rendent compte de la norme suggérée, et enfin, de règles négatives qui permettent des aménagements particuliers à l'intérieur des limites fixées par les règles prohibitives.[13] Il faut garder à l'esprit que, dans le cadre des premiers mariages, il est permis de faire de nombreuses libéralités entre conjoints, alors que les « secondes noces » semblent faire l'objet d'une surveillance serrée de la part des juristes. La personne veuve qui se remarie est soumise à des règles strictes de préservation du patrimoine des enfants issus de la précédente union. Sa marge de manœuvre est très réduite. De plus, le nouveau conjoint est perçu comme un spoliateur potentiel des biens des enfants issus de la précédente union. Les règles prohibitives sont donc des balises beaucoup plus présentes dans le cadre des remariages que dans le cadre des premiers mariages. Cela dit, des possibilités multiples sont offertes aux familles et ce sont les choix privilégiés qu'il faut faire ressortir ainsi que les motifs qui président à ces choix :

favorise-t-on la mise en commun de tous les biens dans la communauté et, par là même, le nouveau noyau conjugal ou, au contraire, les conventions matrimoniales s'inscrivent-elles dans la préservation de la lignée familiale en privilégiant le retour des biens dans les familles d'origine respectives de chacun des conjoints?

LES PREMIERS MARIAGES OU « LES UNIONS VÉNÉRÉES PAR LE DROIT »

Les règles

Le ton des textes de droit qui évoquent les premiers mariages est empreint d'une grande largesse d'esprit. Les mariages entre célibataires sont, comme le dit Ferrière, des « affaires de famille » puisque « ce contrat intéresse non seulement les parties qui se marient & leur postérité [...] mais encore dans la famille du mari et de la femme [...]. Il faut donc [...] bien ménager l'intérêt des Parties, de leurs descendans & des familles de l'un et de l'autre des futurs conjoints. Et pour cela, il faut connaître les différentes stipulations qui se font dans ces sortes de contrats, en comprendre les raisons et les effets, en prévoir les fruits & les conséquences, & les rédiger par rapport à la qualité des parties ».[14]

En matière de communauté, et pour reprendre la formule très synthétique de Ferrière, « la Coutume fait un contrat pour ceux qui n'en font pas ». Si le couple ne rédige pas de conventions matrimoniales, il devient, à partir du jour des épousailles jusqu'au décès du premier conjoint, une « société & communauté conjugale ».[15] Par là même, « l'homme & la femme font communs en biens meubles & conquêts immeubles, faits durant leur mariage, & en toutes dettes mobiliaires contractées, tant durant leur mariage qu'auparavant ».[16]

Par « biens immeubles », le droit comprend principalement les terres, les bâtiments et les rentes constituées.[17] Ces derniers se distinguent des « biens meubles », soit les effets personnels, les biens professionnels ou encore des salaires, par « la perpétuité et la productivité régulière ».[18] Enfin, par « conquêt de communauté », le droit entend « toute acquisition que font le mari & la femme, soit conjointement ou séparément *durant* la communauté conjugale ».[19]

Si le couple décide de faire des conventions matrimoniales particulières, plusieurs options s'offrent à lui pour régler les bases de sa communauté de biens. Il peut notamment y intégrer les acquêts ou les propres. Les « acquêts » sont « des biens immeubles dont on a acquis la propriété par achat, donation, ou autrement que par succession ».[20] Ils se distinguent cependant des conquêts du fait qu'ils ont été acquis par les individus *avant* le mariage. Les « biens propres », quant à eux, sont « des biens de famille qui semblent ne convenir proprement qu'à ceux qui sont de la famille».[21] La grande différence entre les propres et les autres types de biens réside dans le fait que lorsqu'un individu marié meurt sans enfant vivant issu de son mariage, ses biens propres retournent dans sa famille d'origine et ne sont donc pas transmis à son conjoint survivant.

Les propres et les acquêts n'appartiennent pas aux biens de la communauté, sauf si on le mentionne de manière claire dans le contrat de mariage. Dans le cas des acquêts, une telle procédure est appelée «ameublissement»[22] et, pour les propres, on parle de «réalisation».[23] Une telle pratique constitue donc une «dérogation expresse» à la Coutume de Paris, dans le sens ancien du terme. Cela veut dire que l'on s'écarte de la norme juridique qui veut que, par défaut, les choses soient réglées d'une certaine façon. Mais il faut comprendre que de telles dérogations à la règle sont autorisées par le droit coutumier, à condition qu'elles soient précisées par écrit dans un acte notarié. Les formulations utilisées par les notaires dans les contrats prêtent néanmoins à confusion. En effet, pour la majorité des notaires, une disposition telle que la mise des acquêts dans la communauté est une dérogation à la Coutume, alors que, pour d'autres, ce n'en est pas une. À la décharge de ces praticiens du droit, il semble cependant que «dans certains pays, on confond le terme d'acquêt avec celui de conquêt; mais dans l'usage général, les acquêts sont les biens non propres acquis avant la communauté au lieu que par la tenue des conquêts, on entend ordinairement ceux qui ont été acquis pendant la communauté par ceux qui sont communs, ou par l'un d'eux pour tous les autres».[24] De telles différences dans la compréhension que les notaires ont de la Coutume posent néanmoins problème, quoiqu'il faille bien convenir, à la suite de Louis Assier-Andrieu, que «si l'on admet qu'il puisse y avoir un écart entre ce que font ou peuvent les paysans et la norme inscrite dans la loi ou les codes coutumiers, pourquoi n'en serait-il pas de même de ce que le notaire [...] ou le juge [...] énoncent dans leur *pratique* professionnelle de la *pratique* sociale rurale dont ils projettent l'image ou l'exemple?».[25] Finalement, nous avons considéré, à l'instar de Ferrière, que «tous les immeubles que les conjoints possèdent avant la célébration du mariage, soit propres, soit acquêts, n'entrent point dans la communauté sinon par jouissance»[26] et que, par le fait même, la mise des acquêts et des propres dans la communauté constituait une dérogation expresse à la Coutume.

Des dispositions s'écartant de la Coutume de Paris sont donc acceptables si elles ne sont pas contraires aux bonnes mœurs et Laurence Fontaine indique bien d'ailleurs que «les contrats de mariage apparaissent comme une étape souple au cours de laquelle les intervenants dans le contrat tentent de négocier et de ménager plusieurs devenirs possibles pour la famille».[27]

La pratique

Au plan de la pratique, nous tirons nos observations de l'examen de 481 contrats de mariage signés par des membres d'une même communauté rurale située à proximité de Québec, Neuville, dans le cadre de premiers mariages.[28] Les contrats analysés couvrent une période de plus d'un siècle, de 1669 à 1782, et ont été rédigés par les futurs conjoints dans près de 3 mariages sur 4.

Le choix du régime matrimonial par contrat consiste à choisir la communauté, la séparation des biens ou l'exclusion de la communauté ainsi qu'à décider quels biens entreront ou seront exclus de la communauté, si elle est effectivement créée.

Lorsque l'on observe le type de communauté choisie par les futurs couples, on remarque que moins de la moitié des couples (229 contrats sur 481) s'engagent dans une communauté de base comportant des meubles, des immmeubles et des conquêts. Il est possible de mettre aussi dans cette catégorie les 7 contrats où la communauté, bien que réduite aux meubles et immeubles, est conforme à la Coutume. Moins de la moitié des contrats respecte donc le modèle dicté par la Coutume. Mais, si l'on tient compte des couples qui ne rédigent pas de contrat de mariage et qui, par défaut en quelque sorte, placent leur communauté sous les mêmes auspices juridiques, il semble que près des deux tiers des couples respectent à la lettre l'esprit de la Coutume de Paris.

Un deuxième groupe rassemble des communautés qui intègrent les biens propres (93 contrats sur 481). Louise Dechêne a déjà écrit qu'« au Canada, les colons n'ont d'abord pas de propres ».[29] Cette assertion, pour acceptable qu'elle soit par rapport à la situation qui existe au XVIIe siècle, ne s'applique cependant pas au Canada du XVIIIe siècle. Les habitants possèdent des biens puisque, par l'effet de génération, les acquêts des parents deviennent les biens propres de leurs enfants; il en va de même pour le douaire de la mère qui devient un bien propre pour ses enfants. Donc, après une génération, les biens propres existent bien juridiquement parlant, même s'ils sont rares. Il appert donc que, dans 20 % des conventions matrimoniales, les familles privilégient ouvertement la communauté conjugale de leurs descendants aux dépens de leur propre lignée, puisqu'elles se désaisissent de leur autorité et de leur propriété sur les « biens de famille » en faveur de ces derniers. En effet, dans ces cas-là, les biens propres donnés par la famille d'origine à son descendant ne retourneront pas dans cette même famille, si celui-ci décède, mais iront à son conjoint survivant.

Le troisième groupe, qui concerne 30 % des conventions matrimoniales, rassemble les communautés où seuls des acquêts sont intégrés (143 contrats sur 481).[30] Ici, la volonté des parties contractantes d'inté-

Tableau 1
Modalités de la communauté conjugale choisie par les conjoints au premier mariage (Neuville, 1669–1782)

Communauté des biens	*1669 1679*	*1680 1699*	*1700 1719*	*1720 1739*	*1740 1759*	*1760 1782*	*Total*
MIC	1	46	33	52	28	69	229
MI				4	3		7
MICP			1	2	9	9	21
MICAP		4	2	18	15	33	72
MICA	23	10	15	33	34	22	137
MCA/MIA/AC		1		2	3		6
Indéterminé		2	3	1	3		9*
Total	24	63	54	112	95	133	481

Légende: M=Meubles; I=Immeubles; C=Conquêts; A=Acquêts; P=Propres.
* Appartiennent à ces cas indéterminés sept contrats qui sont des conventions matrimoniales rédigées par des prêtres ayant parfois oublié des éléments essentiels. Par exemple, dans le contrat de mariage d'Henri Chaillé et Marie-Renée Déry dit Larose, rédigé par le curé Jean Basset, il n'y a aucune mention de la communauté sous laquelle vont s'unir les futurs conjoints. Chamballon, 2 et 18 nov. 1700, conventions matrimoniales entre Henri Chaillé et Marie-Renée Déry dit Larose, ANQQ.

grer à la communauté des biens personnels individuels comme les acquêts se fait aux dépens des droits individuels de chacun des conjoints et non aux dépens de la famille d'origine des conjoints. Si l'on ajoute ces cas de figures aux cas où la communauté conjugale est favorisée aux dépens de la famille d'origine (20 % des cas), on se trouve alors en présence de 50 % de communautés, établies par contrat, qui favorisent le noyau conjugal aux dépens des familles d'origine ou des conjoints. De tels résultats montrent bien, à l'instar de Dechêne, que la « poussée centripète autour du noyau conjugal est très forte ».[31]

On remarque aussi que, plus on avance dans le temps, plus le nombre de communautés rencontrées, différentes les unes des autres, augmente. Au XVIIe siècle, visiblement la situation est particulière, puisque l'on ne mentionne presque pas la présence de propres (4 cas), ainsi que l'a déjà noté Dechêne.[32] Aussi la principale dérogation rencontrée consiste-t-elle à mettre les acquêts dans la communauté (33 cas sur 87 contrats). Par la suite, on observe une pratique plus diversifiée dans la constitution de la communauté des biens avec les combinaisons suivantes: « meubles, immeubles et acquêts », « acquêts et conquêts », « meubles, immeubles, conquêts et propres ». Il faut donc replacer cette dernière évolution dans la complexité croissante de la composition du bien familial, signe de la multiplication des biens possédés et de la diversité plus grande de leur provenance.

La pratique juridique montre la diversité croissante des choix des conjoints dans la constitution des communautés de biens. De telles libéralités entraînent une grande diversité dans le type de biens qui sont inclus ou non dans la communauté de biens. Lorsque les familles possèdent des biens propres, il arrive même qu'elles acceptent qu'ils sortent de la lignée familiale pour appartenir exclusivement au nouveau noyau conjugal. En fait, toutes les familles n'ont pas cette attitude solidaire envers leur progéniture et la différence entre les familles se situe dans l'investissement qu'elles font dans la nouvelle communauté qui, probablement, varie selon le sexe de l'enfant, selon son rang dans la fratrie ou selon la tradition familiale, si elle existe. Quant à la dérogation à la Coutume que constitue l'intégration des acquêts, elle est surtout le fait d'individus qui acceptent, eux aussi, de privilégier la communauté conjugale aux dépens de leurs droits individuels. À Neuville comme sur l'île de Montréal, les conventions matrimoniales n'apparaissent donc pas comme « un marché, un affrontement entre deux lignées, mais comme un accord désintéressé entre les familles, visant à créer une nouvelle communauté, à l'assister si possible, à dresser quelques barrières à l'entour pour la protéger ».[33]

« LES SECONDES NOCES » OU DES REMARIAGES SURVEILLÉS

Ferrière écrit, à propos des remariages, que « la sévérité de ces lois contre les Secondes Noces est née sur ce que les secondes affections se forment sur les débris des premières & qu'elles les détruisent entièrement jusqu'à éteindre à l'égard des enfans qui en sont provenus l'amour que la nature inspire à tous les hommes pour leurs enfants ».[34]

Cette remarque, pour imagée et ardente que soit l'impression qu'elle dégage, rend pourtant bien compte de la surveillance qui s'exerçait sur le patrimoine des veufs et des veuves qui convolaient à nouveau... Après avoir précisé les règles juridiques en la matière, c'est à la pratique que nous allons nous intéresser. Le remariage du conjoint survivant est, en effet, bien souvent l'occasion d'une réorganisation majeure des biens familiaux.

Les règles

On ne peut évoquer les conditions d'un remariage sans aborder le règlement préalable du veuvage. Le veuvage qui entraîne habituellement une réorganisation familiale va de pair, bien souvent, avec une réorganisation du patrimoine. Le conjoint survivant se trouve à un carrefour : il peut soit dissoudre la communauté (fermeture avec ou sans renoncement à la communauté), soit la continuer. En effet, la communauté n'est pas nécessairement rompue par le décès du prédécédé. Pour la dissoudre, le conjoint survivant doit faire des démarches expresses, c'est-à-dire faire dresser un inventaire de la communauté et prendre ses gains nuptiaux avant que la communauté soit partagée entre les ayants droit (le conjoint survivant et ses enfants ou, s'il n'y a pas d'enfant, le conjoint survivant et la famille du décédé).[35] Lorsque la communauté présente un bilan financier déficitaire, le conjoint survivant peut renoncer à la communauté; c'est un moyen de se libérer des dettes accumulées. Dans tous les cas, la veuve retrouve la gestion de ses propres qu'elle avait perdue en se mariant et elle a droit, en plus du préciput, à son douaire.

Lorsqu'il n'y a pas d'enfant vivant du premier lit, le règlement de la communauté ayant existé entre le défunt et la personne veuve se fait entre les héritiers du décédé, de manière plus ou moins rapide, suivant les modalités insérées dans leur contrat de mariage. Par exemple, si les conjoints se sont faits « donation mutuelle » dans leur contrat de mariage, la jouissance des biens ira au conjoint survivant et le règlement de la succession est retardé. À l'inverse, si les conjoints n'ont pas stipulé cette condition dans leurs conventions matrimoniales, le partage des biens se fait sans retard entre la personne veuve et la famille du défunt. Dans les deux cas, il ne s'agit pas seulement de fermer une communauté, mais de clore une succession. Les biens sont divisés et la part de chacun des héritiers potentiels est calculée, puis lui est octroyée.

Si aucune démarche n'est entreprise, la communauté est continuée de facto entre la personne veuve et les héritiers du décédé. Lorsqu'aucun document officiel ne vient assurer la préservation des droits des enfants issus du premier lit, au moment où leur parent survivant se remarie, on ne divise pas le patrimoine de la première communauté en deux, soit entre les enfants du premier lit et le parent survivant, mais plutôt comme suit : un tiers pour les enfants du premier lit, un tiers au mari et un tiers à la femme. La part des enfants dans le partage de la première communauté est donc diminuée. À l'inverse, si l'apport du nouveau conjoint est substantiel et enrichit considérablement la nouvelle communauté, leur part peut être augmentée. Finalement, la première communauté est absorbée par la seconde.

En 1560, le roi de France, François II, promulgue un édit, connu sous le nom d'Édit de Secondes Noces, qui va régir les conditions juridiques sous lesquelles se formeront les remariages.[36] Cet édit interdit à un veuf ou une veuve, avec enfants, de donner à son nouveau conjoint les « libéralités » que son premier conjoint aurait pu lui faire.[37]

La méfiance du droit à l'égard des veufs et des veuves qui se remarient relève de la conception que se fait la royauté de la fonction du droit à l'intérieur d'une société. Ainsi, ce qui paraît central dans les conventions matrimoniales définies par la Coutume, ce sont – aussi paradoxal que cela puisse paraître – les enfants; tout se joue à travers le prisme de la protection des enfants mineurs contre ce qui peut venir spolier leurs droits, notamment en matière patrimoniale. La législation prévoit aussi l'égalité entre héritiers qui protège théoriquement l'intégrité des droits de chacun les uns par rapport aux autres, particulièrement contre les personnes qui ne font pas partie de la cellule familiale initiale.

Dans cette optique, les appréhensions de la société s'expriment par rapport au devenir du patrimoine issu de la première communauté. La législation intervient alors pour protéger les biens des enfants contre les prodigalités excessives de leur parent survivant envers un nouveau conjoint potentiel. En fait, le futur conjoint est vu par la société et le juriste comme un spoliateur éventuel des biens des enfants mineurs, et ce, particulièrement quand il s'agit d'une veuve avec enfants. La veuve, au moment où elle signe le contrat de mariage en secondes noces, n'est pas dépourvue de capacité juridique. En revanche, elle se trouve dans une situation de conflit d'intérêts potentiel, puisqu'elle pourrait alors avantager son nouveau conjoint au détriment de ses enfants.

Le droit insiste donc pour que soit faite une distinction rigoureuse entre les communautés successives que peut contracter un individu pour limiter les risques de conflits d'intérêts. Il vise à éviter la création de tensions entre les différentes parties en présence quant au devenir de l'héritage.

La pratique

Notre corpus est constitué de 148 contrats de mariage rédigés dans le cadre de 214 remariages : 109 couples formés par un veuf et une célibataire (83 contrats), 32 couples formés par un veuf et une veuve (20 contrats) et 73 couples formés par une veuve et un célibataire (45 contrats). Dans les contrats, il est très souvent spécifié que le conjoint veuf « apporte la moitié des biens meubles et immeubles de la communauté précédente dont il promet de faire faire incessamment inventaire ». Aussi a-t-il été essentiel de rechercher l'inventaire de cette précédente communauté qui doit être suivi de la clôture en justice pour avoir une idée globale de la situation.

Selon que les veufs ont ou non une progéniture, la législation relative au remariage change. Il nous a donc semblé nécessaire, dans un premier temps, de vérifier la présence d'enfants mineurs au moment du décès de l'un des parents pour savoir si l'Édit de Secondes Noces s'appliquait à eux et, dans un second temps, de vérifier les modalités de son application quant à la constitution de la nouvelle communauté.

La présence d'enfants à charge n'était pas simple à déterminer. Aussi avons-nous combiné des informations tirées de plusieurs sources telles que les contrats de mariage, les inventaires après décès, les fiches de famille et les dictionnaires généalogiques. Nous avons, autant que possible, comptabilisé les enfants mineurs, vivants, non mariés, donc tous les enfants de moins de 25 ans encore célibataires. Au total, 53 personnes sur 246[38] n'ont pas d'enfant à leur charge au moment où elles se remarient contre 192 qui ont une charge parentale plus ou moins lourde, parfois issue de plusieurs mariages successifs et une personne dont nous n'avons pu évaluer si elle avait ou non des enfants à charge.

Une même observation, l'absence d'enfant, peut cependant soustendre des situations fort diverses. Ainsi, ce sont autant des veufs très âgés (dont tous les enfants ont atteint leur majorité) que des veufs relativement jeunes, qui ont perdu leurs enfants en bas âge, qui n'ont aucun enfant à charge. Parmi les 53 personnes veuves sans charge familiale, seules 30 d'entre elles ont rédigé des conventions matrimoniales. Il nous a cependant fallu retrancher 9 couples de cet échantillon car, même si le premier conjoint veuf n'avait pas d'enfant, son conjoint, veuf lui aussi, en avait et était donc soumis à l'Édit de Secondes Noces. Nous avons donc 21 contrats de mariage qui concernent des couples qui ont une charge familiale nulle, 126 contrats pour les couples avec enfants et un contrat pour un couple rassemblant un veuf pour qui nous n'avons pas été en mesure de déterminer la présence d'une charge familiale, et une célibataire.

Le règlement de la précédente communauté

Lorsque des veufs sans charge familiale se remarient, le règlement de leur précédente communauté se fait rapidement (21 contrats). Il s'agit, en fait, de clore une succession. On assiste alors à la convocation d'une réunion de famille pour liquider de manière définitive cette succession. Visiblement, la raison prime puisqu'une fois que le conjoint est décédé, il n'y a plus de lien entre la famille d'origine et le conjoint désormais veuf.

Dans la très grande majorité des contrats de mariage concernant des couples ayant des enfants à charge, on écrit que l'inventaire sera fait incessamment et on convient que 50 % des biens appartient aux enfants et 50 % des biens à leur parent survivant, sans que plus de détails ne soient donnés sur le règlement effectif de la précédente communauté (118 contrats). Dans les faits, le sort de la précédente communauté n'est pas réglé. En effet, la terre va être cultivée et entretenue dans sa totalité par le nouveau couple, dans un « indivis temporaire » jusqu'à la majorité des enfants. Donc, il n'y a pas de règlement immédiat de la transmission du patrimoine. Tout reste en suspens jusqu'au mariage des enfants ou jusqu'à un moment déterminé à l'avance. Il y a alors coexistence des deux communautés de biens. Par contre, une fois le partage ratifié entre les héritiers, les biens de la personne veuve peuvent ensuite entrer en partie ou en totalité dans la nouvelle communauté.

Le cas suivant illustre bien la complexité des situations rencontrées. Dans le contrat de mariage entre Jacques Garneau et Marie-Charlotte Larue, la veuve d'Antoine Delisle, fait chez le notaire Simon Sanguinet, le 15 janvier 1751, il est précisé que les 3 enfants de la veuve Larue, âgés respectivement de 9 ans, 4 ans et 6 mois, et 18 mois, seront à la charge de la nouvelle communauté,[39] puis on décrit les différents propriétaires de la terre familiale dans l'inventaire après décès de la précédente communauté.[40] Il s'agit d'une terre de 3 arpents de front sur 20 arpents de profondeur, située au village de Saint-Nicolas, à Neuville, dont ¾ d'arpent 1 perche 13 pieds et 3 pouces appartient à la précédente communauté, dont ½ arpent 13 pieds 9 pouces appartient, comme propres paternels, aux mineurs et dont, finalement, « l'arpent et demi qui fait le tour de la terre » appartient conjointement au défunt et à son frère, Augustin Delisle, subrogé-tuteur des enfants mineurs, sauf 1/13 d'arpent qui leur appartient respectivement en propres. Il est également précisé que la terre est exploitée sur les différentes possessions.

Nous avons rencontré seulement deux cas où un accord règle le devenir des biens des enfants mineurs en les excluant de manière définitive de la transmission ou, plus exactement, en partageant l'indivision successorale avant le remariage. La nouvelle communauté achète la part des enfants, au moment du nouveau contrat de mariage, et paie cet achat, selon deux procédures : le prix est fixé dans le contrat, donc bien avant le mariage des enfants, ou le prix sera convenu au moment du mariage des enfants en tenant compte de la plus-value que les biens auront prise entre-temps. Par là même, on substitue un droit de créance à un droit réel sur un bien. Il y a alors liquidation définitive de la précédente communauté, à la demande expresse des nouveaux conjoints.

C'est aussi ce qui arrive lorsque la communauté du premier mariage est pauvre : cela a pour effet que la part des enfants l'est aussi (4 cas). L'entretien des enfants par la nouvelle communauté est alors payé à même leur travail et le peu de biens qu'ils auraient reçus.

La communauté précédente est parfois tellement pauvre, voire déficitaire, que le conjoint survivant y renonce (1 cas) ou a même du mal à récupérer ses gains de noces (1 cas). Dans les circonstances, les enfants ne peuvent alors prétendre à rien, puisqu'ils n'ont plus d'héritage.

Seul un couple choisit de continuer la communauté précédente que l'époux partageait avec sa première conjointe. Il s'agit de François Vézina, veuf de Marie-Joseph Bertrand, et de Marie-Anne Rouillard. Le futur époux dont on ignore la charge familiale précise que « la communauté sera continuée même s'il déroge à la Coutume de Paris ».[41]

L'observation du règlement des précédentes communautés montre donc comment les conjoints utilisent, à leur manière, la latitude que le droit leur laisse. Cette marge de manœuvre a cependant trait davantage à la jouissance des biens qu'à leur propriété.

Les modalités de la nouvelle communauté

Pour les veufs sans enfant, la situation est la même que si c'était leur premier mariage. L'Édit de Secondes Noces ne s'applique pas. Aussi les communautés choisies par ces couples ont-elles une variabilité comparable à celle que l'on observait dans le cas des premiers mariages (12 cas de dérogation à la Coutume sur 21 contrats), alors que les couples ayant une charge familiale ne dérogent que dans 30 cas sur 126 contrats. Les veufs soumis à l'Édit de Secondes Noces semblent être plus respectueux de la norme coutumière que les autres.

Un comportement différent s'observe aussi dans le montant des « gains de noces » octroyé par les veufs à leur nouveau conjoint, selon qu'ils aient ou non des enfants à charge. En effet, chez les veufs sans enfant à charge, le douaire moyen s'élève à 778 #, alors que les veufs ayant des enfants à charge n'offrent qu'un douaire moyen de l'ordre de 469 #, soit presque la moitié moins. Il en est de même pour le montant accordé pour le préciput moyen qui varie de 450 # à 266 #, selon que l'on est un veuf sans ou avec enfants. Il semble bien, somme toute, que les restrictions de l'Édit de Secondes Noces aient été pleinement respectées par ceux qui y sont soumis. La lignée a donc préséance sur le noyau conjugal.

Lorsque des enfants sont à la charge de leur parent survivant et que ce dernier se remarie, on s'intéresse parfois moins à la succession qu'à l'entretien des enfants mineurs jusqu'à un âge défini (15 ans ou 25 ans) ou indéfini (jusqu'à leur mariage). Deux options s'offrent alors au nouveau couple : soit prendre les enfants en charge à même les revenus de la nouvelle communauté, soit payer l'entretien et l'éducation des enfants à même les revenus engendrés par leur héritage, lesquels sont gérés par la nouvelle communauté.[42] On observe que la moitié des veufs avec enfants indique explicitement dans leurs conventions matrimoniales que les enfants seront élevés au sein de la nouvelle communauté. Dans les autres contrats de mariage, rien n'est précisé à ce propos. L'entretien des enfants est alors vraisemblablement assumé conjointement par les revenus de la communauté et par ceux de leur héritage. Les époux peuvent alors exiger qu'en contrepartie, les enfants travaillent pour le bénéfice de la nouvelle communauté, sans exiger aucun salaire. Il appert clairement que le nouveau noyau conjugal a le plus souvent la charge financière des enfants à assumer.

Dans les unions qui rassemblent deux veufs, les conjoints conservent habituellement leurs biens « en propre » ou n'en font entrer qu'une faible partie dans la nouvelle communauté. Leur charge familiale semble avoir préséance sur le nouveau conjoint et la communauté initiale reprend toute son importance. Bien souvent, les enfants sont plus âgés et le partage des biens a commencé à s'esquisser. D'ailleurs, le remariage d'une personne veuve avec une autre donne plus souvent lieu que dans les autres types de remariages, à de multiples actes notariés qui vont régler la succession : le bal successoral commence avec l'inventaire des précédentes communautés, puis se continue avec le partage des biens entre les enfants et leur parent survivant, avec parfois la vente des effets mobiliers, l'échange de quittances entre le conjoint survivant et les enfants, s'il a y lieu, pour compenser un trop gros lot. Il faut aussi garder à l'esprit que plus d'enfants sont majeurs et ont donc le droit de réclamer leur part dans l'héritage de leur parent décédé. Les mariages entre veufs ressemblent à la réunion de deux solitudes plus qu'à la mise en commun de deux patrimoines. La lignée est ici privilégiée de manière claire par rapport au nouveau noyau conjugal.

Quant au devenir des biens apportés par les célibataires, leur particularité réside dans le fait qu'il est clairement indiqué, très souvent, que ces apports constituent dans leur totalité les propres de la personne célibataire et que, par le fait même, ils n'entrent pas dans la nouvelle communauté. Pourtant, en matière d'argent comptant, la Coutume de Paris prévoit que, si rien n'est précisé, le tout entre dans la communauté.[43] Concrètement, cela veut dire que, si d'aventure, le nouveau couple n'a pas d'enfant qui lui survit, les biens apportés par le ou la célibataire retournent dans sa famille d'origine. Par contre, si le conjoint qui avait été précédemment marié dans ce même couple meurt le premier, son conjoint a droit à la moitié de la communauté et aux avantages nuptiaux inhérents à toute union. Finalement, cette pratique ressemble en quelque sorte à un investissement minimum mis par le ou la célibataire ou par sa famille qui peut, quand même, permettre de récupérer un bénéfice tout à fait intéressant. Les célibataires qui épousent des veufs semblent donc être sur la défensive. Évidemment, si des enfants naissent de ce couple et parviennent vivants à l'âge adulte, le processus normal de succession fonctionne. Cette attitude défensive est cependant la seule façon, d'une part, de protéger leurs droits face aux enfants du premier lit et, d'autre part, de favoriser les droits de leur progéniture à venir. Le ou la célibataire ne veut pas dissiper son avoir entre deux lits. Favoriser le nouveau noyau conjugal n'est donc pas la priorité pour eux.

Finalement, lorsque Ferrière écrit que « les Secondes Noces ne sont pas, à la vérité absolument interdites mais plutôt tolérées que permises, sur-tout quand il y a enfans du premier lit »,[44] il insiste sur le fait que les conventions matrimoniales doivent préserver les droits des enfants issus de la première communauté. Tout se joue à travers le prisme de la protection des enfants mineurs contre tout se qui peut venir spolier leurs droits, notamment en matière patrimoniale. La sévérité des lois à l'encontre des remariages s'inscrit dans cette logique. L'existence de telles limites laisse néanmoins place à une certaine latitude que les veufs utilisent pour régler le devenir de leur précédente communauté. Sans enfant à charge, les personnes veuves procèdent plus ou moins rapidement à la liquidation de cette dernière. Lorsque les personnes veuves ont une charge familiale, deux choix s'offrent à elles : elles peuvent soit faire coexister les communautés, soit intégrer la première à la seconde. En somme, les veufs utilisent la marge de manœuvre que leur laisse le droit coutumier pour gérer, au mieux de leurs intérêts comme des intérêts de leurs enfants, la circulation des biens en respectant néanmoins les limites fixées par l'Édit de Secondes Noces. Lorsque la personne veuve a une charge familiale, la lignée semble être toujours préférée au noyau conjugal, lequel n'est d'ailleurs reconstruit que pour permettre la continuité de la première lignée.

CONCLUSION

La famille, cellule sociale de base, est assujettie à un cadre juridique complexe et précis qui en règle la constitution, le fonctionnement et le devenir. En observant les règles de la Coutume de Paris à propos de la constitution des unions et la pratique telle qu'elle est perceptible, grâce aux contrats de mariage des résidants de Neuville, ce sont des réalités profondes tant matrimoniales que familiales que nous rejoignons. En effet, privilégier une vision plus souple et plus large de l'encadrement juridique coutumier amène à considérer l'aménagement de conventions matrimoniales particulières par les couples comme par leurs familles sous l'angle des finalités recherchées.

Le cadre juridique est plus ou moins contraignant selon le type d'unions matrimonales considéré. Ainsi, les règles ayant trait aux premiers mariages laissent une certaine liberté aux époux, alors que, dans le cadre des remariages, les agissements de ces derniers sont étroitement surveillés. Les modalités des communautés conjugales observées montrent deux phénomènes : d'une part, les conjoints sont globalement respectueux de la Coutume et, d'autre part, ils utilisent, quand cela leur est possible, toute la latitude que le droit leur laisse pour convenir, par écrit, de conventions matrimoniales qui leur sont propres. On voit alors s'exprimer des cultures familiales distinctes où les liens de sang et d'affinité sont en concurrence. Il semble cependant que l'on privilégie toujours le noyau conjugal formé, sauf si son existence peut brimer une lignée familiale existante.

NOTES

1 Je tiens à remercier Jacques Mathieu, Alain Laberge, Sylvio Normand, Louis Lavallée, Danielle Gauvreau et Sylvie Dépatie pour les commentaires qu'ils m'ont faits lors de la confection et de la présentation de ce texte.

2 Claude-Joseph de Ferrière, *La science parfaite des notaires ou le parfait notaire* (Paris, Cellot, 1771), 253.

3 Ibid., 255.

4 Voir, entre autres, Mireille Damé-Castelli, « L'évolution comparée de la place du conjoint dans la famille en France et au Québec à travers le droit des successions et des libéralités », thèse de PhD. Université Laval, 1972; France Parent, *Entre le juridique et le social : le pouvoir des femmes à Québec au XVIIe siècle* (Québec, Groupe de recherche multidisciplinaire féministe, 1991); Liliane Plamondon, « Une femme d'affaires en Nouvelle-France : Marie-Anne Barbel, veuve Fornel », *Revue d'histoire de l'Amérique française* (RHAF) 31, 2 (septembre 1977) : 165–186; Bettina Bradbury, Peter Gossage, Evelyn Kolish, and Alan Stewart, « Property and Marriage : The Law and the Practice in Early Nineteenth-Century Montreal », *Histoire sociale/Social History* 26, 51 (1993) : 9–40.

5 Il est à noter que les études qui traitent du mariage dans le droit se réfèrent trop souvent exclusivement aux règles des premières unions et occultent les règles qui concernent les mariages subséquents.

6 Les contrats de mariage utilisés sont les contrats signés par les résidants de Neuville, une seigneurie de la rive nord du gouvernement de Québec, lors de leur mariage, tant au XVIIe qu'au XVIIIe siècle. Voir Geneviève Postolec, « Mariages et patrimoine à Neuville, de 1669 à 1782 », thèse de PhD, Université Laval, 1995.

7 Alain Collomp, « Famille nucléaire et famille élargie en Haute Provence au XVIIIe siècle (1703–1734) », *Annales : économies, sociétés, civilisations* (AESC), 27, 4–5 (1972) : 969–975. Jacqueline Vincent, « Richesses et lacunes des actes notariés pour la connaissance des anciennes structures sociales : les contrats de mariage, Cannes 1785–1815 », *Revue historique* 241, 4 (octobre-décembre 1973) : 363–402. Bien d'autres auteurs ont aussi jumelé les contrats de mariage avec d'autres types de sources.

8 Yves Zoltvany, « Esquisse de la Coutume de Paris », RHAF 25, 3 (décembre 1971) : 365–383. Cet aspect est d'ailleurs souligné dans l'article de Bettina Bradbury et al. lorsqu'il est précisé que « the Custom (of Paris) appears to have been a much more flexible body of law than most commentators, Zoltvany in particular, hitherto have suggested », dans Bradbury et al., « Property and Marriage », 36. Ces historiens arrivent d'ailleurs à cette conclusion en comparant la Coutume de Paris à la *Common Law* anglaise; bien que les deux droits répondent aux mêmes objectifs (family lineage, landed property and the dominance of men), les moyens utilisés par les individus diffèrent passablement. Voir aussi François Olivier-Martin, *Histoire de la Coutume de la Prévôté et de la Vicomté de Paris* (Paris, Ernest Leroux, 1922–1930).

9 André Morel, « Un exemple de contact entre deux systèmes juridiques : le droit successoral du Québec », *Annales de l'Université de Poitiers* 4–5 (1963–1964) : 6–7.

10 La plupart des études portant sur l'application des règles de la Coutume de Paris ont, en effet, été réalisées dans cette optique. Gérard Bouchard, « Sur les structures et les stratégies de l'alliance dans le Québec rural », RHAF 47, 3 (1994) : 349–376. Voir aussi la synthèse comparative faite par Gérard Bouchard, « La reproduction familiale en terroirs neufs : comparaison sur des données québécoises et françaises », *AESC* 2 (1993) : 421–451. Voir aussi les conclusions de Lavallée selon lesquelles la pratique est en parfaite conformité avec la coutume dans Louis Lavallée, *La Prairie en Nouvelle-France, 1647–1760 : étude d'histoire sociale* (Montréal et Kingston, McGill-Queens' University Press, 1992), 212.

11 La remise en cause récente de l'intérêt réciproque des deux parties dans le cadre des donations parentales a cependant été soulevée par Sylvie Dépatie, « La transmission du patrimoine dans les terroirs en expansion : un exemple canadien au XVIIIe siècle », RHAF 44, 2 (1990) : 171–199.

12 Ferrière, *La science parfaite*; M. Lange, *La nouvelle pratique civile, criminelle et bénéficiale ou le nouveau praticien françois* (Paris, David, 1755).

13 Joseph-Nicolas Guyot, « Coutûme », dans *Répertoire universel et raisonné de jurisprudence civile, criminelle, canonique et bénéficiale* (Paris, Panckoucke, 1777), 16:390.

14 Ferrière, *La science parfaite*, 254.

15 Lange, *La nouvelle pratique*, 336.

16 Ibid.
17 Ils peuvent aussi comprendre l'outillage utilisé pour l'exploitation du fonds.
18 Olivier-Martin, *Histoire de la Coutume*, 1, 203–205.
19 Guyot, « Conquêt », dans *Répertoire*, 16:445. Les conquêts s'opposent aux biens propres.
20 Guyot, « Acquêt », dans *Répertoire*, 1:271.
21 Ibid.
22 Ferrière, *La science parfaite*, 263.
23 Alan M. Stewart et Bettina Bradbury, « Marriage Contracts as a Source for Historians », dans Donald Fyson, Colin M. Coates et Kathryn Harvey, dir., *Class, Gender and the Law in Eighteenth and Nineteenth-Century Quebec : Sources and Perspectives* (Montréal, Montreal History Group, 1993), 36.
24 Diderot et d'Alembert, « Conquêt », *Encyclopédie ou dictionnaire raisonné des sciences, des arts et des métiers* (Paris, Briasson, 1751–1772), 1:899.
25 Louis Assier-Andrieu, « Coutume savante et droit rustique : sur la légalité paysanne », *Études rurales* 110, 111, 112 (1988), 119.
26 Ferrière, *La science parfaite*, 261.
27 Laurence Fontaine, « Droit et stratégies : la reproduction des systèmes familiaux dans le Haut-Dauphiné (XVIIe–XVIIIe siècles) », AESC 6 (1992) : 1265.
28 Il s'agit en fait de 481 contrats signés dans le cadre de 696 premiers mariages où au moins un des conjoints s'est dit résidant de la seigneurie de Neuville au moment de son mariage.
29 Louise Dechêne, *Habitants et marchands de Montréal au XVIIe siècle* (Montréal, Boréal, 1988), 419.
30 Il reste 9 contrats où le régime choisi par les époux n'est pas précisé dans le contrat de mariage.
31 Dechêne, *Habitants et marchands*, 423.
32 Ibid.
33 Ibid., 423–424.
34 Ferrière, *La science parfaite*, 382.
35 Le douaire est pris à même les propres du mari et le préciput est prélevé sur les meubles de la communauté.
36 Il s'est d'abord appliqué seulement aux veuves, puis les limitations de cet édit ont été étendues aux veufs par l'édit du 18 juillet 1587. Guyot, « Secondes Noces, édit de », dans *Répertoire*, 42:72.
37 Ces interdictions sont illustrées dans plusieurs articles de la Coutume de Paris qui consistent, en fait, à retirer aux veuves tous les avantages qu'elles avaient reçus de leur premier mariage et à les transmettre aux enfants issus de ce mariage, y compris le douaire et le préciput. La veuve ne reçoit pas la propriété du douaire, mais l'usufruit de celui-ci. Il faut comprendre par la nature de ces différentes mesures que la veuve n'est considérée que

comme la dépositaire temporaire de la gestion des biens de sa précédente communauté.

38 Nous avons recensé 214 remariages qui rassemblent 246 personnes veuves (32 remariages entre un veuf et une veuve).

39 Simon Sanguinet, 15 janv. 1751, contrat de mariage entre Jacques Garneau et Marie-Charlotte Larue, veuve d'Antoine Delisle, Archives Nationales du Québec à Québec (ANQQ).

40 Ibid., 13 janv. 1751, inventaire après décès de la communauté entre le défunt Antoine Delisle et Marie-Charlotte Larue.

41 Joseph Rouillard, 22 mai 1757, contrat de mariage entre François Vézina, veuf de Marie-Joseph Bertrand, et Marie-Anne Rouillard, Archives nationales du Québec en Mauricie-Bois-Francs.

42 Micheline Baulant, « La famille en miettes : sur un aspect de la démographie du XVIIe siècle », *AESC* 27, 4–5 (1972), 963.

43 Lange, *La nouvelle pratique*, 1:351.

44 Ferrière, *La science parfaite*, 382.

10 Jardins et vergers à Montréal au XVIIIe siècle[1]

SYLVIE DÉPATIE

« On ne fait pas au jardin sa part », écrivait en 1967 Noël Coulet en remarquant, pour la période médiévale, l'absence de renseignements sur la place des légumes et des fruits dans les études sur l'alimentation, et le manque d'intérêt pour les vergers et potagers dans les recherches d'histoire rurale.[2] Depuis, plusieurs études ont été menées et si elles n'ont pas entièrement détruit la fascination des ruralistes pour les emblavures, elles ont cependant attiré l'attention sur le fait qu'à l'âge médiéval ou moderne, on ne vivait pas que de pain.[3]

Le constat fait il y a trente ans par Coulet pour l'histoire médiévale peut facilement s'appliquer aux travaux actuels sur les XVIIe et XVIIIe siècles canadiens. Si quelques études ont montré que les fruits et les légumes occupaient une place importante dans l'alimentation de l'époque,[4] les monographies d'histoire rurale traitent très rapidement le sujet. Faute de sources, ces dernières se contentent de constater la présence de potagers sur les exploitations agricoles et de poser l'hypothèse d'une production destinée à la consommation domestique.[5] Par ailleurs, l'horticulture commerciale n'a jamais été étudiée.

Il existe pourtant à Montréal et dans ses environs au XVIIIe siècle des terrains exclusivement consacrés à l'arboriculture et à la culture maraîchère,[6] ce qui suggère l'hypothèse d'une horticulture commerciale. Par ailleurs, les baux de location concernant ces terrains montrent qu'un groupe de jardiniers professionnels se constitue progressivement au cours du siècle. Ce groupe fera l'objet d'un prochain article.

Ce qui nous intéresse ici, c'est de suivre la multiplication des terrains horticoles, d'identifier les groupes sociaux prenant part à l'essor de l'horticulture commerciale, de pénétrer dans les potagers et les vergers, afin d'y observer les cultures et les techniques, et enfin, de retracer les circuits de commercialisation. Ces divers éléments permettent de comprendre les facteurs et les intérêts économiques et sociaux à l'origine des vergers et des jardins montréalais du XVIIIe siècle.

ÉVOLUTION ET RÉPARTITION GÉOGRAPHIQUE DES TERRAINS HORTICOLES

Au XVIIIe siècle, il subsiste encore à Montréal, à l'intérieur même de l'enceinte urbaine, des potagers et des vergers, d'autant plus nombreux que la création de la ville n'est pas si lointaine. Les cartes de Gaspard-Joseph Chaussegros de Léry, datées de 1717 et de 1731, montrent plusieurs espaces cultivés tant à l'intérieur qu'à l'extérieur des murs de la ville.[7] Par ailleurs, des témoignages qualitatifs attestent de la présence de terrains horticoles à proximité de la ville. Ainsi, en 1749, Pehr Kalm mentionne que les hauteurs situées au nord-ouest de la ville sont « couvertes de champs et de jardins de la base au sommet ».[8]

Il n'est cependant pas facile de mesurer avec précision l'évolution du nombre et de la répartition spatiale des potagers et des vergers situés dans la ville et ses environs. En effet, les aveux et dénombrements de 1731 et de 1781 sont de ce point de vue décevants.[9] On y mentionne que plusieurs emplacements de la ville et des faubourgs contiennent des jardins, sans toutefois préciser leur superficie, ni s'il s'agit de jardins floraux ou de potagers. On peut cependant penser que cette façon de faire traduit la petite taille de ces jardins et, s'il s'agit de potagers, s'explique par leur vocation non commerciale.

À cette lacune s'ajoute le fait que l'aveu de 1731 ne donne la taille que de 4 vergers et ne recense que 13 terrains horticoles, en sus de ceux situés sur des emplacements (tableau 1). Il semble donc y avoir une sous-estimation de ces terrains dans le document. C'est ce que confirme le fait que des 9 jardins ou vergers situés dans la ville ou ses environs, ayant fait l'objet d'un bail avant 1740, il s'en trouve 7 qui n'y sont pas mentionnés. Le fait que les livres de comptes de la Congrégation de Notre-Dame mentionnent à cette époque des recettes de cultures potagères provenant de sa terre de la pointe Saint-Charles, alors que l'aveu ne mentionne pas la présence d'un potager sur cette terre, mène à la même conclusion.[10]

Tableau 1
Répartition des terrains horticoles selon le type et la localisation (1731)

	Localisation							
Type de terrain	*Intra-muros*	*Faubourg Saint-Joseph*	*Pointe à Callière*	*Banlieue (non déterminée)*	*Côte Saint-Joseph*	*Montagne*	*Côte Sainte-Marie*	*Total*
Jardin	1							1
Terre avec jardin				2				2
Emplacement avec jardin	181	11						192
Jardin sur domaine	1					1		2
Verger					3			3
Terre avec verger								
Emplacement avec verger							1	1
Verger sur domaine						1		1
Emplacement avec jardin et verger	3	5	2					10
Terre avec jardin et verger							3	3
Vigne sur domaine						1		1
Total	186	16	2	2	3	3	4	216

Source : Aveu et dénombrement du Séminaire de Saint-Sulpice pour la seigneurie de l'île de Montréal, 1731, Rapport de l'archiviste de la Province de Québec, 1941–1942.

Tableau 2
Répartition des baux de terrains horticoles selon la décennie (1720–1789)

Décennie	*Nombre de baux*
1720–1729	2
1730–1739	7
1740–1749	12
1750–1759	19
1760–1769	34
1770–1779	9*
1780–1789	18
Total	101

Source : Greffes des notaires du gouvernement de Montréal, 1720–1789, ANQM.
* Le faible nombre de baux pour la période 1770–1779 étonne. Aucun bail n'est contracté entre 1770 et 1777.

En dépit des lacunes documentaires permettant de mesurer le phénomène avec exactitude, il est assuré qu'entre 1731 et 1781, le nombre et la superficie des terrains consacrés à l'horticulture ont augmenté de façon significative. La multiplication des baux les concernant en est un indice et donne une idée du rythme de cette croissance (tableau 2). Le contenu de l'aveu de 1781 confirme cette augmentation : on y recense quantité de terrains à vocation strictement horticole de taille importante.

Ce document, qui omet de recenser plusieurs rues de la zone intramuros,[11] permet tout de même de voir qu'il y subsiste encore des espaces cultivés. À part les emplacements mentionnés comme ayant « cour et jardin », 19 emplacements sont désignés comme étant des jardins et certains baux les concernant indiquent qu'il s'agit de potagers. Par contre, selon l'aveu, un seul verger subsiste alors dans la ville : celui des Jésuites (tableau 3). Les terrains horticoles sont plus nombreux et surtout plus étendus dans les faubourgs (carte 1). Alors que celui de Sainte-Marie compte plusieurs petits jardins mais peu de vergers, l'essentiel des terrains maraîchers est situé dans les faubourgs Saint-Joseph et Saint-Laurent. Dans ce dernier, les potagers sont plus grands qu'ailleurs et les vergers plus nombreux. Ce faubourg compte également 10 terres d'assez grande dimension dont une partie est exploitée en verger. Ainsi, Saint-Laurent est le faubourg qui compte la plus grande superficie consacrée à l'arboriculture.

Celle-ci occupe encore plus d'espace dans les côtes, à l'ouest de la ville et sur les flancs du mont Royal. Dans cette section de la paroisse Notre-Dame, les vergers se retrouvent souvent sur des exploitations

Tableau 3
Répartition des terrains horticoles selon le type et la localisation (1781)

	Localisation													
	Intra-muros		*Faubourg Saint-Joseph*		*Faubourg Saint-Laurent*		*Faubourg Sainte-Marie*		*Pointe Saint-Charles*		*Côte Saint-Pierre*		*Côte Saint-Joseph*	
Type de terrain	*Nombre*	*Superficie*	*Nombre*	*Superficie*	*Nombre*	*Superficie*	*Nombre*	*Superficie*	*Nombre*	*Superficie*	*Nombre*	*Superficie*	*Nombre*	*Superficie*
Jardin	19	4,4	26	5,5	9	5,5	18	2,8						
Terre avec jardin							1	3,0	1***		2			
Emplacement avec jardin	88*		68		121		79		2		3			
Jardin sur domaine	1													
Verger			16	28,1	31	49,5	3	2,8						
Terre avec verger			1	1,6	8	21,0							3	16,0
Emplacement avec verger					2									
Verger sur domaine														
Emplacement avec jardin et verger	1**		1											
Terre avec jardin et verger					2						1	3,0 (en verger)		
Vigne sur domaine														
Total	109	4,4	112	35,2	173	76,0	101	8,6	3		6	3,0	3	16,0

Tableau 3 (*suite*)
Répartition des terrains horticoles selon le type et la localisation (1781)

	Localisation													
	Côte Saint-Antoine		*Montagne*		*Côte des Neiges*		*Côte Sainte-Catherine*		*Coteau Saint-Louis*		*Côte Sainte-Marie*		*Total*	
Type de terrain	*Nombre*	*Superficie*	*Nombre*	*Superficie*	*Nombre*	*Superficie*	*Nombre*	*Superficie*	*Nombre*	*Superficie*	*Nombre*	*Superficie*	*Nombre*	*Superficie*
Jardin													72	318,2
Terre avec jardin													4	3,0
Emplacement avec jardin					1								362	
Jardin sur domaine			1	1,5									2	1,5
Verger			3	4,5	2	11,5							55	96,4
Terre avec verger	4	24,0	2	25,0	13	91,0	7	37,0	2	30,0	3	45,0	43	290,6
Emplacement avec verger													2	
Verger sur domaine			1	12,0									1	12,0
Emplacement avec jardin et verger													2	
Terre avec jardin et verger													3	3,0
Vigne sur domaine			1	4,0									1	4,0
Total	4	24,0	8	47,0	16	102,5	7	37,0	2	30,0	3	45,0	547	428,7

Source : Aveu et dénombrement de l'île de Montréal en 1781, dans Claude Perrault, dir., *Montréal en 1781*.

* comprend les 3 jardins des communautés religieuses : Récollets, Hôtel-Dieu, Congrégation de Notre-Dame.

** emplacement des Jésuites.

*** terre de l'Hôpital Général.

agricoles où se pratique également la grande culture. Par ailleurs, au faubourg Saint-Laurent et dans les côtes enserrant la Montagne, on retrouve des propriétés composées de terrains horticoles, de prairies et de pâturages. Il ne faut pas se surprendre de cette combinaison; les animaux présents dans la ville doivent être nourris et l'aire du maraîchage est donc aussi celle de l'herbe.[12] Certains propriétaires ont transformé en tout ou en partie leur exploitation pour répondre aux besoins de la ville : ils cultivent du foin pour le vendre et certains prennent du bétail en « pension ». Les livres de comptes des communautés religieuses féminines montrent que la garde de bétail et de chevaux sur leurs terres situées près de la ville constitue une source de revenu appréciable.[13] C'est également le cas pour quelques habitants comme Joseph Ménard qui, en 1772, engage un vacher pour « prendre [les vaches] chez les particuliers de la ville chaque matin et les rendre exactement tous les soirs » et, entre-temps, les garder sur sa terre de la rivière Saint-Pierre.[14]

Vers la fin du XVIIIe siècle, on retrouve donc à Montréal le premier anneau des aires concentriques du modèle décrit par Johann Heinrich von Thünen, dans lesquelles la ville se procure les différents types de denrées dont a elle besoin : des potagers et quelques vergers dans les faubourgs; des vergers et des prairies dans les côtes avoisinantes.[15] Cette répartition spatiale est dictée par la nécessité d'être à proximité du marché pour la culture de denrées périssables comme celle des légumes et de certains fruits. Elle traduit également la hausse de la valeur des terrains de la ville qui dirige vers les faubourgs les artisans et les journaliers ainsi que les activités, comme l'horticulture, qui nécessitent un minimum d'espace.[16]

La plupart des potagers sont cependant de petite dimension. En 1781, les 74 « jardins » dont on connaît la superficie occupent au total 22,68 arpents, pour une moyenne de ⅓ d'arpent (1 049 m^2). Le rendement et la valeur à l'arpent de la production potagère sont très élevés et expliquent cette faible taille.[17] Les vergers sont évidemment plus vastes. Au total, les 97 vergers pour lesquels l'aveu mentionne une superficie, occupent 401,91 arpents. Le verger moyen compte ainsi 4,14 arpents (1,30 ha), mais l'étalement autour de cette moyenne est assez grand. Les faubourgs abritent de petits jardins fruitiers (en moyenne 1,78 arpents; ,56 ha), alors que, sur les flancs du mont Royal, s'étalent des vergers dont la superficie moyenne est de 7,04 arpents (2,2 ha). Ceux-ci comptent parfois un nombre d'arbres impressionnant : « 1 700 petits et grands pommiers » dans le terrain de Jean-Louis Ménard au faubourg Saint-Laurent en 1767, alors que le marchand Jean Orillat engage un jardinier pour planter 1 900 arbres sur sa terre de la côte Saint-Michel en 1772.[18]

Carte 1
Les terrains horticoles à Montréal en 1781

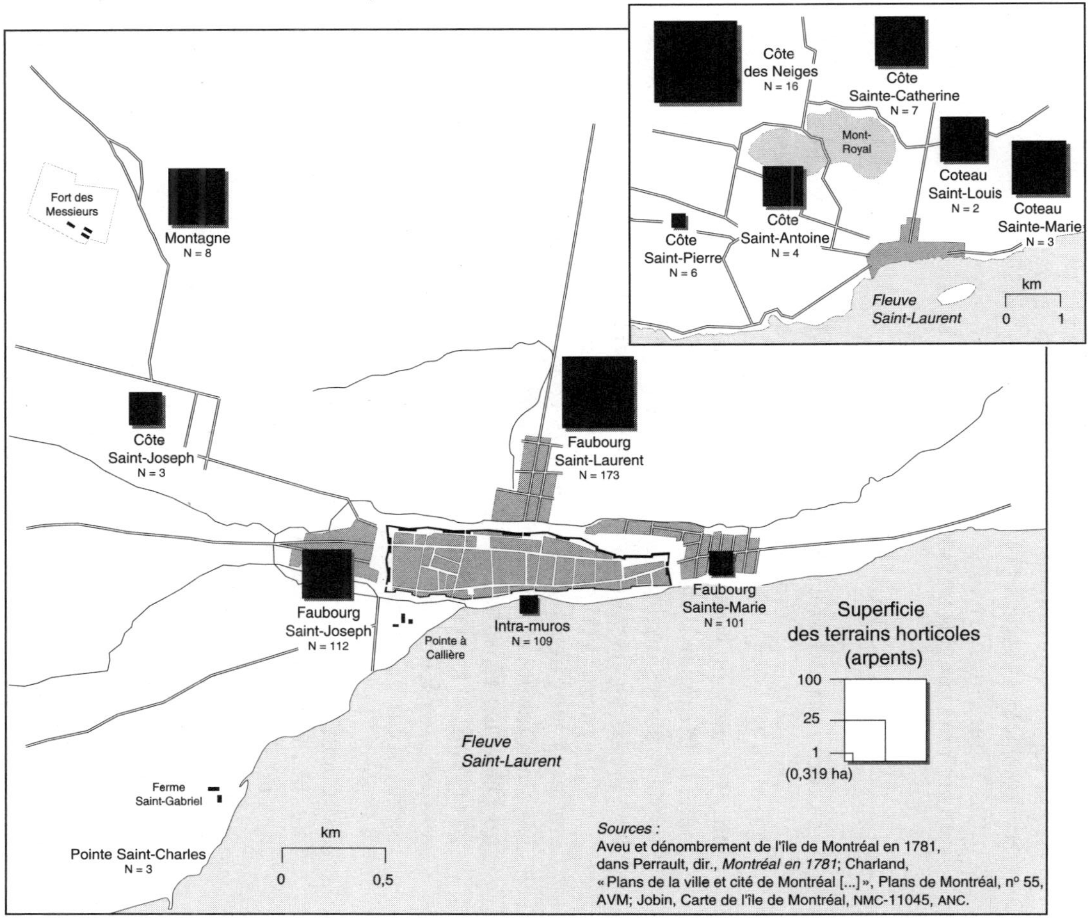

Sources :
Aveu et dénombrement de l'île de Montréal en 1781, dans Perrault, dir., *Montréal en 1781*; Charland, « Plans de la ville et cité de Montréal [...] », Plans de Montréal, n° 55, AVM; Jobin, Carte de l'île de Montréal, NMC-11045, ANC.

En 1781, donc, l'existence dans la paroisse de Montréal de terrains horticoles dont la capacité productive dépasse les besoins de consommation familiale est un phénomène bien en place. Il va sans doute en s'accroissant jusqu'au milieu du XIXe siècle,[19] époque où l'horticulture est redirigée vers les côtes plus éloignées de l'île de Montréal et de la région environnante en fonction de la même logique qui, au XVIIIe siècle, l'avait repoussée vers la zone périurbaine. En 1825, Jacques Viger énumère plus de 150 jardins ou vergers dont la plupart se retrouvent dans les faubourgs du nord et du nord-ouest de la ville.[20]

LES PROPRIÉTAIRES ET LE FAIRE-VALOIR

Les communautés religieuses furent sans doute les premiers propriétaires à créer de grands jardins à Montréal et dans ses environs. Dès le XVIIe siècle et tout au long du XVIIIe siècle, les Sulpiciens exploitent, en plus de leur jardin en ville, un verger, un potager et une vigne dans leur domaine de la Montagne.[21] Par ailleurs, une carte de 1704 montre que les institutions religieuses de Montréal sont, comme dans les villes françaises, toutes entourées de jardins assez étendus.[22]

La plupart des communautés ont également des terrains horticoles sur leurs propriétés situées dans les côtes. Ainsi, en plus du jardin de la communauté et de celui des Pauvres, situés dans l'enclos de l'Hôtel-Dieu, les Hospitalières ont, au XVIIIe siècle, un grand verger de 70 arpents à la côte Saint-Joseph et un verger de dimension plus modeste sur leur terre de la Providence, au coteau Saint-Louis, tandis qu'un second potager appartenant aux Pauvres est situé sur le fief Nazareth. Les livres de comptes de la communauté et de l'hôpital indiquent que les Sœurs vendent des fruits, des légumes et du cidre dès la fin du XVIIe siècle et tout au long du XVIIIe siècle et que le revenu de ces ventes est loin d'être négligeable.[23] La Congrégation de Notre-Dame a elle aussi un potager sur son terrain en ville et un autre à sa ferme de la pointe Saint-Charles, mais les ventes de cette institution sont moins importantes que celles des Hospitalières. Même situation pour l'Hôpital Général où l'on retrouve un potager et un verger tant sur le terrain de la pointe à Callière que sur la terre de la pointe Saint-Charles.[24] Les Jésuites et les Récollets ont également leur potager, et leur verger en ville. Le jardin des Récollets, à vocation tant utilitaire que d'agrément, faisait d'ailleurs l'objet de l'admiration des observateurs de la fin du XVIIe siècle et du début du XVIIIe siècle.[25]

Progressivement, les marchands et les officiers civils et militaires créent des vergers autour de la ville et sur les flancs du mont Royal. En 1731, la plupart des vergers, dénombrés dans l'aveu, appartiennent aux Sulpiciens et à des notables.[26] Cinquante ans plus tard, les com-

Tableau 4
Répartition des terrains horticoles selon la localisation et selon la profession du propriétaire (1781)

	Nombre de terrains		
Profession	*Intra-muros*	*Faubourg Saint-Laurent*	*Côtes**
Paysan**	–	2	11
Jardinier	–	9	–
Journalier	1	–	–
Artisan	3	14	5
Marchand / bourgeois	9	19	11
Officier civil et militaire	3	6	2
Communauté religieuse	4	–	1
Seigneur	1	–	1***
Autre	2	1	–
Inconnue	1	1	1
Total	24	52	32***

Source : Aveu et dénombrement de l'île de Montréal en 1781, dans Perrault, dir., *Montréal en 1781* et greffes des notaires du gouvernement de Montréal, ANQM. (Mario Lalancette, Alan M. Stewart et Joanne Burgess m'ont fourni plusieurs renseignements relatifs à ce tableau.)
* Comprend les terrains situés dans l'aveu et dénombrement à la Montagne, dans le faubourg Saint-Joseph, à la côte des Neiges et à la côte Sainte-Catherine.
** Soit les individus désignés comme « habitants » et comme « laboureurs » dans les actes notariés.
*** La vigne, le verger et le potager du Séminaire de Montréal ont été comptabilisés comme un seul terrain.

munautés religieuses, les marchands, les officiers civils et militaires et les artisans accaparent presque tous les terrains horticoles de la ville et du faubourg Saint-Laurent. Ils sont aussi bien présents dans les autres faubourgs et dans les côtes autour du mont Royal (tableau 4). Notons cependant que l'aveu sous-estime certainement le nombre de jardiniers propriétaires de lopins dans les côtes, car il ne recense pas ces terrains qui ont été vendus par certains paysans.[27]

Chez les paysans et les jardiniers, propriétaires de jardins, il est clair que le faire-valoir direct domine.[28] Mais si certains artisans combinent sans doute l'artisanat et l'horticulture, les autres propriétaires ont certainement recours à des tiers pour la mise en valeur. Pour la période 1720-1780, les greffes notariaux montréalais contiennent 83 baux concernant exclusivement des terrains horticoles, mais seulement 5 engagements et 2 marchés pour effectuer des travaux de jardinage ou d'arboriculture. Il faut cependant se méfier du prisme des actes notariés dans l'évaluation de l'importance relative des modes de faire-valoir. En effet, il est probable que les parties recourent plus volontiers à un notaire pour une location que pour un engagement.

Ainsi, les communautés religieuses féminines ne font jamais appel aux notaires pour l'engagement de leur main-d'œuvre, mais leurs livres de comptes montrent qu'elles emploient des jardiniers salariés tout au long du XVIIIe siècle. Quelquefois, les communautés louent leurs terrains horticoles en même temps que les exploitations agricoles sur lesquelles ils se trouvent. Mais il faut noter que, sur 15 baux d'exploitations complètes accordés par les communautés où apparaît la mention d'un jardin ou d'un verger, 9 comportent une réserve concernant ces terrains. En fait, seules les Hospitalières recourent au faire-valoir indirect de façon systématique : pendant plus de trente ans, elles louent leur verger de la côte Saint-Joseph.

Le cas des communautés religieuses n'est sans doute pas particulier. Par exemple, dans les décennies 1770 et 1780, le marchand Pierre Guy est propriétaire des terres Ranger et La Bourgogne, situées à la côte Saint-Joseph. Il y exploite deux vergers et un grand potager. De 1766 à 1789, il engage 162 journaliers[29] et ses livres de comptes montrent que plusieurs d'entre eux sont affectés au soin du potager et du verger. Or, aucun de ces engagements n'a été fait devant notaire. Par contre, il existe un bail de location pour le verger datant de 1780, seule trace existante dans les greffes notariaux, de la façon dont Guy met ses terres en valeur.[30]

Ainsi, on peut conclure que bon nombre de notables et presque toutes les communautés religieuses emploient des salariés pour cultiver leurs terrains horticoles. C'est ce que semble confirmer le fait qu'il y ait seulement 28 baux entre 1771 et 1791, alors que l'aveu de 1781 recense 186 terrains exclusivement horticoles.[31] Reste à savoir si des baux étaient passés sous seing privé.

Il est donc difficile d'évaluer quel est le type de faire-valoir dominant. Cela dit, l'examen des baux et des engagements révèle plusieurs traits intéressants au sujet de la pratique horticole et de l'intérêt des propriétaires non exploitants à posséder potagers et vergers. La plupart des bailleurs et des maîtres sont des marchands et des officiers civils et militaires, tandis que les preneurs et engagés sont en majorité des gens qui se désignent comme des jardiniers (tableau 5). Il y a donc une main-d'œuvre spécialisée dans le domaine et les propriétaires en sont sans doute satisfaits, puisque seulement 4 des 83 baux sont annulés avant qu'ils n'aient expiré et que 10 d'entre eux constituent des renouvellements.

Tableau 5
Répartition professionnelle des bailleurs, maîtres, preneurs et engagés en horticulture (1720–1780)

	Statut			
Profession	*Bailleur*	*Maître*	*Preneur*	*Engagé*
Paysan*	4	–	1	–
Laboureur**	–	–	2	–
Journalier / volontaire	–	–	5	1
Soldat	–	–	2	–
Jardinier	3	–	58	6
Artisan et petit commerçant	10	1	8	–
Marchand et bourgeois	32	4	1	–
Officier civil et militaire	14	1	–	–
Communauté religieuse et clergé	5	–	–	–
Autre	3	–	1	–
Inconnue	12	1	5	–
Total	83	7	83	7

Source : Greffes des notaires du gouvernement de Montréal, 83 baux, 6 engagements et 1 marché, 1720–1780, ANQM.
* Soit les individus désignés comme « habitants ».
** Terme désignant un locataire d'exploitation.

La durée de ces baux varie beaucoup. Certains baux sont rédigés en avril ou en mai pour une seule saison; plus de la moitié sont passés pour un an ou trois ans, mais d'autres sont beaucoup plus longs. En général, ils commencent tout de suite avant les semences ou après la récolte, à l'automne. Habituellement, les bailleurs ne fournissent que la terre et le logement au preneur. Seulement 7 baux mentionnent l'usage d'un cheval pour transporter du fumier et 15 baux, des outils : bêche, pioche, brouette et râteau.[32] La plupart des terrains loués sont désignés comme des « jardins » et la lecture de certains actes ne permet même pas de déterminer quel est le type dominant d'utilisation du sol. Ainsi, la plupart des potagers loués contiennent « quelques arbres fruitiers » et, le plus souvent, on cultive aussi des légumes dans les vergers. Cette culture occupe soit une section précise du verger aménagée à cette fin ou les allées, entre les arbres.[33] Cette pratique est cependant interdite par certains bailleurs davantage intéressés par les foins pouvant pousser dans le verger.[34]

Tableau 6
Répartition des baux selon le type de paiement et selon le type de terrain alloué

	Nombre de baux		
Type de paiement	*Ensemble des terrains (83 cas)*	*Vergers (24 cas)*	*Potagers (38 cas)*
Paiement unique :			
Nature	12	7	2
Argent	24	5	11
Travail	–	–	–
Partage des profits de vente	1	–	1
Paiement mixte :			
Nature et argent	21	4	13
Nature et travail	1	–	1
Nature et partage des profits de vente	15	6	6
Paiement triple :			
Nature, argent et travail	4	–	2
Nature, travail et partage des profits de vente	3	2	1
Nature, argent et partage des profits de vente	2	–	1
Total	83	24	38

Source : Greffes des notaires du gouvernement de Montréal, 83 baux, 1720–1780, ANQM.

Toutes les transitions existent entre le jardinier qui paie un loyer fixe et celui qui partage à moitié l'ensemble de la production : combinaison de paiements en nature et en argent ou en travail, paiement en nature et partage des profits de ce qui est vendu par le jardinier et, parfois, un paiement plus complexe composé d'une partie de la production, de prestations en travail, de partage des profits ou d'un loyer fixe en argent (tableau 6). Presque tous les baux prévoient une répartition égale en ce qui a trait au partage de la production ou des profits. Il est à noter que les prestations en nature occupent une place importante dans les baux : 58 des 83 baux en prévoient. À côté de ceux qui réclament le partage égal de la production (35 cas), d'autres dressent une liste fort détaillée de légumes et de fruits en précisant les quantités requises (23 cas). Une analyse comparative de 24 baux touchant des terrains où le verger est l'élément le plus important et de 38 baux où le potager domine, montre des situations différentes à cet égard. Dans le cas des vergers, 19 bailleurs (79,2 %) réclament un paiement en nature (et pour 7 d'entre eux exclusivement en nature) alors que, dans le cas des potagers, 26 bailleurs (68,8 %) ont la même exigence mais, dans 13 cas, il s'agit d'un paiement combinant une somme d'argent et une certaine quantité de légumes pour la consommation du bailleur. Seuls 2 des bailleurs de potagers ne réclament qu'un paiement en nature. Par contre, 11 (29,7 %) d'entre eux se contentent d'un paiement en argent contre 5 (20,8 %) pour les bailleurs de vergers. Visiblement, les bailleurs de vergers sont plus intéressés au produit lui-même que les bailleurs de potagers.[35]

La large gamme des types de paiements se complique en raison des nombreuses et parfois sévères réserves imposées par les bailleurs. Certaines, comme l'usage d'une partie de la maison ou des bâtiments, le droit de circuler sur le terrain ou des restrictions relatives à la coupe du bois, apparaissent presque normales. D'autres privent les locataires de parties du terrain loué : une prairie, une pépinière ou le verger dans un terrain exploité en potager. Mais, alors, le preneur n'a pas à y travailler. Beaucoup plus lourdes sont les réserves de terrain que le locataire doit néanmoins mettre en valeur. Dans deux baux, il s'agit d'un verger dans un terrain où il y a un potager. Le cas extrême est celui du notaire François Simonnet qui « loue » son verger et sa pépinière du faubourg Saint-Louis en 1778 : les deux preneurs doivent les exploiter en suivant des directives très détaillées, mais Simonnet se réserve le profit des arbres des deux terrains. De plus, les preneurs lui versent 18 # par an et quelques légumes.[36] Quel est leur intérêt? La possibilité de cultiver en potager les allées du verger!

CULTURES ET TECHNIQUES

Que cultive-t-on dans ces jardins? La liste des produits exigés en paiement dans les baux en donne un aperçu (tableau 7). Ce sont d'abord des choux et des oignons, puis des « racines » : carottes et betteraves. La facilité de conservation de ces denrées explique évidemment leur popularité. Aromates et condiments sont aussi très présents : ail, échalote, ciboulette et oseille. Les bailleurs réclament également qu'on les approvisionne en « herbes pour saler », ce qui désigne sans doute la sarriette, le persil et le cerfeuil. Les « salades » sont aussi inscrites dans les produits à fournir aux bailleurs, sans qu'on en précise la sorte. Toutefois, la chicorée est, à l'occasion, mentionnée de façon spécifique. Aucune mention de pommes de terre avant un bail de 1780 et encore celles-ci sont cultivées dans un terrain séparé et le bailleur laisse au preneur le choix d'en cultiver.[37]

Tableau 7
Mentions des productions dans les baux de potagers et de vergers (1720–1780)

Produit	*Nombre de mentions*
Ail	9
Asperge	5
Betterave	6
Blé d'Inde	1
Carotte	7
Céleri	13
Cerise	5
Chicorée	7
Chou	13
Chou pommé	8
Ciboulette	4
Concombre	3
Échalote	8
«Fève» (haricot)	2
«Fève verte» (haricot)	4
«Petite fève» (haricot)	2
«Gadelle» (groseille)	9
«Herbes pour saler»	16
Melon	4
Navet	1
Oignon	17
Oseille	2
Poire	3
Poireau	4
Pois en gousse	1
Pomme choisie / pomme de France	6
Pomme sauvage	2
Pomme	22
Prune	4
«Racine»	4
Raisin	3
Rave	5
«Salade»	10

Source : Greffes des notaires du gouvernement de Montréal, 52 baux et 1 engagement, 1720–1780, ANQM.

Certains légumes périssables, comme les haricots, le concombre et surtout le céleri, sont largement répandus. On rencontre aussi le poireau. Enfin, un produit plus raffiné, l'asperge, trouve aussi sa place au potager. Ce légume fait d'ailleurs l'objet d'une attention particulière de la part des bailleurs. Dans les baux, on incite les preneurs à en cultiver, même si le paiement se fait exclusivement en argent. Par ailleurs, plusieurs baux précisent que le propriétaire se réserve le carré d'asperges et donnent des directives élaborées quant à sa fumure.

Ce trait révèle que l'élite canadienne n'est pas en marge de l'évolution du goût constaté en France aux XVIIe et XVIIIe siècles où l'asperge devient la caractéristique d'une alimentation raffinée. De même, à partir du XVIIe siècle, les choux, oignons et racines diverses qu'on laissait auparavant au «bas peuple» se retrouvent sur les tables aristocratiques et bourgeoises.[38] La liste des produits demandés par les bailleurs de l'élite montréalaise correspond tout à fait à cette évolution. Par contre, il y a des absences : la citrouille et les courges, des plantes empruntées aux Amérindiens et mentionnées par les contemporains[39], n'étaient peut-être pas appréciées par les palais délicats des propriétaires.

Dès le XVIIe siècle, les melons de Montréal (melons ordinaires et melons d'eau) sont renommés dans la colonie[40] et on les retrouve évidemment dans la liste des produits réclamés par les bailleurs. Les autres fruits proviennent tous des vergers. Certains d'entre eux contiennent des pruniers, généralement dits de Damas, des cerisiers et des poiriers. Les «gadeliers» (c'est-à-dire les groseilliers) sont assez répandus, mais les pommiers dominent de loin. À part les pommes «communes», la comptabilité de Pierre Guy fait mention de ventes de plusieurs variétés de pommes : calville, fameuse, reinette, blanche et grise. L'existence d'une pomme «bourassa» laisse penser qu'une variété locale a été élaborée.[41]

Compte tenu du fait qu'on cultive des légumes dans les vergers et des arbres fruitiers dans les potagers, le travail du jardinier consiste presque toujours à s'occuper autant de cultures potagères que d'arboriculture, quand ce n'est pas de la prairie. Malheureusement, les baux sont plutôt avares de renseignements quant aux tâches du jardinier; «bien et duement entretenir, bêcher, amander et faire valoir le jardin», «avoir soin du jardin, sans le dessoler», «greffer, écussonner, tailler et planter les arbres comme un bon et fidèle jardinier-arboriste» illustrent le genre de clauses relatives aux techniques qui se retrouvent dans la plupart des contrats. Seuls quelques baux et les livres de comptes de Guy sont un peu plus précis à ce sujet. Mais il est impossible de savoir si les pratiques qu'ils décrivent étaient en usage partout.

Comme aujourd'hui et encore plus à cette époque, l'horticulture était une activité à forte intensité de travail. Tant dans le potager que dans le verger, tout se faisait à la main : labourage à la bêche, sarclage, taille et échenillage des arbres, etc. Une des tâches les plus prenantes du jardinier était l'arrosage[42] qui devait monopoliser d'autant plus de temps que seulement 9 des 83 baux mentionnent la présence d'un puits sur l'exploitation. La construction et l'entretien des clôtures est également un aspect essentiel de cette activité; les baux montrent que la protection des terrains horticoles contre les animaux et les voleurs est une préoccupation constante. Au Canada, on n'a pas suivi la tradition française de clore les jardins de murs de pierre[43] et, quelquefois, les clôtures de pieux ne suffisent pas, si bien qu'en 1793, Pierre Guy dépense 50 sols pour acheter « une demi-livre de poudre à canon pour tirer le soir dans le verger à cause des voleurs ».[44]

Le fumier semble abondamment utilisé. Plusieurs baux obligent le jardinier à amender le jardin et certains bailleurs fournissent eux-mêmes le fumier qui provient le plus souvent de la ville. On y mentionne des quantités qui semblent imposantes : 100 tomberées de fumier pour engraisser annuellement un verger au faubourg Saint-Laurent, 60 tomberées pour un potager de la rue Saint-Nicolas. Si, dans deux cas, on ne fume pas tout le jardin chaque année, toutes les autres indications relatives à la fréquence de l'amendement laissent croire à un fumage annuel.

Certains jardiniers vendent des graines à d'autres producteurs. Dans d'autres cas, elles sont achetées au marché. Quant à la vigne, on la renouvelle par provignage.

C'est surtout sur les soins des vergers qu'on possède des renseignements. Le jardinier doit annuellement tailler et écheniller les arbres. Dans certains cas, on l'oblige spécifiquement à déchausser les arbres et à les garnir de terreau, ce qui est fait annuellement dans les vergers de Pierre Guy. Pour améliorer la production de pommes, on utilise la greffe, en « écussonnant les arbres sauvageons par bons écussons d'arbres francs ». Une pépinière est adjointe à 13 des 49 vergers loués et 6 autres baux obligent le preneur à en faire une. Certaines sont de bonne dimension, celle de Ferdinand Felz contient 700 écussons en 1750.

À partir de ces quelques informations, il est bien difficile de juger le niveau technique de l'activité horticole montréalaise du XVIIIe siècle. Se comparait-il à celui de la France qui vivait alors une période particulièrement faste en ce domaine?[45] Jusqu'à ce qu'on possède plus d'informations, le jugement doit être nuancé. Il est vrai que, dans les documents consultés, on ne mentionne aucune culture sous verre, ni aucune technique de forçage, deux innovations de la fin du

XVIIe siècle. Mais la culture de certains produits délicats comme le céleri, et ce, dans un climat plutôt rigoureux, indique une performance somme toute honorable.[46] D'ailleurs, même dans les régions où ces techniques ont été créées, il existait un décalage entre leur mise au point par les « jardiniers aristocrates » et leur adoption par les jardiniers travaillant à leur compte, « les premiers [faisant] de la culture avec de l'argent tandis que les derniers doivent faire de l'argent avec les cultures ».[47]

LA COMMERCIALISATION

Les différentes sources utilisées sont avares de renseignements au sujet de la commercialisation. Les livres de comptes des communautés religieuses et ceux de Pierre Guy laissent voir que la vente de leurs légumes se fait au marché, en ville, ou directement au jardin à différents particuliers. Dans les années 1770, Guy donne une commission de 10 % à son jardinier pour qu'il s'acquitte de cette tâche. De même, plusieurs bailleurs laissent aux jardiniers le soin de vendre les légumes, en spécifiant que ces derniers doivent tenir une comptabilité de façon à ce que le bailleur puisse toucher sa part des profits.[48] On peut supposer que ces légumes sont surtout écoulés au marché, en ville. Les potagers ne sont jamais assez éloignés de la place du marché pour qu'il soit impossible de s'y rendre à pied quotidiennement et peu de bailleurs fournissent un cheval pour le transport des légumes; le « commerce trotte-menu »[49] semble donc être la règle.

La plupart du temps, les légumes sont vendus directement aux consommateurs par les producteurs, mais quelques intermédiaires s'introduisent dans le processus. Ainsi, la comptabilité d'Alexis Lemoine Monière montre que ce marchand achète fruits et légumes chez les Hospitalières et, en une occasion, Pierre Guy échange des pommes contre des pommes de terre à une « revendeuse ».[50]

Une autre destination des produits potagers et fruitiers est suggérée par la personnalité de deux bailleurs : François Maurin, en 1759, et Jacob Jordan, en 1778, louent l'un un potager, l'autre un verger.[51] Or, à cette époque, Maurin est un des munitionnaires de l'armée française et Jordan est un des fournisseurs de l'armée britannique. Il est peu vraisemblable que ces locations aient été faites pour leur permettre de jardiner pendant leurs loisirs. Certains de leurs produits ont donc dû finir dans l'assiette des officiers.

Le cas des pommes est différent de celui des légumes. Leur conservation plus facile permet de les écouler sur un marché plus vaste. Ainsi, en octobre et novembre 1763, 10 des 25 navires accostant à Québec en provenance de Montréal ont des pommes à bord.[52] Par ailleurs, une partie de la production est transformée en cidre avant d'être vendue.[53] Le Séminaire de Montréal possède un pressoir à son domaine de la Montagne. En 1712, sa production serait d'environ 100 barriques par an.[54] L'Hôpital Général a également un pressoir à la pointe à Callière au début du XVIIIe siècle et les Hospitalières en construisent un au verger Saint-Joseph en 1764. Certains marchands en exploitent également. Ainsi, celui de Pierre Guy sert non seulement à transformer ses pommes, mais également celles de plusieurs particuliers.[55]

À part les légumes et les fruits, d'autres produits horticoles font également l'objet d'une commercialisation : certains jardiniers vendent des graines de légumes et des arbres fruitiers à d'autres exploitants. Guy achète ainsi régulièrement, soit au marché, soit directement des producteurs, des graines d'oignon, des plants de céleri et de chou, des pommiers et des poiriers.

Reste le cas de la vigne, cultivée au domaine de la Montagne dès le XVIIe siècle et présente sur 2 des 83 exploitations louées entre 1720 et 1780.[56] Le contenu de l'un des actes suggère une consommation du fruit sans transformation; quant à l'autre, il n'y aucune mention de superficie; il est donc impossible de savoir si cette vigne était suffisante pour justifier l'effort de transformation en vin. Seule la vigne de 4 arpents du Séminaire peut le laisser supposer. Ce vignoble fournissait peut-être aux Sulpiciens leur vin de messe.[57]

LA RENTABILITÉ

Quelle était la rentabilité de l'activité horticole au XVIIIe siècle? Son existence même donne à penser que ceux qui y étaient engagés y trouvaient leur compte. Mais est-il possible de la mesurer en termes comptables? Pour les jardiniers, travaillant à leur compte, il n'existe aucune source pour le faire. La réponse est également négative pour les communautés religieuses féminines dont nous avons examiné la comptabilité, puisque celle-ci n'isole pas les dépenses relatives à l'exploitation des terrains horticoles.

Pour le moment, seul le livre de comptes de Pierre Guy nous permet de donner un ordre de grandeur. De sa terre Ranger où il exploite un verger, une prairie et un potager, Guy tire un profit annuel moyen de 339 livres 14 sols et 9 deniers entre 1766 et 1805, soit un rendement annuel de 6,1 % par rapport à son investissement initial. Mais il est difficile de séparer cette exploitation de sa terre voisine, La Bourgogne, à laquelle sont imputées toutes les dépenses du pressoir à cidre servant aux deux exploitations. Ce qui est sûr, cependant, c'est que les profits de la terre Ranger sont supérieurs à ceux de la terre La

Bourgogne où il existe un verger, mais où dominent la grande culture (blé, avoine, pois) et l'élevage. Entre 1768, date de son achat par Guy, et 1804, elle produit un profit moyen de 144 # par an, ce qui correspond à un rendement de 1,4 % par rapport à l'investissement initial.[58] La représentativité de cet exemple n'étant pas connue, on ne peut en conclure grand-chose. Sauf, peut-être, que la différence de rentabilité entre les deux terres explique sans doute pourquoi plusieurs propriétaires de la banlieue montréalaise ont modifié la structure de leur exploitation dans la seconde moitié du XVIIIe siècle, afin de privilégier les cultures horticoles et fourragères, directement axées sur les besoins du marché urbain.

Mais pour les propriétaires non exploitants, l'intérêt de ces terrains horticoles dépasse la recherche du profit immédiat. Plusieurs d'entre eux étaient certainement sensibles au fait que ces terrains situés à l'intérieur des murs ou dans les faubourgs ne pouvaient que prendre de la valeur avec la croissance urbaine. Après les avoir exploités comme terrains horticoles, ils allaient par la suite pouvoir les lotir et les vendre avec profit. Une notice publiée dans la *Gazette de Montréal* en 1786 en fait foi. On y annonce la vente d'un verger, situé au faubourg Saint-Antoine, en précisant que le terrain peut être loti « en 9 lots de 40 pieds par 1 arpent de profondeur ».[59] Tôt ou tard, les propriétaires allaient donc pouvoir en tirer un bon profit. Entre-temps, ils pouvaient jouir de leurs terrains horticoles autrement. Mentionnons d'abord le plaisir d'y circuler. Le potager et le verger de la banlieue sont des lieux de détente et de promenade pour les notables. Lors de leur location, certains d'entre eux se réservent le droit d'aller s'y promener. Ainsi, en 1736, lorsque Pierre Legardeur de Repentigny donne en location un jardin appartenant à ses petits-enfants, il se réserve « la liberté d'aller manger des gadels et prunes et aussi se réserve personnellement les fruits d'un petit pommier qui se trouve au milieu d'un carré au sud-ouest du dit jardin [...] ».[60]

Par ailleurs, comme en France à la même époque, plusieurs propriétaires de potagers et de vergers en tirent leur propre approvisionnement.[61] Cela est confirmé par le grand nombre de baux accordés par les officiers et les bourgeois où l'on réclame un paiement en nature et par le fait que les communautés religieuses privilégient le faire-valoir direct qui leur permet de garder la partie de la récolte nécessaire pour nourrir leurs membres et les personnes dont elles ont la charge. Ainsi, tout comme à Paris au XVIIIe siècle, « une grande partie de la consommation des communautés ecclésiastiques puis de l'aristocratie et de la bourgeoisie [...] [est] assurée directement [...] sans intervention des cultures commerciales ».[62]

Celles-ci existent néanmoins, comme en témoignent les baux où le paiement se fait en argent et ceux où le profit des ventes est divisé entre le bailleur et le preneur. Il semble qu'elles fassent bien vivre certains jardiniers qui s'y consacrent. À cet égard, nous pouvons citer quelques cas de réussite comme celle d'Antoine Cléroux qui, au début des années 1750, est locataire d'au moins trois jardins différents dans la ville qu'il exploite avec des journaliers ou celle d'Edme Vervait qui, dans la décennie 1760, est locataire du verger des Hospitalières à la côte Saint-Joseph, ce qui l'oblige à louer son propre jardin de deux arpents situé au faubourg Saint-Antoine. Ce même Vervait avait, en 1758, prêté 1 000 # à un autre jardinier, Pierre Lesueur « pour faire un commerce ».[63] Il est vrai que ces succès sont susceptibles de cacher des destins moins enviables. Il n'en reste pas moins que, si des propriétaires comme Pierre Guy réusissaient à tirer un profit de leurs cultures horticoles en recourant à des tiers pour y travailler, les jardiniers devaient, à plus forte raison, faire de même en assumant le travail eux-mêmes. Après tout, si la culture maraîchère n'avait pas été rentable, François Lahaye et son gendre François Boismier n'auraient pas accepté de mettre en valeur le verger et la pépinière de François Simonnet pour n'avoir, en retour, que le droit de cultiver des légumes dans les allées du verger…

CONCLUSION

Durant la seconde moitié du XVIIIe siècle, il existe à Montréal, à l'intérieur des murs, mais surtout dans les faubourgs et les côtes avoisinantes, nombre de terrains horticoles dont la capacité productive dépasse les besoins de consommation d'une famille. Cette réalité est dictée par la ville, et ce, de deux façons. D'une part, la ville est le lieu de résidence des notables et le siège des institutions religieuses. Ceux-ci mettent en valeur des potagers et des vergers pour assurer leur approvisionnement. D'autre part, la population urbaine croît progressivement et crée un marché pour une horticulture commerciale. Mais les besoins alimentaires ne se limitent pas à ceux des humains. Les vaches « citadines » qui approvisionnent leur propriétaire en lait et les chevaux doivent également être nourris; plusieurs terrains des alentours sont donc exploités en prairie ou en pâturage. En plus d'être une ville de transit pour le commerce des fourrures, Montréal est devenue au XVIIIe siècle un marché de consommation pour des produits du cru.

Ce qui frappe dans ce phénomène, c'est sa conformité au modèle européen : même manifestation dans l'espace, mêmes groupes sociaux engagés, mêmes facteurs et mêmes intérêts à son origine. Du point de vue agricole, la ville coloniale a les mêmes effets sur sa proche campagne que la ville métropolitaine. Les seules différences sont la chronologie et l'ampleur des phénomènes, plus tardifs et plus restreints à Montréal. Mais faut-il s'en étonner? Quand Montréal commence à modifier la structure d'exploitation des terres avoisinantes, elle a à peine 100 ans d'existence et compte moins de 4 000 habitants.[64] Cela semble presque hâtif comparativement à l'ancienneté et à la taille des villes françaises lorsque celles-ci ont elles-même commencé à laisser leur empreinte sur les campagnes environnantes.[65]

En somme, l'existence des jardins et des vergers à Montréal et dans sa banlieue au XVIIIe siècle nous rappelle une considération fondamentale, mais trop souvent rapidement oubliée: les XVIIe et XVIIIe siècles canadiens doivent être étudiés ni à l'aune des développements ultérieurs ni à celle des autres sociétés, proches ou lointaines. La comparaison a une valeur heuristique certaine, seulement dans la mesure où l'on n'oublie pas la spécificité de son objet d'étude. Le Canada d'alors est une société coloniale d'Ancien Régime, isolée des marchés et comptant une très faible population. Cela ne l'empêche pourtant pas de posséder une dynamique et une complexité propres qui, comme Louise Dechêne l'affirmait il y a vingt ans, n'en font pas « un prélude pittoresque à des études plus actuelles », mais un objet d'étude en soi.[66]

NOTES

1 Cette étude s'insère dans un projet de recherche portant sur les laboureurs et les journaliers de la plaine de Montréal au XVIIIe siècle. Ce projet a fait l'objet de subventions de l'Université du Québec à Montréal et du Conseil de recherches en sciences humaines du Canada. Je remercie mon assistant de recherche, Claude Berrardelli, ainsi que Christian Dessureault, Louis Michel, et Thomas Wien qui ont commenté ce texte. Enfin, en me faisant bénéficier de ses connaissances horticoles et historiques, Louise Dechêne m'a évité de raconter des salades.

2 Noël Coulet, « Pour une histoire du jardin. Vergers et potagers à Aix-en-Provence : 1350–1450 », *Le Moyen Âge* 73 (1967) : 239.

3 Voir, par exemple, *Jardins et vergers en Europe occidentale : VIII–XVIIIe siècles* (Auch, Centre culturel départemental de l'abbaye de Flaran, 1987, coll. « Journées internationales d'histoire, Flaran », 9); Louis Stouff, *Ravitaillement et alimentation en Provence aux XIVe et XVe siècles* (Paris et La Haye, Mouton, 1970).

4 François Rousseau, *L'Oeuvre de chère en Nouvelle-France. Le régime des malades à l'Hôtel-Dieu de Québec* (Québec, Presses de l'Université Laval,

1983); Marc Lafrance et Yvon Desloges, « La sensibilité alimentaire au Canada aux XVIIe et XVIIIe siècle. Approches et survol des sources », *Manger : de France en Nouvelle-France*, numéro spécial d'*Ethnologie* 12,3 (1990) : 15–40.

5 Sylvie Dépatie, « L'évolution d'une société rurale : l'île Jésus au XVIIIe siècle », thèse de PhD, Université McGill, 1988, 230; Christian Dessureault, « Les fondements de la hiérarchie sociale au sein de la paysannerie : le cas de Saint-Hyacinthe, 1760–1815 », thèse de PhD, Université de Montréal, 1985, 272–273; Allan Greer, *Peasant, Lord and Merchant : Rural Society in Three Quebec Parishes 1740–1840* (Toronto, University of Toronto Press, 1985), 27–29; Thomas Wien, « Peasant Accumulation in a Context of Colonization, Rivière-du-Sud, Canada, 1720–1775 », thèse de PhD, Université McGill, 1988, 129–130.

6 Alan M. Stewart, « Settling an 18th-Century Faubourg : Property and Family in the Saint-Laurent Suburb, 1735–1810 », mémoire de M.A., Université McGill, 1988, passim; Jennifer Waywell, « Farm Leases and Agriculture on the Island of Montreal, 1780–1820 », mémoire de M.A., Université McGill, 1989, 86–89, 160–164. Je remercie Jennifer Waywell de m'avoir permis d'utiliser la fiche de dépouillement des baux qu'elle a mise au point pour sa recherche.

7 Ces cartes sont reproduites dans Jean-Claude Robert, *Atlas historique de Montréal* (Montréal, Art Global et Libre Expression, 1994), 52, 60. Voir également un plan de Dugué, daté de 1726 qui apparaît à la page 57.

8 Jacques Rousseau et Guy Béthune, dir., *Voyage de Pehr Kalm au Canada en 1749* (Montréal, Pierre Tisseyre, 1977), 488.

9 « Aveu et dénombrement du Séminaire de Saint-Sulpice pour la seigneurie de l'île de Montréal, 1731 » *Rapport de l'archiviste de la province de Québec* 1941–1942, 4–175; Claude Perrault, dir., *Montréal en 1781* (Montréal, Payette Radio, 1969).

10 Amélia Chicoine, *La métairie de Marguerite Bourgeois à la Pointe-Saint-Charles* (Montréal, Fides, 1986), 151.

11 Je remercie Mario Lalancette qui m'a fourni cette information.

12 Le même phénomène se retrouve dans plusieurs banlieues des villes françaises au XVIIIe siècle. L'expression est de Jean-Claude Perrot, *Genèse d'une ville moderne : Caen au XVIIIe siècle* (Paris et La Haye, Mouton, 1975), 181–185.

13 Soit à la terre de la Baronnie pour l'Hôpital Général (G12/1R4, Archives des Sœurs Grises de Montréal, Recettes et dépenses du 4 sept. 1747 au 31 déc. 1779) et à la terre La Providence des Hospitalières de Saint-Joseph (2A1 (P), Archives des Hospitalières de Saint-Joseph, Recettes et dépenses de la communauté, 1714–1874). Les Sœurs de la Congrégation de Notre-Dame font de même sur leur terre de la pointe Saint-Charles (Archives de

la Congrégation de Notre-Dame 630.010.2, Recettes et dépenses de la communauté, 1753–1793 et 630.010.11, Recettes et dépenses de la pointe Saint-Charles).

14 Simonnet, 15 janv. 1772, engagement de François Georges Marc par Jos. Ménard, Archives Nationales du Québec à Montréal (ANQM).

15 G. Duby, dir., *Histoire de la France urbaine*, (Paris, Seuil, 1981), 3:358–359; Michel Phliponneau, *La vie rurale en banlieue parisienne* (Paris, Armand Colin, 1956), 14–20; Christopher Dyer, « Jardins et vergers en Angleterrre au Moyen Âge », dans *Jardins et vergers en Europe occidentale*, 154. Pour un exemple, voir Perrot, *Genèse*, 177–241.

16 Stewart, « Settling », passim; Robert, *Atlas*, 60–61.

17 Michel Phliponneau parle de « grandes pièces » mesurant 2 arpents en banlieue de Paris au XVIIIe siècle. Ces terrains requièrent plus d'une personne pour leur culture (*La vie rurale*, 18–21, 39). Passant en revue les données disponibles pour la France médiévale, Arlette Higounet-Nadal donne les dimensions suivantes pour les jardins extra-muros : pour les villes du duché de Bretagne, de 300 m² à 4 860 m²; à Fougères, en Bretagne, une moyenne de 900 m²; à Tarascon, en Provence, des superficies entre 440 m² et 875 m². Elle estime que 1 000 m² constituent une bonne moyenne pour les jardins familiaux. (« Les jardins urbains de la France médiévale », dans *Jardins et vergers en Europe occidentale*, 127ss). Les potagers sont toujours de dimension restreinte, que ce soit à la périphérie de Beauvais au XVIIe siècle ou à Nanterre, en banlieue de Paris, au début du XIXe siècle. À Beauvais, l'arpent de jardin maraîcher valait au moins le triple de l'arpent de labour (Pierre Goubert, *Beauvais et le Beauvaisis de 1600 à 1730 : contribution à l'histoire sociale de la France du XVIIe siècle* (Paris, École des Hautes Études en Sciences Sociales, 1982 (1966), 169); Martine Ségalen, « Se reproduire ou non localement; le dilemne des Nanterriens dans la première moitié du XIXe siècle », dans Gérard Bouchard et Joseph Goy, dir, *Famille, économie et société rurale en contexte d'urbanisation (17e–20e siècle)*, (Chicoutimi et Paris, Centre interuniversitaire SOREP / École des Hautes Études en Sciences Sociales, 1990), 167.

18 P. Panet, 23 mai 1767, bail d'un verger par Jean-Louis Ménard à Jacques Verron; P. Panet, 2 déc. 1772, marché de plantation d'arbres entre Jean Orillat et François Lagrave, ANQM.

19 Waywell, « Farm Leases ». Voir aussi les récits des voyageurs du début du XIXe siècle : Hugh Gray, John Lambert, etc.

20 Jean-Claude Robert, « Activités agricoles et urbanisation dans la paroisse de Montréal 1820–1840 », dans Normand Séguin et François Lebrun, dir., *Sociétés villageoises et rapports ville-campagnes au Québec et dans la France de l'Ouest, XVIIe–XXe siècles* (Trois-Rivières et Rennes, Centre de recherches en études québécoises de l'Université du Québec à Trois-Rivières et Presses universitaire de Rennes 2, 1987), 94–95.

21 Bruno Harel, « Le domaine du Fort de la Montagne (1666–1860) », dans *Montréal : artisans, histoire, patrimoine* (Montréal, Société historique de Montréal, 1979), 17–40.

22 « Plan de la ville de Montréal, levé en l'année 1704 » par Jacques Levasseur de Néré, reproduit dans Robert, *Atlas*, 39. Pour la situation en métropole, voir Duby, dir., *Histoire de la France urbaine*, 3:35.

23 2A1 (P), Recettes et dépenses de la communauté, 1714–1874; 2A1 /2 Archives des Hospitalières de Saint-Joseph; Recettes et dépenses de la communauté, 1757–1787; 2A7 /1, Registres des comptesrendus par la supérieure et dépositaire de l'administration du bien temporel du monastère depuis l'élection de chaque supérieure jusqu'à la fin de son triennat, 1669–1863; 4A1/2, Registre des dépenses et des recettes de l'Hôtel-Dieu, 1696–1726; 4A1/4, Registre des dépenses et recettes de l'Hôtel-Dieu, 1744–1783.

24 Voir la note 13.

25 En 1693, Mgr de Saint-Vallier écrivait : « le jardin [des Récollets] est dans sa perfection et je ne crois pas qu'il en existe un autre plus beau au Canada ». Frontenac en 1692 et Raudot en 1709 vantent également le jardin et le verger de cette communauté (cité par Robert Lahaise, *Les édifices conventuels du Vieux-Montréal : aspects ethno-historiques* (Montréal, Hurtubise HMH, 1980), 353).

26 Louise Dechêne, *Habitants et marchands de Montréal au XVII*[e] *siècle* (Paris, Plon, 1974), 322.

27 Voir, par exemple, G. Hodiesne, 18 août 1754, vente par Pierre Bardet dit Lapierre d'un morceau de terre situé à la côte Sainte-Catherine à Jean-Baptiste Querdereau, jardinier, ANQM.

28 Cependant, certains jardins et vergers situés sur des exploitations de grande culture et appartenant à des paysans font l'objet d'une location à part. Voir G. Hodiesne, 4 oct. 1761, bail d'un verger par Jean-Baptiste Martin Ladouceur à Pierre Pezet dit Lapensée, ANQM (le bailleur est identifié comme « habitant » et le verger se trouve sur sa terre à la côte des Neiges).

29 Ginette Joannette et Claire Joron, « Pierre Guy, marchand-négociant de Montréal : les multiples activités d'un bourgeois canadien-français dans la seconde moitié du XVIIIe siècle », mémoire de M.A., Université de Montréal, 1985, 228–239.

30 Simon Sanguinet fils, 30 nov. 1780, bail par Pierre Guy à Pierre Perronne, maître jardinier, et Elisabeth Dépaty, sa femme, ANQM.

31 On a pu jumeler 17 de ces baux avec des terrains horticoles de l'aveu de 1781. Quatre d'entre eux concernent la même terre. Six baux concernent des terres qu'on n'a pas pu identifier à l'aveu et 5 baux concernent des terres qui apparaissent à l'aveu, mais qui ne sont pas mentionnées comme des terrains horticoles. Ce qui confirme que ce document sous-estime le nombre de jardins et de vergers.

32 Soixante-quatre baux sur 83 mentionnent une maison; un bailleur s'en réserve totalement l'usage, 14 s'en réservent une partie.

33 Cette façon de faire est également observée par Pehr Kalm à la ferme Saint-Joachim du Séminaire de Québec. (*Voyage de Pehr Kalm*, 337). Le phénomène est d'origine ancienne. Ainsi, Arlette Higounet-Nadal souligne la difficulté d'interpréter l'expression *ortum sive viridarium*. Selon elle, « il pourrait être question de jardins avec des arbres ou de vergers qui comporteraient des plantations intercalaires ... Le caractère dominant peut incliner soit du côté de l'arbre, soit du côté du potager (« Les jardins urbains », 117). Cette « culture mariée » atteint sa forme la plus achevée dans la *coltura promiscua* pratiquée en Italie et définie par H. Desplanques : « Au sens strict, c'est un mode absolument original d'intégration de la vigne aux cultures herbacées et arbustives. Sous sa forme la plus complète, elle réalise sur les mêmes terres la synthèse de trois secteurs de production : une culture herbacée superficielle, céréalière ou fourragère, un arbuste (la vigne), et au niveau supérieur, des arbres-tuteurs pouvant appartenir aux espèces les plus variées selon les régions et les époques » (Pierre Toubert, *Le Latium médiéval* (Rome, École française de Rome, 1977), 1:258).

34 Voir Danré de Blanzy, 20 mars 1758, bail d'un verger par Charles Lepaillieur à Jean-Jacques Verron, ANQM. Le bailleur interdit de labourer les allées et se réserve le foin du verger. Le bail prévoit qu'un jardin potager sera fait par le preneur dans un endroit spécifique du verger.

35 Coulet note le même phénomène à Aix-en-Provence aux XIVe et XVe siècles (« Pour une histoire du jardin », 260).

36 Delisle, 30 sept. 1778, bail par François Simonnet à François Delahay, jardinier, et François Boismier, ANQM.

37 Voir la note 30.

38 Jean-Louis Flandrin, « La distinction par le goût », dans Philippe Ariès et Georges Duby, dir., *Histoire de la vie privée* (Paris, Seuil, 1986), 3:277. Tous ces produits se retrouvent dans les repas offerts à Pehr Kalm par ses hôtes distingués (*Voyage de Pehr Kalm*, 299).

39 Dechêne mentionne ces produits en s'appuyant sur Charlevoix (*Habitants et marchands*, 321).

40 Pierre-François Xavier de Charlevoix, *Histoire et description générale de la Nouvelle-France* (Paris, P.-F. Giffart, 1774), 5:241, cité par Dechêne, *Habitants et Marchands*, 321; *Voyage de Pehr Kalm*, 436–437.

41 P 345, Livre de compte de Pierre Guy commencé en 1747, ANQM.

42 Phliponneau, *La vie rurale*, 76.

43 Seul le jardin de Paul Jourdain Labrosse à la pointe à Callière semble avoir été clos de murs. C'est ce que suggère le fait qu'en début de bail, le propriétaire remette au jardinier « la clé du guichet, celle de la porte du jardin joignant le pavillon du coté ouest et celle du pavillon » où loge le preneur (Hodiesne, 20 mars 1753, bail par Paul Jourdain Labrosse à Antoine

Cléroux, ANQM). Cette absence de murs explique pourquoi il n'y a aucune mention dans les baux de culture palissée, technique pourtant très en vogue en France pour les arbres fruitiers.

44 Voir la note 41.

45 D. Meiller et P. Vannier, *Le grand livre des fruits et légumes* (Besançon, Éditions La Manufacture, 1991), 81–100; André J. Bourde, *Agronomie et agronomes en France au XVIIIe siècle* (Paris, SEVPEN, 1967), passim; Emmanuel Le Roy Ladurie parle de « jardinomanie » aux XVIIe et XVIIIe siècles. *Histoire de la France rurale* (Paris, Seuil, 1975), 2:472.

46 Le céleri exige une très longue période de culture. De nos jours, il ne vient à maturité que cinq à six mois après les semis et ceux-ci doivent être effectués douze semaines avant de les planter. On peut en dire autant des poireaux dont les quatre mois de maturation exigent aussi de recourir au semis. Cependant, il n'y a aucune mention de ce procédé dans les baux.

47 J. Curé, *Les jardiniers de Paris et leur culture à travers les siècles* (Paris, 1900) cité par Phliponneau, *La vie rurale*, 34.

48 Cela suppose que les jardiniers soient alphabétisés. Cependant, certains de ceux dont on exige cette pratique ne signent pas leur bail. Cela dit, le groupe a un taux d'alphabétisation supérieur à celui des paysans à la même période, mais légèrement inférieur à celui des artisans urbains. Sur 99 jardiniers pour lesquels nous disposons du renseignement, 36 savent signer. (Pour une comparaison, voir Allan Greer, « L'alphabétisation et son histoire au Québec : état de la question » dans Yvan Lamonde, dir., *L'imprimé au Québec aspects historiques (18e–20e siècles)* (Québec, Institut québécois de recherche sur la culture, 1983), 27–51.

49 Selon l'expression de Perrot, *Genèse*, 184.

50 P345, Livre de compte d'Alexis Lemoine Monière, 1733–1739, ANQM. Voir aussi la note 41.

51 P. Panet, 4 avril 1759, bail par Luc Dufresne à François Maurin; A. Foucher, 9 sept. 1778, bail par Jean-Baptiste Tessier à Jacob Jordan, ANQM.

52 Record of ships and cargos arriving at Quebec, RG 4, A3, 1, ANC. Je remercie Louise Dechêne de m'avoir fourni cette référence. L'Hôtel-Dieu de Québec achète des pommes de Montréal en 1746 et 1749 (Rousseau, *L'œuvre de chère*, 181).

53 Il est impossible de déterminer la proportion de la récolte qui est transformée en cidre. Selon Joannette et Joron, c'est la majeure partie des pommes de la terre La Bourgogne appartenant à Pierre Guy qui est ainsi transformée. Elles basent cette affirmation sur le fait que le cidre représente 30 % des revenus de cette terre entre 1766 et 1789. Elles auraient pu aussi dire que les revenus du cidre des deux terres de Guy sont le double de ceux de la vente des pommes mais, le cidre comportant une valeur ajoutée, ceci ne permet pas de conclure sur la proportion transformée (« Pierre Guy », 261, 267).

54 Lahaise, *Les édifices conventuels*, 288. (Ce chiffre provient d'un rapport de 1712, cité sans référence par Olivier Maurault dans *Marges d'histoire III: Saint-Sulpice* (Montréal, Librairie d'Action Canadienne-Française, 1929–1930), 48).

55 Ses livres de comptes ne donnent pas beaucoup d'indications sur les acheteurs de cidre : « diverses [personnes] » non identifiées, un cantinier de Sorel, Jacob Jordan et Guillon Duplessis. Voir la note 41.

56 F. Simonnet, 7 nov. 1747, bail par Claude Benoist à Joseph Augustin Clément; F. Lepailleur, 29 juin 1734, marché entre René de Couagne et Maurice Quémerot, ANQM.

57 C'est ce que soutient Lahaise, sans cependant citer ses sources (*Les édifices conventuels*, 288).

58 Voir la note 41.

59 *Gazette de Montréal*, 12 janv. 1786.

60 F. Lepailleur, 10 avril 1736, marché entre Pierre Legardeur de Repentigny en tant que tuteur des enfants mineurs de Jean-Baptiste Legardeur de Repentigny et Jean-Baptiste Texier, ANQM. Coulet note le même type de réserves pour les jardins aixois (« Pour une histoire », 270) et Henri Bresc fait de même pour ceux de la Sicile (*Un monde méditerranéen : économie et société en Sicile, 1300–1450* (Rome, École française de Rome, 1986), 1:169, n13).

61 Phlipponeau, *La vie rurale*, 38. Situation analogue à Aix au Moyen Âge (Coulet, « Pour une histoire », 259).

62 Phliponneau, *La vie rurale*, 26.

63 Hodiesne, 3 juin 1753, accord entre Antoine Cléroux et Charlotte Duret; Hodiesne, 31 mai 1751, bail par Joseph Descary à Antoine Cléroux; Hodiesne, 12 mai 1752, bail par Pierre-François Tiersan à Antoine Cléroux; Hodiesne, 20 mars 1753, bail par Paul Jourdain Labrosse à Antoine Cléroux; Simonnet, 8 mars 1765, bail par Edme Vervait à Joseph Carpillet; Simonnet 31 juill. 1769, bail par Edme Vervait à Joseph Girard Lavéritté; Hodiesne, 17 avril 1758, obligation de Pierre Lesueur à Edme Vervait, ANQM.

64 Louise Dechêne, « La croissance de Montréal au XVIIIe siècle », *Revue d'histoire de l'Amérique française* 27,2 (1973) : 164.

65 Phliponneau date du XIIe siècle le début des cultures commerciales à Paris. La plupart des terrains maraîchers se trouvent alors encore en ville. Le développement des cultures commerciales en banlieue se fait progressivement. Le XVIe siècle marque leur essor. (*La vie rurale*, passim). Voir aussi Jean Bastié, *La croissance de la banlieue parisienne* (Paris, Presses universitaires de France, 1964) qui dégage la même chronologie. Pour l'ensemble de la France, Higounet-Nadal estime que les jardins se sont multipliés dans les villes et les alentours au cours du XIIIe siècle (« Les jardins urbains », 143).

66 Dechêne, *Habitants et marchands*, 490.

11 De la ville-comptoir à la ville fortifiée : évolution de la forme urbaine de Montréal au XVIIe siècle

MARIO LALANCETTE ET
ALAN M. STEWART[1]

INTRODUCTION

Pour saisir la formation et l'évolution de l'espace urbain qui apparaît sur l'île de Montréal au fil de la seconde moitié du XVIIe siècle, il est possible de privilégier diverses approches. Une des approches les plus fructueuses est l'observation détaillée de l'évolution du parcellaire foncier. Elle permet non seulement de suivre dans le temps et dans l'espace le développement physique de la ville, mais aussi d'appréhender divers rapports sociaux qui se reflètent à travers les relations à la propriété. Il est cependant essentiel de compléter cette analyse par un examen minutieux des faits et gestes du seigneur de l'île et de l'administration coloniale qui sont des acteurs-clés dans le développement de Montréal au XVIIe siècle.[2]

Une telle enquête nous amène à explorer avec une approche nouvelle un thème déjà connu de l'historiographie montréalaise. Après avoir analysé l'évolution du régime seigneurial à Montréal aux XVIIe et XVIIIe siècles, Louise Dechêne décrivait en 1974 dans *Habitants et marchands de Montréal au XVIIe siècle* l'aspect physique de la ville de Montréal vers 1715 et résumait ainsi ses traits fondamentaux :

> Dans cette petite ville de frontière nord-américaine, nous retrouvons des traits issus de la plus ancienne tradition urbaine, mélangés à des efforts d'organisation spatiale propre au XVIIe siècle. C'est d'abord une ville forte, ou qui a la prétention de l'être [...] et c'est entre 1710 et 1730, sous le coup d'une croissance démographique plus accélérée que les traits les plus primitifs du poste de fourrure commencent à s'estomper [...].[3]

Louise Dechêne note que Montréal a connu quatre phases de développement plus ou moins distinctes sous le Régime français: 1) la formation d'une première agglomération à fonction défensive (1642–1665); 2) l'émergence d'une ville à fonction commerciale à compter de 1670 au fil du réaménagement des structures du commerce des fourrures; 3) l'implantation d'une fonction militaire au début de la dernière décennie du XVIIe siècle, époque marquée par un gonflement momentané de la population occasionné par la guerre qui sévit depuis 1684; 4) enfin, une première période de développement important au cours du premier quart du XVIIIe siècle sous l'effet des travaux publics que suscite la construction des fortifications en pierres.

Lorsque s'amorce cette dernière phase de développement, Montréal est, selon Dechêne, une ville seigneuriale, singularité qui pèsera lourdement sur son évolution, et une ville gouvernée, où l'État est désormais bien présent: la communauté des habitants, apparue aux premières heures, s'est vite dissoute en 1677 et aucun corps municipal constitué ne s'y est substitué. L'administration reste donc dans les mains des seigneurs, du gouverneur et des agents de la justice au sein d'une ville fortement imprégnée de son rôle militaire et où seules les élites sont consultées.[4]

En 1973, Marcel Trudel dressait dans son *Terrier du Saint-Laurent en 1663* un tableau du lotissement dans l'espace réservé pour établir Ville-Marie. Il y rationalise un peu trop la disposition du parcellaire en se référant aux rues établies en 1672 et à un terrier confectionné en 1758, mais les distorsions principales s'expliquent surtout par le fait qu'il n'a pas poursuivi son dépouillement des sources au-delà de 1663, ce qui lui aurait permis de mieux percevoir le parcellaire en place. En 1976, il reprend les mêmes données pour résumer les principaux traits du noyau urbain de 1663 et son analyse s'en trouve en partie faussée par les faiblesses de sa première démarche.[5]

En 1974, l'urbaniste Jean-Claude Marsan aborde l'historique du développement spatial et architectural de Montréal dans son ouvrage *Montréal en évolution*.[6] Son étude repose fondamentalement sur des sources secondaires, exception faite de quelques cartes et plans originaux. Par conséquent, son analyse de l'aménagement urbain est orientée vers des grands gestes de planification ou vers des époques pour lesquelles des plans existent et semble signaler ou marquer des étapes majeures dans l'évolution de la forme urbaine.

Les célébrations du 350e anniversaire de Montréal en 1992 ont stimulé l'intérêt pour l'histoire de l'évolution spatiale et architecturale de cette ville sous le Régime français. En 1990, Lucien Campeau a écrit une histoire détaillée des toutes premières années de Montréal (1642–1659), traitant largement de l'organisation de la ville.[7] En 1991,

Monique Poirier a terminé une mémoire de maîtrise sur les fortifications de Montréal dans lequel elle insiste sur l'importance du fait militaire dans le développement de ce centre urbain pendant les dernières années de XVIIe siècle.[8] Elle reprend cette idée dans un ouvrage du Groupe de recherche sur Montréal du Centre Canadien d'Architecture (GRM-CCA), paru en 1992; dans cette publication, Phyllis Lambert et Alan M. Stewart suggèrent de leur côté que l'affirmation du rôle militaire de Montréal au cours de la dernière décennie du XVIIe siècle marque véritablement le début de la consolidation de l'espace urbain montréalais tel qu'on le retrouvera tout au long du XVIIIe siècle dans les fortifications de pierres construites à compter de 1717.[9] Enfin, dans son *Atlas historique de Montréal*, publié en 1994, Jean-Claude Robert propose une mise à jour et un résumé des connaissances historiques acquises sur la formation et le développement de Montréal sous le Régime français.[10]

MÉTHODOLOGIE

Pour reconstituer et analyser le parcellaire foncier montréalais à des moments précis de son évolution au XVIIe siècle, nous avons utilisé des données rassemblées dans le cadre des travaux du GRM-CCA. Depuis 1987, le GRM-CCA mène une enquête sur le parcellaire foncier et l'environnement bâti du Montréal préindustriel à partir de données tirées de sources notariales, judiciaires et d'une autre nature. Ces données sont informatisées et nous avons pu sélectionner dans la banque constituée à ce jour des informations qui permettent de préciser les composantes, le rythme et certaines modalités de la formation et de l'évolution du parcellaire foncier de Montréal au XVIIe siècle.

Notre dossier analytique comporte le nom des individus en cause, leur profession ou statut, la localisation et les dimensions des propriétés concernées, leur prix, s'il y a lieu, avec une indication relative à l'existence ou non de bâtiments.[11] À l'aide de ce dossier, nous avons pu reconstituer des chaînes de titres et cartographier le parcellaire foncier à des intervalles de dix ans entre 1665 et 1705, travail qui compense la rareté de cartes originales de Montréal au XVIIe siècle. Nos données permettent aussi de retracer le rythme, la localisation et les modalités du lotissement de l'espace réservé pour la ville en 1648. Elles livrent également des informations sur la concession d'emplacements par les seigneurs et sur chacun des types de mutations qui peuvent toucher une propriété foncière, mais nous ne retenons aux fins de notre étude que les trois principaux effets que ces mutations peuvent avoir sur une propriété, soit son simple transfert, sa division ou son annexion à une autre propriété. Ce n'est cependant qu'en recoupant ces données quantitatives avec des informations qualitatives tirées directement des archives des seigneurs de Montréal et de l'administration coloniale ou de l'historiographie qu'il nous a été possible d'avoir une vue d'ensemble de la formation du parcellaire foncier montréalais entre 1648 et 1705.

Nous avons cartographié le parcellaire foncier de Montréal à cinq moments différents à intervalles de dix ans à partir du 1er janvier 1665. On obtient ainsi des portraits du parcellaire montréalais qui encadrent bien des temps forts de l'histoire de la ville. En 1665, Chomedey de Maisonneuve, gouverneur fondateur de la ville, remet son pouvoir de concéder des terres aux Sulpiciens, seigneurs de l'Île-de-Montréal depuis 1663. La coupe de 1675 suit de peu la première homologation du tracé de rues anciennes et nouvelles en 1672. La coupe de 1685 révèle la situation à la veille de la construction de la palissade et coïncide avec un plan anonyme de 1685.[12] En 1695, la première palissade est achevée depuis quelques années et on peut observer les effets de l'ordonnance de 1688 relative à l'aménagement de la ville. Finalement, la coupe de 1705 coïncide avec le plan élaboré par Jacques Levasseur de Néré en 1704 et le premier agrandissement de la palissade réalisé entre 1698 et 1700.[13]

ÉVOLUTION DU PARCELLAIRE FONCIER MONTRÉALAIS AU XVIIe SIÈCLE

Les débuts, 1648–1665

Le plan de 1665 présente l'état du parcellaire de cette petite agglomération à fonction défensive déjà décrite par Louise Dechêne et Marcel Trudel (plan 1). Quelques traits des villages communaux français s'y retrouvent aisément. Une commune d'une quarantaine d'arpents, octroyée aux habitants du lieu en 1651, longe le fleuve et la Petite Rivière à l'embouchure de laquelle le premier établissement de 1642 a été construit (plan 1, n° 1).[14] Juste au nord du fort, à l'abri des inondations printanières, se trouvent les quelque 150 arpents réservés par le gouverneur Maisonneuve pour établir Ville-Marie. Le village est constitué d'une soixantaine de parcelles dont chacun des propriétaires possède une ou plusieurs terres à l'extérieur de l'aire villageoise, et ce, sans exception (tableau 1).

Les parcelles ont une superficie individuelle qui varie entre quelques centaines de pieds carrés et plusieurs arpents pour les bouts de terres, mais la plupart se trouvent entre ½ arpent et 1 arpent (28 cas), cette dernière superficie constituant la dimension originelle de la majorité des emplacements concédés (tableau 2). Elles sont

Plan 1
Parcellaire de Montréal, 1665

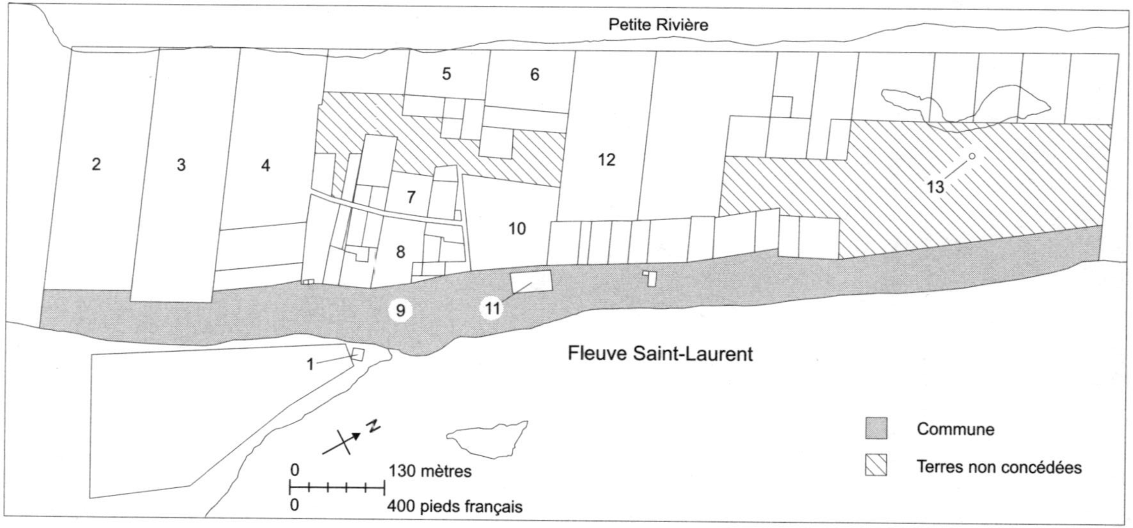

Source : Banque de données sur Montréal au XVIIe siècle, GRM-CCA.

Cartographie : Alan M. Stewart

Points de repère

1 Fort de Ville-Marie
2 Terre de Michel Messier dit Saint-Michel
3 Terre de Pierre Gadois
4 Terre de Robert Lecavelier
5 Terre de Urbain Tessier dit Lavigne
6 Terre de Jacques Archambault
7 Terrain des héritiers de Jean de Saint-Père
8 Terrain du premier séminaire de Saint-Sulpice
9 Site de la foire/place du Marché
10 Terrain de l'Hôtel-Dieu
11 Terrain de l'école de Marguerite Bourgeoys
12 Fief Closse
13 Moulin et redoute du coteau Saint-Louis

Tableau 1
Statistiques générales sur l'évolution de Montréal, 1665–1705

		Maisons			
Année	*Parcelles*	*Minimum*	*Maximum*	*Estimation de la population civile**	*Accroissement décennal de la population*
1665	62	23	32	165	
1675	148	45	60	315	91 %
1685	168	88	100	564	79 %
1695	311	199	218	1 251	122 %
1705	313	263	266	1 587	27 %

Source : Banque de données sur Montréal au XVIIe siècle, GRM-CCA.
* L'estimation de la population civile pour chaque année est basée sur le calcul suivant : la moyenne entre le nombre minimal et maximal des maisons, multipliée par 6 occupants par maison, chiffre obtenu des recensements.

quasi également distribuées de chaque côté de l'enclos de l'Hôtel-Dieu et de sa chapelle (plan 1, n° 10). Fondée en 1645, cette institution constitue le cœur de Ville-Marie et s'est en quelque sorte substituée dans ce rôle au premier fort maintenant isolé, et même abandonné, sur la rive sud de la Petite Rivière.

Pour l'essentiel, les éléments de ce parcellaire ont pris forme depuis moins de dix ans et sont apparus au lendemain de l'arrivée d'une centaine d'immigrants en 1653, soit entre 1654 et 1658 (graphiques 1 et 2). Leur disposition se différencie nettement de chaque côté de l'hôpital : du côté ouest, autour du premier séminaire (plan 1, n° 8), on trouve un ensemble de parcelles aux formes disparates issues de concessions octroyées entre 1648 et 1665; à l'est de l'Hôtel-Dieu, des emplacements aux formes et dimensions plus régulières ont été concédés à partir de 1654 et s'alignent sur la commune.

L'existence de cette double structuration du parcellaire laisse deviner un changement de cap dans la politique de concession à compter de 1654.[15] Agissant au nom du seigneur de l'Île-de-Montréal, la Société de Notre-Dame de Montréal, le gouverneur Maisonneuve était le seul habilité à concéder des terres et des emplacements dans ce fief.[16] Par son action, il a largement contribué au lotissement de l'espace urbain, sauf pour quelques rares initiatives privées prises entre 1659 et 1665. Le plan de 1665 permet de découvrir les effets de la politique de concession quelque peu anarchique de Maisonneuve.[17] Dès les premières concessions en 1648, la réserve urbaine avait été envahie par des terres, notamment celles qui appartiennent en 1665 à Michel Messier dit Saint-Michel, Pierre Gadois et Robert Lecavelier

Graphique 1
Mutations de toute catégorie,
Montréal, 1644–1704

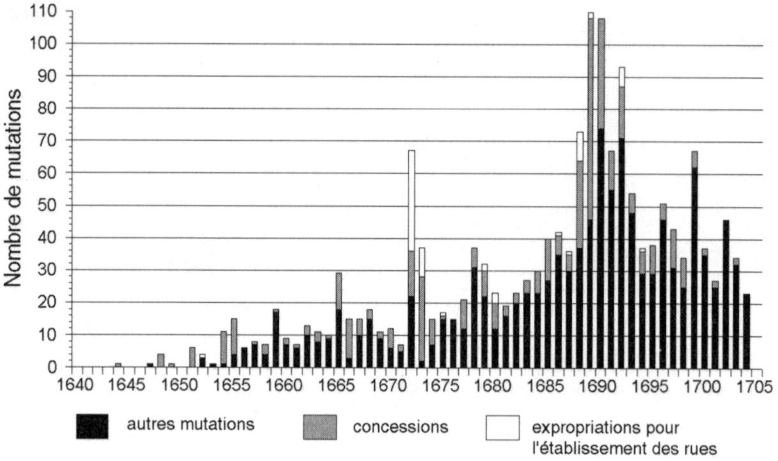

Source : Banque de données sur Montréal au XVIIe siècle, GRM-CCA.

Graphique 2
Concessions selon l'origine et le type,
Montréal, 1644–1704

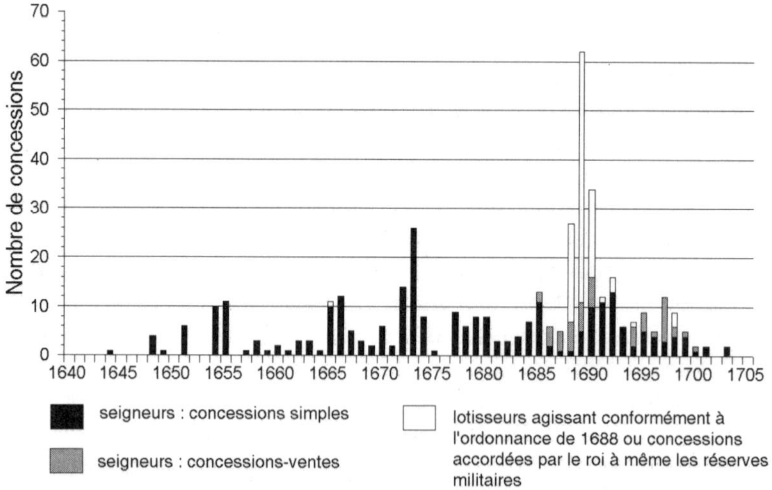

Source : Banque de données sur Montréal au XVIIe siècle, GRM-CCA.

Tableau 2
Superficies des parcelles à Montréal, 1665–1705

Superficie en pi²	1665		1675		1685		1695		1705	
	N	%	N	%	N	%	N	%	N	%
0– 1 000	4	6,5	6	4,1	15	8,9	36	11,6	35	11,2
1 001– 2 000	1	1,6	18	12,2	15	8,9	39	12,5	39	12,5
2 001– 3 000	3	4,8	22	14,9	13	7,7	34	10,9	31	9,9
3 001– 4 000	0	0,0	10	6,8	6	3,6	38	12,2	35	11,2
4 001– 8 000	3	4,8	21	14,2	43	25,6	77	24,8	74	23,6
8 001–12 000	7	11,3	12	8,1	17	10,1	19	6,1	26	8,3
12 001–16 000	3	4,8	11	7,4	12	7,1	16	5,1	19	6,1
16 001–24 000	15	24,2	13	8,8	13	7,7	21	6,8	23	7,3
24 001–32 000	2	3,2	6	4,1	6	3,6	5	1,6	7	2,2
32 001–64 000	11	17,7	14	9,5	12	7,1	13	4,2	12	3,8
64 001 et plus	13	21,0	15	10,1	16	9,5	13	4,2	12	3,8
Nombre des parcelles	62	100	148	100	168	100	311	100	313	100

Source : Banque de données sur Montréal au XVIIᵉ siècle, GRM-CCA.

(plan 1, nᵒˢ 2, 3, 4). La terre de Lambert Closse (plan 1, nᵒ 12), concédée dès 1651 et transformée en fief à compter de 1658, rejoint à l'origine le bord de la commune. De plus, le gouverneur précisait rarement la localisation ni surtout les dimensions linéaires des emplacements concédés. Jusqu'en 1655, plusieurs concessionnaires semblent avoir eux-mêmes déterminé la localisation et la forme de leur emplacement généralement reçu en même temps qu'une concession de terre. Le cas est évident pour Urbain Tessier dit Lavigne et Jacques Archambault (plan 1, nᵒˢ 5, 6) qui ont simplement choisi d'agrandir leur terre respective à même le territoire réservé pour la ville, chevauchant du même coup d'autres emplacements qui ont été ou seront accordés.[18]

Les terres qui empiètent sur le territoire réservé pour la ville, dont le fief Closse qui ne doit aucune redevance seigneuriale, supportent un taux de 3 deniers par arpent. Les lots doivent une redevance fixée à 5 sols l'arpent, ce qui confirme la volonté de distinguer l'espace réservé pour la ville de l'espace agricole environnant. Dans le cas des terres débordant sur le futur territoire de la ville, les seigneurs ont prévu un droit de retrait pour faciliter leur lotissement et le tracé des rues qui seront jugées nécessaires.

En 1665, il reste trois blocs de terre non concédés sur le territoire réservé pour la ville. Sur le coteau que parcourra la future rue Notre-Dame, un bloc de terre irrégulier se dessine derrière et à l'ouest du terrain de l'Hôtel-Dieu. Plus bas, la commune court le long du fleuve et de la Petite Rivière, mais l'école de Marguerite Bourgeoys y occupe un enclos depuis 1658 (plan 1, nº 11) et, à l'est de ce dernier, quelques petits emplacements ont été promis à des particuliers en 1663. En 1651, Maisonneuve avait réservé aux seigneurs le droit d'établir des habitants sur la commune et d'y placer un marché et un port.[19] La commune rejoint vers l'est un autre important bloc de terre non concédé où le faubourg Bonsecours prendra forme dans les environs de la chapelle Notre-Dame-de-Bonsecours au cours du dernier quart du XVIIe siècle.

La création d'une réserve urbaine en 1648 a certainement eu un rôle à jouer dans l'apparition rapide de cette agglomération, et ce, avant même que l'agriculture ne soit vraiment bien implantée tout autour. Les emplacements sont d'ailleurs eux-mêmes le lieu des premiers défrichements et plusieurs sont encore cultivés en 1665. C'est un besoin de sécurité – et non pas un souci commercial– qui rassemble ces premiers colons autour de l'hôpital, de la chapelle et du fortin que constitue l'Hôtel-Dieu en 1665. Des redoutes installées sur le coteau Saint-Louis (plan 1, nº 13), le fief Closse, la terre d'Urbain Tessier dit Lavigne en dessous de la terrasse de la côte à Baron et la terre de Nicolas Godé fils, à la pointe Saint-Charles, forment en quelque sorte une ceinture de sécurité autour du fort de Ville-Marie et de l'agglomération. Si le commerce occupe une place importante dans ce hameau, il ne semble pas encore avoir eu une influence déterminante dans la structuration de son parcellaire. Selon un des principaux marchands de l'endroit, la traite se pratiquait alors dans chacune des maisons. Pourtant, celui-ci et certains autres habitants actifs dans le domaine ont jugé bon d'obtenir une concession ou d'acquérir des lots à proximité de l'emplacement où Maisonneuve projetait, dès 1651, d'établir un marché et un port (plan 1, nº 9).[20] Les Sulpiciens ont d'ailleurs eux aussi fait bâtir leur premier séminaire à proximité de cet emplacement en 1659.

1665–1675

En 1675, le parcellaire foncier de Ville-Marie s'est déjà considérablement modifié (plan 2). Cette transformation s'inscrit dans l'évolution de la vie socioéconomique montréalaise bouleversée à la fois par la confirmation du rôle-clé de Montréal comme centre de commerce des fourrures en Nouvelle-France et par les mutations structurelles de ce même commerce. La ville-comptoir cède peu à peu le pas à une ville marchande, qui organise ce commerce, au fur et à mesure que de nouveaux lieux de traite apparaissent en amont de Montréal.[21] Par contre, l'évolution du parcellaire montréalais est nettement orientée au cours de cette période par l'action résolue des nouveaux seigneurs qui désirent alors confirmer, voire sauvegarder, leur pouvoir quant au développement de la ville.

Le nouveau statut de colonie royale imposé à la Nouvelle-France à compter de mars 1663 redéfinit les rapports de force entre les diverses autorités qui vont intervenir dans la structuration de la ville de Montréal. La ville jusque-là administrée par les autorités seigneuriales devient, à compter de 1665, une ville gouvernée par un représentant du roi, pourvue de troupes et dotée d'une justice royale.[22]

Les Sulpiciens font l'acquisition de la seigneurie de l'Île-de-Montréal en mars 1663.[23] Même si la clientèle seigneuriale tire d'abord profit de l'instauration de l'autorité royale – le gouverneur Maisonneuve est confirmé dans son rôle, puis le gouverneur intérimaire Dupuy (1665–1668) et les principaux officiers royaux sont choisis dans l'entourage immédiat des seigneurs –, les Sulpiciens ont réagi avec virulence à l'empiètement des représentants du roi sur certains de leurs pouvoirs seigneuriaux et protestent auprès du nouveau Conseil souverain dès l'automne 1663.[24] Bientôt, ils font si bien valoir leur cause qu'ils se voient remettre en septembre 1666 l'administration de la justice locale conformément à leurs titres de propriété de l'Île-de-Montréal.[25]

Seuls maîtres de la concession du sol après le départ de Maisonneuve à l'automne 1665, les seigneurs sulpiciens vont prendre au cours de la période 1665–1674 trois initiatives qui orienteront de façon déterminante le développement du parcellaire foncier, à savoir 1) le morcellement de la commune (plan 1); 2) l'établissement définitif de l'enclos seigneurial et de la paroisse (plan 2, n°s 1, 2); et 3) le tracé d'un réseau de rues. Le tout s'inscrit dans une évidente stratégie de renforcement ou d'affirmation du pouvoir seigneurial face à celui des agents royaux.

Le nombre d'emplacements a plus que doublé entre 1665 et 1675, de 62 à 148, dont 43 provenaient simplement du tracé des premières rues établies par les seigneurs en 1672 (tableau 1). Les seigneurs sont les principaux agents du lotissement (graphiques 2 et 3) et les initiatives privées dans ce domaine demeurent exceptionnelles; seuls des partages successoraux morcellent certaines grandes propriétés, sans pour autant y découper des lots aux dimensions aussi restreintes que celles des emplacements que les seigneurs accordent depuis 1665, soit de 360 pi^2 à 8 100 pi^2 ou un quart d'arpent, moyennant 6 deniers par toise carrée (tableau 2). Ce taux est nettement supérieur à celui appliqué par Maisonneuve dans la ville et sans commune mesure avec celui que supportent les terres de Gadois et Lecavelier (3 deniers/arpent)

Plan 2
Parcellaire de Montréal, 1675

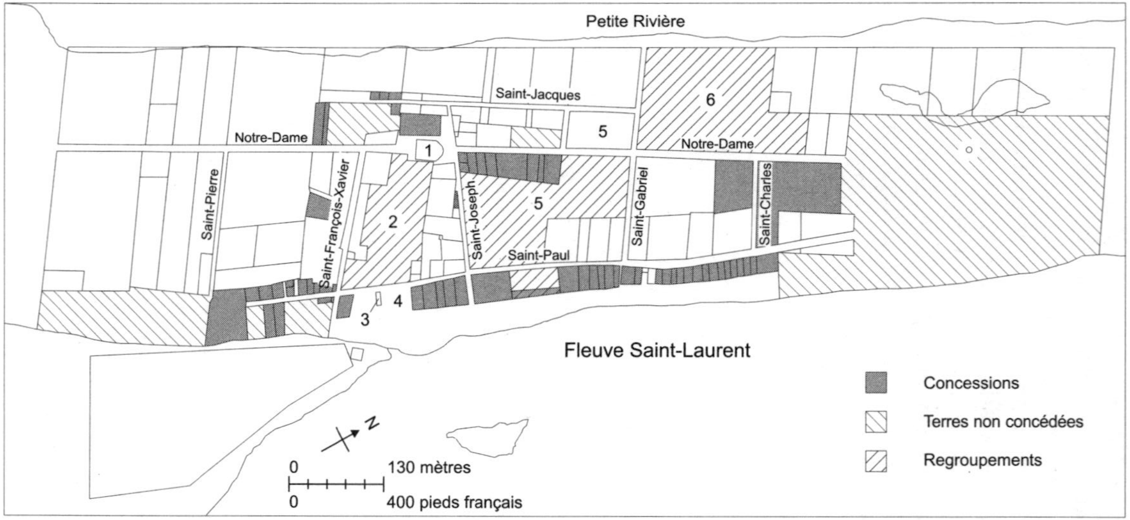

Source : Banque de données sur Montréal au XVIIe siècle, GRM-CCA.

Cartographie : Alan M. Stewart

Points de repère

1 Terrain de l'église Notre-Dame de Montréal
2 Terrain du deuxième séminaire de Saint-Sulpice
3 Terrain de l'ancien hangar des habitants
4 Site de la foire/place du Marché
5 Terrains de l'Hôtel-Dieu
6 Terrain de Gabriel Souart

(plan 1, n°s 3, 4). Les rares regroupements de concessions qui se font à cette époque profitent aux institutions religieuses, tout particulièrement au Séminaire de Montréal, mais aussi à des Sulpiciens qui, comme Gabriel Souart et Gilles Pérot – à tour de rôle curé de la paroisse –, se constituent à titre particulier de belles propriétés dans l'enclave urbaine en rassemblant quelques emplacements et morceaux de terre (plan 2, n° 6).

Tout comme pour les terres qui empiétaient sur la partie ouest de la réserve urbaine, le titre original de la commune permettait aux seigneurs d'en retirer la jouissance à la communauté des habitants en lui octroyant une superficie de terre équivalente. Le morcellement de la terre communale se poursuit régulièrement et les emplacements concédés par les seigneurs enserrent peu à peu l'emplacement commercial de la commune. À compter de 1665, des titres de concession officiels sont accordés pour des lots d'environ 360 pi^2 à 3 600 pi^2 de part et d'autres de la place de la foire des fourrures (plan 2, n° 4).[26]

En 1663, pour éviter les « abus et malversations de la traite avec les sauvages, les habitants auraient pour quelques temps cédé le droit qu'ils avaient en la traite avec les dits sauvages afin qu'avec le profit d'icelle il fut construit un hangar dans la commune » où les visiteurs amérindiens seront logés (plan 2, n° 3).[27] On voulait sans doute attirer plus d'Amérindiens dans le lieu réservé pour le marché et le port, là où le hangar est construit, et contrer ainsi la tendance à la dispersion de la traite au profit de l'ouest de l'île et des fiefs environnants. Mais cette tendance ne sera pas pour autant gênée et, en 1667, la communauté des habitants obtient une ordonnance interdisant à quiconque d'héberger un Amérindien après le coucher du soleil ou avant son lever, peut-être encore dans l'espoir d'attirer en grand nombre des Amérindiens à son hangar de la commune.[28] En fait, au même moment, le déplacement des activités de traite vers l'Ouest s'accélère, car la structure du commerce des fourrures montréalais est bouleversée à court terme par la période de paix relative qui s'installe à compter de 1666 et l'entrée en scène de nouveaux administrateurs et d'officiers militaires de carrière intéressés à tirer avantage de la traite pendant leur séjour au pays.

Le hangar des habitants constitue bientôt le cœur de la place de la foire des fourrures qui se tient chaque été à Montréal et ses abords deviennent un secteur où l'on cherche à s'établir. Plusieurs habitants de Montréal vont simplement obtenir la permission de construire tout autour du hangar des « boutiques volantes » qu'ils peuvent louer à des marchands forains.[29] D'autres, plus choyés, vont réussir à s'y approprier de beaux emplacements. Les seigneurs favorisent leurs principaux fidèles en leur octroyant des lots de premier choix allant à l'est de la place de la foire. Dès l'automne 1665, Jacques Le Ber et Charles

Graphique 3
Lotissements de tout genre,
Montréal, 1644–1704

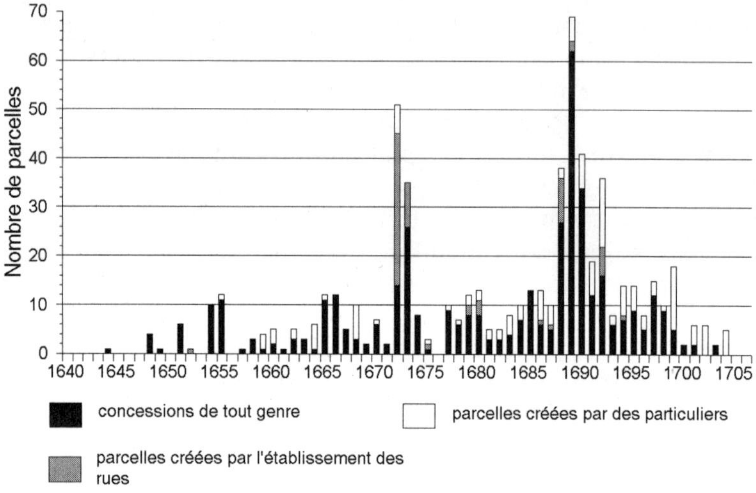

Source : Banque de données sur Montréal au XVIIe siècle, GRM-CCA.

Graphique 4
Chantiers de construction domestique,
Montréal, 1655–1704

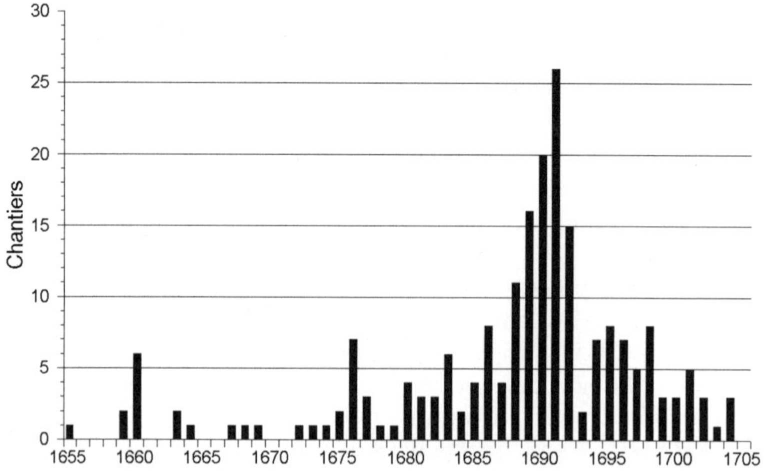

Source : Banque de données sur les marchés de construction et de fournitures, GRM-CCA.

Le Moyne, marchands de fourrures et chefs de file du commerce montréalais, obtiennent un emplacement dans la commune, face à leur maison respective, où ils font construire une boulangerie pour le service des troupes du roi. En janvier 1666, les seigneurs concèdent des terrains à leur juge, Charles d'Ailleboust, et son assistant, Bénigne Basset, notaire et greffier de la cour seigneuriale, ainsi qu'à un cousin de Gabriel Souart, maintenant supérieur du Séminaire, Jean-Baptiste Migeon de Branssat, commis de la Compagnie des Indes occidentales qui sera nommé procureur fiscal des seigneurs en 1667. Toutefois, dès 1665, le droit de regard seigneurial sur la place de la foire est sérieusement remis en question lorsque le gouverneur de la colonie, Rémy de Courcelle, se réserve le droit d'y faire les alignements des rues et des boutiques et de fixer le processus d'attribution des places selon la règle « premier arrivé, premier servi », usage que ses successeurs et ses représentants maintiendront au cours des années suivantes.[30]

À la même époque, soucieux de répondre aux besoins de la population de la ville et de ses campagnes environnantes, les Sulpiciens décident de consolider l'institution paroissiale qu'ils dirigent en grande partie. Ils lui assureront finalement une place de choix, quoique restreinte – tout juste le sol sur lequel reposera la nouvelle église paroissiale –, sise à proximité d'un vaste enclos qu'ils vont constituer, aux dépens de la paroisse, pour établir leur jardin et s'assurer du même coup la maîtrise du centre de la ville.

Dès 1662, Maisonneuve donne son accord à l'établissement d'une église paroissiale sur un emplacement de 4 arpents qui devait être constitué par le remembrement de trois lots déjà concédés à des particuliers. Il précise que la fabrique devra acheter ces terrains en versant 200 # par arpent à leurs propriétaires.[31] La fabrique n'a toutefois pas donné suite à cette permission et, à la demande de Mgr de Laval, les marguilliers étaient convoqués en 1669 pour choisir un nouvel emplacement pour l'église. Le choix devait se faire entre deux terrains : l'un situé rue de l'Hôpital, au nord du premier séminaire et appartenant au défunt Jean de Saint-Père, notaire seigneurial (plan 1, n° 7); l'autre, propriété de Gabriel Souart (plan 2, n° 6), situé à l'est du fief Closse. Le premier emplacement fut retenu parce qu'il était à proximité du séminaire, ce qui devait faciliter la tâche des Sulpiciens chargés de desservir la paroisse. Des matériaux seront rassemblés sur cet emplacement, mais les travaux ne débuteront jamais, car son choix est remis en cause pour diverses raisons : voie d'accès unique, mauvais drainage et ravinement du sol. De plus, les Sulpiciens voyaient désormais autrement la planification de l'établissement de leur communauté, ce qui explique sans doute pour beaucoup ce nouveau contretemps.[32]

En mai 1672, les Sulpiciens rachètent la majeure partie des propriétés proposées en 1662 pour emplacement de la future église pour y établir leur propre jardin (plan 2, nº 2). À la même époque, à leur initiative, on fixe l'emplacement définitif de la nouvelle église paroissiale (plan 2, nº 1) à la limite nord de ce même jardin. Pour faire accepter l'emplacement de leur choix pour l'église, les Sulpiciens promettent de fournir les voies d'accès nécessaires pour s'y rendre aisément. En juillet 1672, Dollier de Casson, supérieur du Séminaire, va donc établir officiellement non seulement des voies pour faciliter l'accès à la future église, mais aussi un réseau de rues reliant les zones de peuplement existantes ou à venir.[33] Les Sulpiciens établissent dans la haute ville deux grands axes qui la traversent d'est en ouest, les rues Notre-Dame et Saint-Jacques (cette dernière ouverte entre les rues Saint-François-Xavier et Saint-Gabriel seulement), parallèlement à l'ancien chemin de la commune devenu la rue Saint-Paul de la basse ville. Sept autres rues relient celles qui ont été tracées d'est en ouest. En perçant de nouvelles rues – soit les rues Notre-Dame et Saint-Jacques, Saint-Pierre, Saint-Gabriel, Saint-Charles, du Calvaire et Saint-Lambert –, les seigneurs espèrent certainement susciter le lotissement de grandes propriétés qui envahissaient la réserve urbaine, notamment les terres de Gadois, Lecavelier, Tessier et Archambault (plan 1, nºs 3, 4, 5, 6) et celles de l'Hôtel-Dieu (plan 2, nº 5) et de Gabriel Souart, ex-supérieur du Séminaire absent de la colonie (plan 2, nº 6).

Toujours dans le cadre de leur opération visant à s'assurer la maîtrise du cœur de la ville, les Sulpiciens font l'acquisition du hangar des habitants le 23 juin 1672, soi-disant pour y établir une brasserie dont on ne retrouve aucune trace par la suite.[34] Par cette transaction qui survient quelques jours avant de tracer les rues de Montréal, les Sulpiciens déclarent vouloir rendre service à la communauté des habitants en lui assurant le capital qu'elle doit fournir pour la construction de la nouvelle église!

À travers l'analyse des initiatives que les Sulpiciens prennent au cours de la période 1665–1675 pour orienter la structuration de la ville, on constate qu'ils réagissent aussi bien aux impératifs socio-économiques de l'heure qu'à la menace que représente l'action des officiers royaux pour leur pouvoir seigneurial. Par leur action, ils démontrent leur ferme volonté d'orienter le développement général de cette ville. En effet, par leurs interventions, les seigneurs s'assurent la maîtrise du cœur de la ville en s'y réservant un vaste enclos compris entre la place de la foire de la basse ville et les pourtours de la nouvelle égalise, terrains qui sont alors tous deux sous leur emprise.

1675–1685

La décennie 1675–1685 se caractérise par la confirmation des tendances observées dans la période précédente. L'évolution du commerce des fourrures demeure à l'origine des plus importants changements qui surviennent au cours de cette décennie, en incitant, entre autres, les autorités coloniales à s'immiscer de plus en plus dans les affaires de cette petite « ville seigneuriale ». À cette intervention plus régulière du roi dans la formation et le gouvernement de la ville de Montréal, les seigneurs opposeront encore une résistance active mais discrète.

La foire des fourrures de Montréal se pratique toujours chaque été dans la commune, mais son importance décline au cours de cette période au fur et à mesure que de nouveaux postes de traite apparaissent à l'intérieur du continent, entraînant une diminution marquée du nombre des Amérindiens qui descendent chaque été à Montréal. Pour s'assurer une meilleure part de la traite de Montréal, les marchands locaux protestent énergiquement contre les marchands forains qui s'y installent temporairement chaque été pour tirer profit du commerce des fourrures. Entre 1674 et 1683, une série d'ordonnances imposent d'ailleurs peu à peu des conditions de plus en plus sévères à ces forains qui désirent participer au commerce montréalais. Par exemple, ceux-ci étaient tenus de résider dans l'île de Montréal et de posséder des biens-fonds d'une valeur supérieure à 2 000 #.[35]

Parallèlement à cette compétition pour la traite locale, le roi implante un système de congés de traite. Ces derniers sont désormais essentiels pour quiconque désire profiter de la traite des fourrures à l'intérieur du continent à compter de 1681. Déjà, les interdictions de traite hors des villes avaient amené plusieurs marchands à s'associer entre eux ou avec des officiers afin de profiter du népotisme de certains administrateurs, mais désormais ils y seront contraints pour profiter de ces congés de traite.

L'imposition de conditions spécifiques de résidence et de propriété de biens-fonds pour participer au commerce des fourrures de Montréal à compter de 1674 et le déplacement progressif des activités de traite vers l'intérieur du continent obligent les marchands, locaux ou forains, désireux de poursuivre leurs activités commerciales à Montréal, à se doter de meilleures assises foncières et immobilières.

Au fil de ces années de restructuration du commerce des fourrures, la foire joue malgré tout encore un rôle important dans la vie commerciale montréalaise et les places dans la commune demeurent convoitées. Jacques Le Moyne y établit un véritable petit poste de traite sur sa concession obtenue des seigneurs en 1672 en échange d'une

Plan 3
Parcellaire de Montréal, 1685

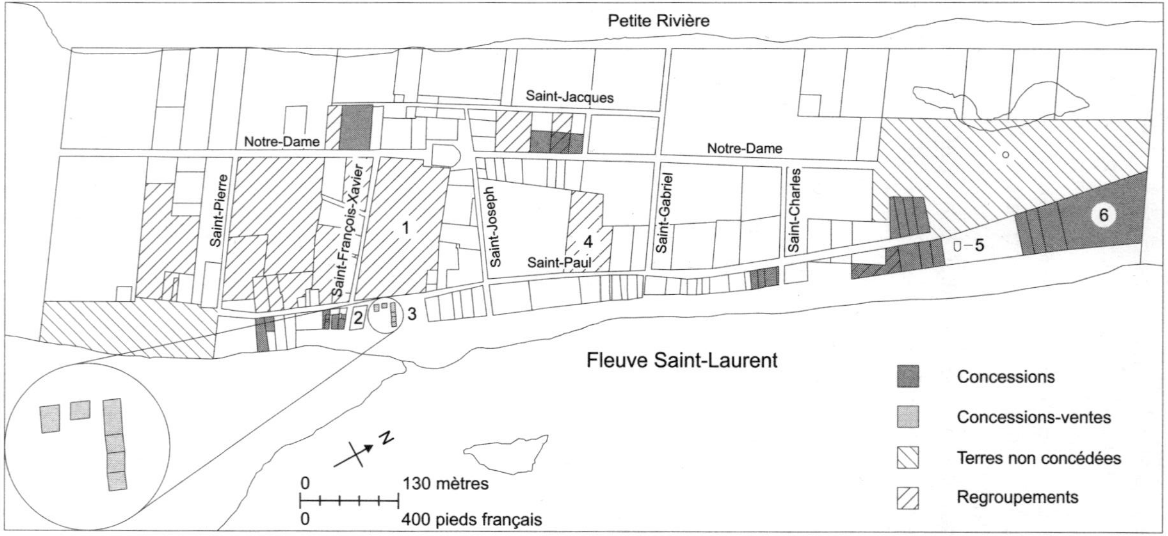

Source : Banque de données sur Montréal au XVIIe siècle, GRM-CCA.

Cartographie : Alan M. Stewart

Points de repère

1 Terrain du deuxième séminaire de Saint-Sulpice
2 Terrain de Jacques Le Moyne
3 Site de la foire/place du Marché
4 Terrain de la Congrégation de Notre-Dame
5 Terrain de la chapelle Notre-Dame-de-Bonsecours
6 Terrain des Récollets

portion de terrain qui constitue depuis une partie du jardin des Sulpiciens. Dans un enclos de 6 000 pi^2, Le Moyne a fait construire neuf boutiques adossées à la clôture qui entoure sa maison principale (plan 3, n° 2).[36] Des marchands achèteront bientôt au prix fort des terrains situés rue Saint-Paul dans l'enclos du Séminaire (plan 3, n° 1), face à la place de la foire.

Poursuivant leur politique visant à maîtriser le développement du cœur de la ville, les seigneurs cherchent toujours à récupérer la haute main sur la place de la foire. Vers 1675, il semble acquis que le Séminaire avait attribué des lots sur cette place moyennant certaines rentes dont le revenu devait être appliqué à la construction de l'église. Mais bientôt l'enjeu véritable apparaît au grand jour.

En août 1676, à la suite de la promulgation au printemps précédent par le Conseil souverain de règlements de police des villes de la colonie qui prévoient dès le premier article l'établissement de places de marché, les seigneurs réagissent aussitôt pour faire reconnaître l'emplacement de leur choix. C'est sans doute pour éviter que les autorités ne fassent le choix pour eux que les seigneurs plaident auprès de l'intendant Duchesneau que le meilleur endroit serait la haute ville, mais qu'il faut plutôt opter pour la basse ville plus achalandée. Ils proposent donc un emplacement de 100 pieds de large face à leur séminaire et jouxtant leur hangar dans la commune (plan 3, n° 3). Duchesneau accepte leur proposition en précisant que les seigneurs pourront reprendre l'emplacement lorsqu'il sera possible d'établir le marché dans la haute ville. Les seigneurs se font donc reconnaître de la sorte leur mainmise sur la place du marché dont l'administration relèvera de leurs officiers judiciaires.[37]

Personne ne semble avoir remis en cause la concession de lots dans la commune par les seigneurs tant qu'ils agissaient hors de la place de la foire, mais lorsqu'ils cherchent à consolider leur maîtrise de l'emplacement en y donnant des places de traite ou en y fixant la place du marché, leur intervention est aussitôt contestée. La réaction est d'autant plus vive qu'un décret royal interdit en 1676 l'accès au commerce de l'intérieur du continent.

L'année suivante, les seigneurs doivent soumettre une autre requête à Duchesneau. Ils désirent cette fois récupérer leur hangar réquisitionné par le gouverneur de la ville, François-Marie Perrot, pour y installer un corps de garde et faire confirmer leur droit de donner des places de traite sur l'emplacement de la foire. Duchesneau confirme ce dernier droit aux seigneurs. Un an plus tard, alors en pleine querelle avec l'intendant Duchesneau au sujet de leurs pouvoirs et privilèges respectifs, le gouverneur de la colonie, Frontenac, ouvre sa propre enquête sur les prétentions des seigneurs, peut-être à la suite des récriminations de Perrot. Selon les déclarations d'une quarantaine de « notables » convoqués pour témoigner, il ressort que ce sont les « gouverneurs généraux » ou leurs représentants qui ont toujours eu le pouvoir d'aligner les ruelles où sont établies les boutiques; seuls quelques fidèles, dont Charles Le Moyne et Jacques Le Ber en tête, témoignent en faveur des seigneurs.[38]

L'enquête de Frontenac n'a pas eu de suites officielles, sans doute parce que le tout se perd dans le dédale des querelles qui opposent les divers membres de l'administration coloniale et provoquent tour à tour la disgrâce des principaux acteurs en cause.[39] Les administrateurs coloniaux passent, mais le Séminaire reste, si bien que ce dernier sera bientôt en mesure de concéder ce qui reste de l'emplacement à son profit. Dès 1679, Louis Tronson, supérieur du Séminaire de Saint-Sulpice à Paris, souhaite voir se consolider les droits de son institution sur la commune – entendre ici la place du Marché et ses environs – et exige entre autres que l'on donne désormais les places de boutique par « acte public », afin d'éviter toute nouvelle contestation. Mais la pratique d'accorder des places verbalement devait se poursuivre encore jusqu'en 1683, année pendant laquelle Tronson insiste de nouveau sur la nécessité d'accorder des titres officiels.[40] Cette dernière politique devait finalement prévaloir et même répondre à un tout autre problème auquel les seigneurs de Montréal font face : le manque de fonds.

Tout au long de la décennie 1680, Tronson constate avec inquiétude la croissance des dépenses du Séminaire de Montréal – l'église paroissiale, les moulins, le canal de la rivière Saint-Pierre, le nouveau séminaire, etc. – coûtent à ce dernier une petite fortune. Les administrateurs locaux de l'institution avanceront plusieurs solutions au problème, dont l'une répond également aux attentes de leur supérieur métropolitain concernant la concession de la commune.[41] En 1682, les Sulpiciens amorcent donc le lotissement de ce qui subsiste de la place de la foire à l'ouest de la place du Marché. À compter de 1685, ils font de même pour le pourtour de leur enclos et l'ancien hangar des habitants qui leur appartient toujours.[42] Tous ces emplacements seront concédés avec un fort prix d'entrée : de 35 # à 60 # par toise (graphique 2). En 1683, Martin Massé obtient sur la commune 630 pi² pour 1 000 #; l'année suivante, Louis Marie y reçoit un emplacement de 400 pi² pour 700 #. À la même époque, Jacques Viau dit Lespérance achète pour 100 # 1/3 d'arpent (10 800 pi²) face au nouveau séminaire de la rue Notre-Dame, tandis que Jacques Cauchois obtient une maison de pièce sur pièce sur un terrain de 4 800 pi² à même la terre des Gadois (plan 1, nº 3), rue Saint-Paul, pour seulement 700 #. La distance de la place de la foire ne joue même pas réellement, car à moins de 300 pieds de la place du Marché, François Hazeur achète 4 300 pi², rue Saint-François-Xavier, pour seulement 400 #, et Jean-Vincent Philippe de Hautmesnil vend à quelques pas du poste de Jacques Le Moyne un emplacement de 400 pi^2 avec boutique pour 300 #.[43] Il semble donc que des individus sont prêts à payer de fortes sommes pour obtenir des petits lots qui soient situés au cœur même de la place de la foire (plans 3 et 4).

De 1675 à 1685, les seigneurs sont donc toujours les principaux agents du lotissement à Montréal (plan 3; graphique 3). À part les secteurs où ils sont en mesure d'agir (la commune, leur enclos, le faubourg Bonsecours), il n'y a aucune autre opération du genre qui soit le résultat d'une initiative privée, à l'exception de Jean-Baptiste Gadois qui vend ou donne à même un lot de plus de trois arpents quatre emplacements entre 1675 et 1680.[44] Par rapport à la décennie précédente, les années 1675–1685 sont donc toujours marquées par la résistance de grands propriétaires qui ne semblent vouloir se départir de leur propriété qu'au profit de membres de leur parenté. En effet, la tendance vers la concentration de la propriété persiste parmi les institutions religieuses et quelques particuliers (plan 3). Les Sulpiciens agrandissent leur enclos en achetant des parcelles adjacentes au côté ouest de leur jardin et, au moyen d'un regroupement des terrains contigus à l'Hôtel-Dieu, la Congrégation de Notre-Dame prépare les assises foncières de sa communauté (plan 3, n° 4).

Les seigneurs poursuivent le lotissement de la commune, sans toucher avant 1683 au reste du territoire réservé à l'établissement des « boutiques volantes » qui sont établies chaque été par les marchands locaux ou forains à proximité de la place publique. Les derniers emplacements de la haute ville sont concédés, et les seigneurs amorcent le lotissement du voisinage de la chapelle Notre-Dame-de-Bonsecours. Les Récollets, qui souhaitaient depuis longtemps obtenir la permission de s'établir à Montréal, vainquent enfin la résistance des Sulpiciens et en reçoivent en 1680 une concession de deux arpents (plan 3, n° 6), sise toutefois aux confins du faubourg Bonsecours; ils n'auront cependant jamais l'occasion de s'y établir, perdant au cours des deux années suivantes l'appui de Mgr de Laval et de leur éminent protecteur, le gouverneur Frontenac.

1685–1695

En 1685, les règles du jeu sont sérieusement modifiées. En décidant de fortifier Montréal, les autorités coloniales vont vouloir jouer un rôle sans cesse grandissant dans sa formation, d'autant plus qu'ils considèrent désormais la ville comme la tête de pont du Canada vers l'intérieur du continent.[45]

Le déclenchement de la guerre contre les Iroquois en 1684 suscite bientôt la mise en place à Montréal de diverses infrastructures militaires, dont certaines vont profondément marquer l'évolution de la ville, soit la construction de la palissade, amorcée en 1685, et celle du fortin en 1693 sur le coteau du moulin (plan 4, n° 6), juste au nord du faubourg Bonsecours.[46] On assiste alors en quelque sorte à un mariage forcé – ou du moins à un mariage de raison – entre le roi et les seigneurs pour assurer la sécurité et l'expansion de cette petite agglomération d'environ 560 habitants, menacée à nouveau de destruction.

Le 15 juin 1688, l'intendant Bochart de Champigny publie une ordonnance où il précise dans le préambule que

> Montréal estant le poste le plus avancé de ce pays où il y a gouverneur pour le Roy, des Troupes en garnison et un nombre d'habitants Considérable qui s'y retirent à cause de la closture de la ville de Ville-Marie où il Seroit nécessaire qu'ils trouvassent du Terrain pour y bastir Et Sy loger [...][47]

Champigny rappelle par la même occasion la volonté du roi d'y voir

> ériger des manufactures et des artisans de toutes sortes au soulagement des peuples et qu'on puisse s'y retirer pour se mettre à couvert des insultes des ennemis de la colonie, ce qui ne peut aisément se faire sans augmenter le nombre des maisons.

La mauvaise volonté de certains propriétaires qui refusent de lotir « sous prétexte de les vendre ou donner à rente à prix excessifs et plus hauts que ceux que leurs titres portent », l'amène à décréter

> que chaque propriétaire de terre dans l'enclos de Ville-Marie ne pourra y posséder et habituer qu'un arpent au plus sur lequel il sera tenu de faire bâtir dans un an une maison de pierre et masonne ou de gros bois avec cheminée de pierre [...] ceux qui auront plus d'un arpent et qui ne seront pas dans la volonté de faire un bâtiment sur chaque arpent sont obligés d'en disposer incessamment et au plus tard dans six mois sinon les seigneurs en disposeront moyennant 20 # de rente au profit des propriétaires rachetable de 400 # et de 6 deniers de cens envers les dits seigneurs, le tout pour chaque arpent.

Une exception est toutefois faite pour les seigneurs et les communautés religieuses mais, pour ces dernières, cette réserve s'applique strictement à leur maison et enclos; si elles ont d'autres propriétés dans la ville, elles devront se conformer à l'ordonnance.

Les effets de l'ordonnance sont immédiats et définitifs : la diminution des surfaces et la densification du parcellaire ont subi une accélération perceptible (tableau 2; graphique 2). Plus d'une soixantaine de lots

Plan 4
Parcellaire de Montréal, 1695

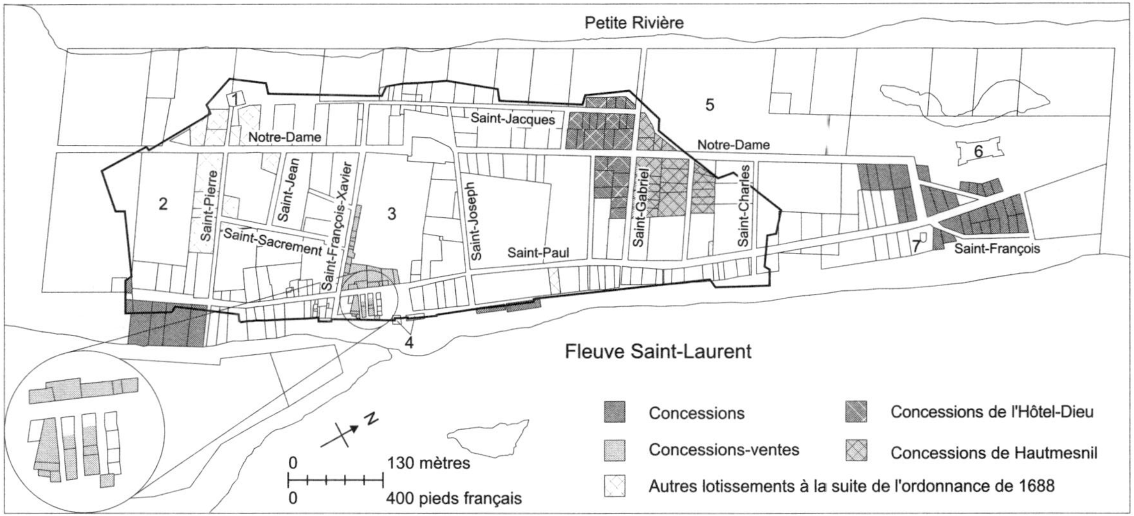

Source : Banque de données sur Montréal au XVIIe siècle, GRM-CCA.

Cartographie : Alan M. Stewart

Points de repère

1 Terrain de la poudrière
2 Terrain des Récollets
3 Terrain du deuxième séminaire de Saint-Sulpice
4 Terrains des corps de garde
5 Terrain des Jésuites
6 Fort du coteau Saint-Louis
7 Terrain de la chapelle Notre-Dame-de-Bonsecours

sont créés par des particuliers entre 1688 et 1690 et leurs propriétaires s'empressent d'y construire des maisons de «gros bois» ou de pierre conformément aux exigences de l'intendant Champigny. Les propriétaires fonciers qui espéraient profiter de la hausse de la valeur de leur terrain se retrouvent donc pénalisés du fait qu'ils n'ont pu tirer plus de 400 # par arpent pour ces lots. L'Hôtel-Dieu et Jean-Vincent Philippe de Hautmesnil, qui possèdent chacun une importante propriété dans la partie nord-est de l'enceinte de la ville, distribuent une cinquantaine d'emplacements entre 1688 et 1690, et divers particuliers en créent une quinzaine d'autres, surtout dans la partie ouest de la ville occupée par les terres de Gadois et Lecavelier (plan 4; plan 1, n°s 3, 4). La superficie de tous ces emplacements est nettement inférieure à un arpent et leur prix est conforme à celui décrété par l'ordonnance. Toutefois, l'Hôtel-Dieu et Hautmesnil vendent à rente foncière non rachetable, tandis que les autres particuliers semblent avoir respecté les directives de Champigny. Certains résistent encore comme Robert Lecavelier, ce qui force l'intendant à donner un titre de propriété à Jean Paré en 1691 pour un lot découpé à même la terre du récalcitrant.[48] Même l'obligation de bâtir dans l'année et avec des matériaux solides semble avoir été assez bien respectée, comme le démontrent la flambée des marchés de construction que l'on retrouve dans les archives notariales pour les années 1688-1691 (graphique 4) et l'existence de poursuites judiciaires, de ventes forcées et de reprises des parcelles par les lotisseurs pour les accorder à de nouveaux titulaires.[49]

Louise Dechêne considère qu'au cours de ces années 1690, Montréal ne connaît qu'un gonflement momentané. Certes, la ville sert de refuge au cours de ces années de guerre, tout particulièrement après les incursions des Iroquois entre 1688 et 1691 dans l'île de Montréal et sur la rive sud. Le libellé même de l'ordonnance de 1688 confirme ce fait.[50] Un tel afflux de population peut toutefois être constitué d'au moins deux types de réfugiés : ceux qui s'installent dans la ville aux pires moments de crise mais de façon temporaire et ceux qui, mieux nantis, choisissent de s'y établir de manière permanente. Ce sont seulement ces derniers qui peuvent d'ailleurs profiter de l'ordonnance de 1688 et satisfaire aux exigences de construction qu'elle impose. Parmi eux se trouvent quelques hobereaux et des habitants prospères des seigneuries environnantes, auxquels joignent d'anciens artisans de la ville qui décident de profiter de l'aubaine, de même que des membres de la garnison, sergents, caporaux et officiers, récemment arrivés dans la ville.

L'intendant Champigny agit-il ou non en 1688 avec l'assentiment des seigneurs? Quelques indices portent à croire que ces derniers regrettent et craignent surtout l'intervention du roi dans leurs affaires, mais rien ne permet de trancher définitivement cette question.[51] Il faut toutefois signaler que l'intervention de Champigny est favorable aux seigneurs, car elle contribuera à augmenter dans un avenir rapproché leurs revenus, surtout par le biais des lods et ventes. Le faible prix exigé pour les lots découpés à même les propriétés de l'Hôtel-Dieu et de Hautmesnil aurait pu nuire aux opérations de lotissement du Séminaire dans la basse ville et dans le faubourg Bonsecours, mais cela ne semble pas avoir été le cas, puisque les concessions-ventes des seigneurs se poursuivent au rythme de six transactions par année entre 1688 et 1690 (graphique 2); le faubourg Bonsecours connaît même une poussée de lotissement entre 1690 et 1692 (plan 4).

En fait, les lotissements suscités par l'ordonnance de 1688 profitent à une clientèle spécifique : les concessions des particuliers ont été faites au bénéfice d'artisans, de gens de professions, de rentiers et de gens liés au nouveau statut de ville de garnison de Montréal. Si le lotissement du faubourg Bonsecours rejoint ce genre de clientèle, celui de la basse ville intéresse plutôt des marchands et des individus, artisans ou autres, qui sont installés dans la ville depuis au moins dix ans et qui sont associés à la traite des fourrures se déroulant aux environs de la place du Marché. En effet, au cours de cette même période, les seigneurs poursuivront sans problème le lotissement de leur enclos et du territoire avoisinant la place du Marché, toujours au prix fort. Par contre, ils lotissent dans le faubourg Bonsecours à meilleur prix que leurs compétiteurs, soit à un taux de rente de base (6 deniers par toise), et ce, sans prix d'entrée payable par une rente rachetable ou non.

En fait, l'obligation de lotir contenue dans l'ordonnance de 1688 n'est qu'une mesure parmi d'autres qui témoignent du désir du roi de s'occuper de manière plus concrète et définitive de la structuration et du gouvernement de la ville de Montréal : largeur des rues pour prévenir les incendies, débits de boissons, voirie, réserve de terrain autour des fortifications, matériaux de construction utilisables dans la ville, etc. Bientôt, le roi concède des terrains à proximité de la palissade ou s'approprie ceux qui sont jugés nécessaires pour établir des installations militaires.[52] En outre, le gouverneur de la ville, Louis-Hector de Callière, fait construire une poudrière (1688), un nouveau corps de garde (1689) et le fortin du coteau du moulin (1693) (plan 4, n°s 1, 4, 6).[53] Au cours de ces années, le gouverneur de la colonie, Frontenac, se mêle même par une ordonnance du tracé de nouvelles rues (Saint-Jean et du Saint-Sacrement, 1692) et les autorités donnent la permission aux Récollets et aux Jésuites de s'établir dans la ville (1692) (plan 4, n°s 2, 5).[54] Enfin, les seigneurs de l'Île-de-Montréal doivent céder l'administration de la justice au roi en 1693, vingt-sept ans après que l'intendant Talon la leur avait remise.[55]

Cette redistribution des pouvoirs dans le jeu de la structuration et du développement de Montréal s'explique nécessairement par le nouveau rôle que le roi entend désormais donner au « poste le plus avancé de la colonie », mais aussi sans doute par la crise interne que connaît à cette époque le Séminaire de Montréal, tant du point de vue financier que moral.[56] Les Sulpiciens conservent cependant leurs principaux pouvoirs seigneuriaux.[57]

1695–1705

Au cours de la décennie 1695–1705, le rythme des changements qui surviennent dans la forme de la ville et la structure de son parcellaire ralentit de façon importante si on le compare à celui des fiévreuses années 1686–1693 (tableau 1; graphique 1). Le seul projet majeur qui modifie quelque peu la forme de Montréal – l'agrandissement de la palissade vers l'est (1698–1700) pour inclure dans la ville l'établissement des Jésuites, rue Notre-Dame (plan 5, n° 10) – ne vient en fait que consolider des changements structuraux introduits pendant la période précédente. L'instabilité monétaire persistante et la crise commerciale suscitée par la surproduction de fourrures et la suppression des congés de traite à compter de 1697, contribuent probablement à réduire les activités foncières, particulièrement après 1700.

À la suite de l'incendie de leur hôpital et de leur monastère en février 1695, les Religieuses hospitalières de l'Hôtel-Dieu tirent un revenu supplémentaire de 300 # par an, à même des rentes constituées totalisant un capital de plus de 6 000 # de la colonie, grâce au lotissement du terrain de leur ménagerie construite sur l'ancienne commune, face à leur enclos principal (plan 5, n° 9).[58] Les seigneurs ne font qu'une seule véritable concession dans le faubourg Bonsecours et plusieurs lots y sont même abandonnés. À l'intérieur de la palissade, les propriétaires installés au pourtour de l'enclos du Séminaire (plan 5, n° 4) reçoivent quelques continuations avant 1698 en payant le taux pratiqué depuis 1685. Cet état de choses n'est toutefois pas sans soulever de protestations de la part des acquéreurs. Charles Juchereau de Saint-Denis, lieutenant général et civil de la justice royale de Montréal, se plaint en haut lieu du prix exagéré de l'emplacement qu'il a acquis dans le jardin du Séminaire, mais les seigneurs lui répliquent

> un emplacement qui est en un lieu plus avantageux et plus commode qu'un autre peut être vendu plus cher [...]. C'est ce que vous pouvez voir généralement dans tous les auteurs [...]. Si vous étiez bien instruit de l'histoire de Montréal et de ce que l'île a coûté aux Seigneurs et en particulier à Saint-Sulpice sans que nous en ayons jamais rien profité ici, vous ne diriez pas qu'elle ne leur a coûté d'autres peines que celle de prendre.

Plan 5
Parcellaire de Montréal, 1705

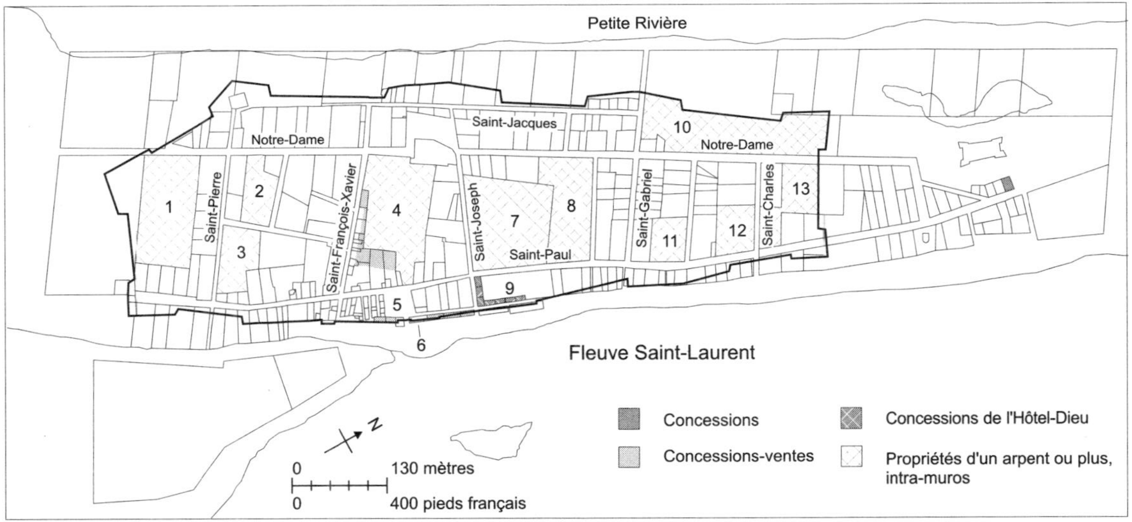

Source : Banque de données sur Montréal au XVIIe siècle, GRM-CCA.

Cartographie : Alan M. Stewart

Points de repère

1 Terrain des Récollets
2 Terrain de Jeanne Lecavelier
3 Terrain des héritiers de Jean-Baptiste Migeon de Branssat
4 Terrain du deuxième séminaire de Saint-Sulpice
5 Place du Marché
6 Terrain du corps de garde
7 Terrain de l'Hôtel-Dieu
8 Terrain de la Congrégation de Notre-Dame
9 Terrain de la ménagerie de l'Hôtel-Dieu
10 Terrain des Jésuites
11 Terrain des héritiers de Marin Jeannot dit Lachapelle
12 Terrain loué à Philippe de Rigaud de Vaudreuil
13 Terrain où Claude de Ramezay fait construire son hôtel

On lui indique que le supérieur du Séminaire acceptera de reprendre son emplacement, car « il y va de son intérêt de ménager votre amitié ».[59]

Le même principe, associé sans doute au souci d'éviter de nouvelles récriminations, prévaut en 1698 lorsque les seigneurs vendent à prix réduit à d'importants agents du roi quelques terrains à proximité de la place du Marché (plan 5, n° 5) et du corps de garde (plan 5, n° 6).[60] En mai 1699, à la suite des protestations de propriétaires dont la vue sur le fleuve se trouve bouchée par ces nouvelles concessions, Dollier de Casson, supérieur du Séminaire, déclare par écrit devant notaire :

> Si j'avais été le maître de mon sentiment, sans nuire aux intérêts du Séminaire, jamais il n'y aurait eu d'emplacements plus proches de l'eau que les anciens connaissant bien que cela gâterait la beauté des issues de la ville, mais voyant que Monsieur le Marquis de Denonville et depuis [ses successeurs] ont souhaité de tels emplacements, j'ai cru devoir, pour ne pas déroger aux droits des seigneurs, en donner plutôt que d'attendre qu'on en donna d'autorité au préjudice de nos droits [...]. Maintenant qu'il y a des fortifications il est convenable que les puissances qui ont en ce pays l'autorité du roi pour le règlement et la police décident de tout. C'est tout ce que je peux déclarer [...].[61]

Apparemment, les seigneurs se sont résignés à voir désormais le roi jouer un rôle majeur dans la formation de Montréal.[62]

Réduites en nombre par l'ordonnance de 1688, quelques grandes propriétés appartenant à des particuliers ont tout de même résisté aux pressions de l'intendant Champigny, profiant peut-être de l'incertitude économique et politique qui règne à compter de 1690. Les propriétés de Robert Lecavelier (plan 1, n° 4) ne seront définitivement divisées qu'en 1698, soit peu avant sa mort, lorsqu'il partage et vend son bien à certains de ses enfants. Outre les cinq grands enclos des institutions religieuses (plan 5, n°s 1, 4, 7, 8, 10), exemptés par Champigny, d'autres propriétés appartenant à des membres de l'élite dans la partie est de l'enceinte ne se morcelleront que lentement ou pas du tout; elles seront plus tard partagées entre des membres de la famille du propriétaire ou serviront de base à l'établissement des résidences des représentants du roi (les gouverneurs Rigaud de Vaudreuil et Ramezay (plan 5, n°s 12, 13)) qui ne respecteront pas l'ordonnance de Champigny. Des trois derniers lots de grande dimension qui subsistent encore en 1705, un lot reste la propriété des héritiers de l'ancien juge Jean-Baptiste Migeon de Branssat, dont la famille est si intimement liée à l'administration de la justice qu'elle semble avoir été à l'abri des poursuites (plan 5, n° 3). Quant aux deux autres lots, ils n'appartiennent pas à des membres de l'élite locale (terrain de Jeanne Lecavelier, dans l'ouest, et celui des héritiers Jeannot, dans l'est (plan 5, n°s 2, 11). Ce sont des terrains marécageux qui apparaissent sur le plan de Jacques Levasseur de Néré de 1704 comme des terrains non aménagés et qui seront finalement rachetés par les seigneurs et lotis entre 1711 et 1714, ce qui montre bien que les seigneurs n'ont pas renoncé à jouer un rôle actif dans l'évolution du parcellaire foncier montréalais.[63]

La volonté des seigneurs de continuer à prendre part au développement de la ville et le malaise qui mine le commerce et le marché foncier au tournant du XVIIIe siècle, apparaissent clairement dans l'action entreprise en 1706 par 13 propriétaires d'emplacements concédés au prix fort dans le voisinage de la place du Marché entre 1683 et 1692. Artisans ou boutiquiers, ils déclarent dans une pétition que l'établissement du poste de Détroit en 1701 a ruiné leurs activités commerciales, étant donné que les Amérindiens ne viennent plus à Montréal pour faire leur traite. Ils réclament donc des seigneurs une réduction de la rente qu'ils doivent pour leurs propriétés respectives – il s'agit en fait d'une rente rachetable, mais il semble qu'aucun d'entre eux n'a eu la possibilité de le faire – au taux de 6 deniers par toise qui avait été fixé pour d'autres concessions accordées dans la commune. Les seigneurs répliquent en leur offrant de reprendre leurs emplacements et de leur payer la valeur de leurs aménagements. La proposition est approuvée par l'intendant Randot et donne l'occasion aux seigneurs de redistribuer ce secteur, d'y faire disparaître les petites ruelles Outaouaise et Michillimakinac et de prolonger la rue Capitale jusqu'à la rue Saint-François-Xavier.[64]

CONCLUSION

Les initiateurs de la fondation de Montréal croyaient pouvoir créer aux confins du monde « civilisé » une mission, baptisée Ville-Marie, qui serait un des principaux points de diffusion de la foi chrétienne dans le Nouveau Monde. Toutefois, à partir d'une activité économique spécifique – le commerce des fourrures – une ville, bientôt appelée Montréal, prend forme sur l'île du même nom, admirablement située à la limite d'une voie navigable importante et d'un réseau de voies tributaires de pénétration d'un continent. Au XVIIe siècle, la formation et l'évolution de la structure urbaine de Montréal seront profondément influencées par l'action de l'autorité seigneuriale mais, dès le milieu des années 1660, le roi s'y réserve un rôle sans cesse croissant. À partir de 1685, la construction d'une palissade vient concrétiser l'instauration du pouvoir royal, au moment où les autorités coloniales considèrent Montréal comme la « tête de pont » – tant commerciale que militaire – du Canada vers l'intérieur de l'Amérique du Nord.

Initialement, l'autorité seigneuriale s'exerçait indépendamment, ou presque, de toute autorité extérieure. Monopolisant le processus de distribution du sol vacant, les seigneurs ou leurs représentants ont été en mesure de déterminer où, quand, à qui et à quelles conditions les premiers emplacements seraient attribués. Leur manque d'expérience devait dès le début leur faire faire certains faux pas – concession d'une commune et de terres agricoles – qui leur font perdre en partie leur pouvoir d'agir sur certains secteurs de la réserve urbaine. Ils récupéreront ce pouvoir d'abord par eux-mêmes, puis en faisant appel à l'intervention des autorités supérieures de la colonie.

Dès 1665, des représentants de l'autorité royale sont appelés à approuver les pouvoirs ou les projets seigneuriaux, tels que l'administration de la justice, l'établissement d'une place du marché, la maîtrise de l'emplacement de la foire ou l'ouverture de nouvelles rues. Toutefois, les représentants royaux en viennent à ne plus tenir compte de certains pouvoirs seigneuriaux, comme la haute main sur la concession du sol, et s'approprient même certaines parties du domaine foncier des seigneurs sans leur offrir aucune compensation (réserves militaires, coteau du moulin).

Le roi intervient dans l'administration et l'organisation de Montréal dès 1676 par l'intermédiaire du Conseil souverain qui produit les règlements de police pour les villes de la colonie. L'ordonnance de 1688 de Bochart de Champigny confirme l'intervention directe du roi dans le développement urbain de Montréal, non seulement en visant à créer une ville plus densément peuplée, mais en y réglant aussi bien l'alignement des rues que l'usage des matériaux de construction ou la superficie et la localisation des réserves pour les fortifications. Lorsque la justice royale est rétablie en 1693, le roi assume dorénavant l'entière responsabilité de l'administration et de l'organisation de la ville. Montréal demeure une ville seigneuriale par son mode de tenure qui permet l'exercice de divers droits seigneuriaux, mais désormais les décisions fondamentales relatives à l'usage de l'espace urbain et à certaines caractéristiques de base de l'espace bâti sont de la compétence des agents royaux.

Pendant la période 1648–1705, la communauté marchande ne joue pas un rôle vraiment actif dans la structuration de la ville, sauf à travers l'acquisition d'emplacements et la concentration de ses activités au cœur de la ville, tout autour de la place du Marché. Ce rôle est avant tout l'apanage des seigneurs et, malgré eux, de quelques propriétaires nantis de vastes concessions de terre à même la réserve urbaine aux premières heures de la colonie (l'Hôtel-Dieu, les Gadois, les Lecavelier) que l'ordonnance de 1688, le désir d'établir des membres de la parenté ou des revers de fortune amèneront à faire des lotissements.

La métamorphose du petit comptoir de traite, qu'était encore Montréal au lendemain du départ de Maisonneuve en 1665, en une petite ville frontière nord-américaine dotée de la plupart des traits fondamentaux des villes françaises d'Ancien Régime, était achevée avant la fin du XVIIe siècle. En fait, dès 1690, sous l'effet de l'action conjuguée des seigneurs et des autorités gouvernementales, il ne reste plus qu'à consolider l'enceinte en la revêtant de pierres et à y inclure l'emplacement du coteau fortifié et le faubourg Bonsecours, pour y retrouver les traits de base de la forme urbaine du Montréal du XVIIIe siècle.

NOTES

1 Nous remercions nos anciens collègues du Groupe de recherche sur Montréal du Centre Canadien d'Architecture (GRM-CCA) qui nous ont assistés dans la recherche et la cartographie et qui ont commenté une version préliminaire de cet article, soit Denyse Beaugrand-Champagne, Russ Mitchell, Léon Robichaud et Jennifer Waywell.

2 Le même genre de recherche a aussi été réalisé pour d'autres villes nord-américaines du XVIIe siècle. Certaines enquêtes privilégient l'influence des agents administratifs sur le développement de la forme urbaine, alors que d'autres étudient simplement en détail les fortifications; pour la ville de Québec, Marc Lafrance, « Évolution physique et politiques urbaines : Québec sous le régime français » *Revue d'histoire urbaine/Urban History Review* 3 (1976) : 3–22; Rémi Chénier, *Québec, ville coloniale française en Amérique, 1660 à 1690* (Ottawa, Service des parcs, 1991); André Charbonneau, Yvon Desloges et Marc Lafrance, *Québec, ville fortifiée du XVIIe au XIXe siècle* (Québec, Éditions du Pélican et Service des parcs, 1981). Rares sont ceux qui se sont intéressés à l'évolution du parcellaire foncier, même sommairement : Darrett B. Rutman, *Winthrop's Boston : Portrait of a Puritan Town, 1630–1649* (Chapel Hill, University of North Carolina Press, 1965); Donna Merwick, *Possessing Albany, 1630–1710 : The Dutch and English Experiences* (Cambridge, Cambridge University Press, 1990) et Nan À. Rothschild, *New York City Neighborhoods : The 18th Century* (New York, Academic Press, 1990). Pour une revue générale et comparative de la planification urbaine en milieu colonial nord-américain voir l'étude classique de John W. Reps, *The Making of Urban America : A History of City Planning in the United Sates* (Princeton, Princeton University Press, 1965).

3 Louise Dechêne, *Habitants et marchands de Montréal au XVIIe siècle* (Montréal et Paris, Plon, 1974), 361–362.

4 Louise Dechêne, « L'évolution du régime seigneurial au Canada : le cas de Montréal aux XVIIe et XVIIIe siècles », *Recherches Sociographiques* 12, 1

(1971) : 143–183; Louise Dechêne, « La croissance de Montréal au XVIIIe siècle », *Revue d'histoire de l'Amérique française* 22, 2 (1973) : 165–167; Dechêne, *Habitants et marchands*, 361–373.

5 Marcel Trudel, *Le terrier du Saint-Laurent en 1663* (Ottawa, Éditions de l'Université d'Ottawa, 1973), 453–472; Trudel considérait alors le « Livre terrier de la seigneurie de Montréal », conservé aux Archives du Séminaire de Saint-Sulpice de Montréal (ASSSM) et publié par O.-M.-H. Lapalice, *Les origines de Montréal* (Montréal, Société historique de Montréal, 1917), comme un document rédigé à compter de 1700. Une analyse détaillée de ce terrier a permis de constater que sa rédaction ne s'amorce en fait qu'en 1758 sous la plume de M. Étienne Montgolfier; Mario Lalancette et Léon Robichaud, « Rapport relatif à la date de rédaction initiale de l'Ancien terrier de la ville de Montréal » (Groupe de recherche sur Montréal du Centre Canadian d'Architecture, 1993, non-publié). Marcel Trudel, *Montréal, la formation d'une société 1642–1663* (Montréal, Fides, 1976), 57–63.

6 Jean-Claude Marsan, *Montréal en évolution* (Montréal, Fides, 1974; Méridien, 1994).

7 Lucien Campeau, « Montréal, fondation missionnaire », dans *L'Église de Montréal*, 108–109 (1990–1991); selon Campeau, de 1642 à 1648, Ville-Marie ne devait être qu'une simple mission pour assurer l'évangélisation des Amérindiens, mais devant les difficultés rencontrées pour réaliser ce projet, les autorités se décident finalement à favoriser l'établissement de colons français en leur distribuant des terres et des emplacements dans les limites d'une réserve urbaine. Il considère que le développement de la ville prend véritablement son essor à compter de 1654, au moment où l'Hôtel-Dieu se départit de la majeure partie du terrain qu'il possède dans la réserve urbaine. Sa perception des événements est faussée, car il se réfère aux travaux de Trudel : dès 1651, la propriété de l'Hôtel-Dieu est divisée entre deux concessionnaires : Jacques Archambault et Lambert Closse. Ce projet pourrait même avoir été planifié dès 1648, Jeanne Mance se rendant en 1649 en France, où elle obtient, directement et exceptionnellement, de la Société de Notre-Dame de Montréal en mars 1650 la concession d'une terre qui doit remplacer celle qu'elle remet à Maisonneuve. Contrats sous seing privé, concession de Maisonneuve à Jeanne Mance, 23 nov. 1660, comprenant la collation du document du 8 mars 1650, Archives nationales du Québec à Montréal (ANQM).

8 Monique C. Poirier, « The Fortifications of Montreal 1717–1744 : The Development and Implementation of the Plan », mémoires de MA, Université Concordia, 1991, 28.

9 Phyllis Lambert et Alan Stewart, dir., *Montréal, ville fortifiée du XVIIIe siècle* (Montréal, Centre Canadien d'Architecture, 1992).

10 Jean-Claude Robert, *Atlas historique de Montréal* (Montréal, Art Global et Libre Expression, 1994), 26–45.

11 Nous avons retenu les unités de mesure de l'époque qui correspondent aux équivalences suivantes : le pied français valant 0,3248 mètres; la toise valant 6 pieds ou, comme unité de superficie, 36 pieds carrés; et l'arpent valant 10 perches de 18 pieds ou, comme unité de superficie, 32 400 pieds carrés ou 0,3418 hectare.

12 Bien que quelques historiens aient attribué le plan de 1685 à Robert de Villeneuve, un ingénieur arrivé en Nouvelle-France en août 1685, le gouverneur Denonville mentionne clairement dans sa correspondance que celui-ci ne l'a pas accompagné dans sa tournée d'inspection des postes de l'intérieur du pays à l'automne 1685 : « les plans que je vous envoye des Trois-Rivières, de Montréal et de Catarok8y, auroient esté tirez avec un peu plus d'exactitude si il [Villeneuve] avoit peu y aler ». Denonville au Ministre, 1685 [13 novembre 1685], Col., $C^{11}A$, 7: f° 104 v°, Archives nationales (AN).

13 Si le plan de 1685 n'est en général qu'un ramassis d'approximations, le plan préparé par l'ingénieur du roi Jacques Levasseur de Néré en 1704 est par contre très précis, selon nos recherches, en ce qui concerne la configuration des emplacements, le bâti et les fortifications.

14 Actes sous seing privé, 2 oct. 1651, concession de Messieurs les associés à Jean de Saint-Père, procureur et syndic de la communauté des habitants de Ville-Marie, ANQM.

15 Campeau, « Montréal, fondation missionnaire », dans *L'Église de Montréal*, 108, 849; selon Campeau, 1654 et 1655 sont « les années fastes de l'organisation urbaine » à Montréal.

16 Sur l'histoire des origines de Montréal, de son premier seigneur et du gouverneur fondateur, la documentation est innombrable; voir l'inventaire bibliographique de Joanne Burgess, Louise Dechêne, Paul-André Linteau et Jean-Claude Robert, *Clefs pour l'histoire de Montréal* (Montréal, Boréal, 1992); pour un bon résumé, consulter Jean-Claude Robert, *Atlas historique de Montréal*, 26–33.

17 Dechêne, *Habitants et marchands*, 242–245.

18 Un véritable imbroglio prend forme tout autour de la future place d'Armes et donne lieu à de multiples poursuites judiciaires. Voir « Inventaire des actes notariés et autres documents trouvés à date, conservés dans les archives judiciaires de Montréal concernant les biens et meubles d'Urbain Tessier dit Lavigne et de ses descendants ainsi que les emplacements de la place d'Armes et de l'église Notre-Dame et les emplacements voisins », recueil non publié déposé aux ANQM, 1939; Tiroir 46, Enseignement primaire, 28 pièces relatives au terrain des petites écoles, concession de Messieurs les associés à Jean de Saint-Père, procureur et syndic de la communauté des habitants de Ville-Marie, ASSSM.

19 Actes sous seing privé, 2 oct. 1651, ANQM. Les habitants obtiennent en fait le simple usufruit de la commune, car leur titre spécifie qu'ils ne pourront vendre, engager ou échanger des terres.
20 Déclaration de Charles Le Moyne lors de l'assemblée des notables de la ville convoquée par le gouverneur Frontenac, 5 août 1678; document publié par E.-Z. Massicotte, « La foire des pelleteries à Montréal au XVIIe siècle », *Bulletin des recherches historiques (BRH)* 28 (1922) : 373–380.
21 Dechêne indique que la chute des prix du castor précipite un mouvement de concentration des activités commerciales entre les mains d'un groupe plus restreint de marchands, phénomène qui marque le retrait progressif de la majeure partie de la population d'une activité qui avait soutenu ses premiers établissements (*Habitants et marchands*, 173).
22 André Vachon, « L'administration de la Nouvelle-France », *Dictionnaire biographique du Canada (DBC)* 2:XV–XXIV.
23 Sur le transfert par donation de la seigneurie de l'Île-de-Montréal par la Société de Notre-Dame de Montréal au Séminaire de Saint-Sulpice-à-Paris, voir Marcel Trudel, *Histoire de la Nouvelle-France* (Montréal, Fides, 1979), 3:1:359–362.
24 Le nouveau gouverneur Zacharie Dupuis (1665–1668) a déjà occupé ce même poste à titre intérimaire en 1662 et agit comme major de la garnison de la ville de 1662 à 1676 (Auger, « Zacharie Dupuis », *DBC*, 1:306). Le juge royal sera Louis-Arthus de Sailly, parent et protégé de Gabriel Souart, curé de la paroisse Notre-Dame et supérieur du Séminaire de Montréal (Monet, « Louis-Arthus de Sailly », *DBC*, 1:606); Charles Le Moyne occupe pour sa part le poste de procureur du roi (Lefebvre, « Charles Le Moyne », *DBC*, 1:474–476). Lorsque Maisonneuve dépose au Conseil souverain sa nouvelle commission de gouverneur en octobre 1663, en spécifiant le faire « sans préjudice du droit des seigneurs de la dite Isle », Souart l'accompagne et déclare que depuis 1644 « le Roy leur [les seigneurs] avait octroyé la faculté de nommer et pourvoir au gouvernement de la dite Isle ». Le Conseil souverain exige le dépôt des titres de propriété et les lettres patentes invoqués par Souart. *Jugements et délibérations du Conseil souverain de la Nouvelle-France (JDCS)* (Québec, A. Côté, 1885), 1:38. L'instauration d'une justice royale à Montréal est, selon Dollier de Casson, une insulte « assez grande et qu'il est assez inouï de voir telles entreprises sans fondements ni pouvoir. C'était moins bien reconnaître six ou sept cent mille livres de dépenses faites par les seigneurs de Montréal pour le soutien de ce pays, où ils ont tant perdu de monde et où il n'y aura d'ici à longtemps que de la dépense à faire ». François Dollier de Casson, *Histoire du Montréal* (LaSalle, Hurtubise HMH, 1992), 246.
25 « Ordonnance de M. Talon qui porte que la justice sera établie à Montréal aux termes des titres et contrats des MM. de Saint-Sulpice, seigneurs du

dit lieu », 18 sept. 1666, dans Pierre-Georges Roy, *Ordonnances, commissions, etc. des gouverneurs et intendants de la Nouvelle-France, 1639–1706* (Beauceville, 1924) 1:44–47. La même année, ceux-ci demandent à l'intendant la permission de procéder à la confection du premier papier terrier de leur fief. « Ordonnance de M. Talon pour la confection du papier terrier de la terre et seigneurie de Montréal », 1er nov. 1666, dans Roy, *Ordonnances, commissions,* 1:47–49.

26 Une expédition du titre de la commune aurait été fournie en juin 1665, ce qui laisse croire qu'il y a eu vérification du libellé de l'acte de concession de la commune à cette époque, Actes sous seing privé, 2 oct. 1651, ANQM.

27 Requête de Mathurin Langevin dit Lacroix, syndic, devant le juge d'Ailleboust, 31 juill. 1667, Ordonnances, CDI-8/1, ANQM; document publié en partie par E.-Z. Massicotte dans *BRH* 29 (1923) : 169–170, mais il se trompe sur la date de rédaction de la requête qu'il croit avoir été déposée en 1665.

28 Requête de Mathurin Langevin dit Lacroix, syndic, devant le juge d'Ailleboust, 31 juill. 1667, Ordonnances, CDI-8/1, ANQM.

29 Massicotte, « La foire des pelleteries », 373–380.

30 Déclaration de François-Marie Perrot, gouverneur de Montréal, entérinée par une quarantaine de particuliers lors de l'assemblée des notables de la ville convoquée par le gouverneur Frontenac, 5 août 1678, ibid.

31 Louis-Adolphe Huguet-Latour, dir., « 1662 – concession pour l'église de Villemarye du 16 aoust 1662 », dans Louis-Adolphe Huguet-Latour, dir., *Annuaire de Ville-Marie,* 1ère partie, 12e livraison (Montréal, Sénécal, 1863–77), 424.

32 Assemblées spéciales des marguilliers pour considérer la construction d'une église paroissiale, 12 mai 1669 et 6 juin 1672; délibérations des assemblées de marguilliers, Livres des délibérations de la Fabrique, 21 nov. 1657 au 21 avril 1778, 43, 47–50, Archives de la paroisse Notre-Dame de Montréal (APNDM).

33 Basset, 1er juill. 1672, « procès-verbal de l'apposition des bornes et des rues à Montréal », ANQM; document publié et annoté par E.-Z. Massicotte, « La verbalisation des premières rues de Montréal », *BRH* 38 (1932) : 610–21.

34 Il est intéressant de noter que, le 21 mai 1672 précédent, les seigneurs ont cédé le monopole de la vente des boissons au syndic et à 12 habitants de la communauté de Ville-Marie et demandé à leur juge seigneurial, Charles d'Ailleboust, de publier une ordonnance interdisant « aux marchands forains et autre non habitués en l'île » de vendre des boissons. E.-Z. Massicotte, *Arrêts, édits, mandements, ordonnances et règlements conservés dans les archives du Palais de justice de Montréal, 1640–1760* (Montréal, Ducharme, 1919), 10.

35 Dechêne, *Habitants et marchands,* 215.

36 Basset, marché de charpente entre Jacques Le Moyne et Pierre Verrier, 21 oct. 1676, ANQM.

37 « Ordonnance de Monsieur du Chesneau, Intendant, quy accorde le marché à la commune », 5 août 1676, tiroir 7, n° 29 ASSSM.

38 « Ordonnance de l'intendant Duchesneau concernant la commune et le corps de garde », 25 oct. 1677, tiroir 7, n° 30, ASSSM; document publié par Massicotte, « La foire des pelleteries », 373–380. Massicotte n'a pas saisi que le document subsistant de l'enquête de 1678 est rédigé sur deux colonnes parce qu'il départage les témoignages selon qu'ils sont en faveur du gouverneur Perrot ou des seigneurs. Contre ces derniers, on retrouve les officiers royaux, les militaires et plusieurs officiers seigneuriaux récemment remerciés par les Sulpiciens, tels que le juge Charles d'Ailleboust, le procureur fiscal Jean Gervaise et le notaire Bénigne Basset, tous congédiés avant l'enquête du 5 août 1678.

39 Duchesneau et Frontenac sont rappelés en France en 1682, tandis que Perrot perd ses pouvoirs de gouverneur de Montréal en 1683.

40 Tronson à Dollier de Casson, mai 1679, lettre n° 75, art., 6, « Réponses au mémoire de difficultés demandant la résolution ». Bien que les droits des Sulpiciens sur la commune apparaissent « incontestables », Tronson recommande une revue des « boutiques volantes que l'on donne dans le temps de la foire. J'en écris un mot à M. de Frontenac, qui ne nous troublera plus apparemment dans notre possession, laquelle il faut affermir en se contentant plus de concessions verbales »; Tronson à Rémy, 15 mai 1679, lettre n° 91, art. 4. Apparemment, ce conseil n'a pas été suivi : « Je m'étonne qu'on ne m'ait rien demandé de ce que vous avez fait pour vous remettre en possession de donner les places de la commune. Car ce ne serait pas assez pour assurer notre droit de les avoir données l'année dernière. L'enquête de Monsieur le Comte de Frontenac subsistant toujours, elle servirait toujours de fondement suffisant ou au moins de prétexte à des gouverneurs qui vous seraient opposés pour vous troubler et vous faire de la peine. » Tronson à Lefevre, [avril 1680], lettre n° 113. Les conseils de Tronson concernant la concession des places dans la commune ne sont toujours pas appliqués en 1680 : « Ce n'est pas assez pour infirmer l'enquête de M. le Comte touchant les places de la Commune de les donner comme M. Dollier a fait l'année passée. Mais il faut que les officiers de justice en fassent des actes dont la minute demeure en greffe, et qu'ils les fassent sans rien prendre, car autrement cela ferait crier. Avec le temps, ces actes justifieront de la possession et serviront de titres. Je m'étonne comment on ne l'a point encore fait. » Tronson à Rémy, 30 mai 1681, lettre n° 138, article 10; voir aussi le mémoire de Tronson de 1682; Tronson à Rémy, 16 avril 1682, lettre n° 161, art. 8. En 1683, Tronson insiste auprès du supérieur de Montréal pour qu'il produise des titres officiels : « Je m'étonne fort que M. Dollier n'ait fait faire l'année passée aucune acte pour la donation qu'il fait des places de la commune pour la foire des 8ta8ais. » Tronson à Rémy, 11 avril 1683, lettre n° 195, Correspondance Tronson, ASSSM.

41 Le supérieur du Séminaire de Saint-Sulpice à Paris met constamment en garde sa filiale montréalaise contre des dépenses excessives. Au cours des années 1680, ces avertissements se multiplient au même rythme que les coûts et le nombre des nouveaux projets majeurs du Séminaire de Montréal; en désespoir de cause, Tronson prévient Dollier de Casson : « Si le Séminaire de Montréal périt faute de fonds je m'en lave les mains » (lettre du 12 mai 1687, Correspondance Tronson). Insistant sur l'incertitude de la subvention royale annuelle de 2 000 # tournois, Tronson encourage Montréal à explorer tous ses secteurs d'activité pour voir s'il est possible d'en tirer des revenus.

42 La valeur commerciale des lots entourant la place du Marché s'est grandement accrue en 1685 lorsque, à la suite de la reprise de la guerre contre les Iroquois, l'intendant interdit tout commerce à l'intérieur du continent « Ordonnance de M. de Meulles qui porte interdiction de faire la traite avec les sauvages autres parts qu'à Ville-Marie, Trois-Rivières, et Québec », 24 août 1685, dans Roy, *Ordonnances, commissions,* 2:122–123.

43 Bourgine, 8 mai 1685, concession à Martin Massé; Cabazié, 15 mars 1684, concession à Louis Marie Sainte-Marie; Maugue, 14 mai 1683, vente de Nicolas Godé à Jacques Viau; Maugue, 6 sept. 1683, vente de René Cuillerier à Jacques Cauchois; Basset, 11 nov. 1684, vente de Jean et Nicolas Desroches à François Hazeur; Bourgine, 14 mai 1685, vente de M. de Hautmesnil à Charles Milot, ANQM.

44 Basset, 3 déc. 1675, vente de Jean-Baptiste Gadois à René Cuillerier; 20 fév. 1678, vente de J.-B. Gadois à Pierre Cavelier; Maugue, 5 mars 1679, vente de J.-B. Gadois à Jean Martinet de Fonblanche; 5 mars 1679, vente de J.-B. Gadois à Pierre Verrier; 23 déc. 1680, vente de J.-B. Gadois à Michel Lecours, ANQM.

45 Le rôle stratégique de Montréal dans la défense de sa région était reconnu par le gouverneur Denonville qui a élargi l'étendue du gouvernement de Montréal, afin que ce dernier inclue non seulement l'île de Montréal, mais tout le territoire en amont du lac Saint-Pierre. « Provisions par M. de Denonville pour l'augmentation du gouvernement de l'Île de Montréal », 6 oct. 1685, dans Roy, *Ordonnances, commissions,* 2:130–133.

46 La date du début des travaux de construction de la palissade est incertaine parce que les autorités militaires coloniales, qui avaient reçu l'ordre de n'entreprendre aucun projet du genre, gardent le silence sur le sujet dans leur correspondance jusqu'à ce qu'elles puissent mettre le roi devant un fait accompli. Le 28 juin 1685, Louis Armand de Lom d'Anse fait état des efforts du gouverneur Callière pour fortifier Montréal, ce dernier ayant organisé la coupe de pieux de cèdre pour la palissade au cours de l'hiver 1684–1685, Lahontan, *Nouveaux voyages de Mr Le Baron de Lahontan, dans l'Amérique septentrionale* (La Haye, chez les frères l'Honoré, Marchands Libraires, 1703), 1:59–60. Rappelant que « l'isle de Montreal est a la

teste de toutes nos colonies et la ville bastie dans lad. isle nommée Ville-Marie estant sans aucune closture ny reduit», Callière presse bientôt le Ministre de lui permettre d'enclore Montréal avec une palissade; Callière au Ministre, 20 oct. 1685, C[11]A, 7:f°125, AN. Le gouverneur Denonville admettra ne pas avoir attendu la permission du Ministre pour ériger la palissade de Montréal; au début de juin 1687, l'enceinte de pieux était à moitié édifiée; Denonville au ministre, 8 juin 1687, C[11]A, 9:f[os]25v°–26, AN. Pendant toute cette période présumée de construction de 1685 à 1689, la correspondance de Tronson ne contient aucune référence à la palissade ni au terrain qui se retrouve par conséquent désormais sous l'autorité royale.

47 Ordonnance de M. Bochart de Champigny au sujet de l'agrandissement de la ville de Montréal et de la largeur des rues (le titre original du document est toutefois «Ordonnance de M. l'Intendant pour les emplacements»), 15 juin 1688, Ordonnances, CDI-8/3, ANQM.

48 «Ordonnance de l'intendant Champigny concernant une maison que Jean Paré aurait fait construire dans l'enclos de Villemarie, en dépit d'une ordonnance antérieure», 30 oct. 1691, tiroir 7, n° 46, ASSSM.

49 Registre des audiences, baillage de Montréal, T1-1/5, f° 264, 2 juill. 1691, ANQM (mention de la reprise le 24 juin 1691 de l'emplacement concédé le 23 août 1688 par les Religieuses hospitalières de l'Hôtel-Dieu à Denis Sabourin, faute par ce dernier d'y avoir fait bâtir), requête de M. de Hautmesnil pour faire déguerpir François Bleau du lot acquis d'Antoine Dalmas, ce dernier l'ayant reçu le 28 décembre 1688 de M. de Hautmesnil, faute par Dalmas et Bleau d'y avoir fait bâtir, T1-1/5, f° 386, 22 janv. 1692 ibid.; requête de M. de Hautmesnil pour faire déguerpir Paul Aguenier, faute d'avoir bâti sur le lot qu'il lui a concédé en 1690; le juge condamne ce dernier à s'y construire dans les 4 mois, sinon l'emplacement sera rétrocédé à M. de Hautmesnil, T1-1/5, f° 880, 20 mai 1692, ibid.

50 Voir la citation du texte de l'ordonnance plus haut. Une étude approfondie des baux de location permettrait sans doute de le constater de façon encore plus concrète, mais le graphique 4 qui illustre l'évolution du nombre des marchés de construction est tout aussi éloquent.

51 Voir plus loin les citations tirées de la lettre de Tronson du 21 avril 1696 au sujet du Fort de la Montagne et de la déclaration de Dollier de Casson du 30 mai 1699. Les seigneurs savent l'importance de maintenir de bons rapports avec les «puissances», comme l'indiquent la teneur de la concession de la terre du gouverneur Callière ou leur réponse aux plaintes du juge royal, Charles Juchereau.

52 Conseil supérieur, Insinuation, CR-301, article I, ANQQ. Insinuation le 12 décembre 1692 d'une concession accordée le 1er septembre 1689 par le gouverneur Denonville et l'intendant Champigny à Jean Petit dans le bastion Saint-Jacques (près du fleuve, vis-à-vis de l'Hôtel-Dieu); insinuation

pour la concession de Louis Laporte de Louvigny, obtenue le 14 octobre 1689, dans le même bastion, et pour celle de René Fézeret, reçue le 12 octobre 1689, dans le bastion Saint-René (porte de Lachine). Les concessionnaires s'engagent « pour la conservation de la défense de la ville de Ville-Marie de faire de bons bâtiments de pierre dans les bastions ».

53 La construction d'une poudrière surmontée d'une plateforme à canons est mentionnée dans une lettre conjointe de Denonville et Champigny au Ministre, 6 nov. 1688, C¹¹A, 10:f°11v°; pour le nouveau corps de garde, voir ibid. et Basset, Devis, marché et quittance du Corps de garde à Montréal, 6 oct. 1689, ANQM. Les seigneurs espèrent obtenir « quelque dédommagement pour le tort que l'on souffre par les fortifications que l'on a fait au moulin du coteau » (Tronson à Dollier de Casson, 7 avril 1694, lettre n° 103, sér. 2, Correspondance Tronson, ASSSM). Il faut noter que même si le roi a fait ériger un fortin sur le coteau, les Sulpiciens ont continué de jouir de leur moulin et de la maison y adjoignant; voir les baux du moulin par les seigneurs à Jean Gibaud, 4 oct. 1697, et à Jean-François Harel, 27 mars 1706, Baux et marchés de moulins, ASSM. Les Sulpiciens ne semblent avoir eu aucun dédommagement pour l'emplacement de l'ancien fort – dit aussi château – de Ville-Marie qu'ils ont concédé au gouverneur Callière avec droit de passage sur une pointe de terre non concédée pour aller et venir à la ville, une remise de cens pendant sa jouissance en propre de l'emplacement et la préférence en cas de concession de la pointe de terre non concédée. Les seigneurs se réservent tout de même un droit de retrait en remboursant le prix de vente aux éventuels acquéreurs de l'emplacement (Basset, 2 juill. 1688, concession par les seigneurs à Hector de Callière, gouverneur de l'Île de Montréal, d'un emplacement de 15 perches et demie, ANQM).

54 Enregistrement d'un relevé préparé par Gédéon de Catalogne à la requête du gouverneur Frontenac, Registres des audiences, bailliage de Montréal, T1/115, f° 533 v° ANQM.Voir aussi le procès-verbal d'arpentage préparé par Catalogne le 1er juin 1697 pour confirmer les largeurs et les alignements des rues Saint-Sacrement et Saint-Jean, Registres des audiences bailliage de Montréal, T1-2/1, f° 601, ANQM. « Édit du Roi pour l'établissement des Pères Récollets à Québec, Montréal, Plaisance et à l'Isle Saint-Pierre », mars 1692, *Édits, ordonnances royaux, déclarations et arrêts du Conseil d'État du Roi concernant le Canada* (Québec, E.-R. Fréchette, 1854), 275; « Permission aux Jésuites de s'établir à Montréal », 22 août 1692, dans H. Têtu et C.-O. Gagnon, *Mandements, lettres pastorales et circulaires des évêques de Québec* (Québec, A. Côté, 1887), 1:289.

55 Lorsque le roi place directement sous son autorité l'administration de la colonie en 1663, une cour royale est établie à Montréal et agit parallèlement à la justice seigneuriale jusqu'à son abolition en 1666, à la suite des démarches des Sulpiciens pour confirmer leur droit de haute justice dans le gouverne-

ment de Montréal; « Ordonnance de M. Talon qui porte que la justice sera établie à Montréal aux termes des titres et contrats des MM. de Saint-Sulpice du dit lieu », 18 sept. 1666, dans Roy, *Ordonnances, commissions,* 1:44–47. Les Sulpiciens considéreront pourtant la possibilité de voir rétablir une justice royale à Montréal dès les années 1670 et s'inclineront finalement devant la volonté du roi de maîtriser la haute justice à Montréal, voyant là un moyen d'échapper aux critiques qui accablent leur administration de cette institution; voir Tronson à Dollier de Casson, 20 mai 1690, lettre n° 432; Tronson à Rémy, 26 mai 1690, lettre n° 427, Correspondance Tronson, ASSSM.

56 Pour l'aspect financier, voir plus haut, note 25. Sur le plan interne, la communauté sulpicienne montréalaise traverse une grave crise morale au cours de laquelle « les visions chimériques, les ridicules prophéties et les desseins extravagants de MM. Bailly et de la Colombière et de leur fille spirituelle et mystique épouse » vaudront aux deux sulpiciens leur rappel et même leur expulsion. Cet incident s'ajoute aux nombreuses plaintes contre les curés et les confesseurs sulpiciens qui souhaitaient imposer un code de conduite rigide à leurs paroissiens. Pour connaître la nature de l'action énergique entreprise par Tronson pour reprendre en main la situation à Montréal, voir sa lettre à Dollier de Casson et Vachon de Belmont, 1691, lettre n° 443, ibid.

57 Dechêne, « L'évolution du régime seigneurial », *RS* 149–173.

58 Adhémar, 13 nov. 1697, 8 août, 1er sept. 1699, ventes portant constitutions de rente de l'Hôtel-Dieu de Montréal à Laurent Renaud, Gédéon de Catalogne, Claude Pothier; Étienne Volant de Radisson, Pierre Garreau-Saint-Onge; Alexis Leguay, Joseph Guyon-Després, ANQM.

59 Tronson à Juchereau, 24 avril 1695, lettre n° 137, sér. 2, Correspondance Tronson, ASSSM.

60 A. Adhémar, 23 août 1698, concession à Denis d'Étienne de Clérin, aide-major de la ville; 27 septembre 1698, concession à Jean Quenet, contrôleur des fermes du roi à Montréal; 30 décembre 1698, concession à Étienne Rocbert, garde-magasin du roi; 22 mai 1699, concession à Dlle Catherine Gauchet, veuve de Jean-Baptiste Migeon de Branssat, conseiller du roi, lieutenant-général de la juridiction royale de Montréal et subdélégué de l'intendant, ANQM.

61 A. Adhémar, 30 mai 1699, déclaration de Dollier de Casson. Les seigneurs craignent de déplaire aux représentants royaux; leur inquiétude en 1696 face au gouverneur de Montréal, Callière, le montre bien : « comme il est défendu de faire aucun fort sans permission du Roi, si on le [Callière] mécontente, il pourrait aisément se mettre en possession de votre [fort de la] montagne, en exposant que c'est un fort, où il est important de mettre une garnison. Il est sûr qu'on le lui accorderait, quoi que l'on pût dire au contraire, c'est à quoi il faut penser sérieusement » (les mots soulignés sont en chiffres dans la correspondance originale); Tronson à Vachon de Belmont, 21 avril 1696, lettre n° 176, sér. 2, Correspondance Tronson, ASSSM.

62 Comme dans la décennie précédente, le gouverneur a sanctionné des changements dans la trame des rues, notamment la rectification de la rue Saint-François-Xavier en 1696, et le changement de la rue Saint-François, dans le faubourg Bonsecours, en 1699 (plans 4 et 5); Adhémar, 11 juill. 1700, déclaration de Gédéon de Catalogne; 17 sept. 1699, G. de Catalogne, procès-verbal d'arpentage, ANQM.

63 Raimbault, 16, 20, 31 janv. et 29 mars 1711, ventes respectives d'Antoine Bazinet, André Carrière, Pierre Jeannot et Robert Jeannot au Séminaire de Ville-Marie, seigneurs de Montréal, ANQM. Les seigneurs se départiront de ce terrain par une dizaine de concessions faites chez le même notaire au cours du mois de janvier 1712. Le 23 septembre 1713, les Sulpiciens font aussi l'acquisition pour 5 000 # d'une maison et de son emplacement à proximité des héritiers Jeannot et qui appartiennent aux héritiers de de Hautmesnil, lot qu'ils morcellent dès décembre 1713; 22 décembre 1710, vente de Jeanne Lecavelier et des héritiers de défunte Anne Lecavelier au Séminaire de Ville-Marie. Le tout est divisé entre janvier 1711 et décembre 1713 en 8 parcelles.

64 Requête adressée à M. Lechassier, supérieur général de Saint-Sulpice, au sujet de la Commune par des habitants de Ville-Marie, juin 1706, tiroir 7, n° 59, ASSSM. Requête des seigneurs de Montréal à l'intendant Raudot pour retirer les 13 concessionnaires de la Commune, 28 juill. 1706, et ordonnance de Raudot faisant droit à la requête, 28 juill. 1706, Tiroir 7, n° 61, ASSSM. Adhémar, 29 août, 3 sept. 1706, 20, 23 mai 1707, estimations des bâtiments appartenant aux propriétaires expropriés par l'ordonnance de l'intendant Raudot du 28 juillet 1706 à la suite de la requête du Séminaire de Montréal : Claude Dudevoir, Claude Caron et Pierre Chesne, Jean Magnan dit Lespérance, Gilles Papin, Charles Guillemin, ANQM.

Publications de Louise Dechêne

La correspondance de Vauban relative au Canada. Québec, ministère des Affaires culturelles, 1968, 59 p. Édition de textes avec une présentation.

« Les dossiers canadiens du notaire Pointard » et « Documents sur Jean Talon ». *Rapport de l'archiviste de la province de Québec* (1966) : 49–112 et 113–138. Édition de textes et présentations.

« Les entreprises de William Price, 1810–1850 ». *Histoire sociale/Social History* 1 (1968) : 16–52.

« Documents relatifs au Canada conservés dans les archives de Saint-Sulpice à Paris ». *Rapport des archives du Québec* 47 (1969) : 149–288. Présentation et inventaire.

« Inventaire sommaire des documents relatifs au Domaine d'occident ». *Rapport des archives du Québec* 48 (1970): 99–105.

« L'évolution du régime seigneurial au Canada : le cas de Montréal aux XVIIe et XVIIIe siècles ». *Recherches sociographiques* 12, 2 (1971) : 143–183.

« La croissance de Montréal au XVIIIe siècle ». *Revue d'histoire de l'Amérique française* 27, 2 (1973) : 163–179. Cet article a aussi été publié en anglais sous le titre « The Growth of Montreal in the Eighteenth Century » dans J. Bumsted, ed., *Canadian History before Confederation. Essays and Interpretations.* Georgetown, Irwin-Dorsey, 1979, 154–167.

Habitants et marchands de Montréal au XVIIe siècle. Paris/Montréal, Plon, 1974, 588 p.; réédition à Montréal avec Éditions du Boréal, 1988, 532 p. Prix du Gouverneur général, 1974; Prix France-Québec; Prix François-Xavier Garneau, 1979.
Publié en anglais sous le titre *Habitants and Merchants in Seventeenth-Century Montreal*. Traduit par Liana Vardi. Montréal et Kingston, McGill-Queen's University Press, 1992, 428 p.

« Historiens et recherche historique au Québec contemporain ». *Culture française* (1976) : 5–11.

« Coup d'œil sur l'historiographie de la Nouvelle-France ». *Études canadiennes/Canadian Studies* 3 (1977) : 45–57.

« Le choléra de 1832 dans le Bas-Canada : mesure des inégalités devant la mort ». Avec J.-C. Robert. Dans H. Charbonneau et A. Larose, dir., *Les grandes mortalités. Études méthodologiques des crises démographiques en Occident*. Liège, Ordina, 1979. Cet article a été aussi publié dans P. Keating et O. Keel, dir., *Santé et société au Québec*, 61–84. Montréal, Boréal, 1985.

« Les œuvres du récollet Louis Hennepin ». Dans Maurice Lemire, dir., avec la collaboration de Jacques Blais, Nive Voisine, et Jean du Berger, *Dictionnaire des œuvres littéraires du Québec*, vol. I, Québec. Montréal, Fides, 1978.

« Les travaux et les jours en Nouvelle-France ». *Canada en images*. Ottawa, Musée de l'Homme, texte avec diapositives. Reproduit sur CD-ROM, 1995.

« La rente du faubourg Saint-Roch à Québec, 1750–1850 ». *Revue d'histoire de l'Amérique française* 34, 4 (1981) : 569–596.

« La ville de Québec au XVIIIe siècle d'après les dénombrements paroissiaux ». *Cahiers de géographie du Québec* 28, 75 (1984) : 485–505.

« Observations sur l'agriculture du Bas-Canada au début du XIXe siècle ». Dans J. Goy et J.-P. Wallot, dir, *Évolution et éclatement du monde rural. Structures, fonctionnement et évolution différentielle des sociétés françaises et québécoises, XVIIe–XXe siècles*. Paris et Montréal, Éditions de l'École des hautes études en sciences sociales et Presses de l'Université de Montréal, 1986, 189–202.

Avec Bruce G. Trigger et Toby Morantz, dir., *« Le castor fait tout ». Selected Papers of the Fifth North American Fur Trade Conference, 1985*. Montreal, Lake St. Louis Historical Society, 1987.

L'Atlas historique du Canada. Dir., vol. 1, *Des Origines à 1800*. Montréal, Presses de l'Université de Montréal, 1987. Médaille du Centenaire de la Société Royale du Canada, 1994 (prix remporté avec les volumes 2 et 3 de *L'Atlas historique du Canada*).

« La ville de Québec au XVIIIe siècle » et « Les seigneuries », planches 50 et 51 de *L'Atlas historique du Canada*, vol. 1.

Avec J. Burgess, P.-A. Linteau et J.-C. Robert, dir. *Clés pour l'histoire de Montréal – bibliographie*. Montréal, Boréal, 1992.

Le Partage des subsistances au Canada sous le régime français. Montréal, Boréal, 1994. Prix Lionel Groulx, 1995.

Articles publiés dans le *Dictionnaire biographique du Canada* sur : Étienne de Véniard de Bourgmond; André Carrerot; Pierre Carrerot; François Dauphin de Laforest (Détroit); Marc Antoine Laforest (Île Royale); Alexis Lemoine Monière; Jacques Testard de Montigny; William Price; Christian Henry Pozer; George Pozer.

Auteurs / Contributors

SYLVIE DÉPATIE est professeure au Département d'histoire de l'Université du Québec à Montréal.

CATHERINE DESBARATS est professeure adjointe au Département d'histoire de l'Université McGill.

DANIELLE GAUVREAU est professeure agrégée au Département d'anthropologie et de sociologie de l'Université Concordia.

ALLAN GREER is Professor of History at the University of Toronto.

MARIO LALANCETTE est consultant en histoire à Montréal.

LOUIS MICHEL est professeur agrégé au Département d'histoire de l'Université de Montéal.

DALE MIQUELON is Professor of History at the University of Saskatchewan.

GENEVIÈVE POSTOLEC est chargée de cours et chercheur en histoire à l'Université du Québec à Trois-Rivières.

ALLAN M. STEWART is an independent historical consultant in Montreal.

BRUCE M. WHITE is an independent scholar in St Paul, Minnesota.

WILLIAM C. WICKEN is Assistant Professor at York University.

THOMAS WIEN est professeur agrégé au Département d'histoire de l'Université de Montréal.